证券投资
经典技术图解

格里沙 ◎ 著

四川人民出版社

图书在版编目（CIP）数据

证券投资经典技术图解 / 格里沙著. — 成都：四川人民出版社，2019.6
ISBN 978-7-220-11358-1

Ⅰ.①证… Ⅱ.①格… Ⅲ.①证券投资—投资分析—图解 Ⅳ.①F830.91-64

中国版本图书馆CIP数据核字（2019）第076635号

ZHENGQUAN TOUZI JINGDIAN JISHU TUJIE
证券投资经典技术图解
格里沙 著

策划组稿	何朝霞
责任编辑	薛玉茹　张东升
版式设计	戴雨虹
封面设计	李其飞
责任校对	吴　玥
责任印制	王　俊
出版发行	四川人民出版社（成都槐树街2号）
网　　址	http://www.scpph.com
E-mail	scrmcbs@sina.com
新浪微博	@四川人民出版社
微信公众号	四川人民出版社
发行部业务电话	（028）86259624　86259453
防盗版举报电话	（028）86259624
照　　排	四川胜翔数码印务设计有限公司
印　　刷	四川华龙印务有限公司
成品尺寸	185mm×260mm
印　　张	24.5
字　　数	200千
版　　次	2019年6月第1版
印　　次	2019年6月第1次印刷
书　　号	ISBN 978-7-220-11358-1
定　　价	99.00元

■版权所有·侵权必究

本书若出现印装质量问题，请与我社发行部联系调换
电话：（028）86259453

前　言

证券市场股价运行和世间万物一样,有着自身的基本规律。股价运行的基本规律就是趋势的基本规律,技术分析的目的就是研判趋势运行的方向。

证券技术分析两三百年前源于西方,后经多代人的补充完善,加上现代电脑技术的出现,技术分析日趋成熟和完善,对趋势的研判准确率大为提高。

"顺势而为,不贪不恐"是投资的基本纪律。

"基本面选股,技术面选进出时机"是投资选股和选时的两大基本原则。

技术分析就是为投资者选时提供决策和交易依据。

唯有通过学习,才可能形成完备的交易体系,以达"知趋势、顺趋势"的投资目的。

"工欲善其事，必先利其器。"

技术分析是认识和了解趋势的重要手段。不可过分夸大技术分析的作用，更不可否定技术分析和趋势的客观存在。

对于投资者来讲，更为重要的是具有正确的投资理念和健康的投资心态。

通过学习技术分析，对树理念和正心态有积极的作用。

本书基于传统证券技术分析理论，严格遵循趋势研判的基本原理，在实践中提炼出大量实用和有效的经典技术并配图文进行解析。

为帮助读者理解学习本经典技术图解，特在天涯社区的股市论坛上开有《证券投资经典技术图解》技术分析学习帖，欢迎关注：http://bbs.tianya.cn/post-stocks-2098779-1.shtml。

本书内容为笔者长期研究学习心得，目的为普通投资者认识和了解趋势提供帮助，并不对投资构成任何建议，凭此交易请风险自担！最后祝您学习愉快！

第一章 基础知识

第一节 基本术语 /002

第二节 六大画线基础 /014

第三节 六大技术位 /044

第四节 技术反抽 /060

第二章 K线分析法

第一节 经典顶底K线 / 080

第二节 经典K线组合 / 119

第三章 指标分析法

第一节 MACD和BOLL / 146

第二节 均线分析法 / 162

CONTENTS
目录

第四章　形态分析法

第一节　顶部形态 /190
第二节　整理形态 /203
第三节　底部形态 /217

第五章　波浪分析法

第一节　基本概念 /239
第二节　波浪的层次 /254
第三节　波浪的结构 /268
第四节　波浪的时间 /325
第五节　波浪的幅度 /340
第六节　其　他 /352

第六章　综合运用

后　记

Chapter One 第一章 基础知识

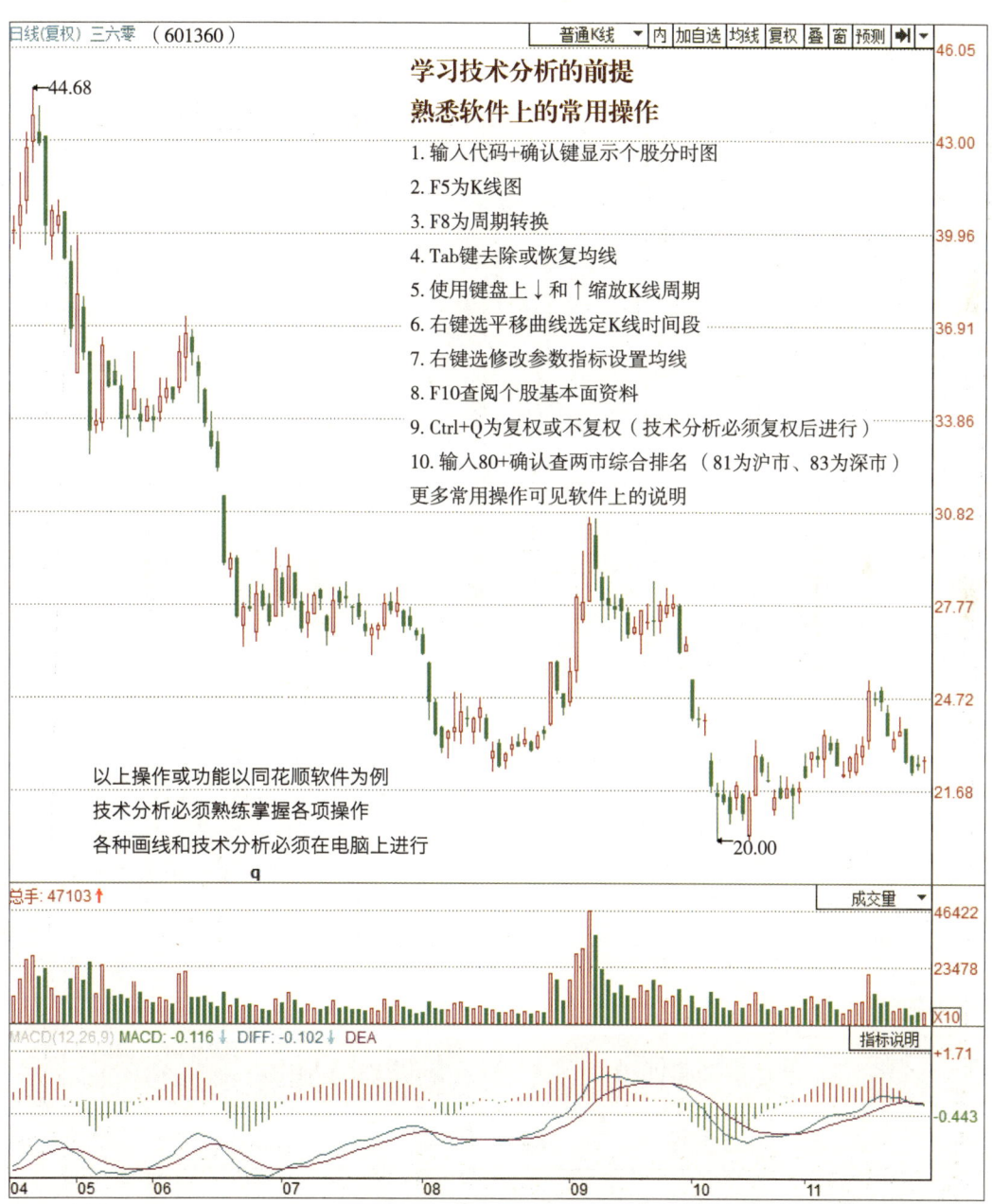

学习技术分析的前提
熟悉软件上的常用操作

1. 输入代码+确认键显示个股分时图
2. F5为K线图
3. F8为周期转换
4. Tab键去除或恢复均线
5. 使用键盘上↓和↑缩放K线周期
6. 右键选平移曲线选定K线时间段
7. 右键选修改参数指标设置均线
8. F10查阅个股基本面资料
9. Ctrl+Q为复权或不复权（技术分析必须复权后进行）
10. 输入80+确认查两市综合排名（81为沪市、83为深市）

更多常用操作可见软件上的说明

以上操作或功能以同花顺软件为例
技术分析必须熟练掌握各项操作
各种画线和技术分析必须在电脑上进行

基础知识

第一节　基本术语

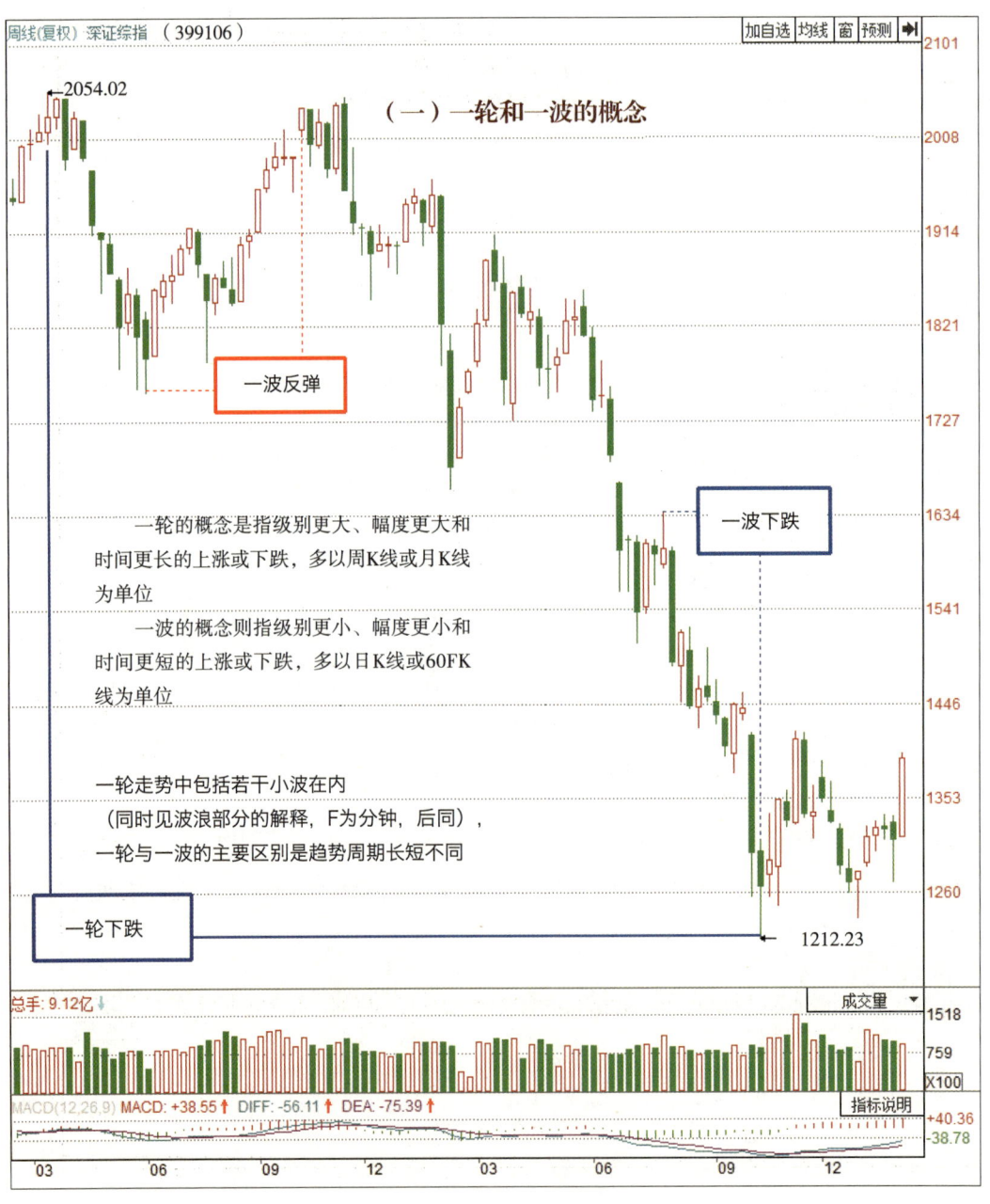

Chapter One 第一章 基础知识

（二）相对高低位和阶段性高低点

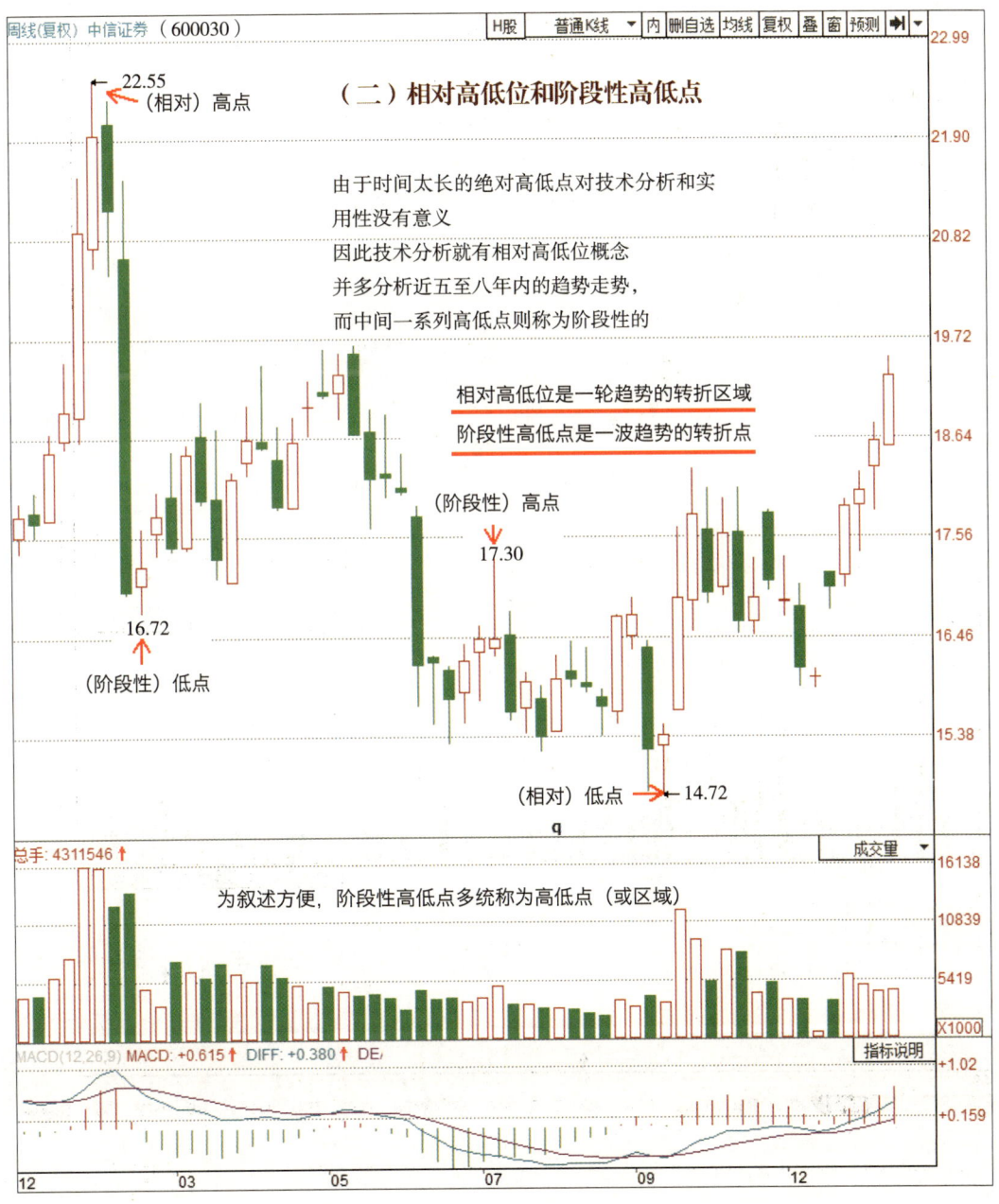

由于时间太长的绝对高低点对技术分析和实用性没有意义
因此技术分析就有相对高低位概念
并多分析近五至八年内的趋势走势，
而中间一系列高低点则称为阶段性的

<u>相对高低位是一轮趋势的转折区域</u>
<u>阶段性高低点是一波趋势的转折点</u>

为叙述方便，阶段性高低点多统称为高低点（或区域）

基础知识

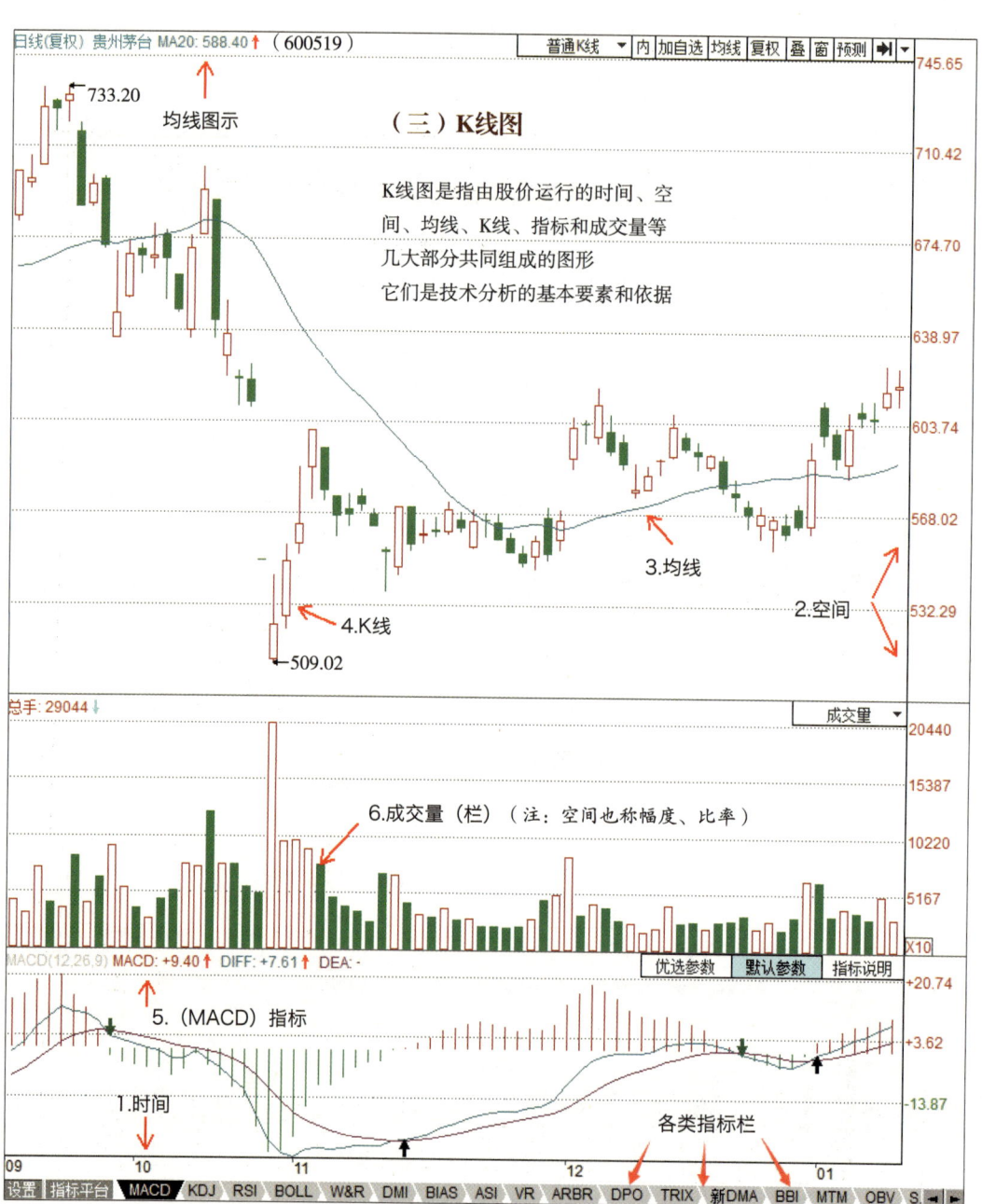

第一章 基础知识

（四）K线分析周期（级别或层次）

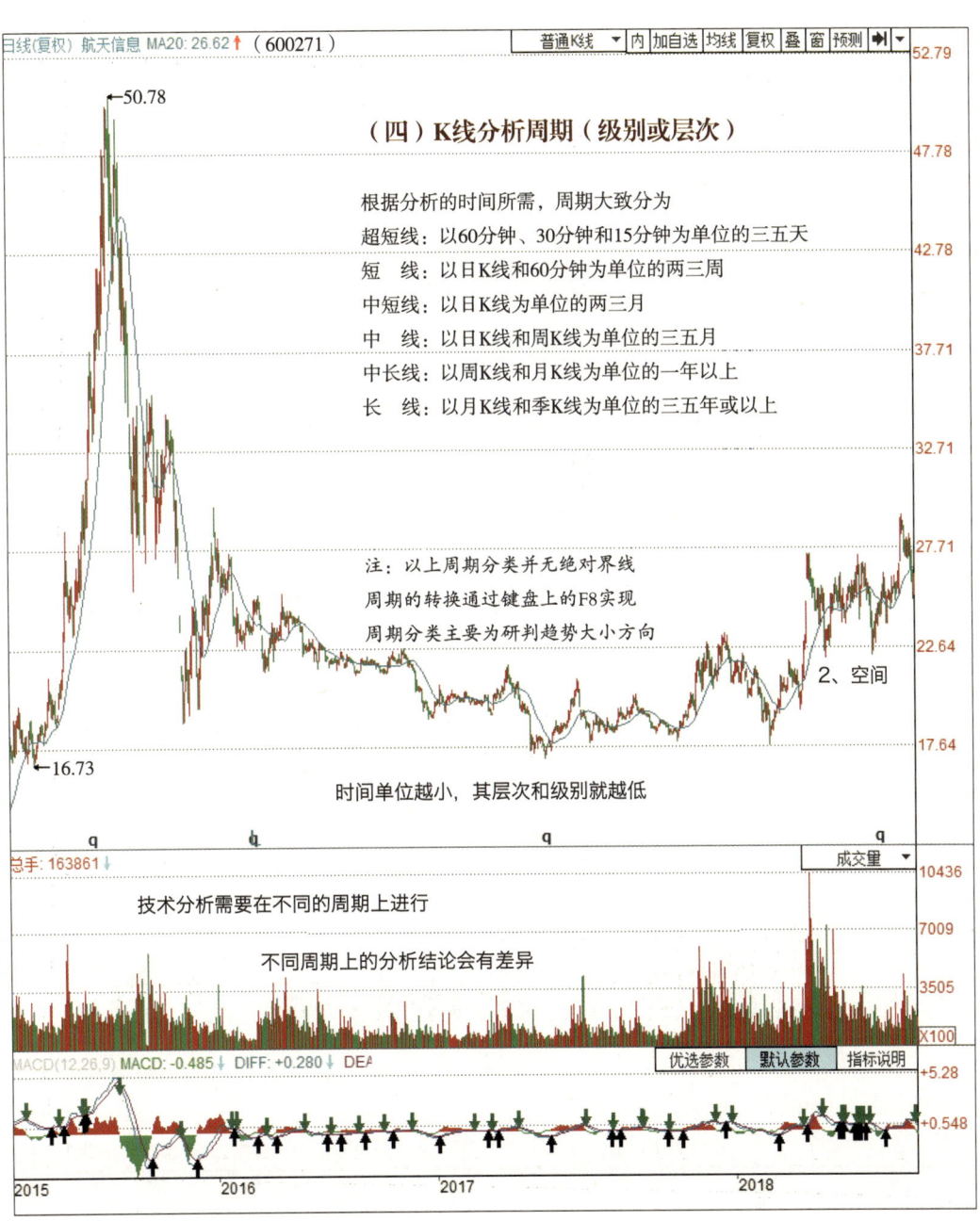

根据分析的时间所需，周期大致分为

超短线：以60分钟、30分钟和15分钟为单位的三五天

短　　线：以日K线和60分钟为单位的两三周

中短线：以日K线为单位的两三月

中　　线：以日K线和周K线为单位的三五月

中长线：以周K线和月K线为单位的一年以上

长　　线：以月K线和季K线为单位的三五年或以上

注：以上周期分类并无绝对界线

周期的转换通过键盘上的F8实现

周期分类主要为研判趋势大小方向

2、空间

时间单位越小，其层次和级别就越低

技术分析需要在不同的周期上进行

不同周期上的分析结论会有差异

基础知识

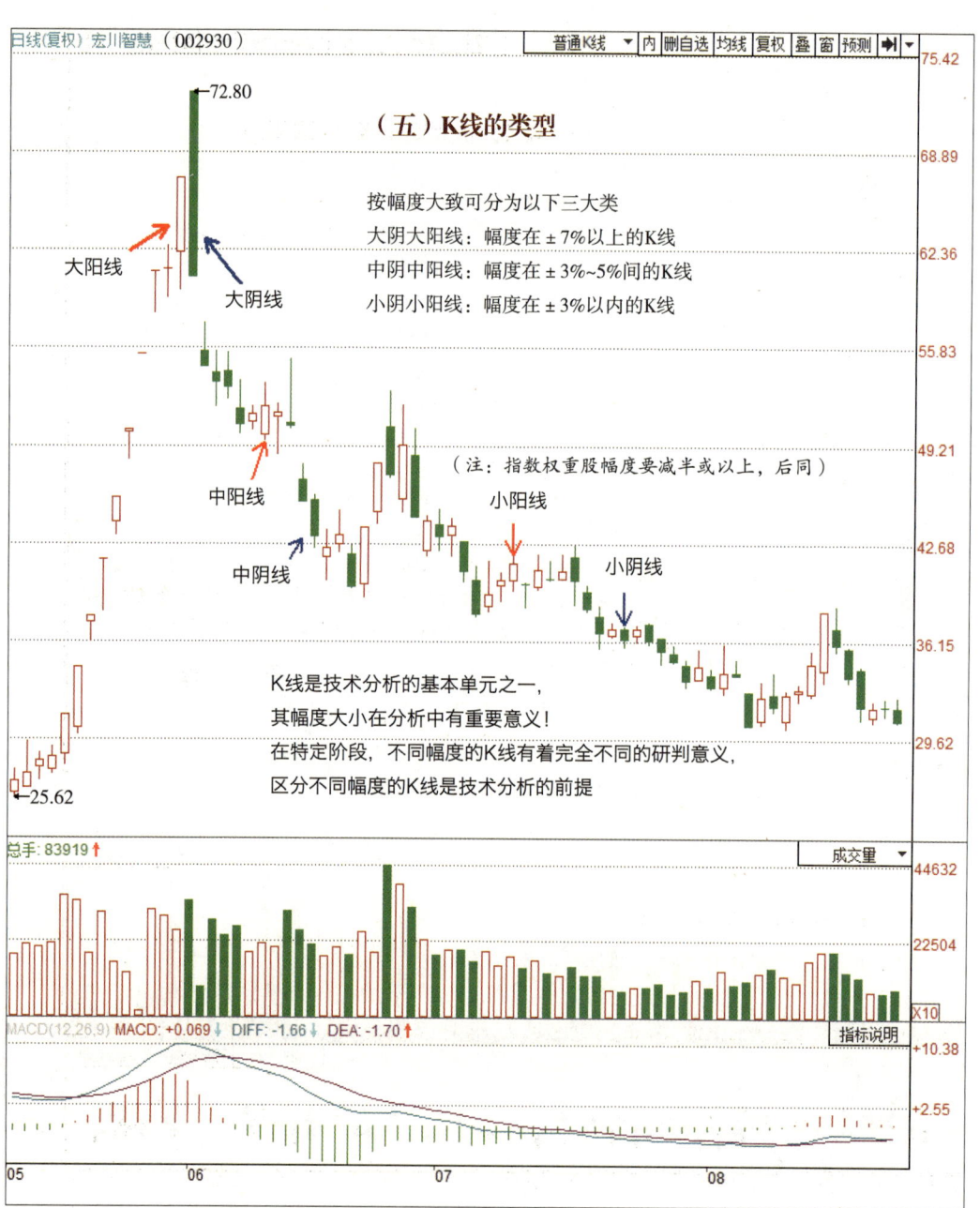

Chapter One
第一章
基础知识

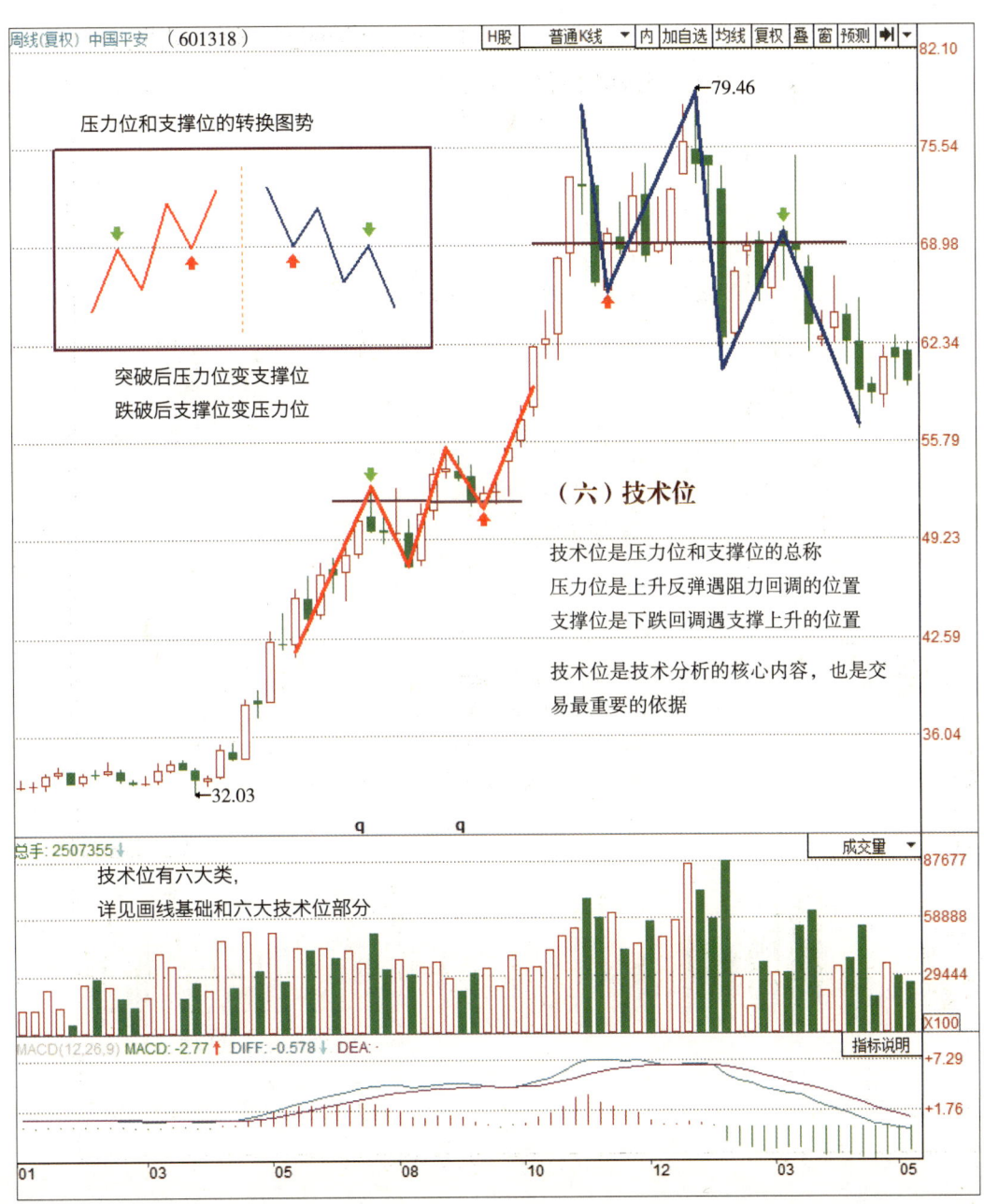

（六）技术位

技术位是压力位和支撑位的总称

压力位是上升反弹遇阻力回调的位置

支撑位是下跌回调遇支撑上升的位置

技术位是技术分析的核心内容，也是交易最重要的依据

技术位有六大类，详见画线基础和六大技术位部分

基础知识

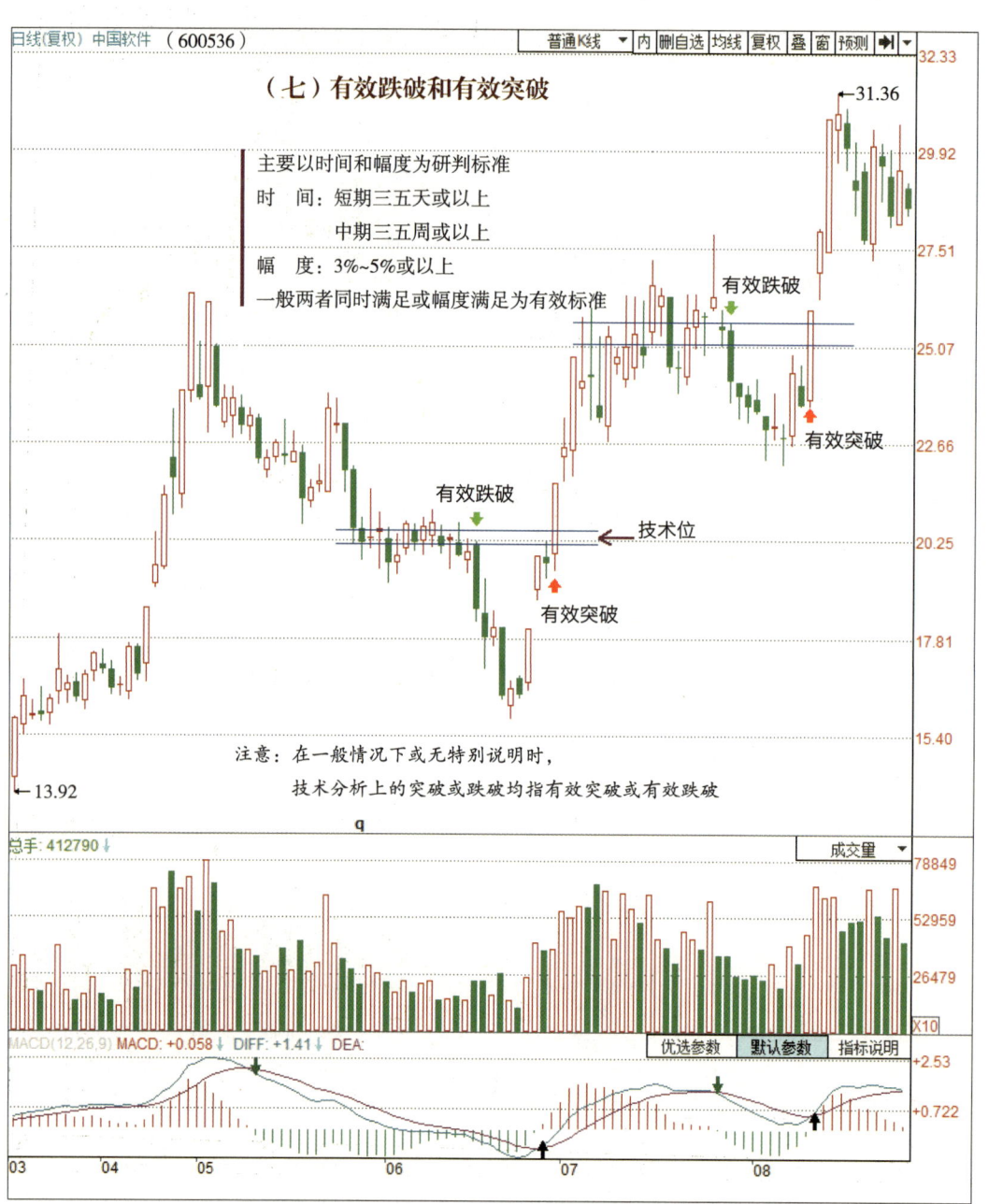

Chapter One 第一章 基础知识

（八）量价时空是技术分析的四大要素

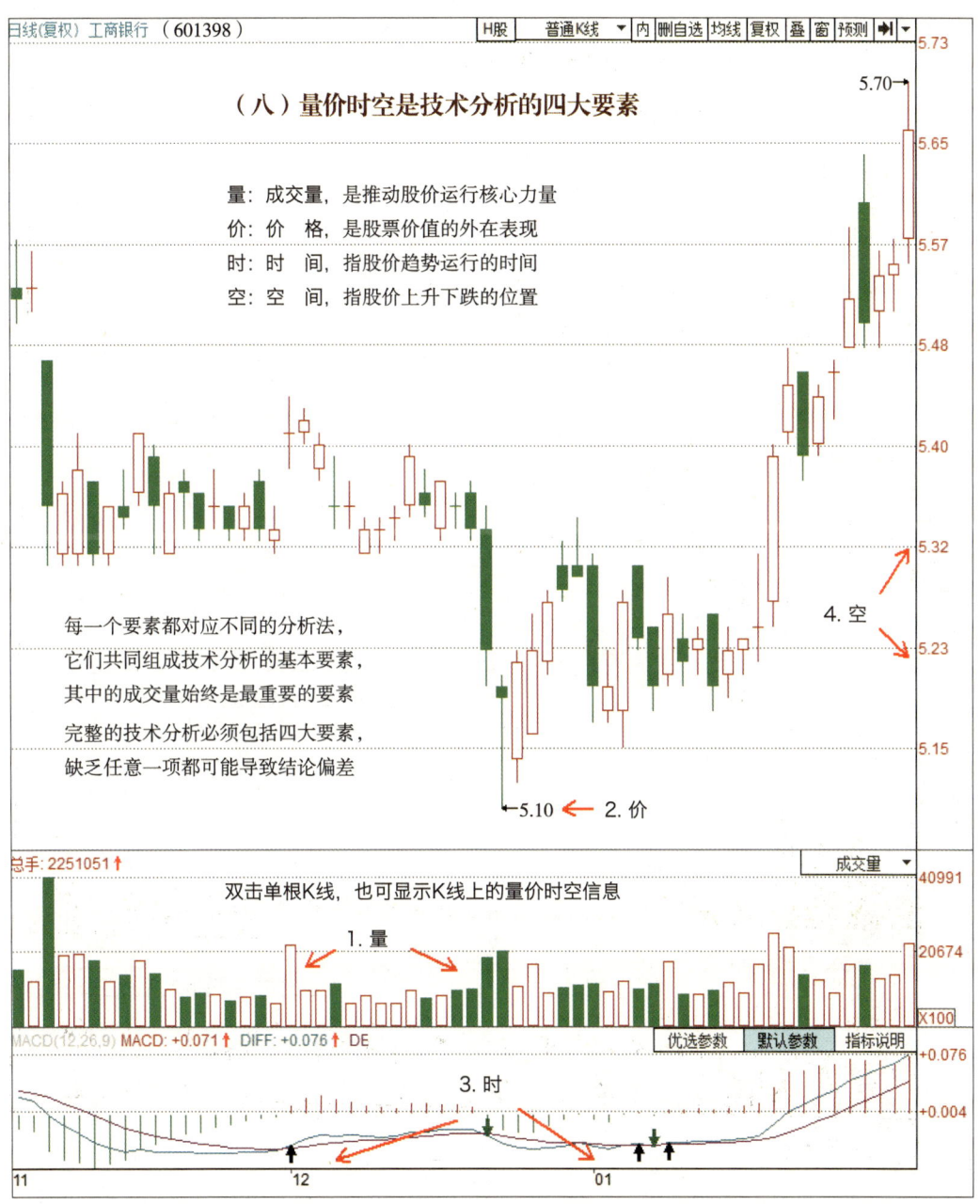

基础知识

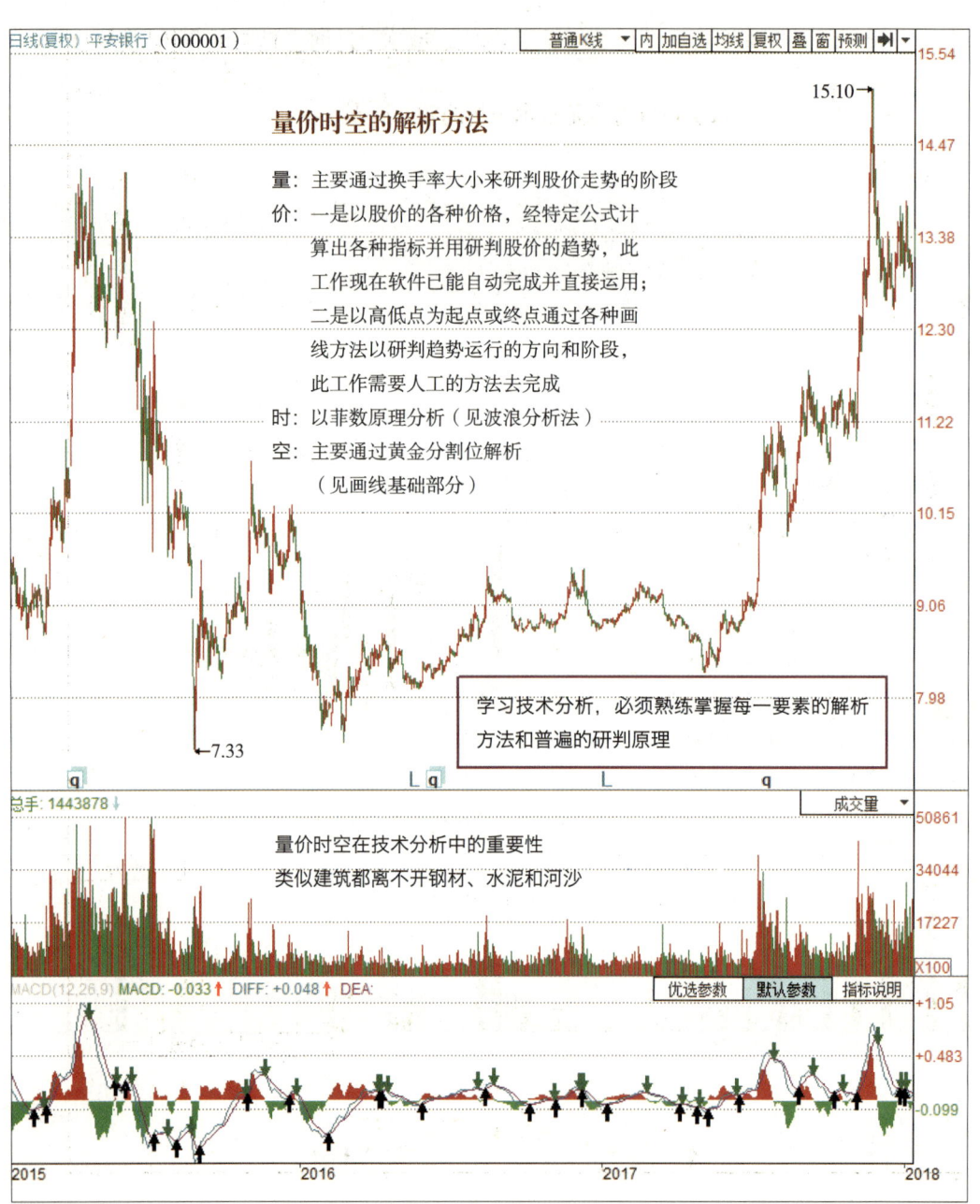

Chapter One 第一章 基础知识

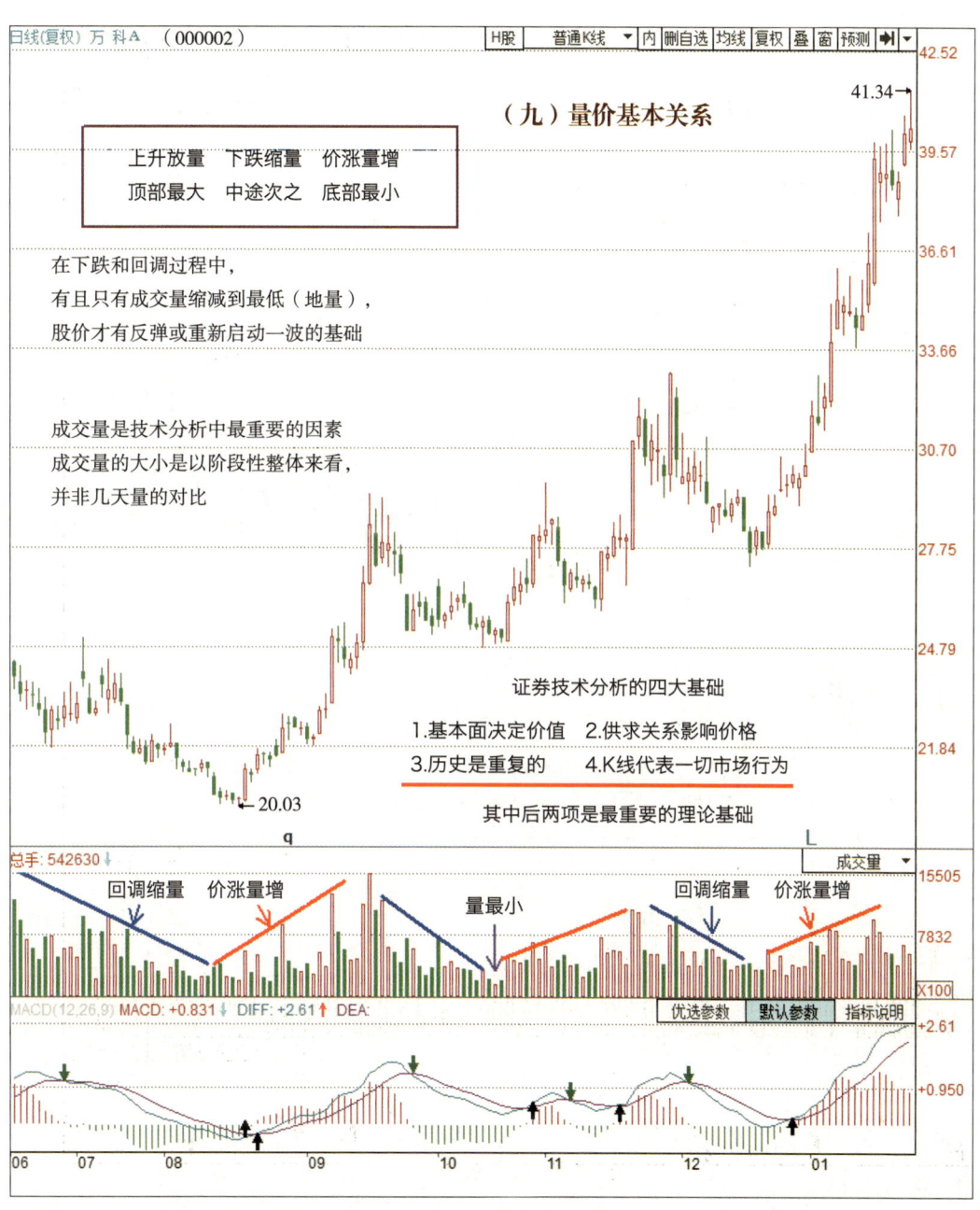

（九）量价基本关系

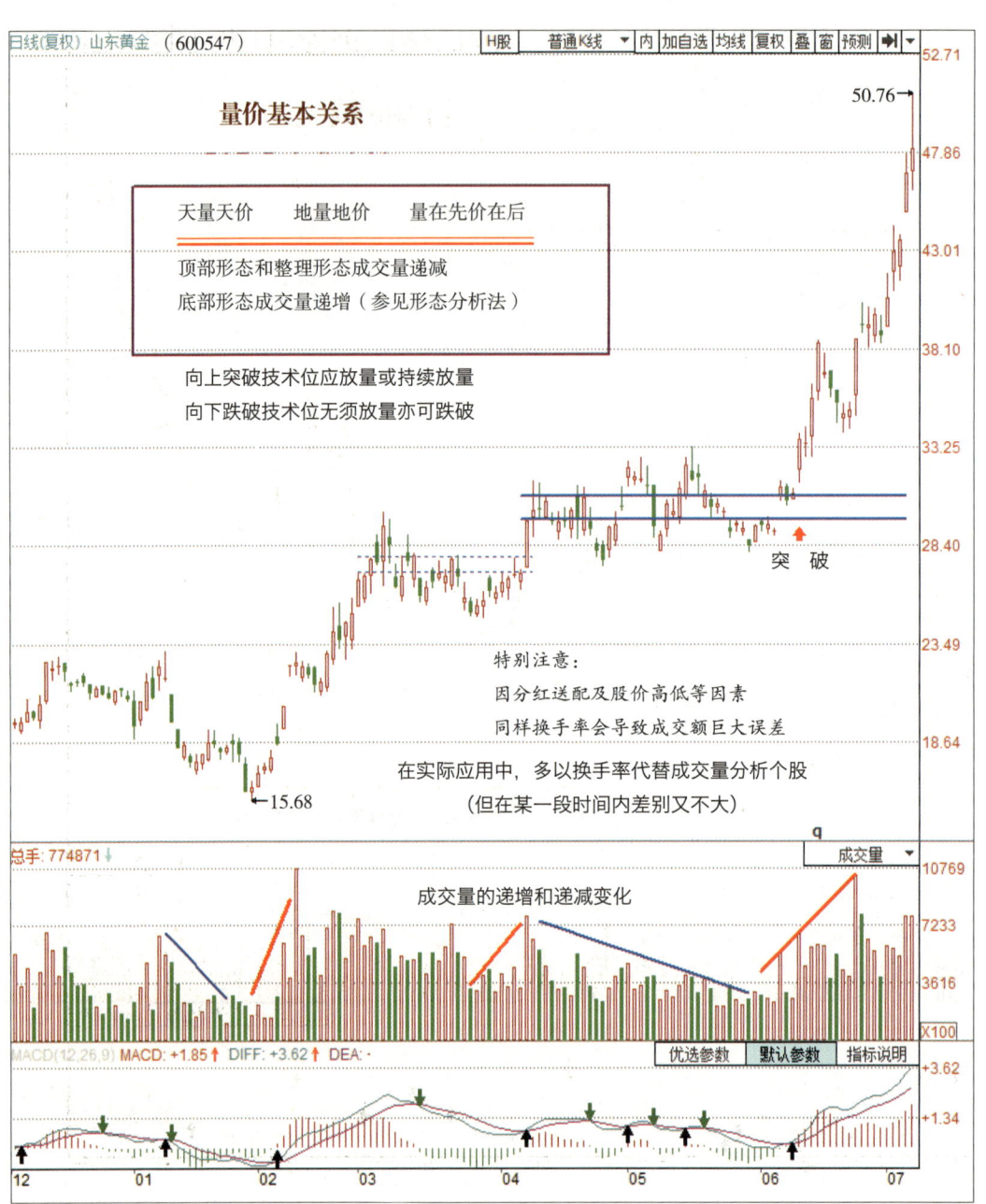

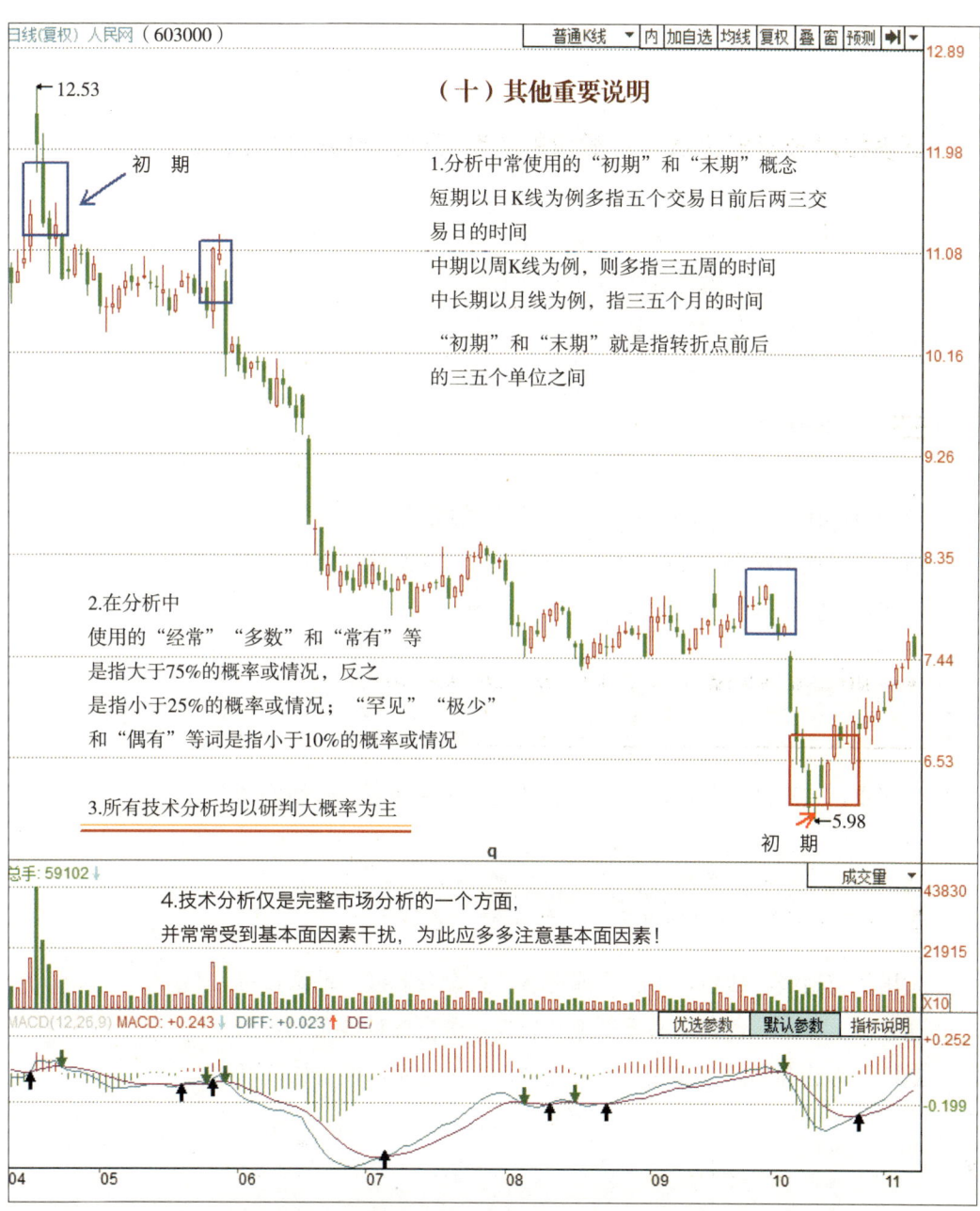

（十）其他重要说明

1. 分析中常使用的"初期"和"末期"概念
短期以日K线为例多指五个交易日前后两三交易日的时间
中期以周K线为例，则多指三五周的时间
中长期以月线为例，指三五个月的时间
"初期"和"末期"就是指转折点前后的三五个单位之间

2. 在分析中
使用的"经常""多数"和"常有"等
是指大于75%的概率或情况，反之
是指小于25%的概率或情况；"罕见""极少"
和"偶有"等词是指小于10%的概率或情况

3. 所有技术分析均以研判大概率为主

4. 技术分析仅是完整市场分析的一个方面，并常常受到基本面因素干扰，为此应多多注意基本面因素！

基础知识

第二节 六大画线基础

证券技术分析理论认为：股价的趋势可通过画线推论出来

画线是学习技术分析的重要基础，股价运行趋势和阶段在画线之后可较为清晰地看出，画线基础知识是投资者学习技术分析的必修第一课。

本书使用的是同花顺行情软件。

画线的步骤

第一步，使用键盘上F5键打开个股或指数的K线图。

第二步，使用键盘上Tab键去掉K线图均线（为画线更准，再按可恢复）。

第三步，找到软件上的画线菜单（如下图）。

第四步，点开画线菜单，找到自定义菜单（选择所需画线类型）。

常用的有射线、线段、方框、通道线、黄金分割线、菲数线等。

通过以上步骤，便可随心所欲地在软件上画出各种线条和图形。

最后，为让各种线条和图形有所区别，双击线条和图形编辑即可。

Chapter One
第一章 基础知识

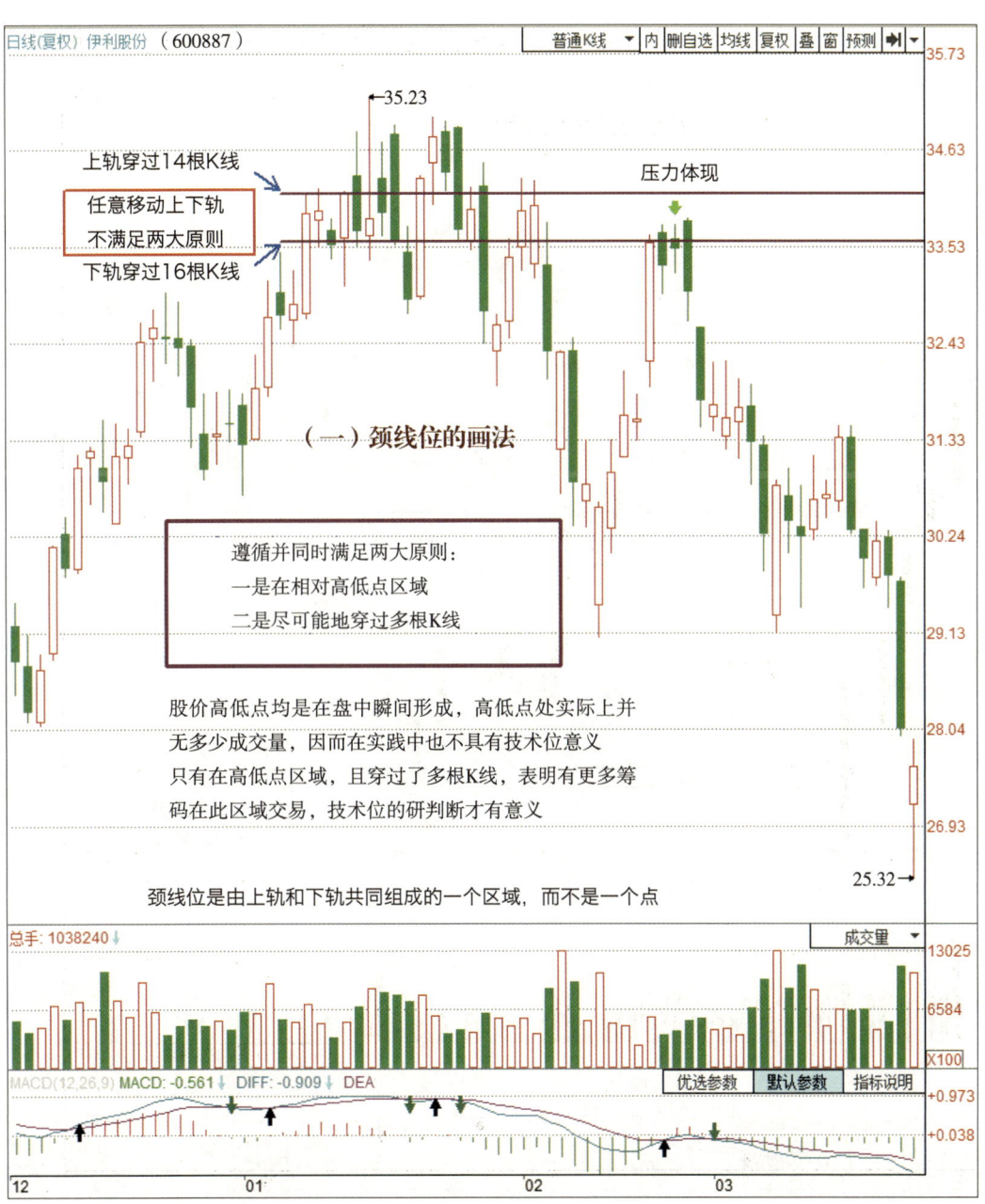

基础知识

· 015 ·

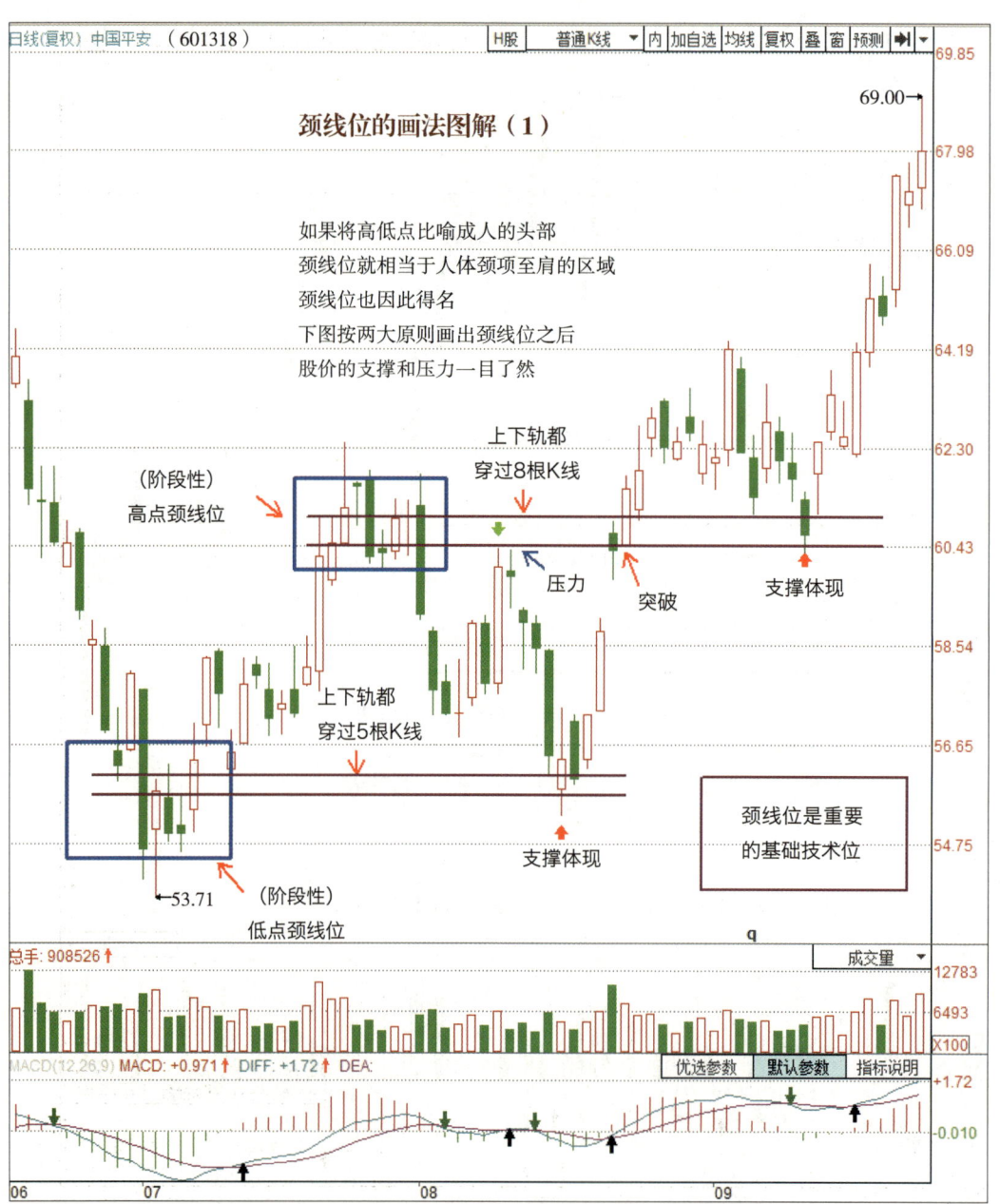

基础知识

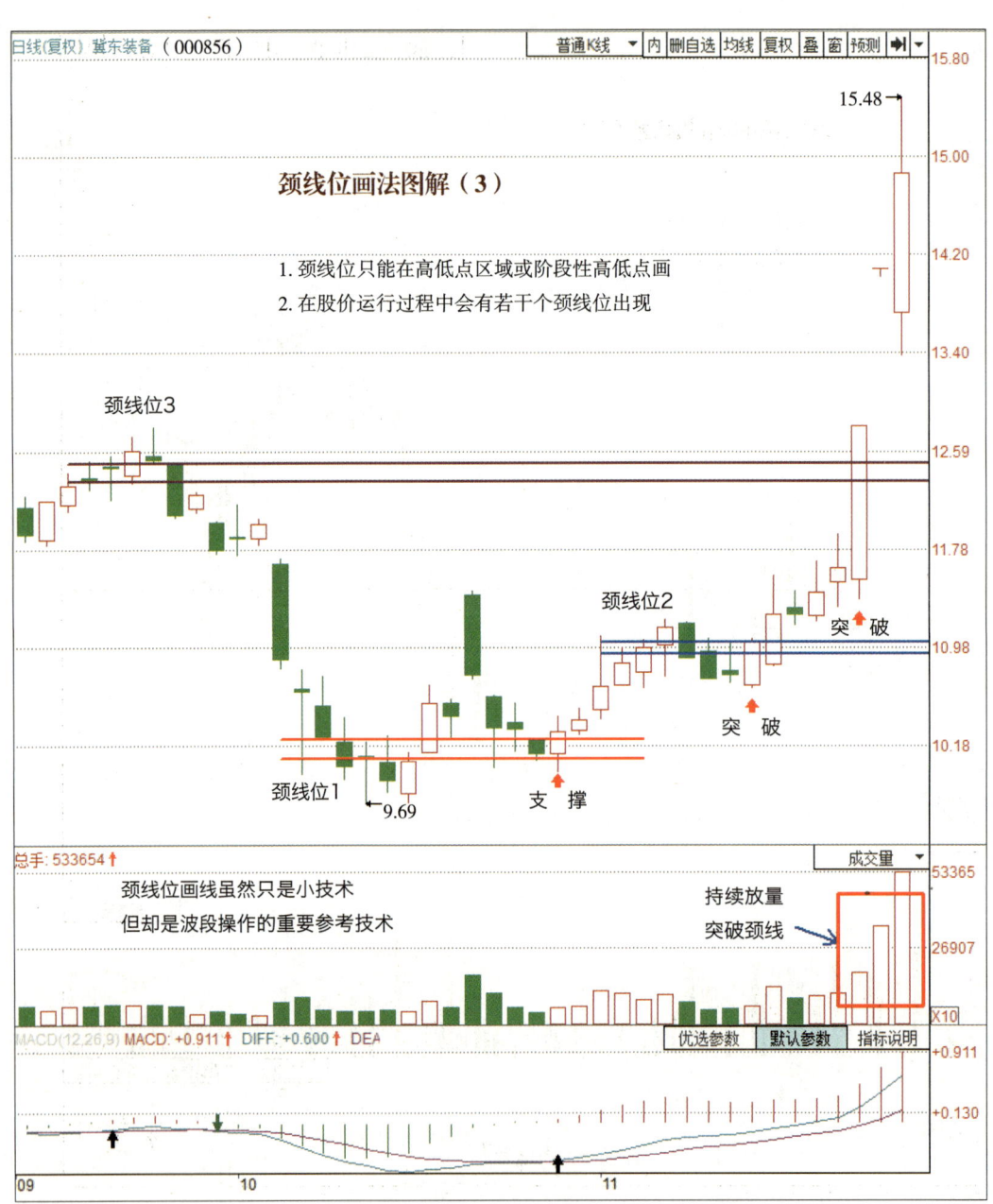

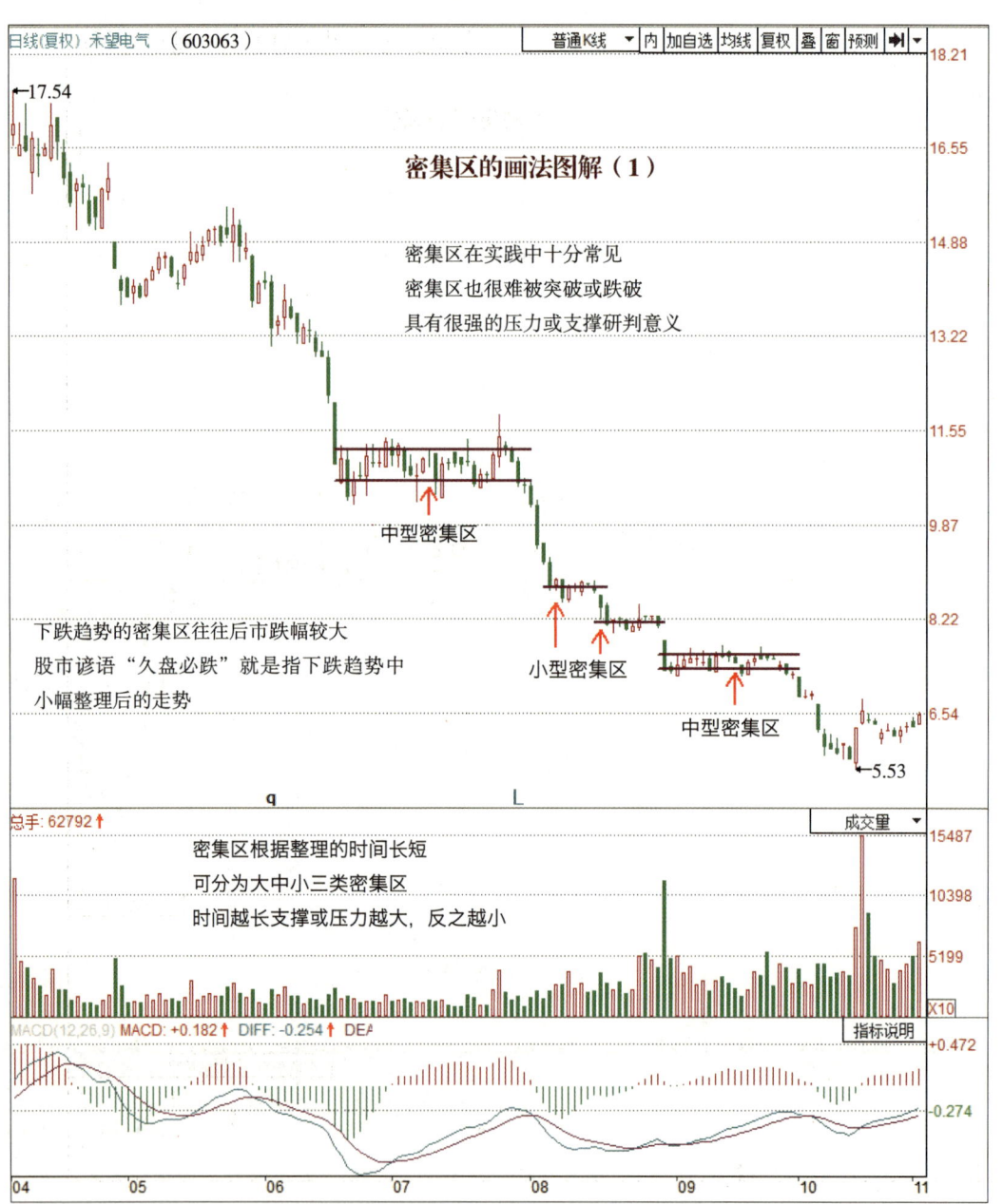

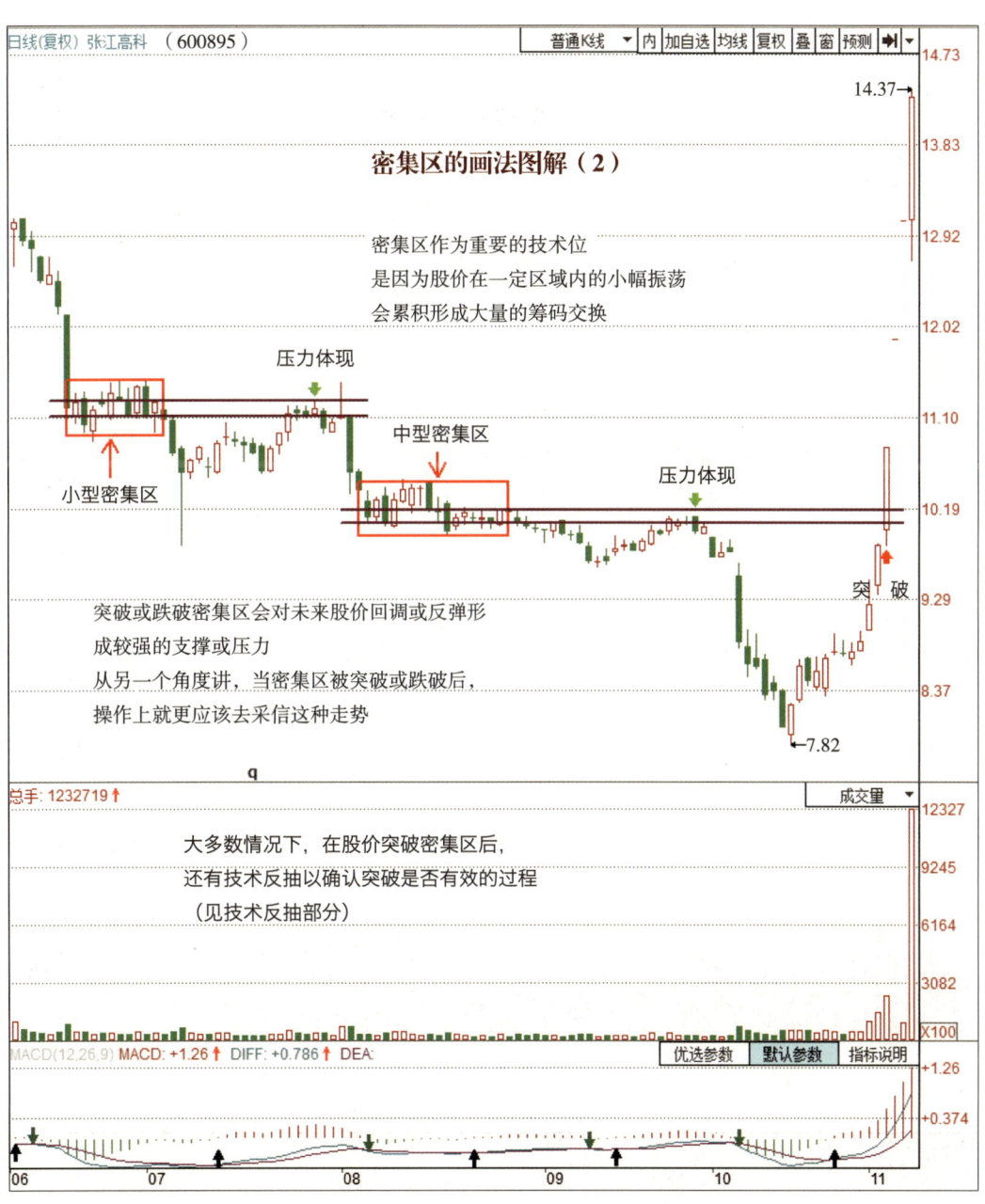

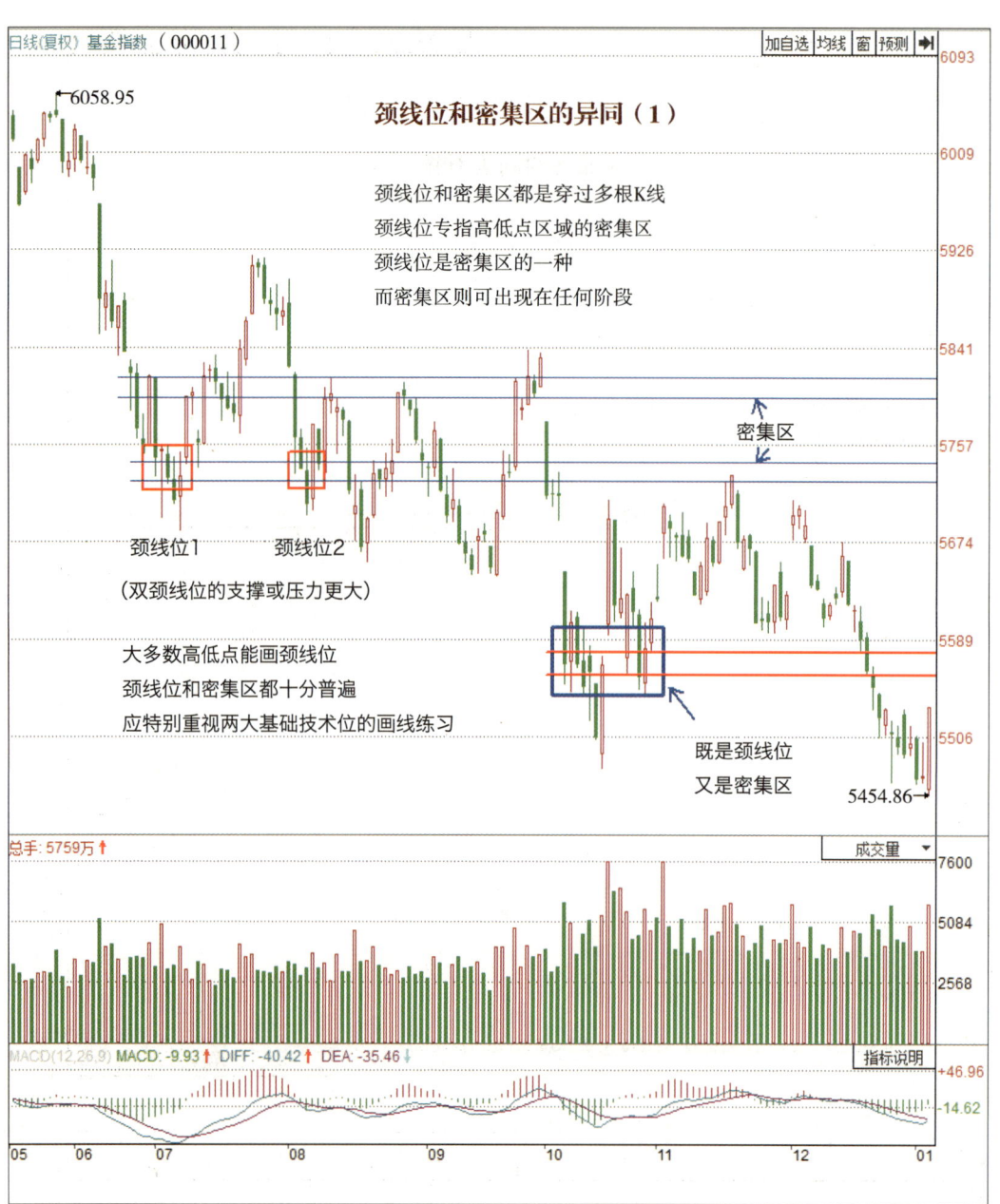

Chapter One 第一章 基础知识

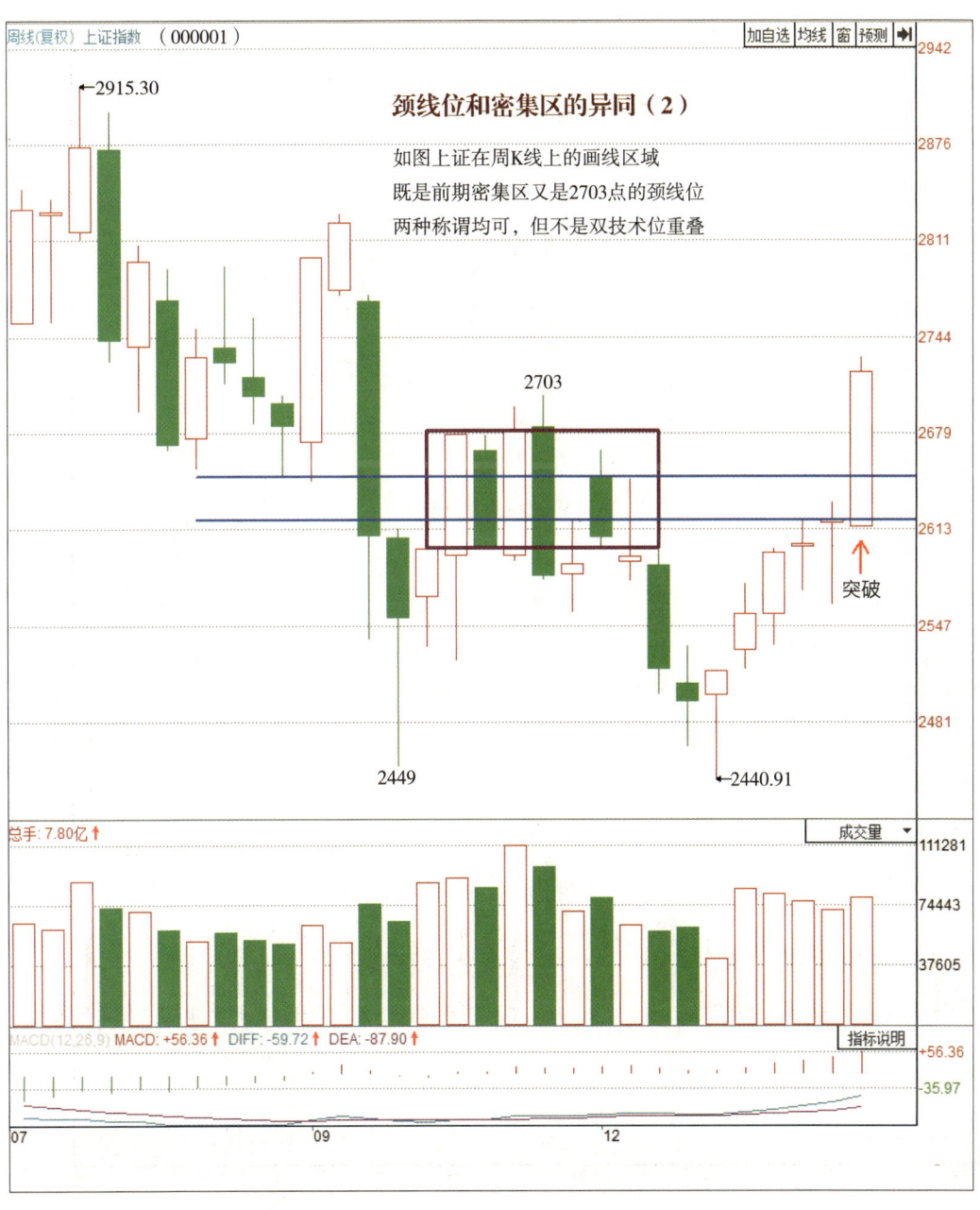

基础知识

(三)形态线的画法

Chapter One
第 一 章
基 础 知 识

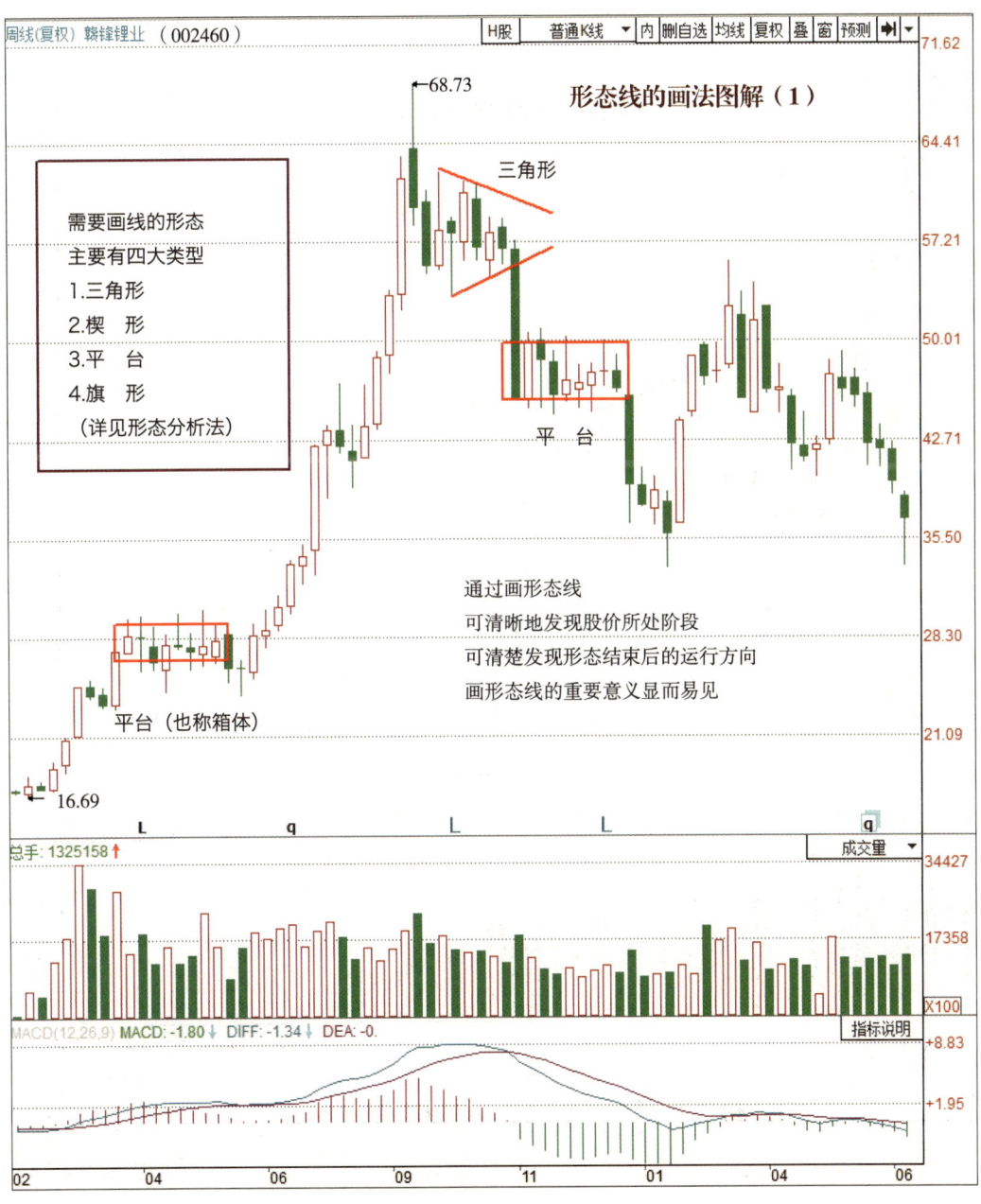

基础知识

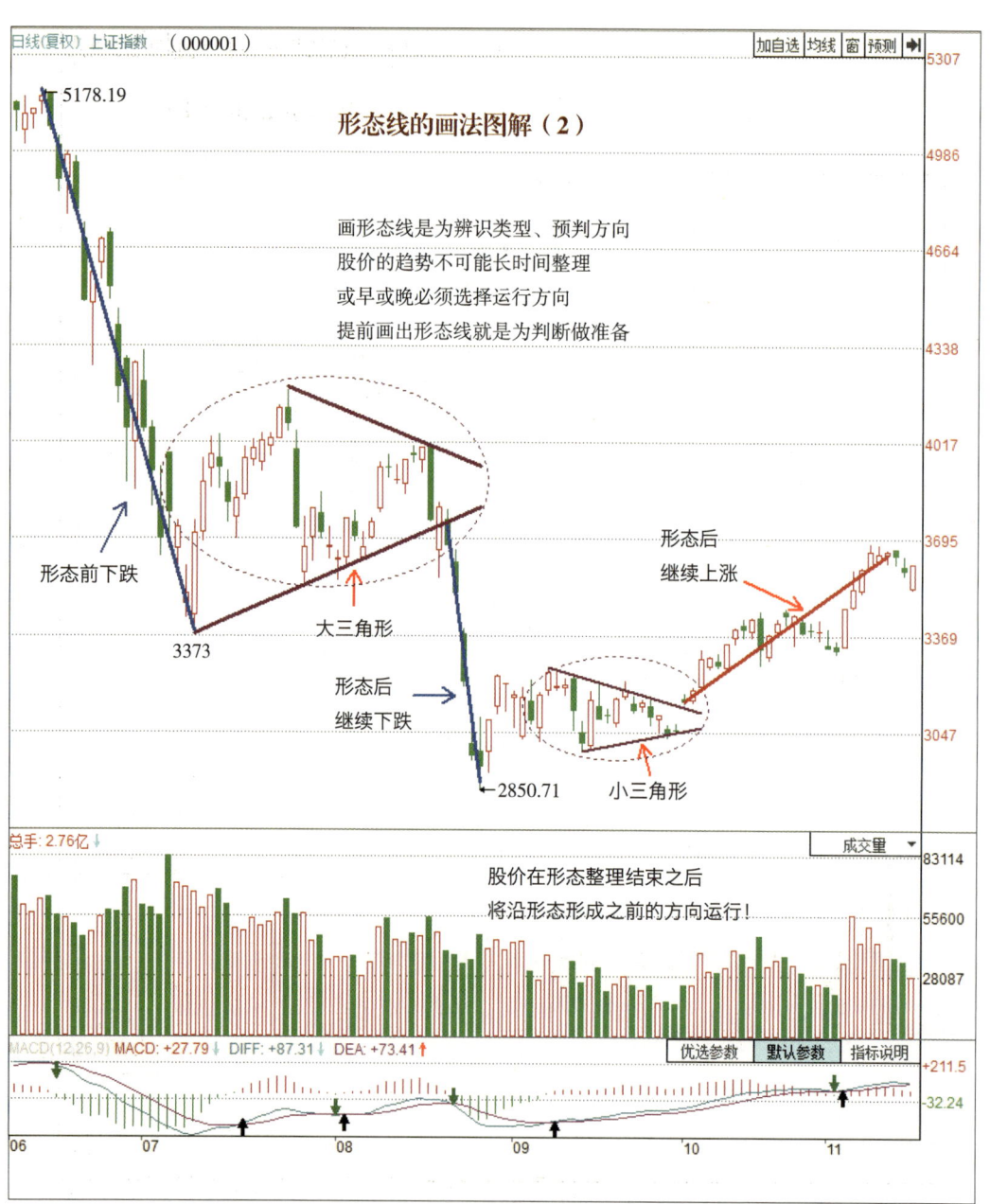

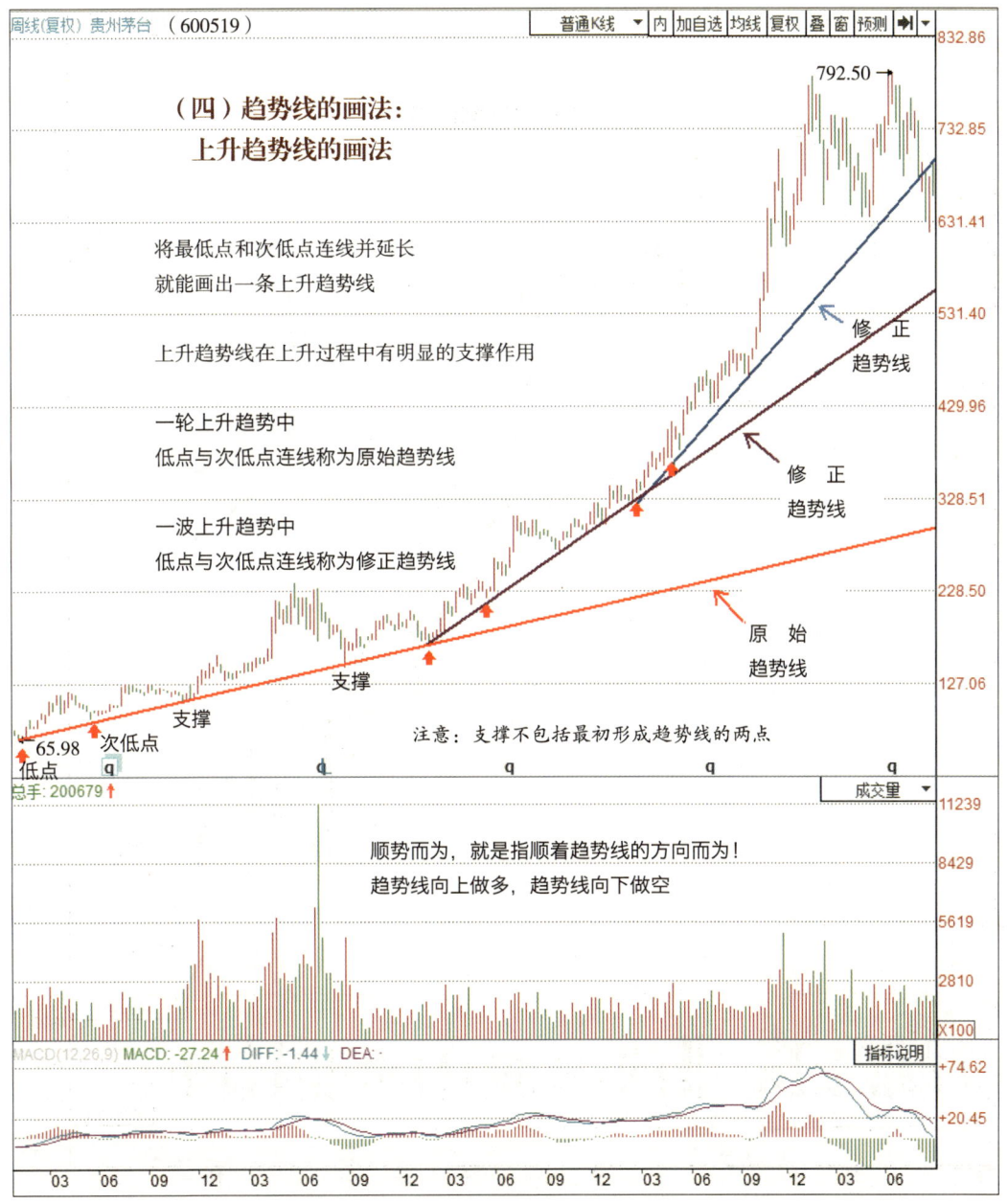

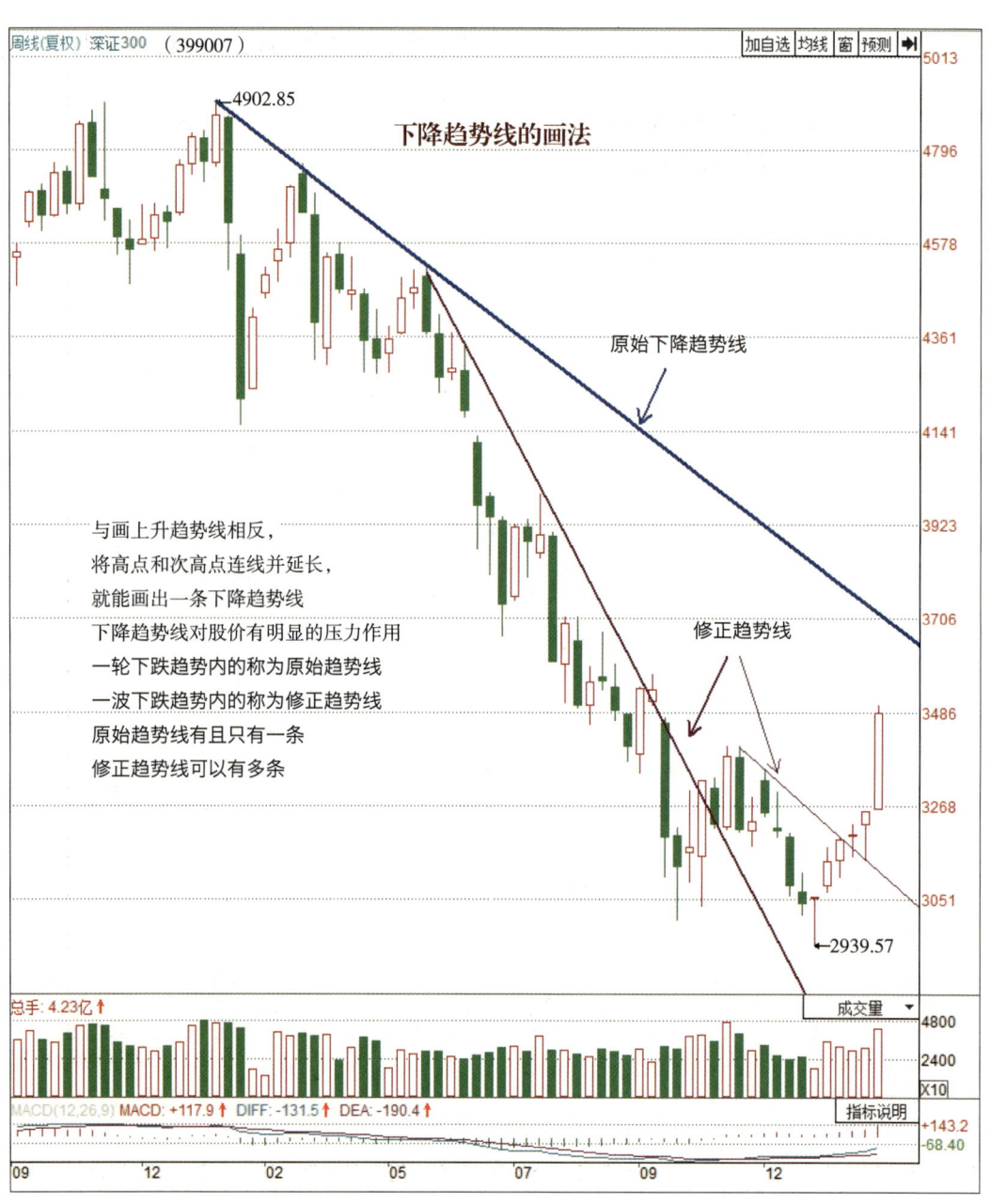

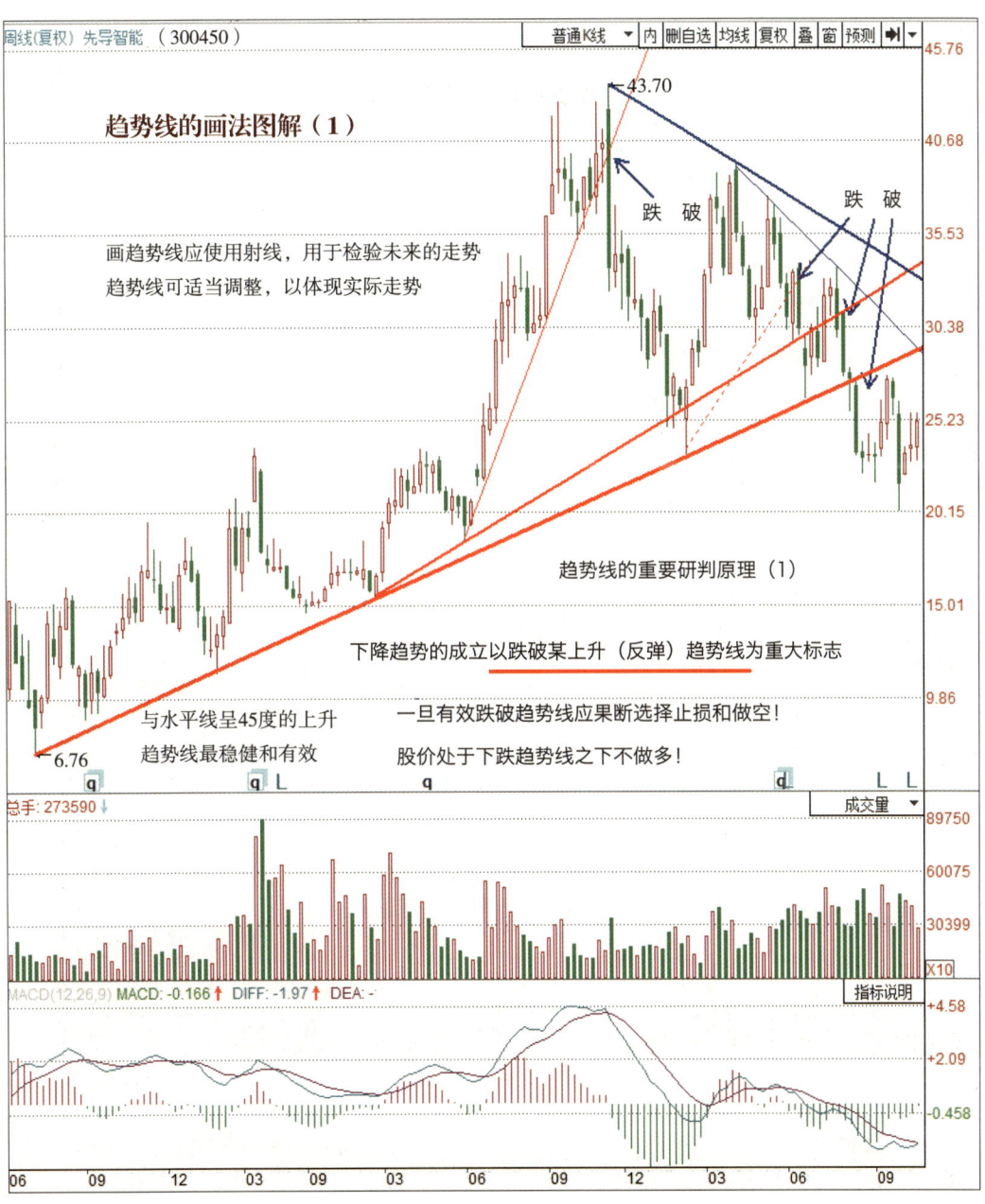

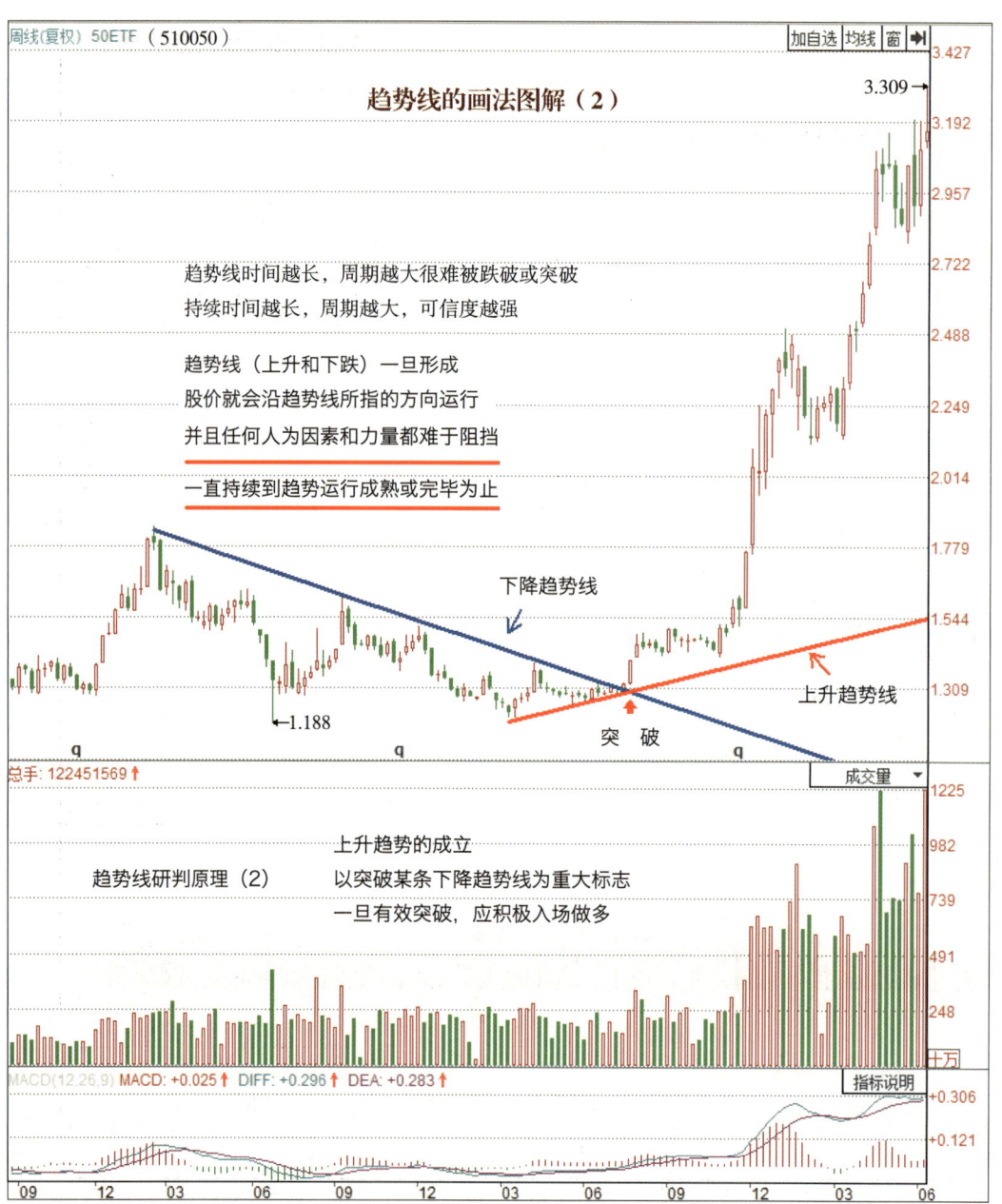

Chapter One
第一章 基础知识

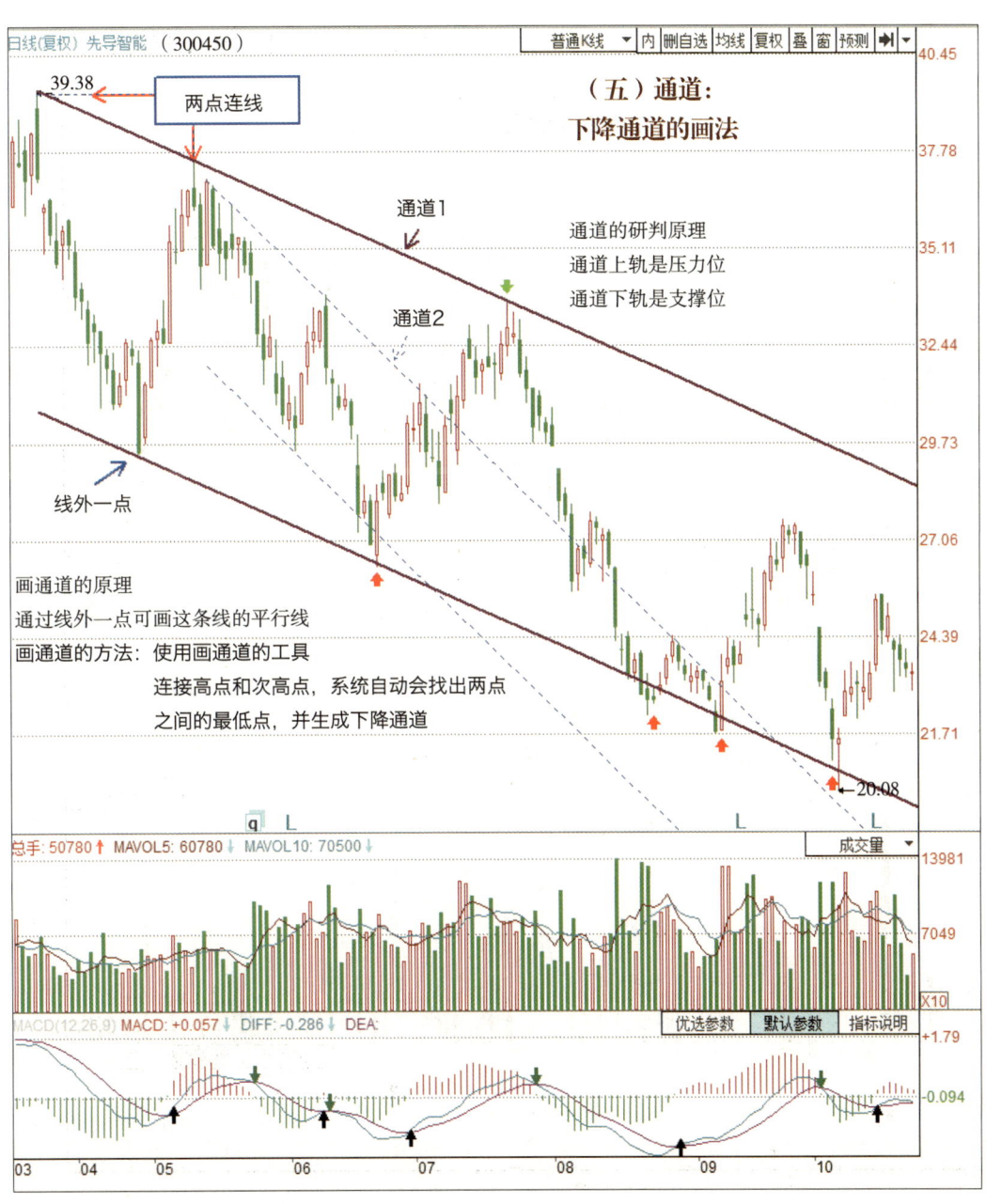

基础知识

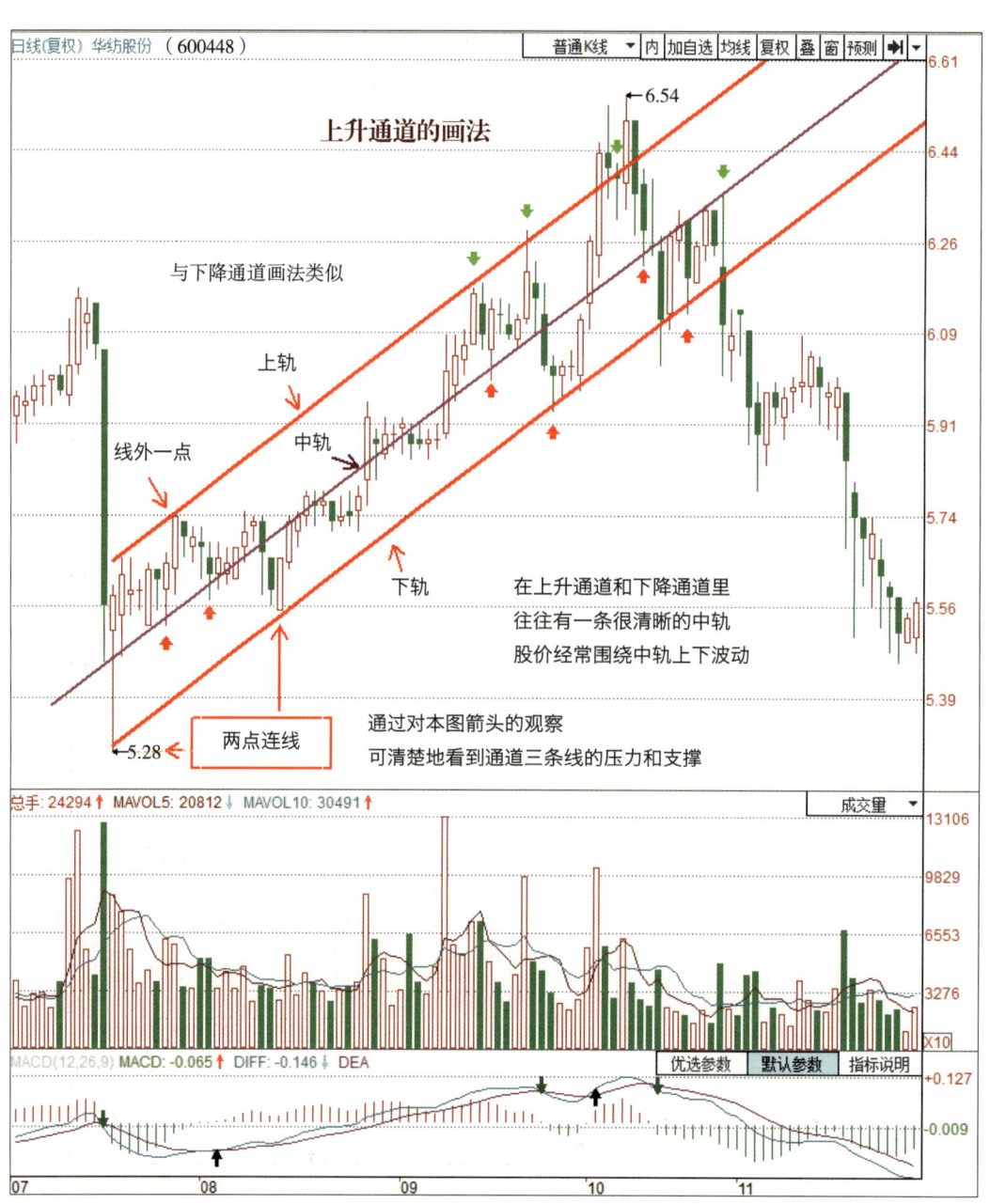

Chapter One 第一章 基础知识

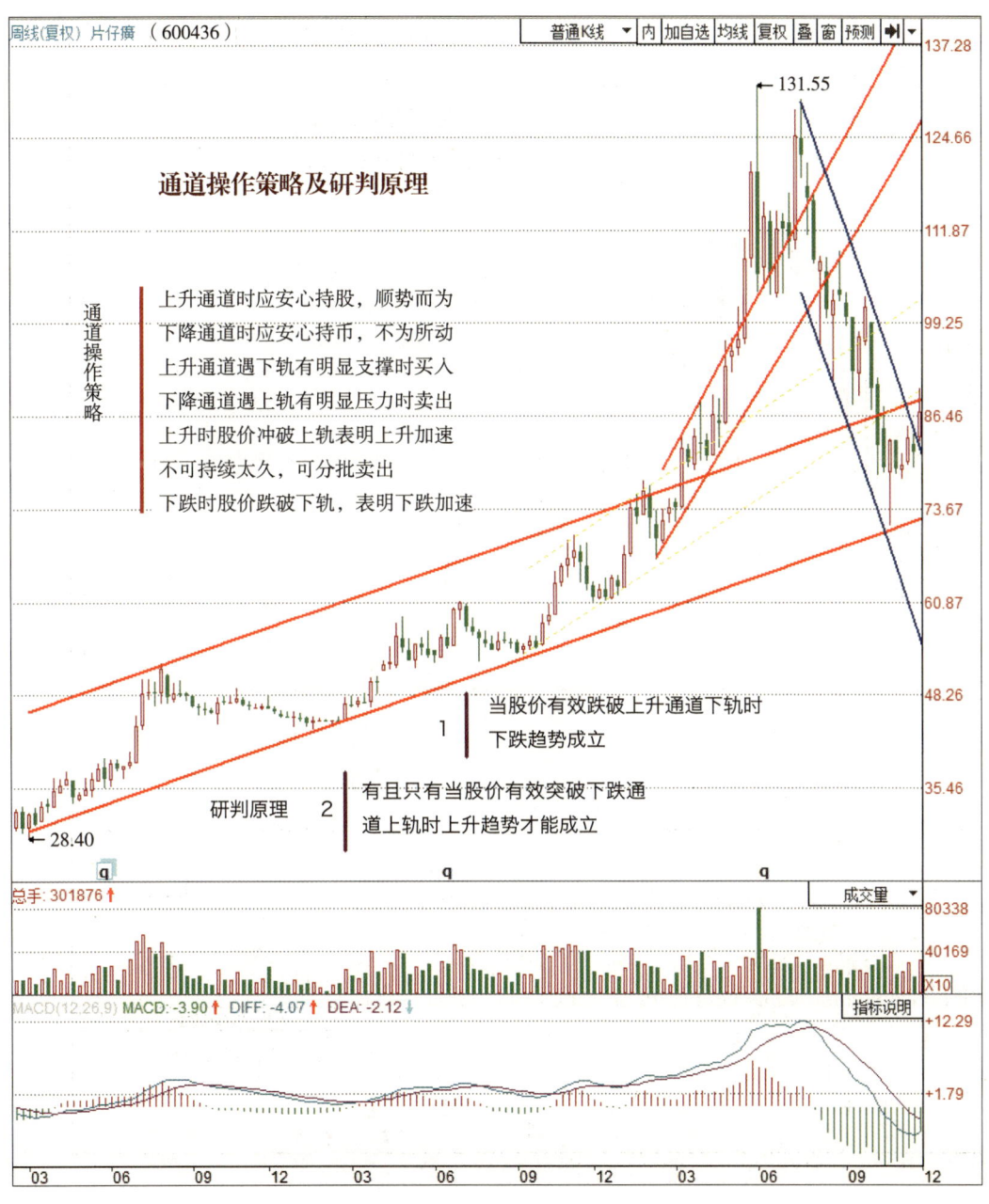

基础知识

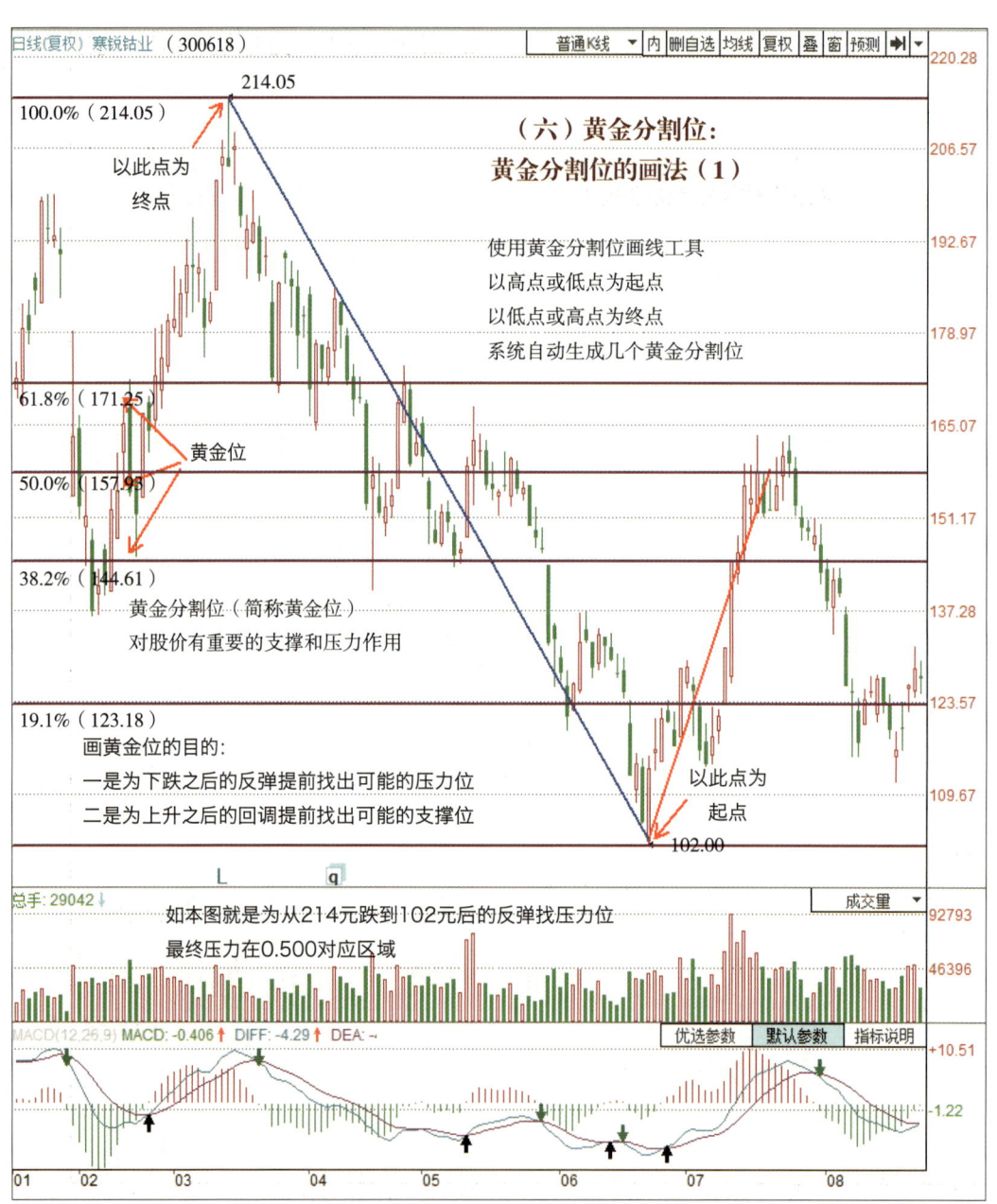

Chapter One 第一章 基础知识

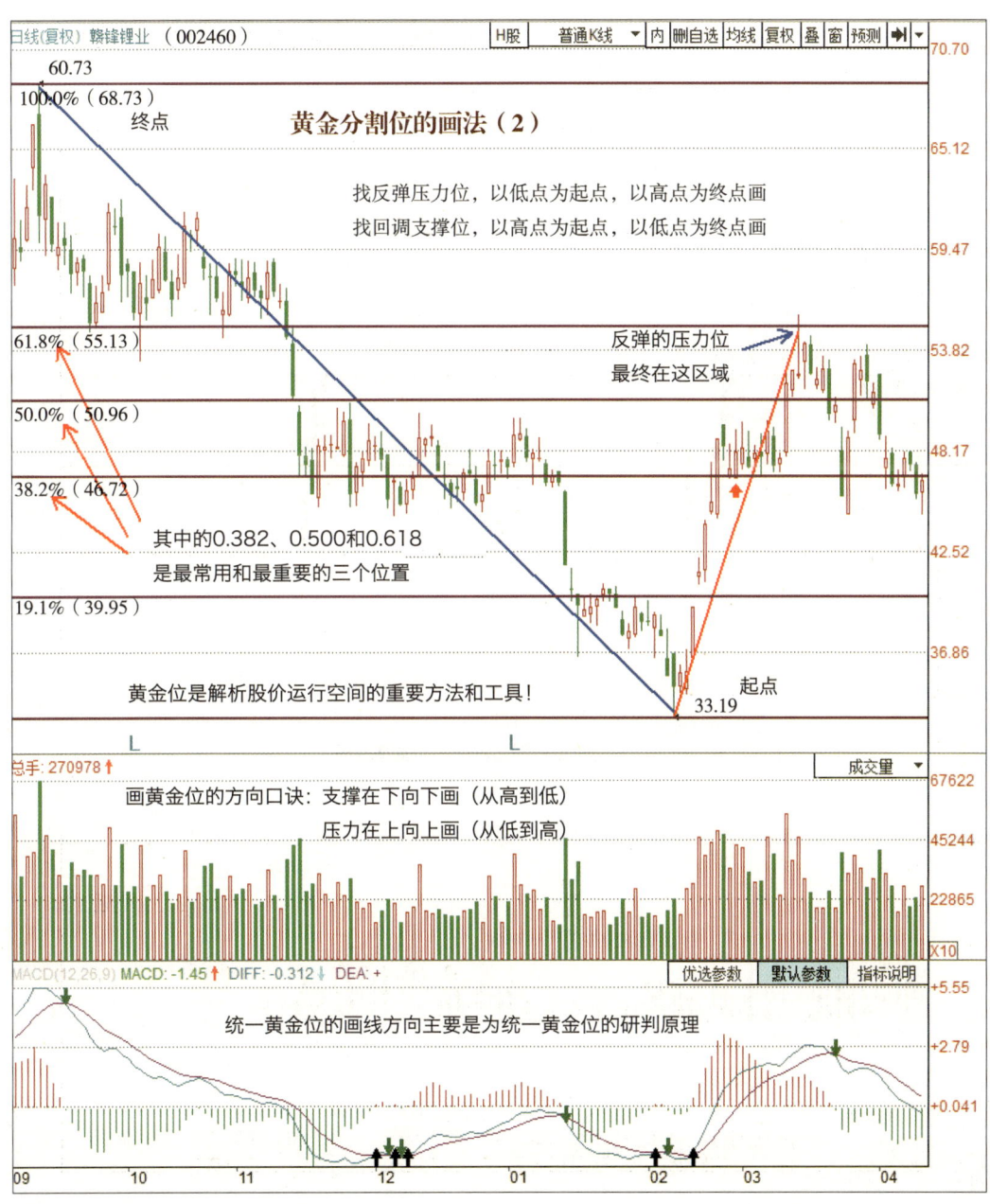

基础知识

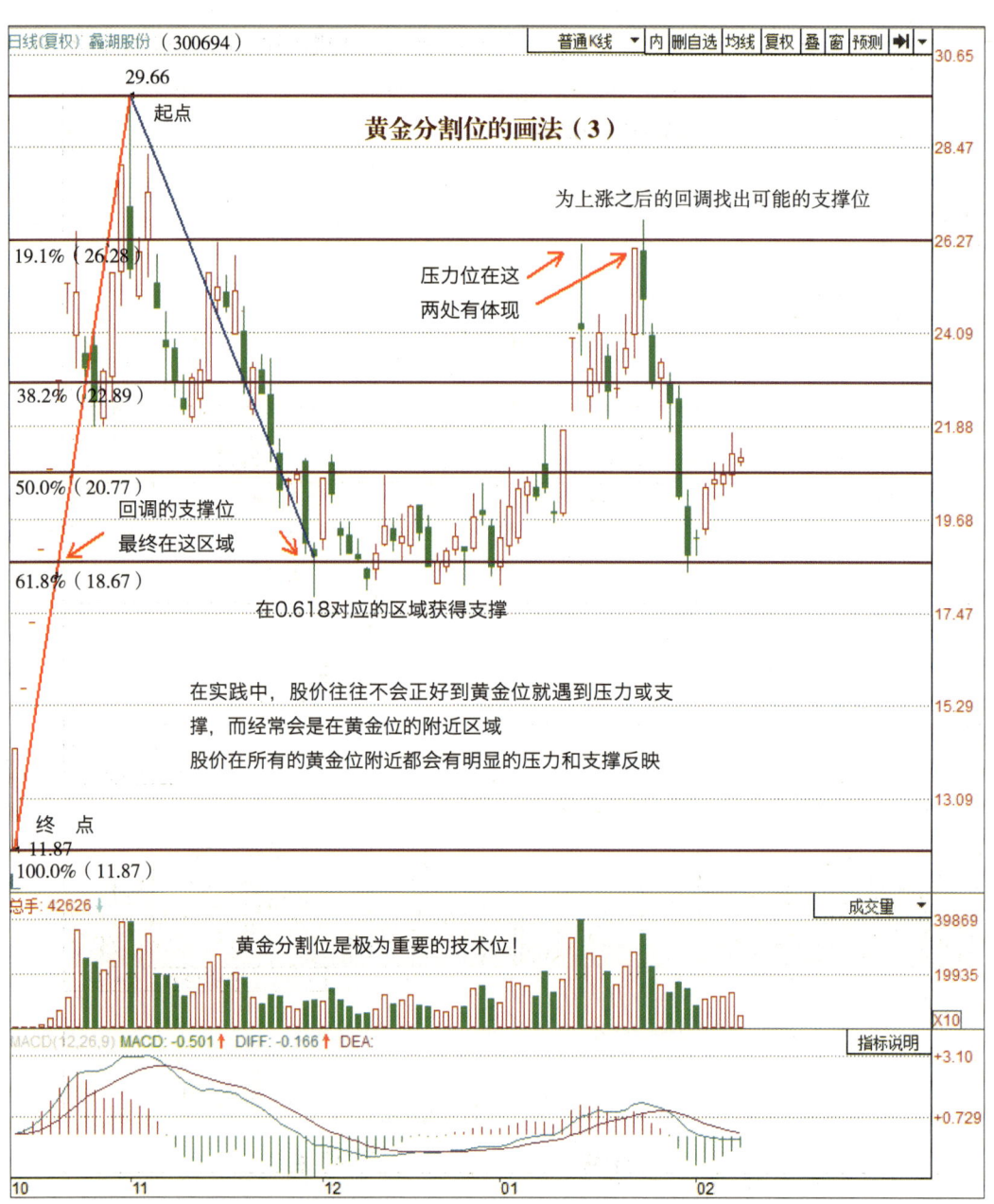

Chapter One
第一章 基础知识

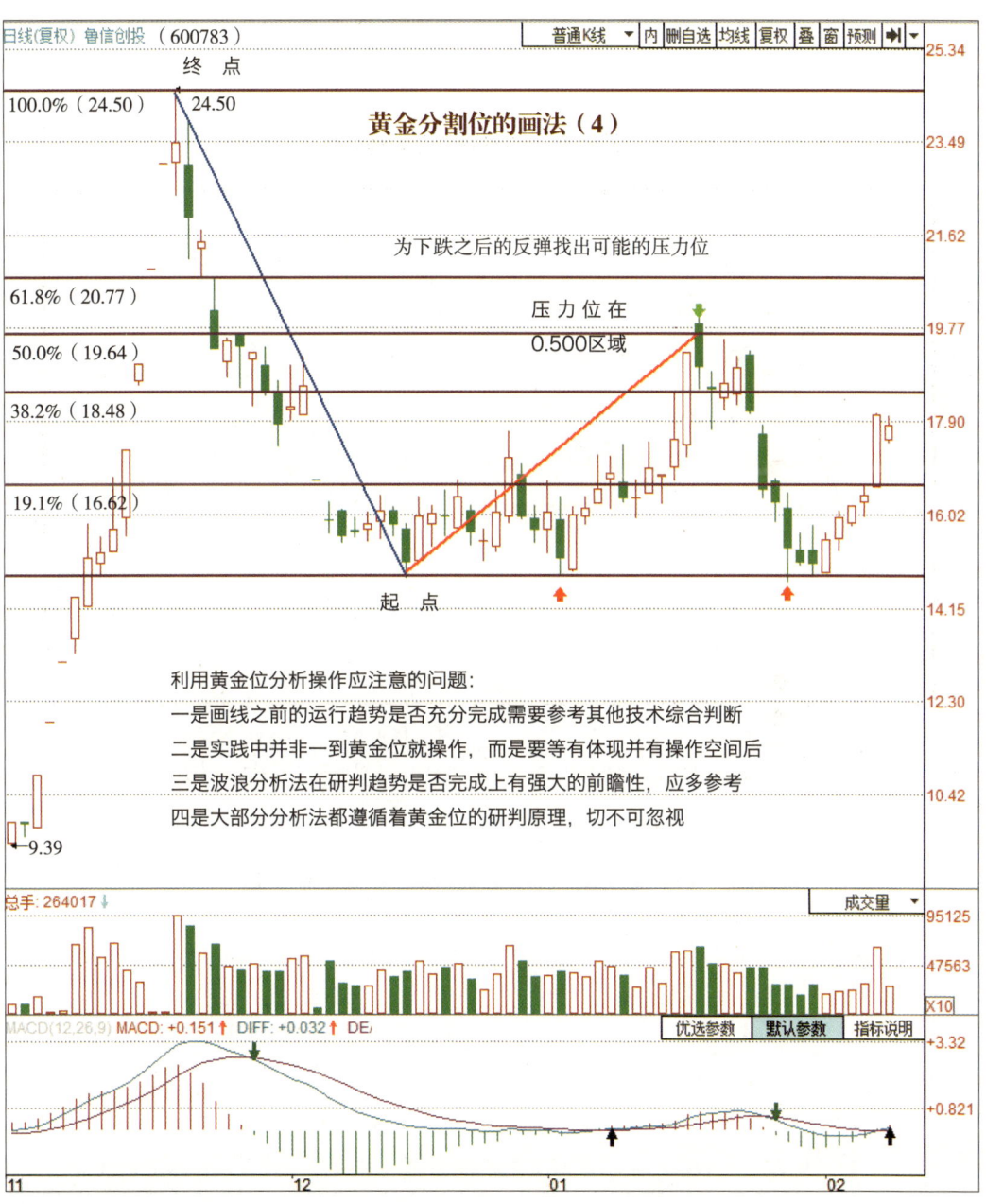

基础知识
· 037 ·

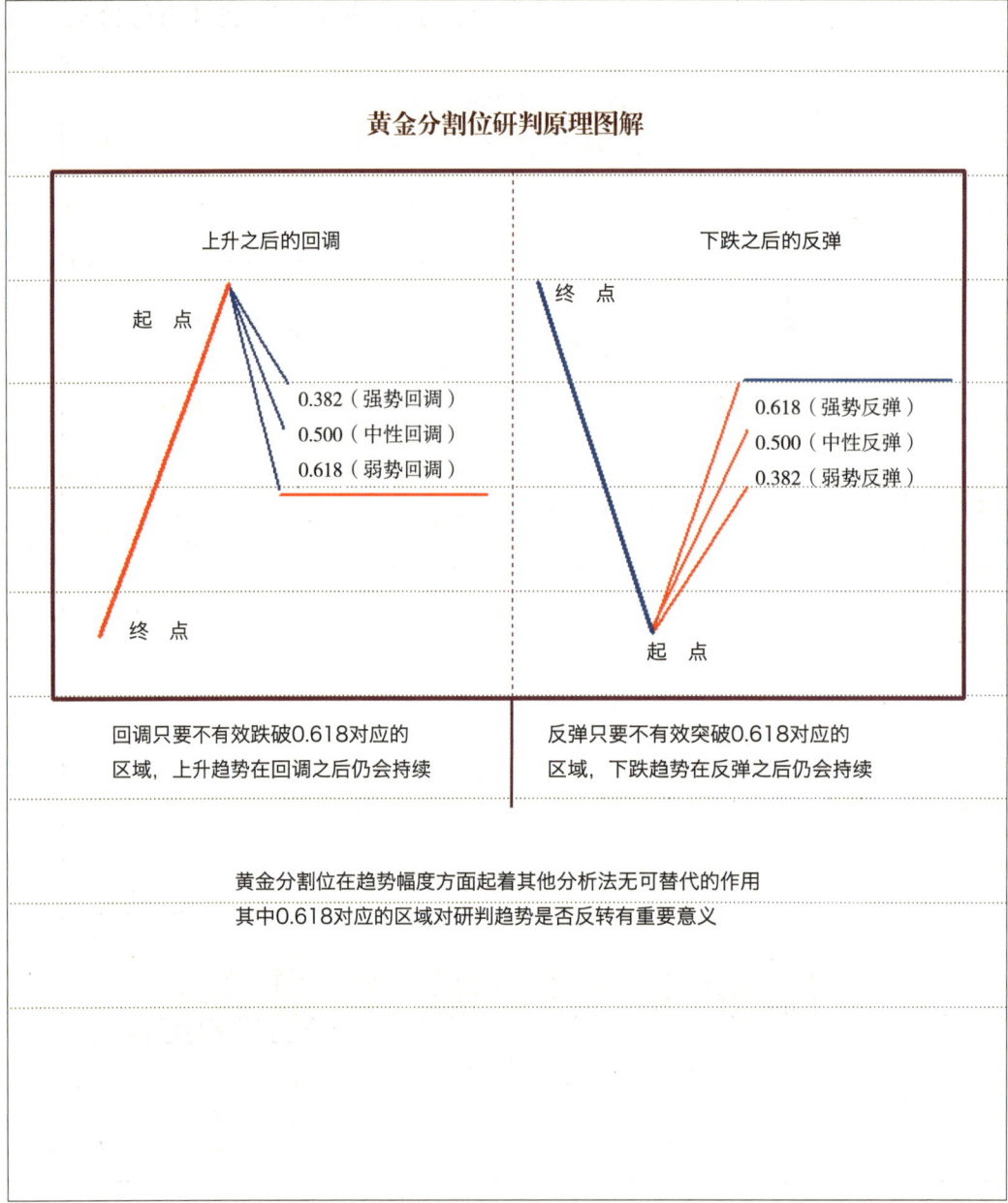

Chapter One
第一章 基础知识

黄金分割位的趋势研判实例（1）：上升趋势之后的回调

根据黄金分割位的趋势研判原理：
股价从95元起开始的回调，股价只回调到了0.500对应的区域
股价甚至并没有触及0.618区域，所以上升趋势或反弹仍会持续
（同时黄金分割位的支撑和压力在图上也有充分的体现）

基础知识

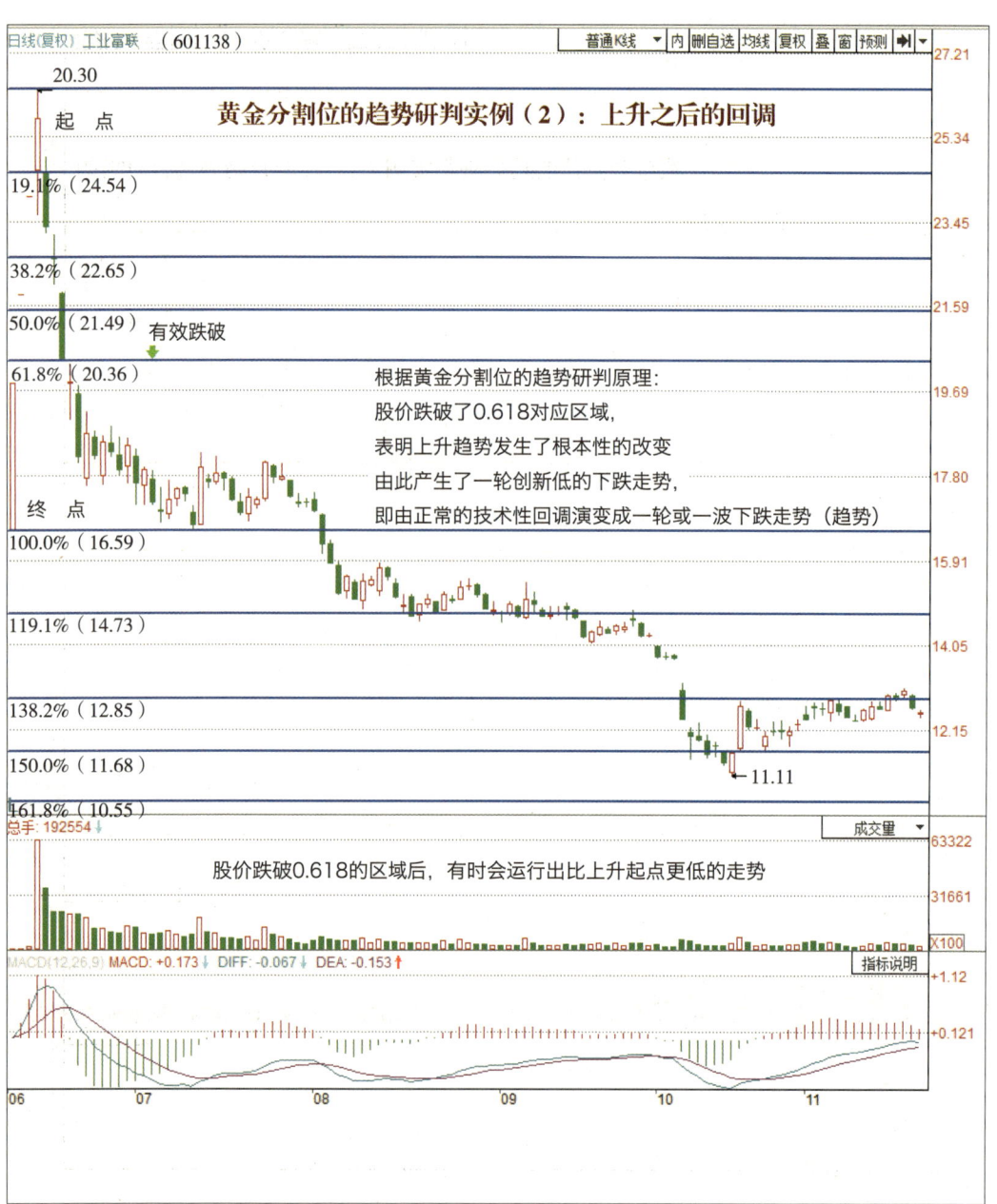

Chapter One 第一章 基础知识

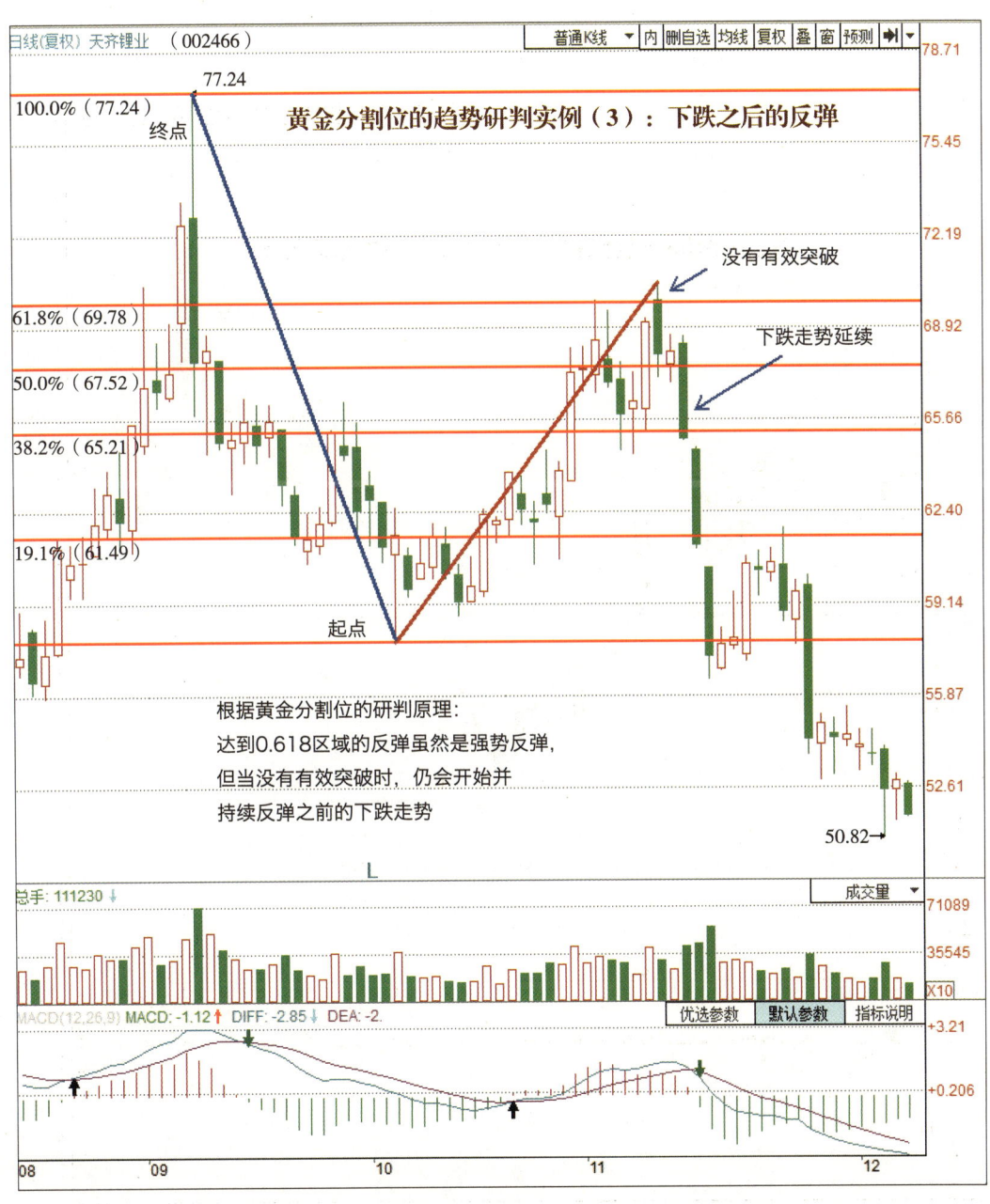

基础知识

Chapter One
第一章 基础知识

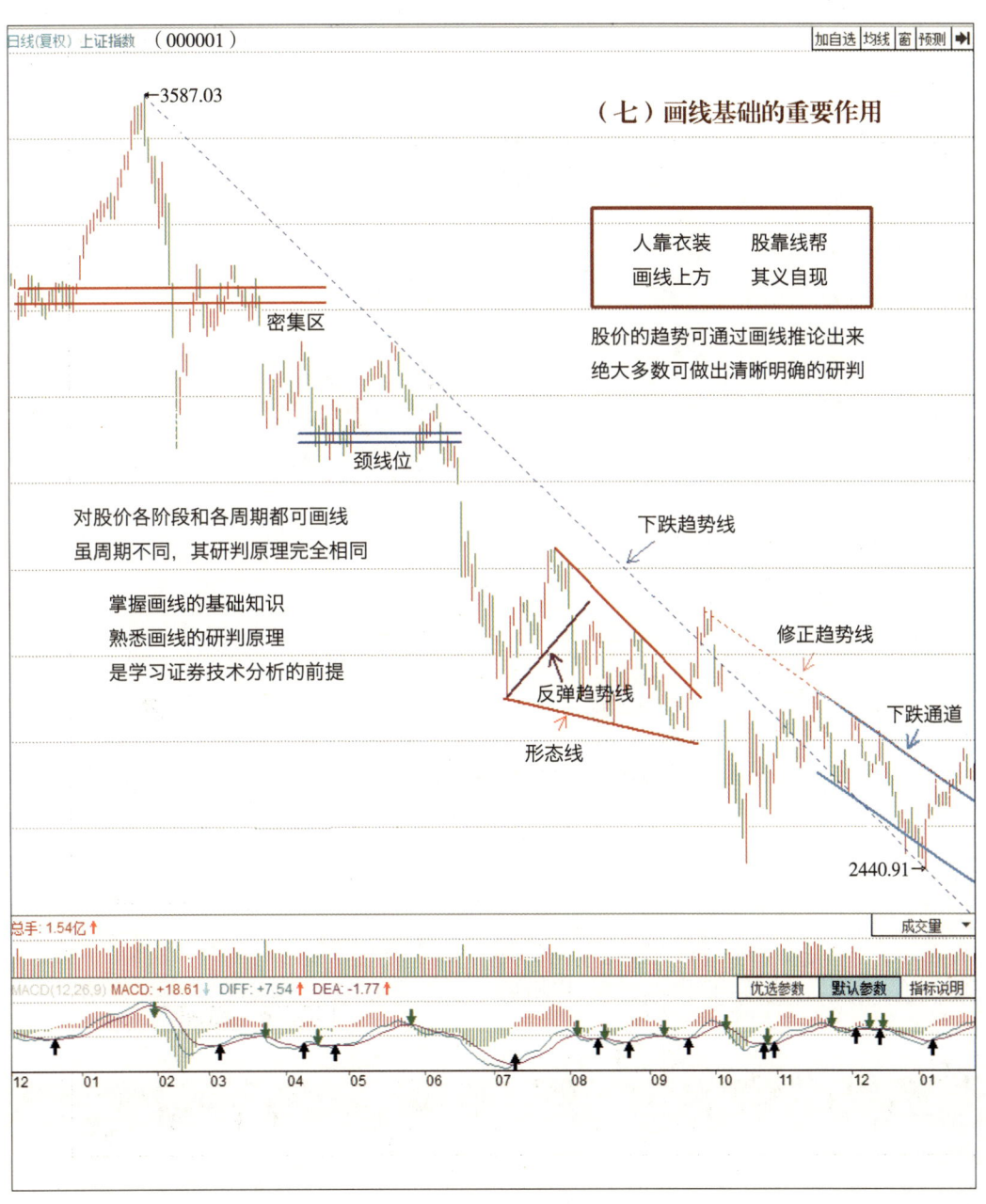

基础知识

第三节 六大技术位

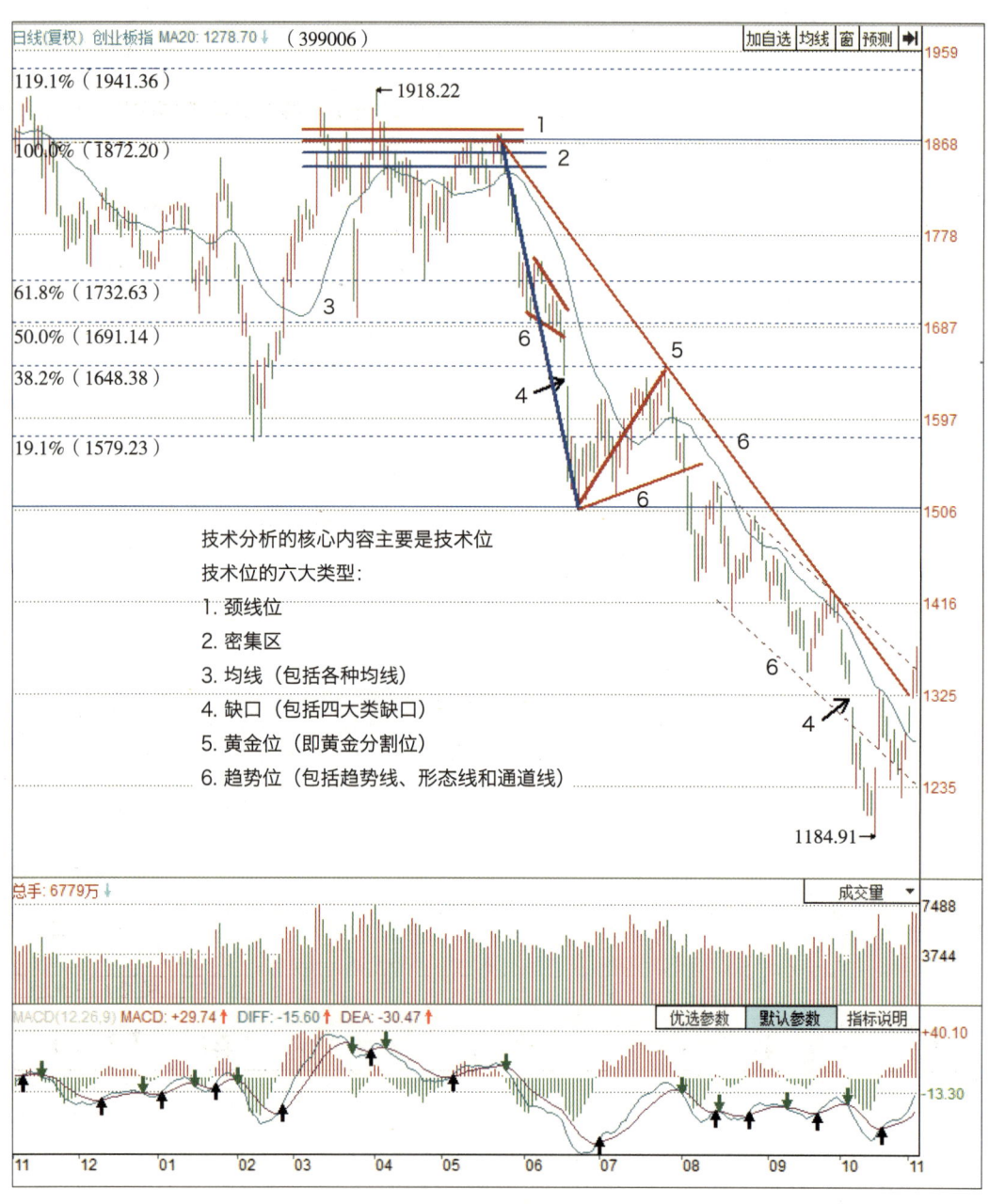

技术分析的核心内容主要是技术位
技术位的六大类型：
1. 颈线位
2. 密集区
3. 均线（包括各种均线）
4. 缺口（包括四大类缺口）
5. 黄金位（即黄金分割位）
6. 趋势位（包括趋势线、形态线和通道线）

Chapter One
第一章 基础知识

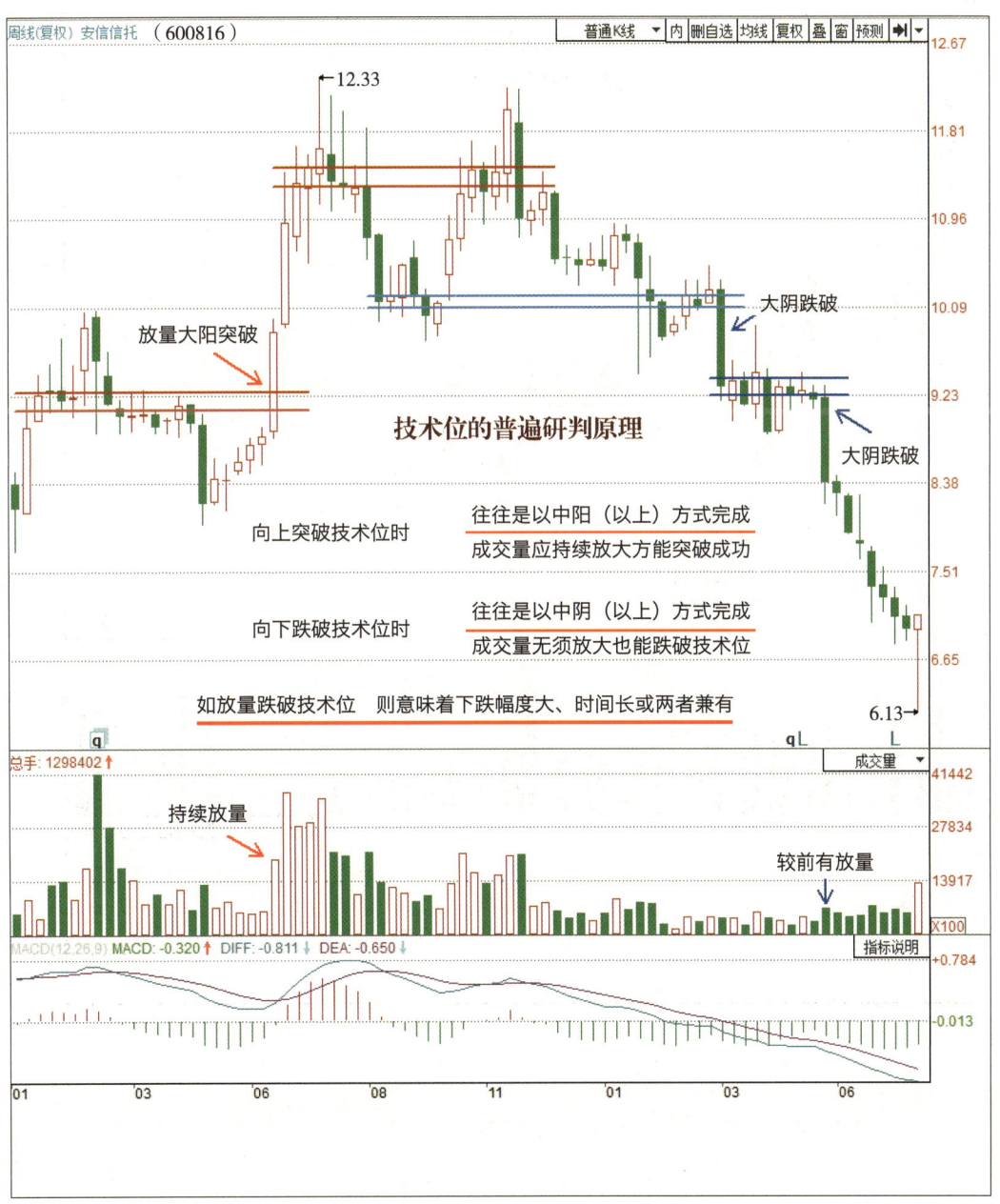

基础知识

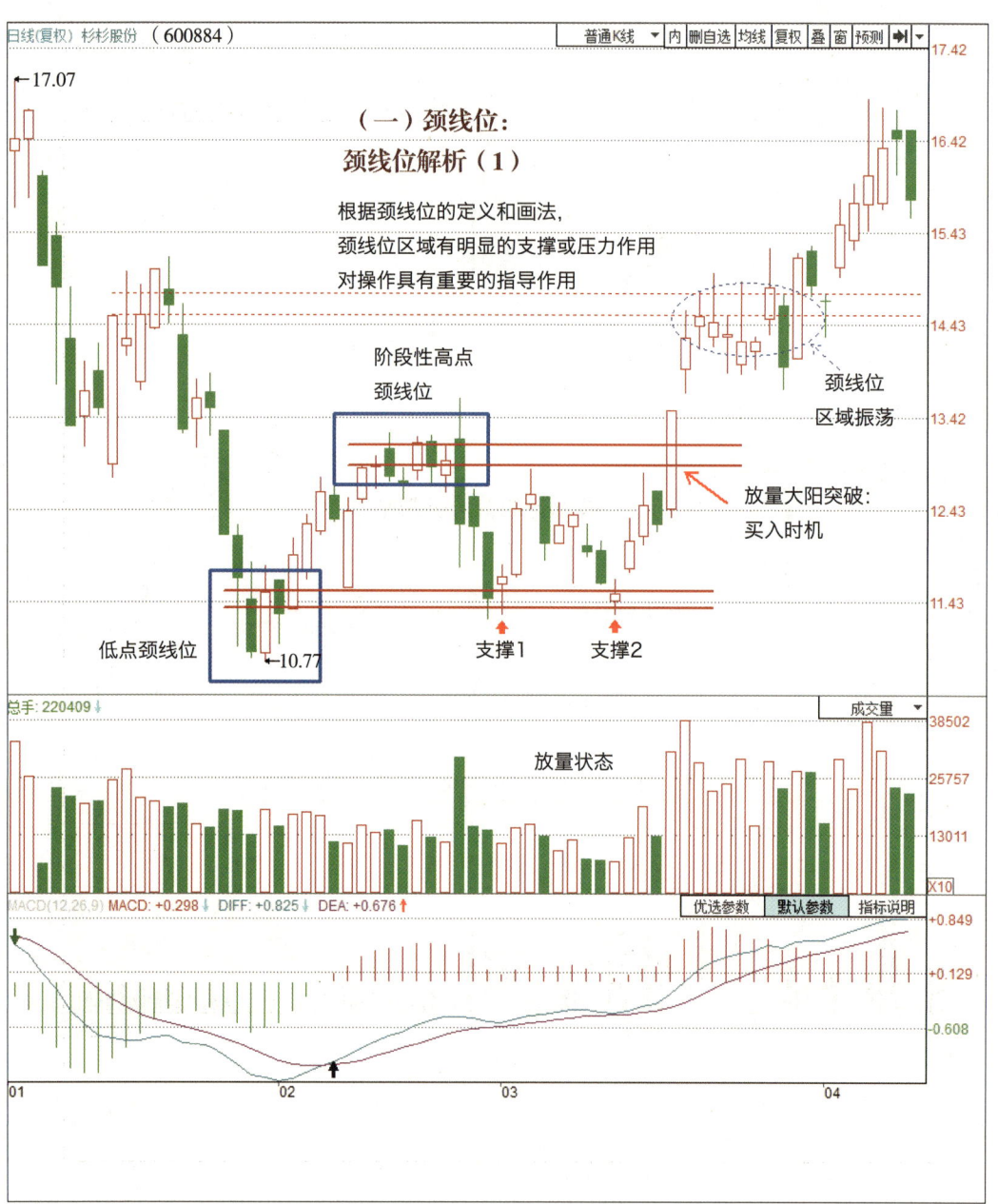

Chapter One

第一章 基础知识

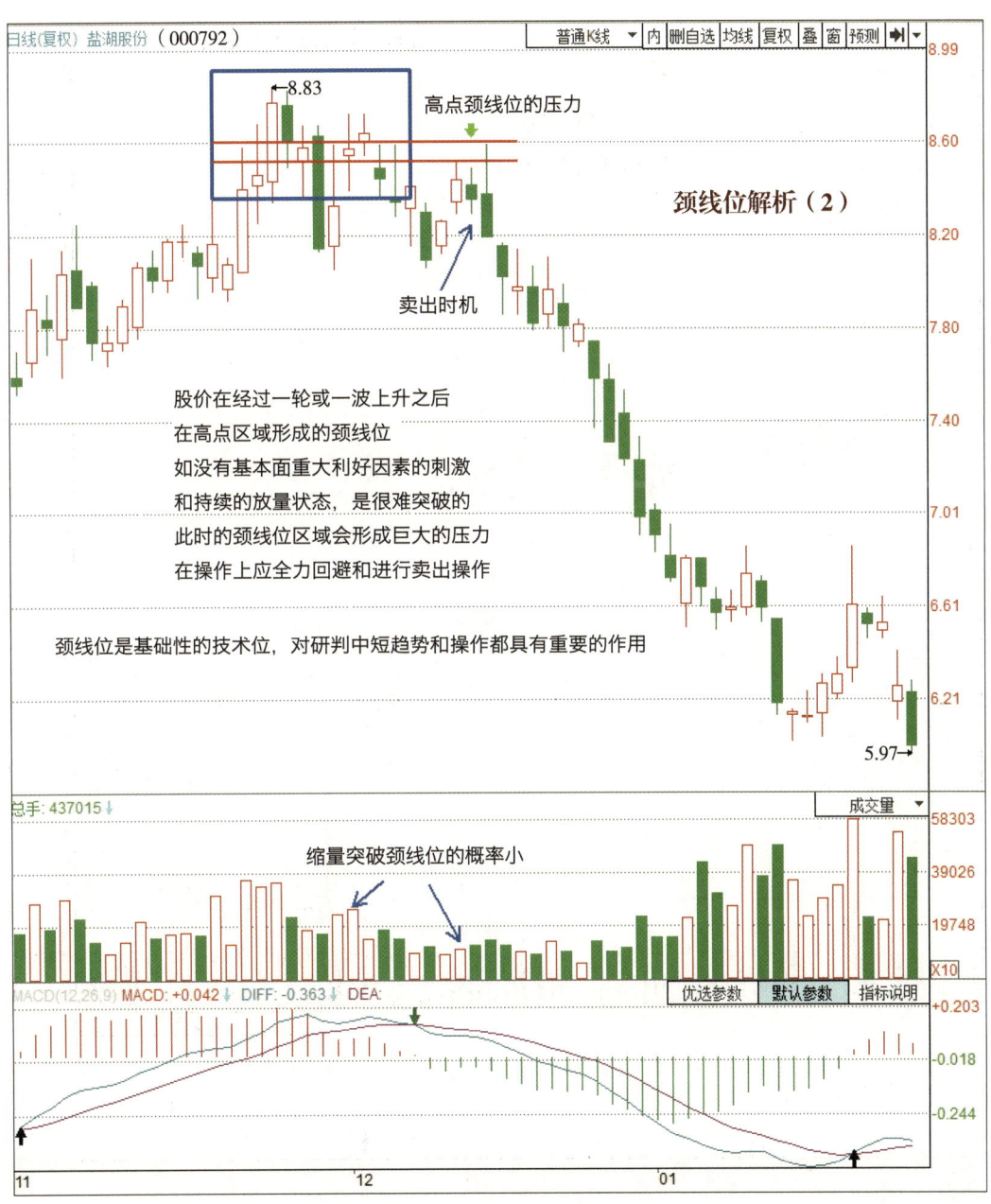

基础知识

· 047 ·

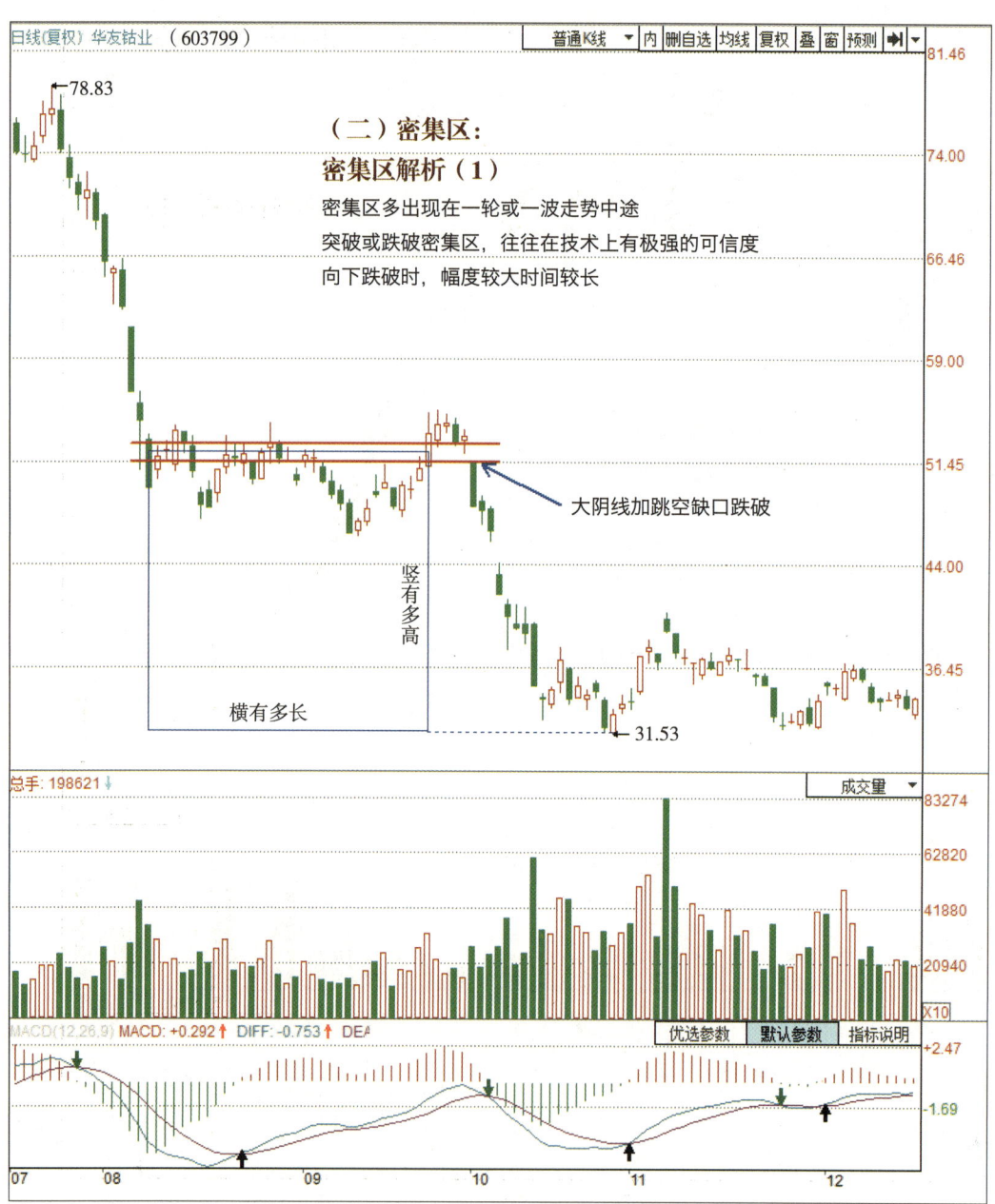

Chapter One 第一章 基础知识

基础知识

Chapter One

第一章 基础知识

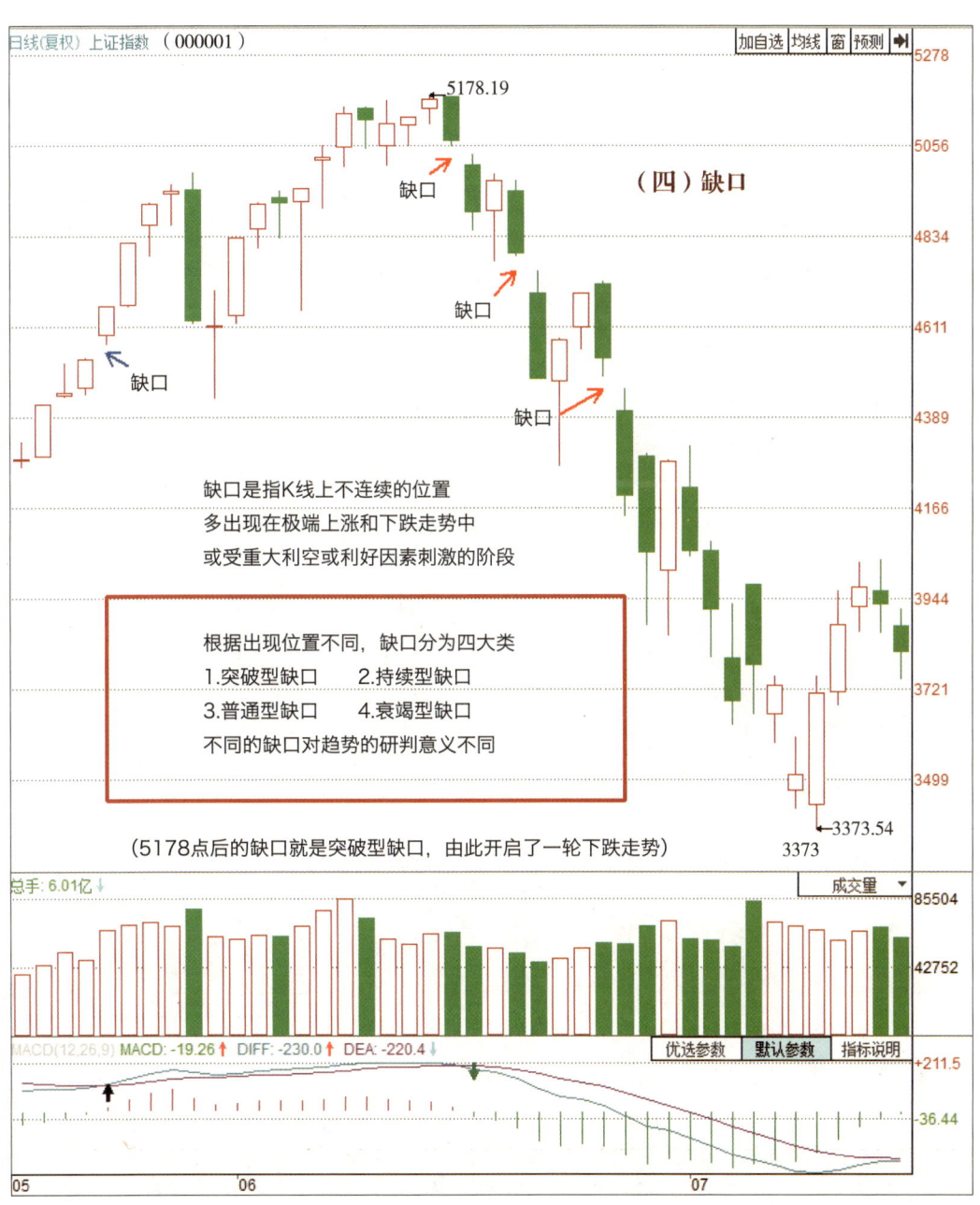

（四）缺口

缺口是指K线上不连续的位置
多出现在极端上涨和下跌走势中
或受重大利空或利好因素刺激的阶段

根据出现位置不同，缺口分为四大类
1. 突破型缺口　　2. 持续型缺口
3. 普通型缺口　　4. 衰竭型缺口
不同的缺口对趋势的研判意义不同

（5178点后的缺口就是突破型缺口，由此开启了一轮下跌走势）

基础知识

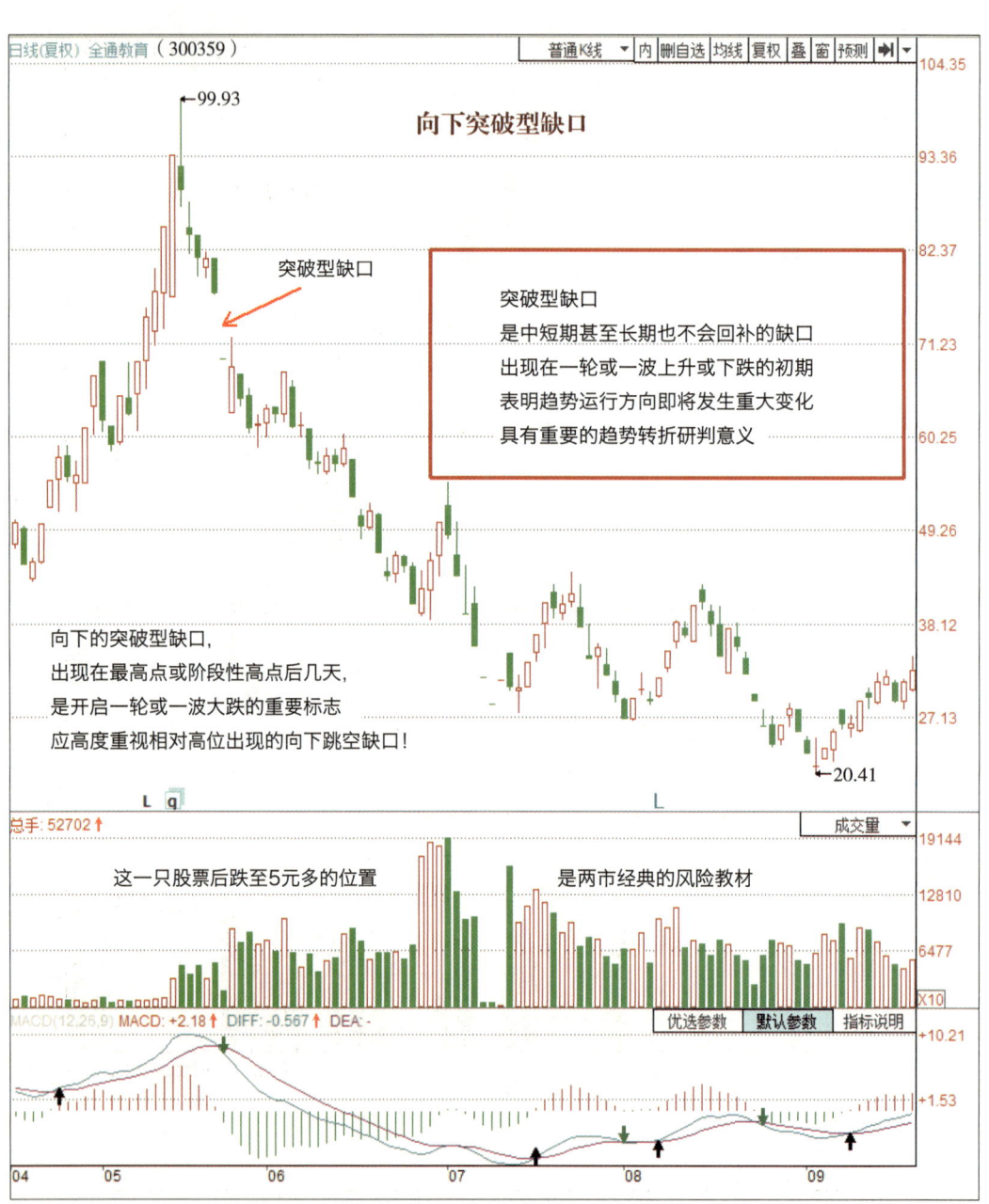

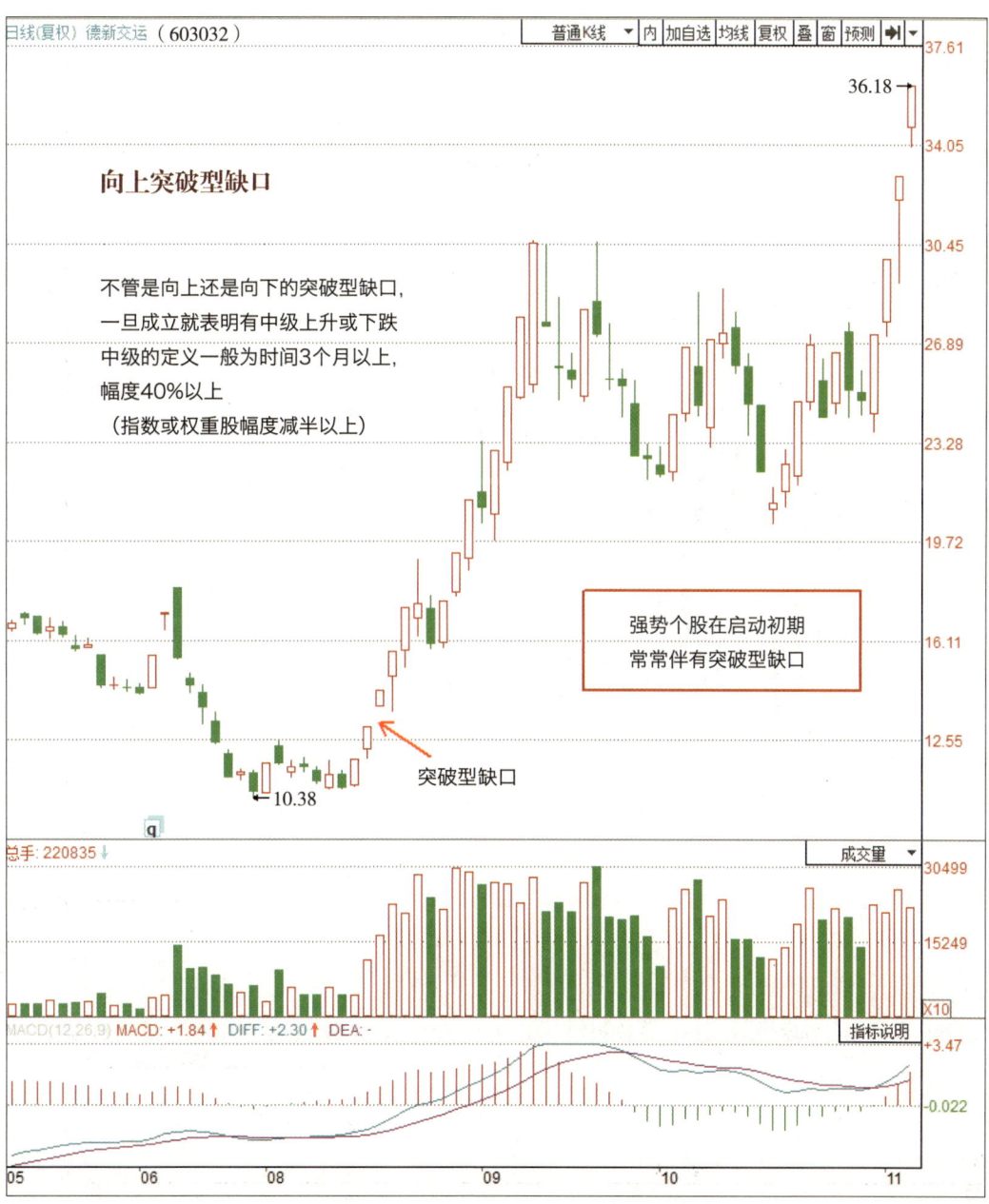

Chapter One 第一章 基础知识

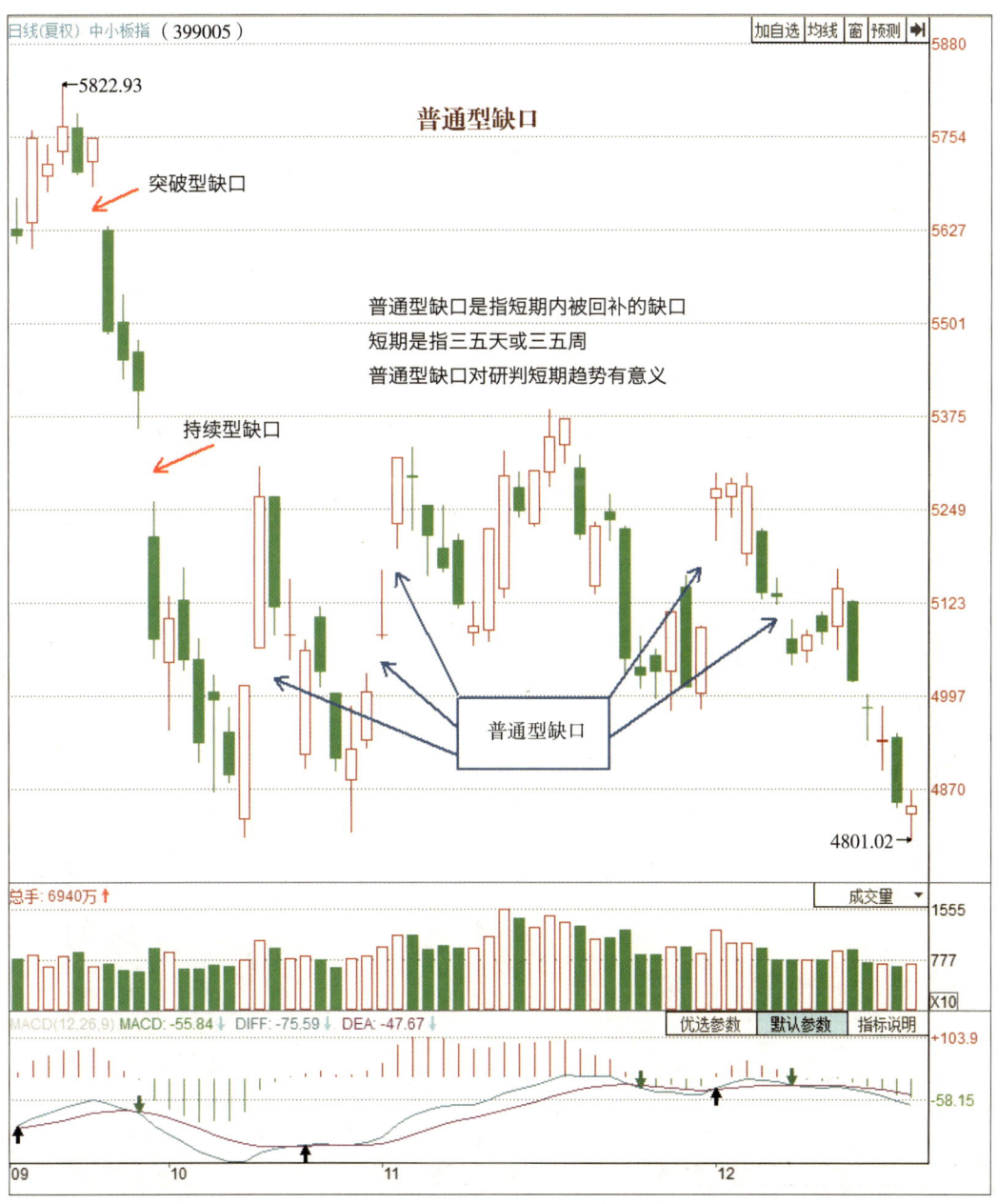

基础知识

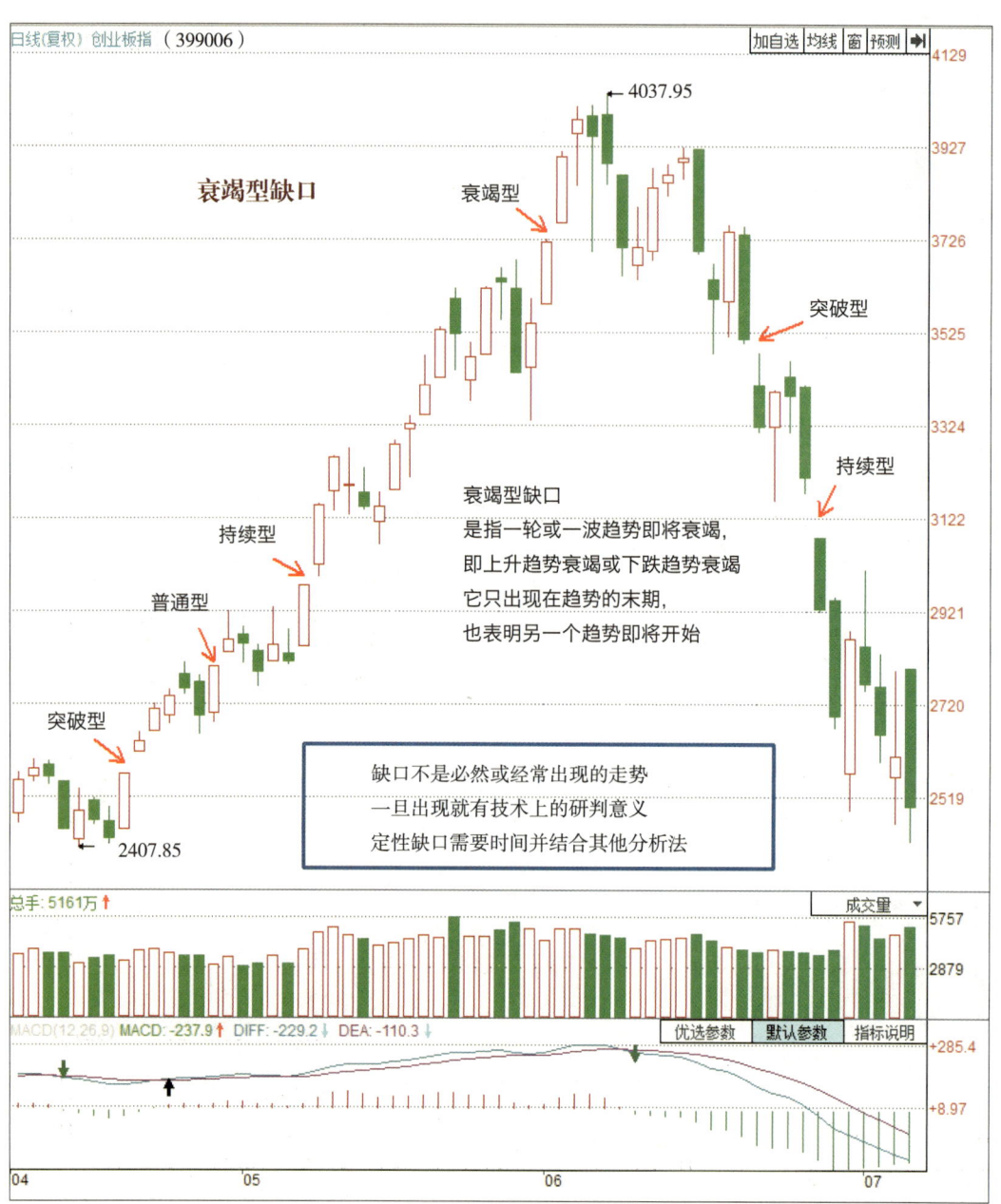

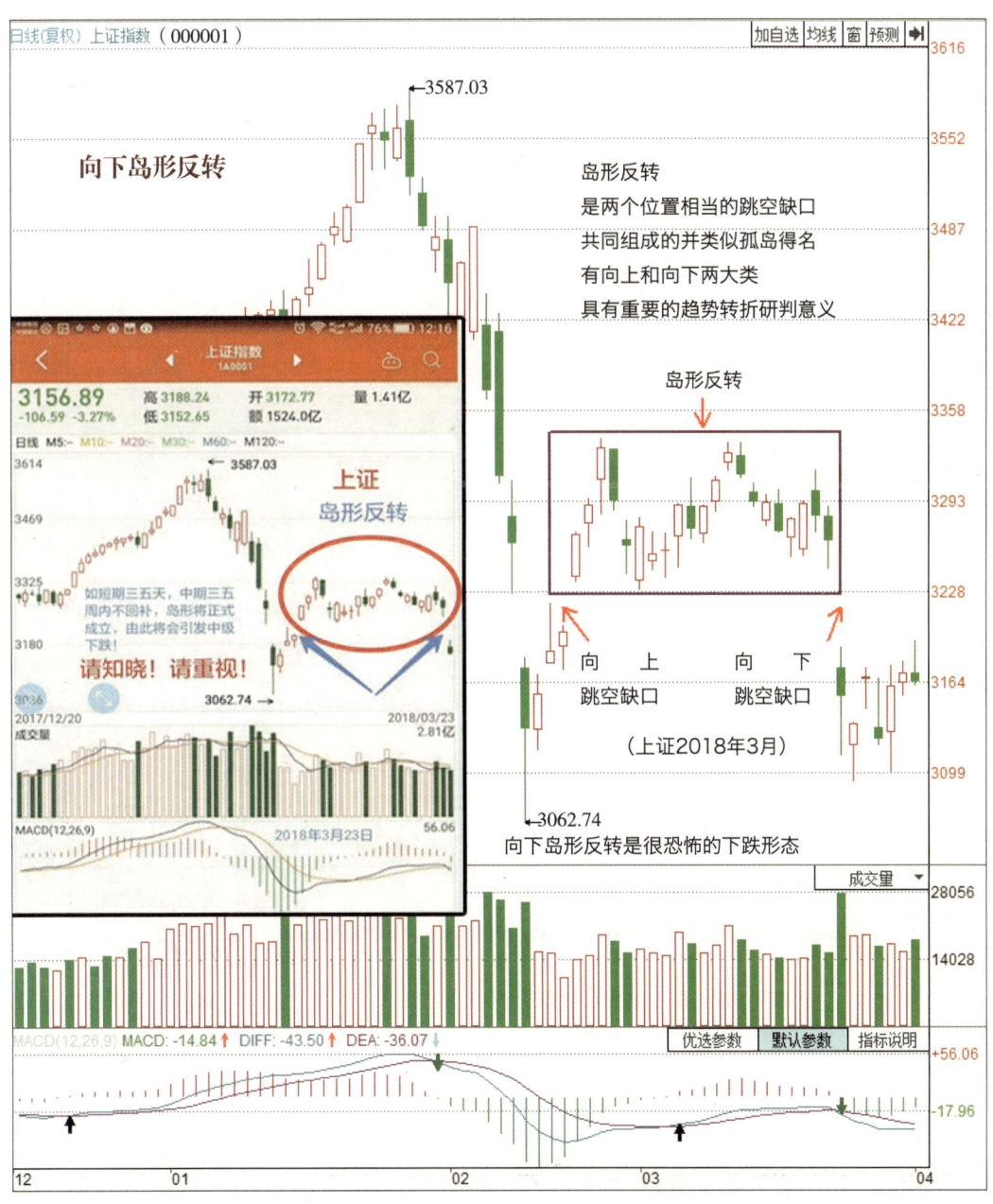

基础知识

·057·

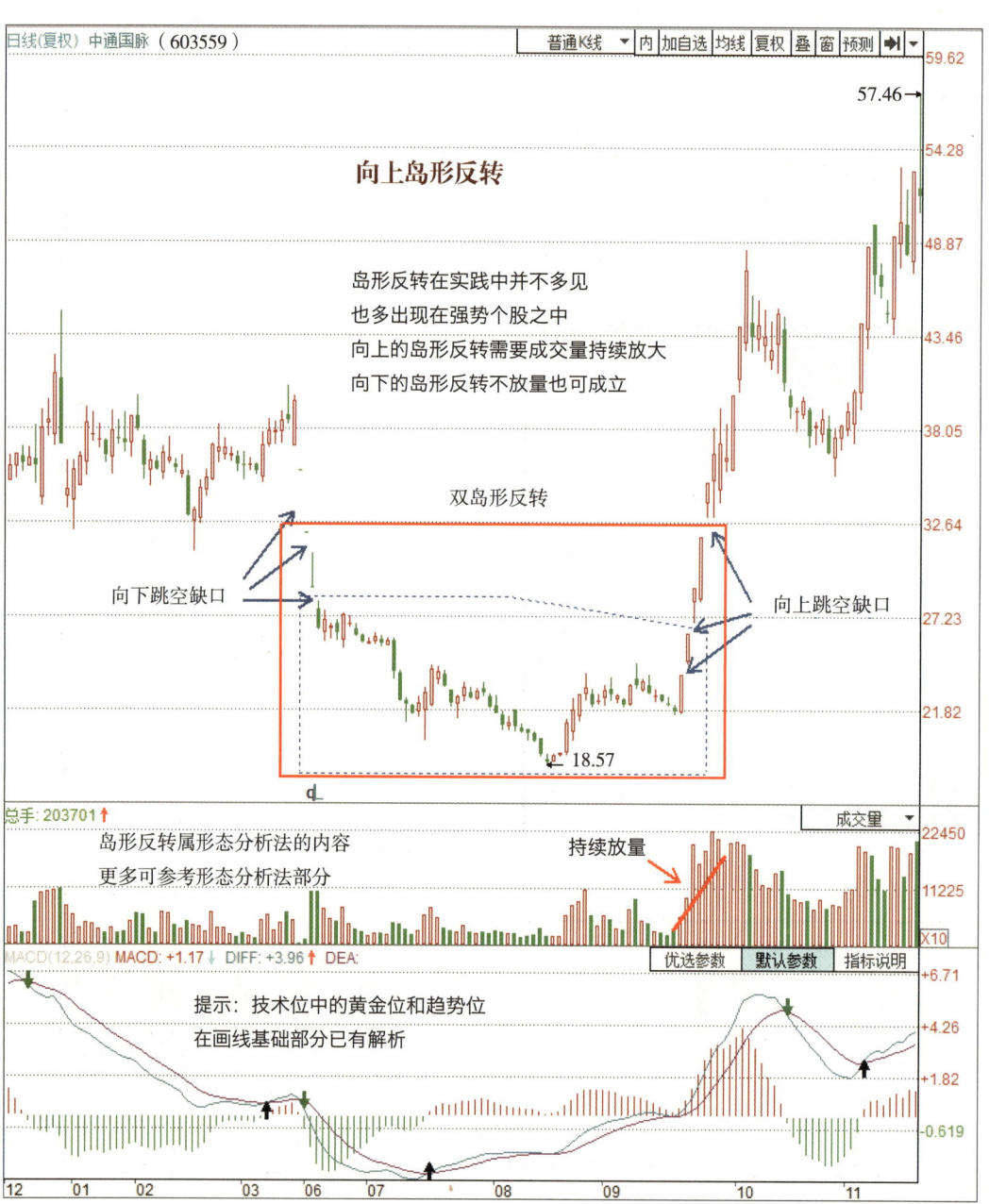

第一章 基础知识

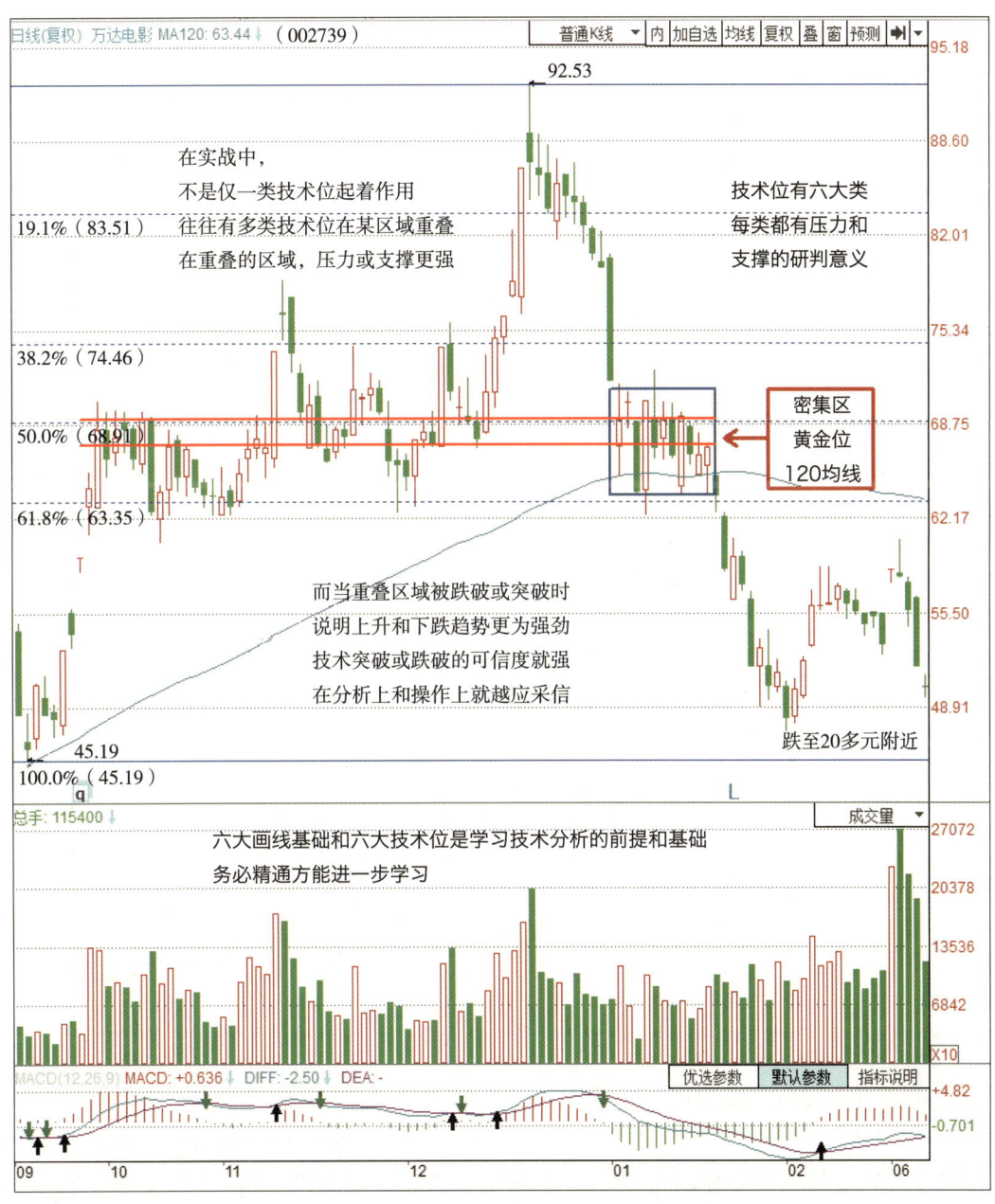

基础知识

第四节 技术反抽

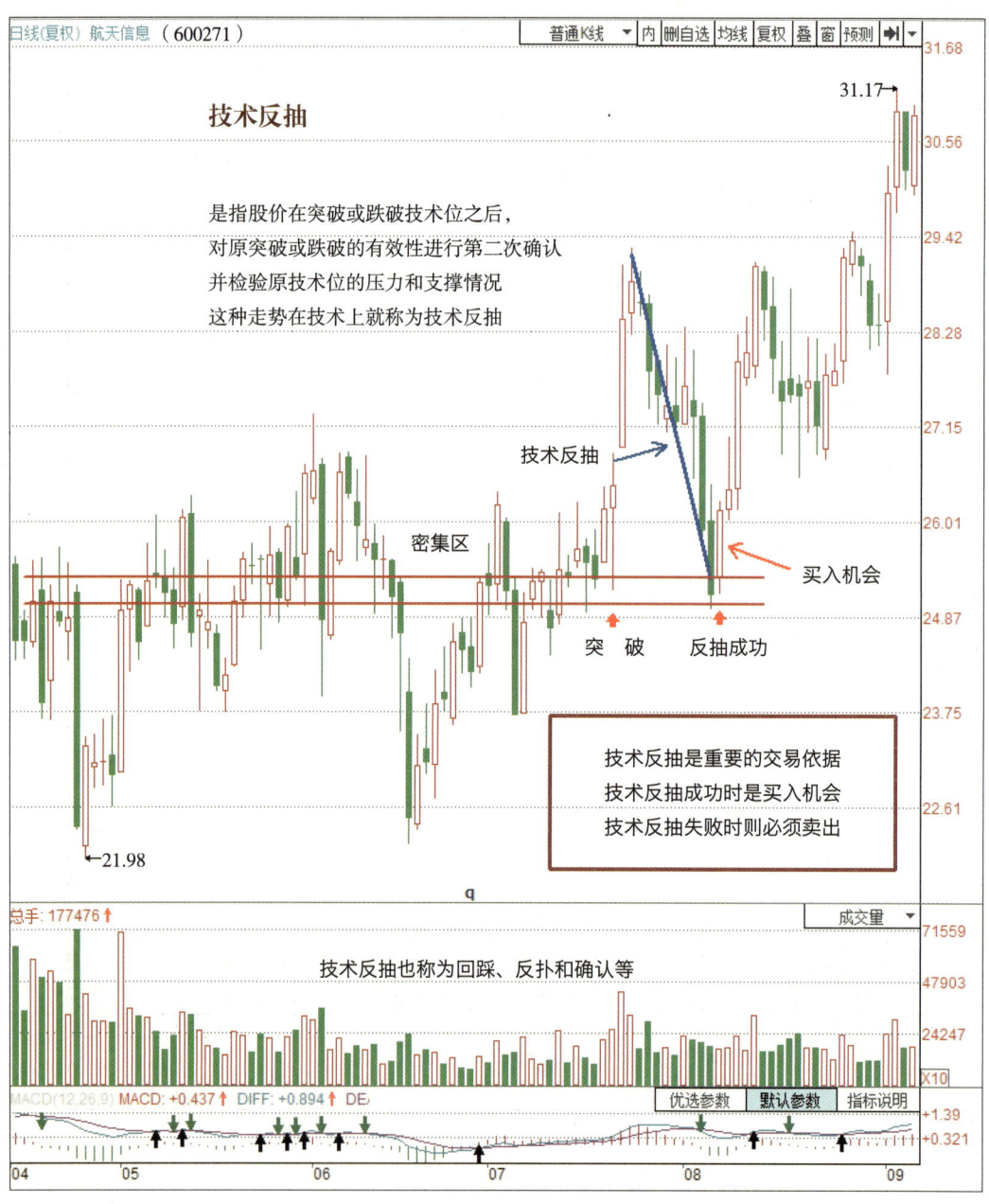

Chapter One 第一章 基础知识

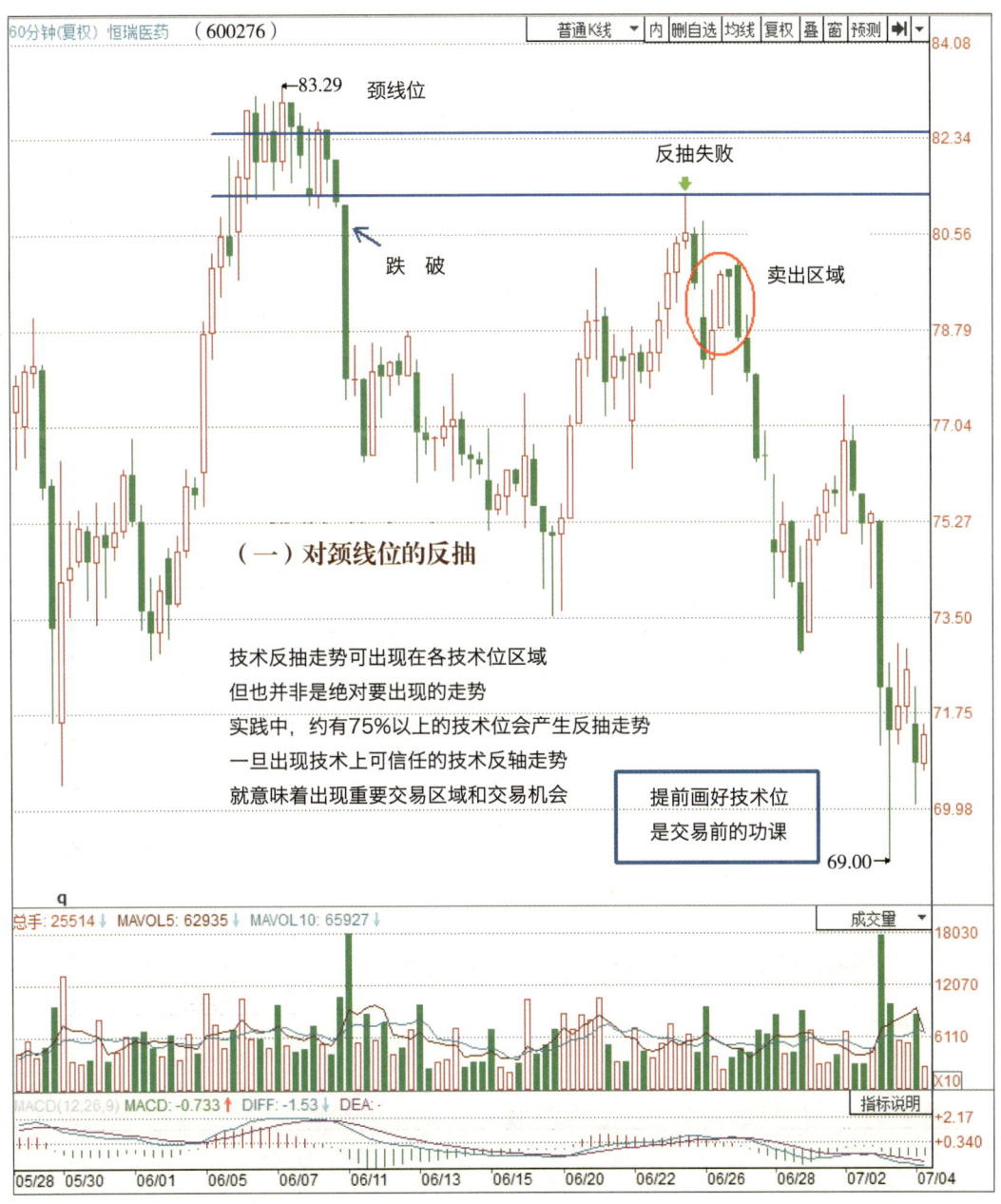

基础知识

·061·

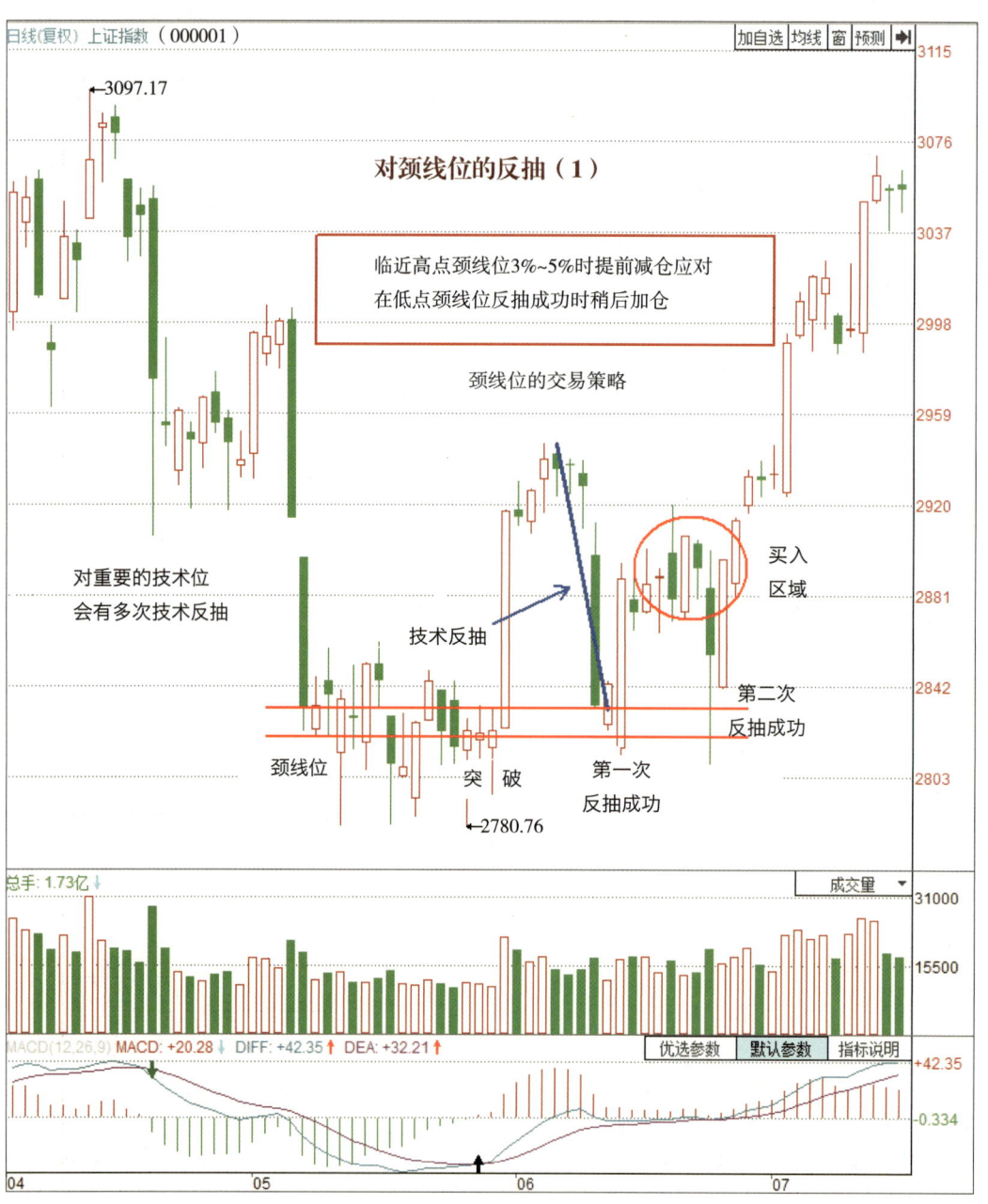

Chapter One 第一章 基础知识

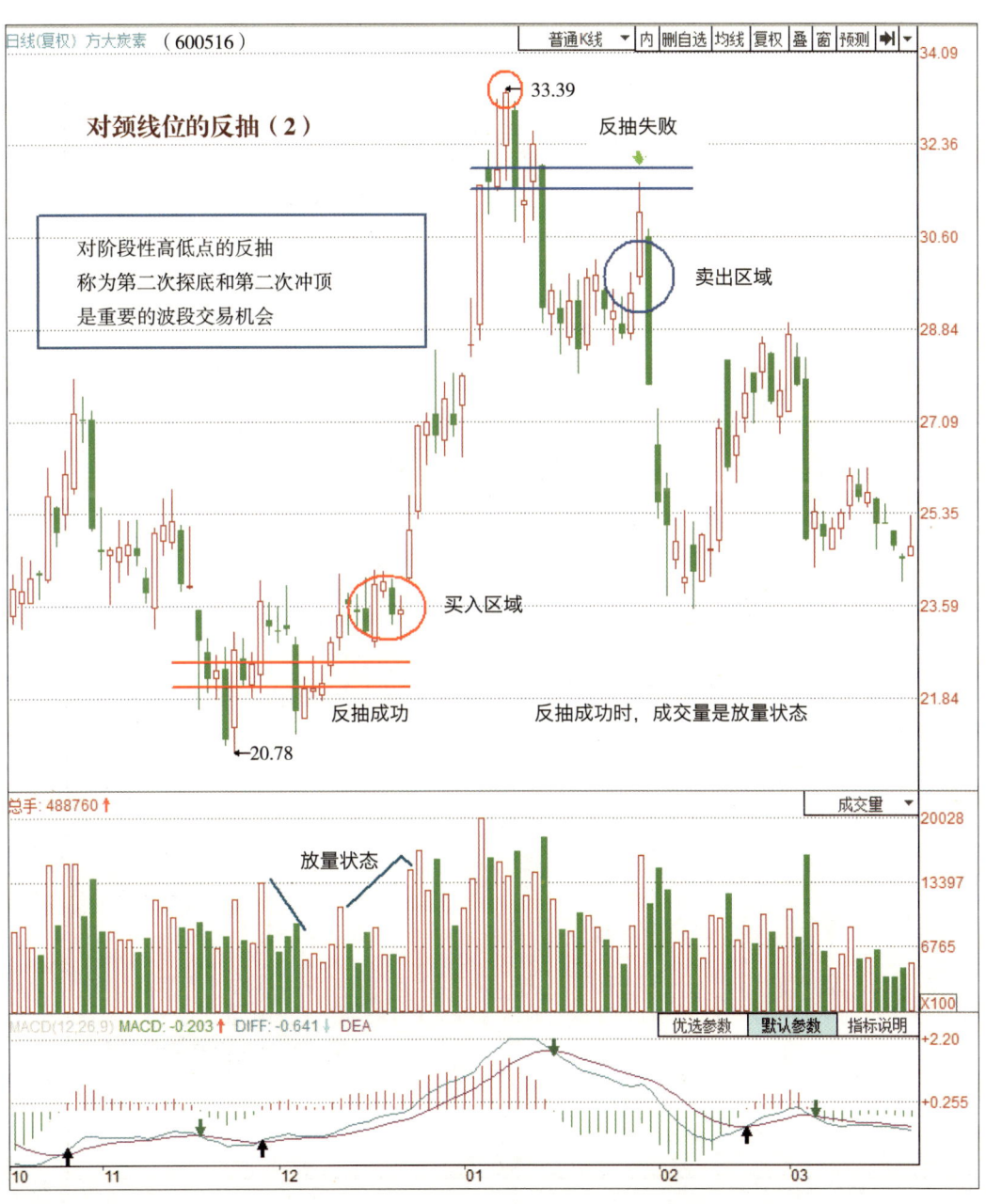

基础知识

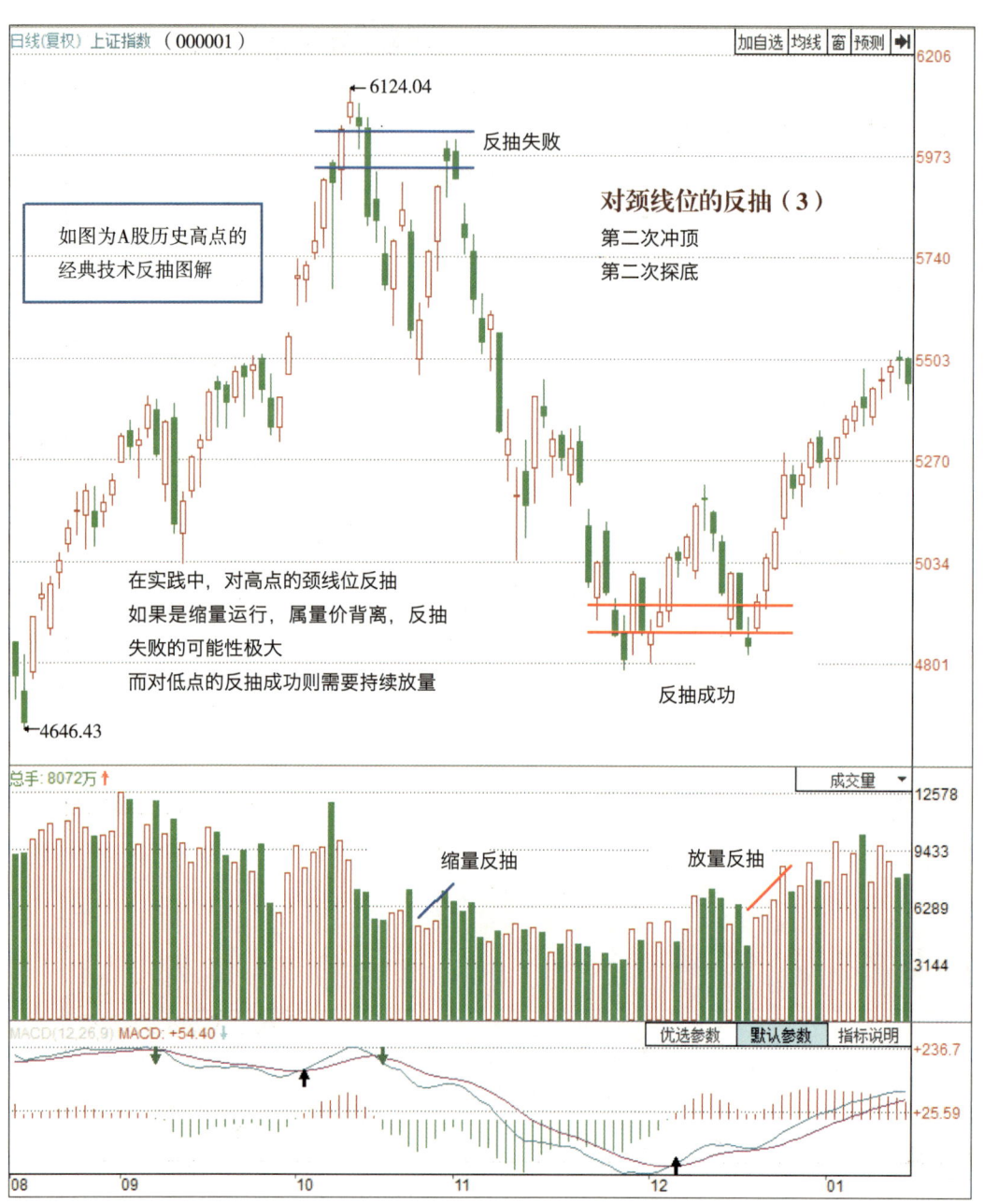

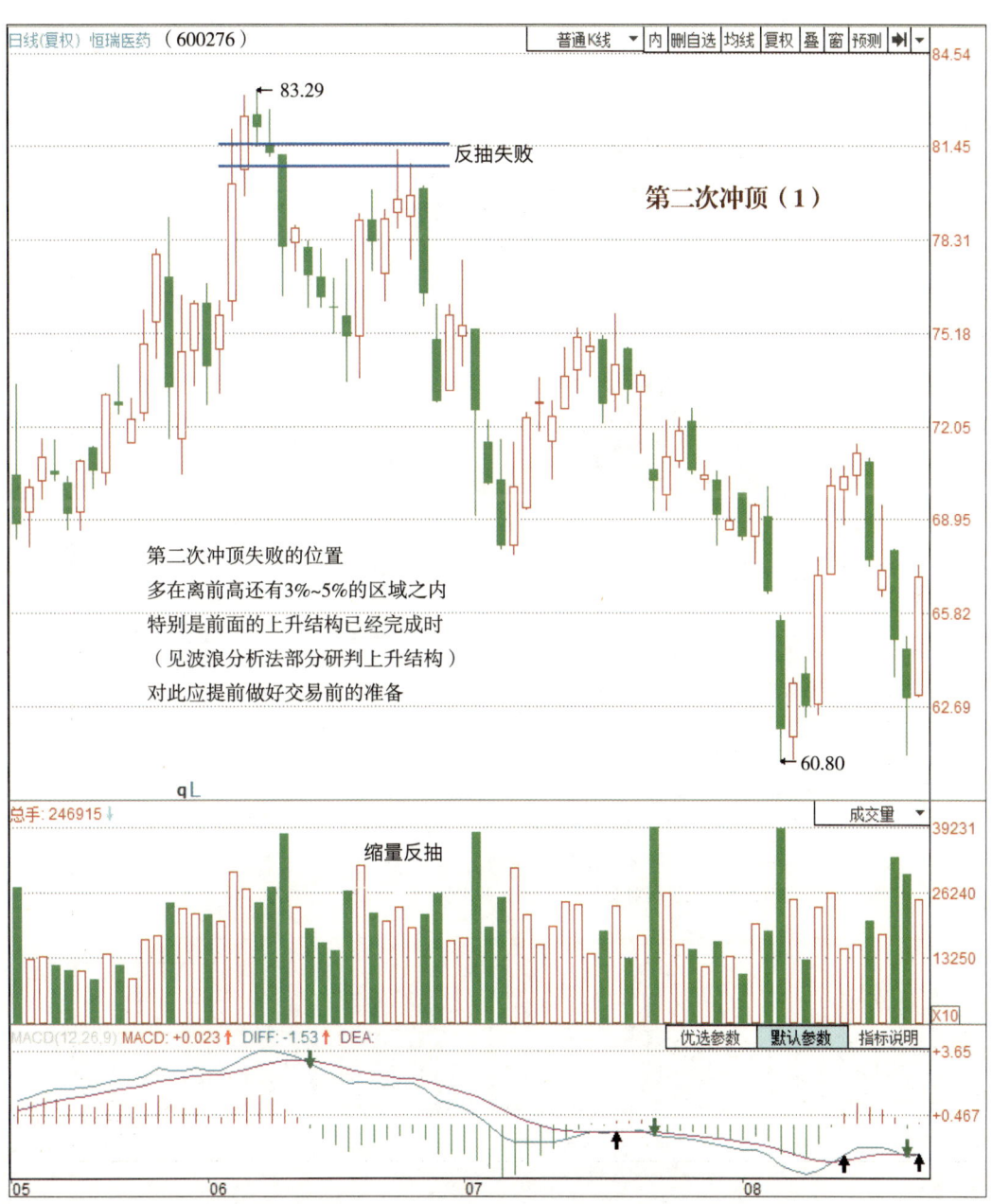

基础知识

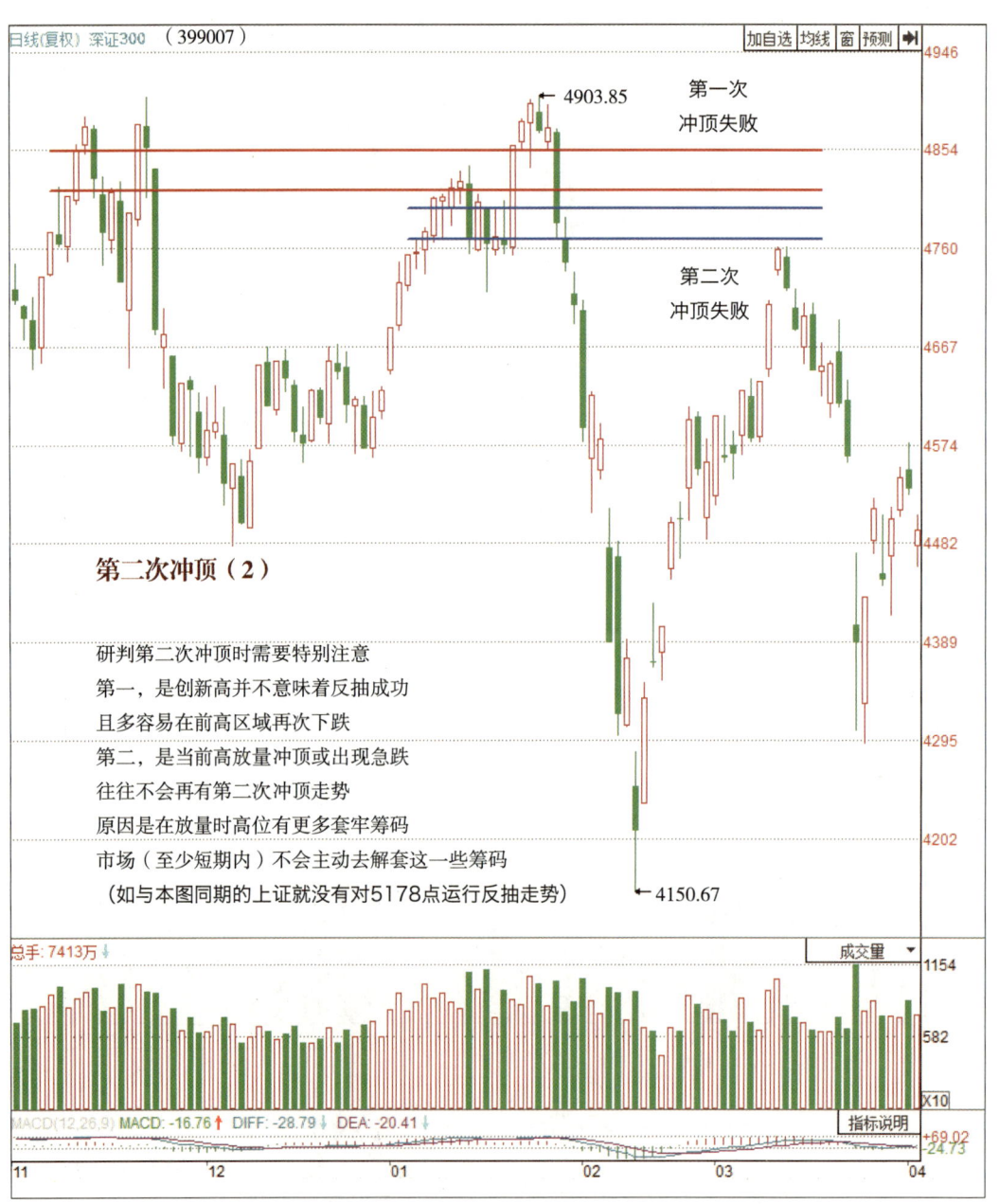

Chapter One
第一章 基础知识

基础知识

第一章 基础知识

（二）对密集区的反抽

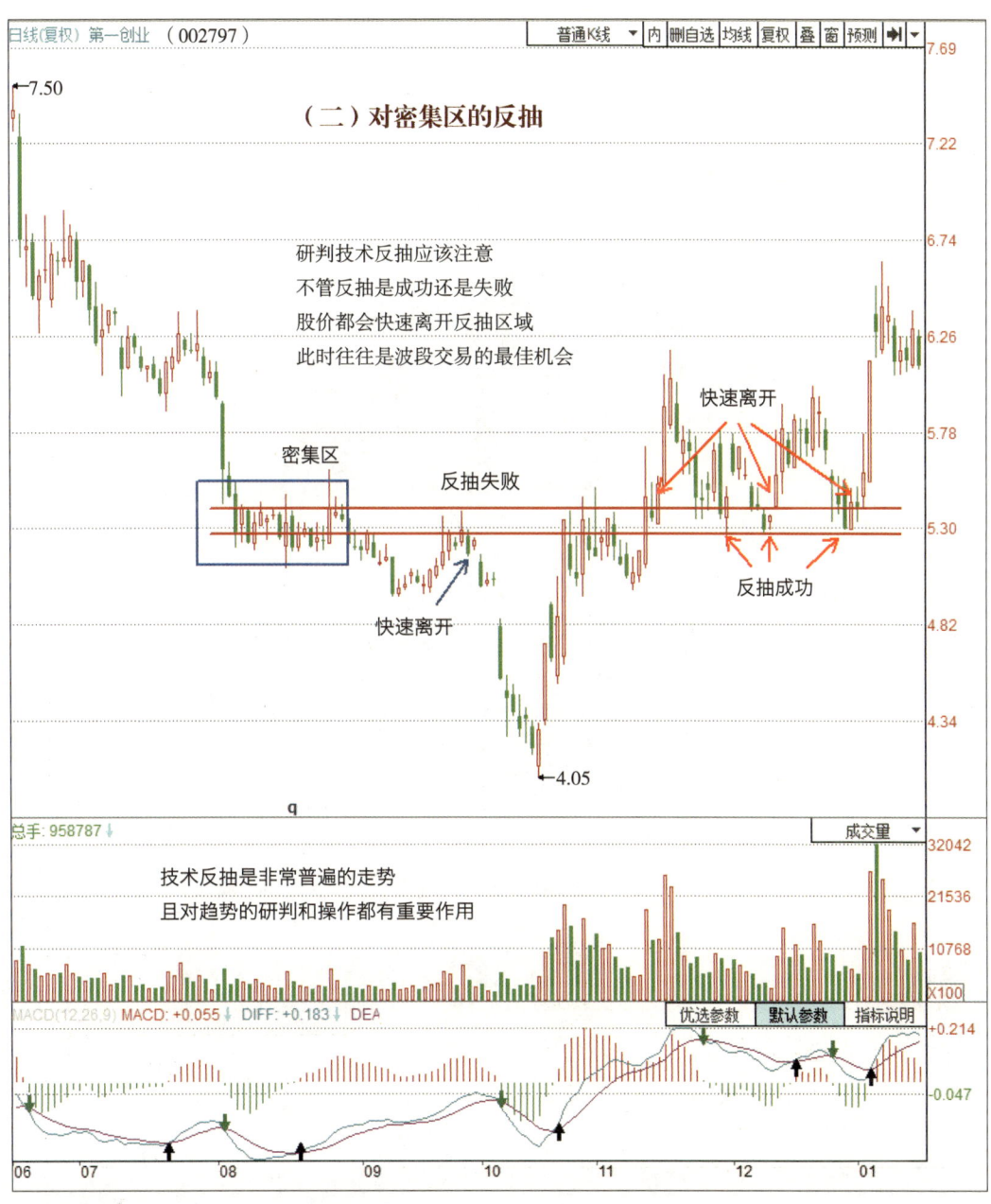

基础知识

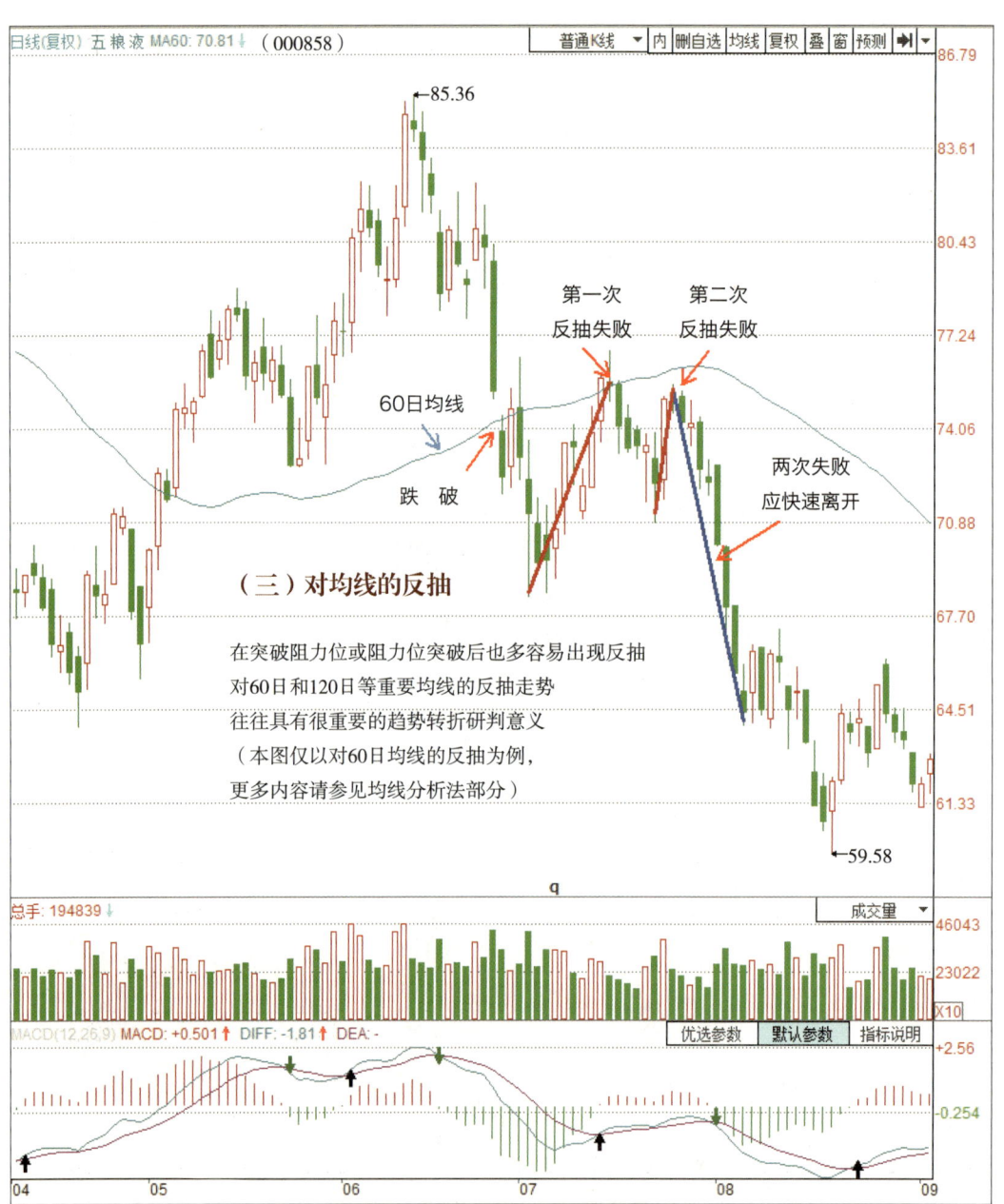

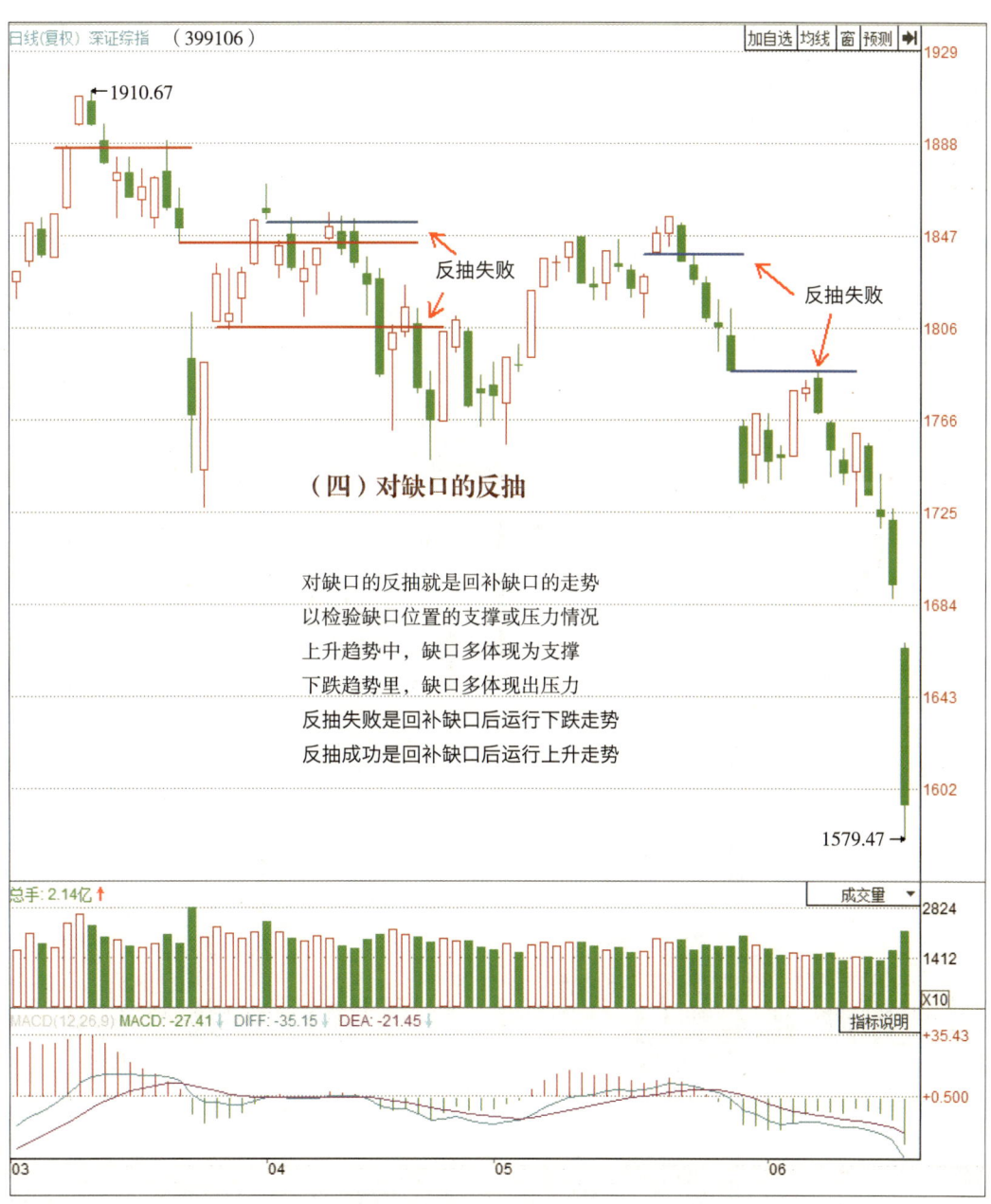

（四）对缺口的反抽

对缺口的反抽就是回补缺口的走势
以检验缺口位置的支撑或压力情况
上升趋势中，缺口多体现为支撑
下跌趋势里，缺口多体现出压力
反抽失败是回补缺口后运行下跌走势
反抽成功是回补缺口后运行上升走势

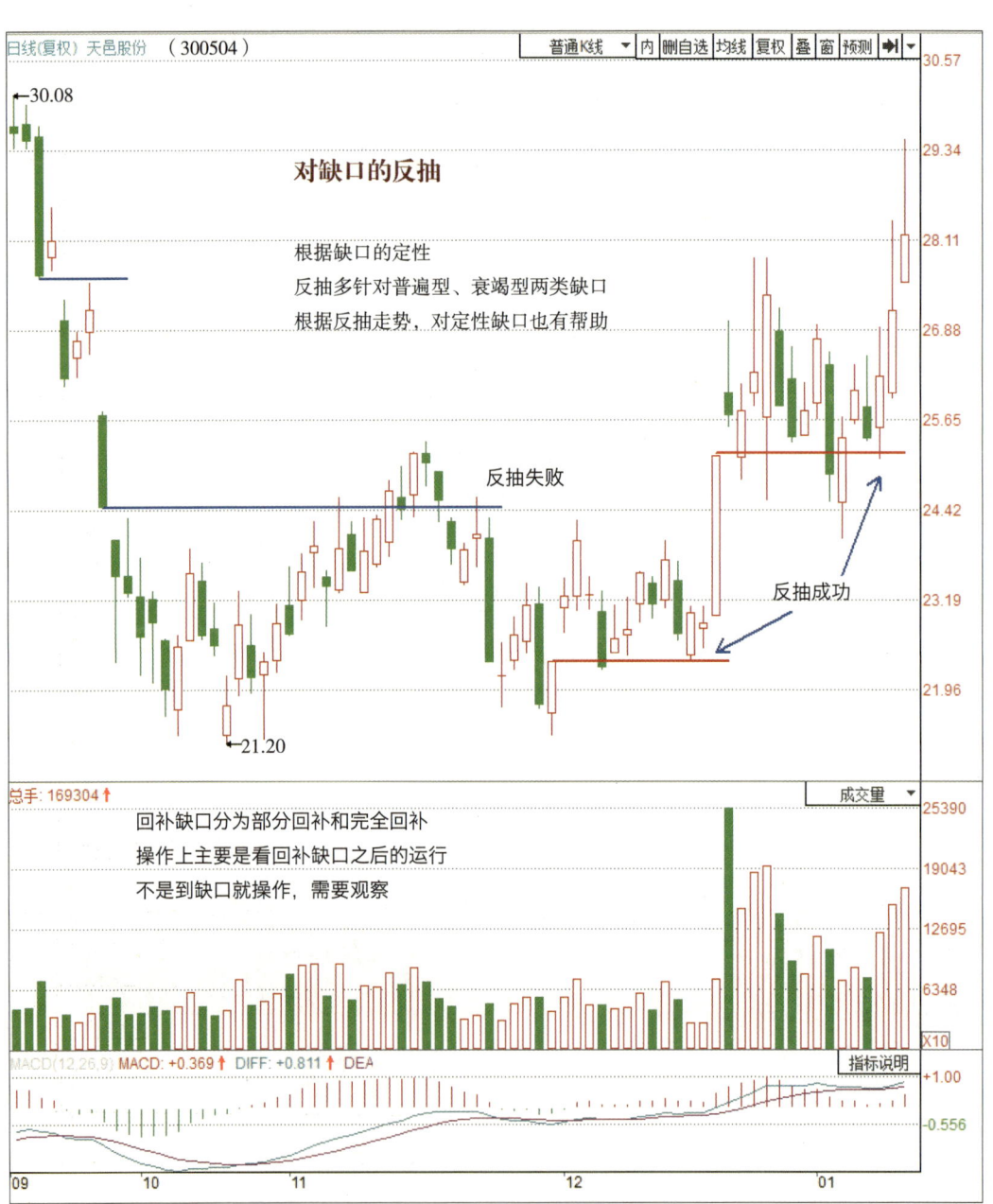

Chapter One

第一章 基础知识

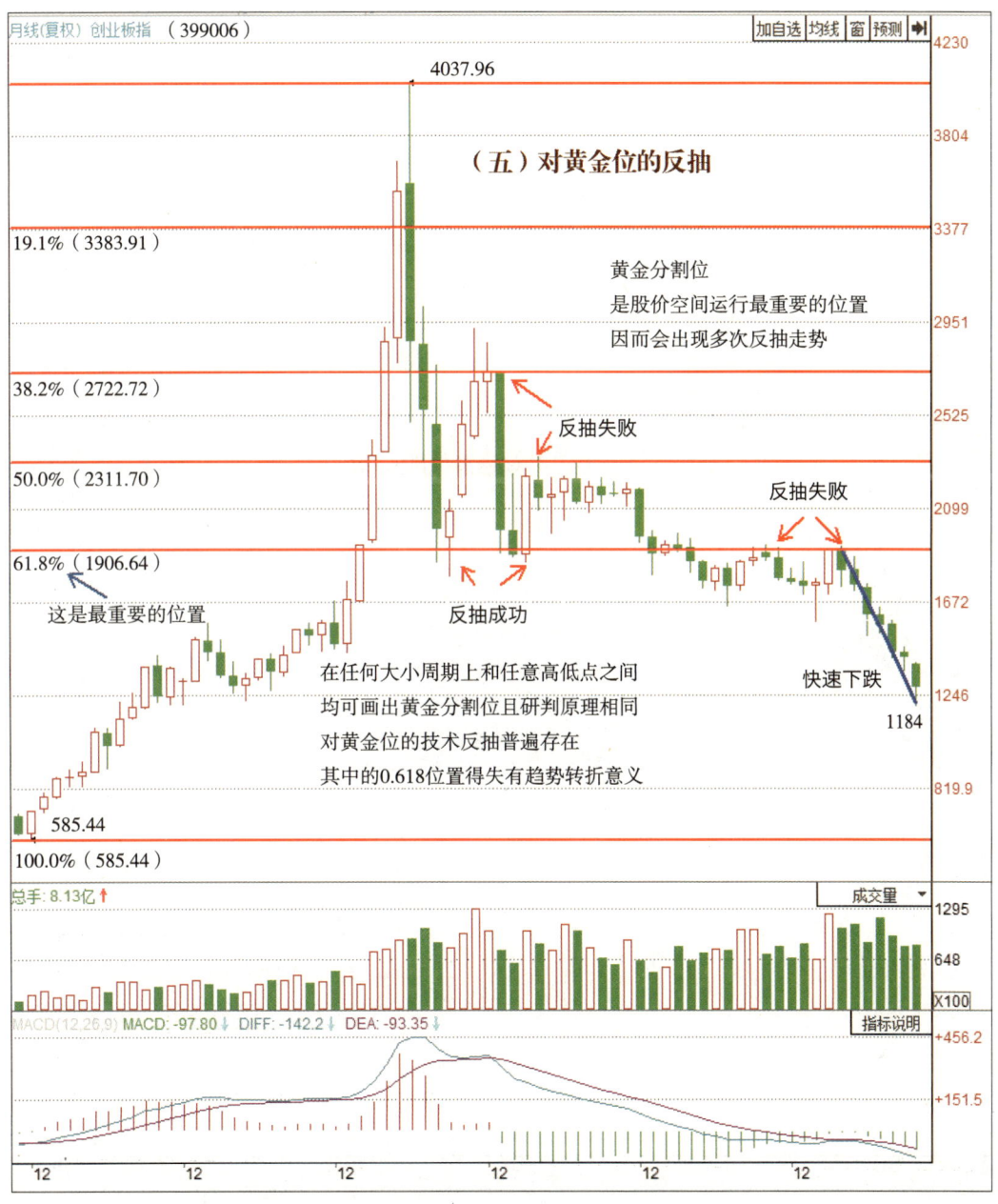

基础知识

Chapter One
第一章
基础知识

基础知识

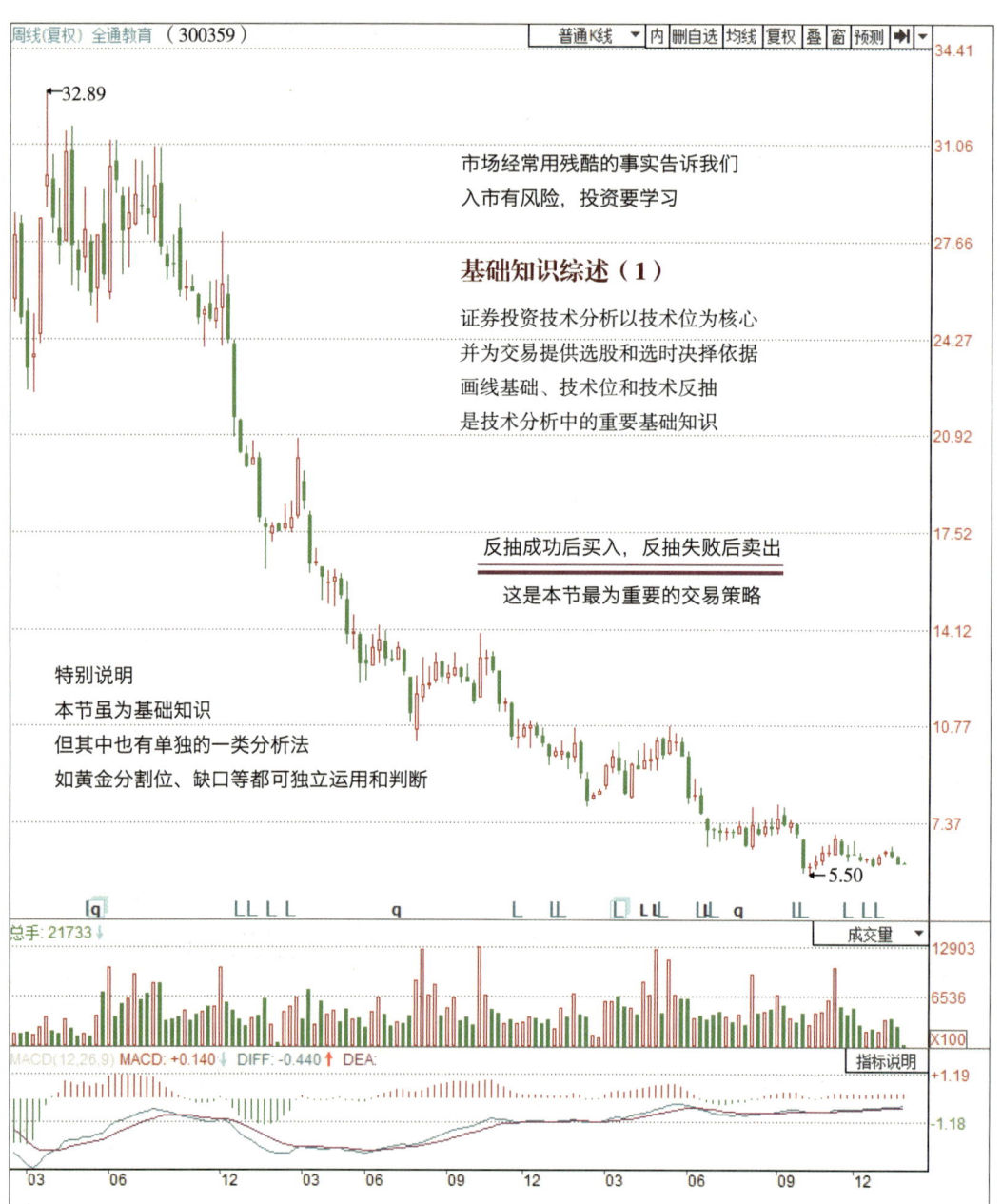

Chapter One

第一章 基础知识

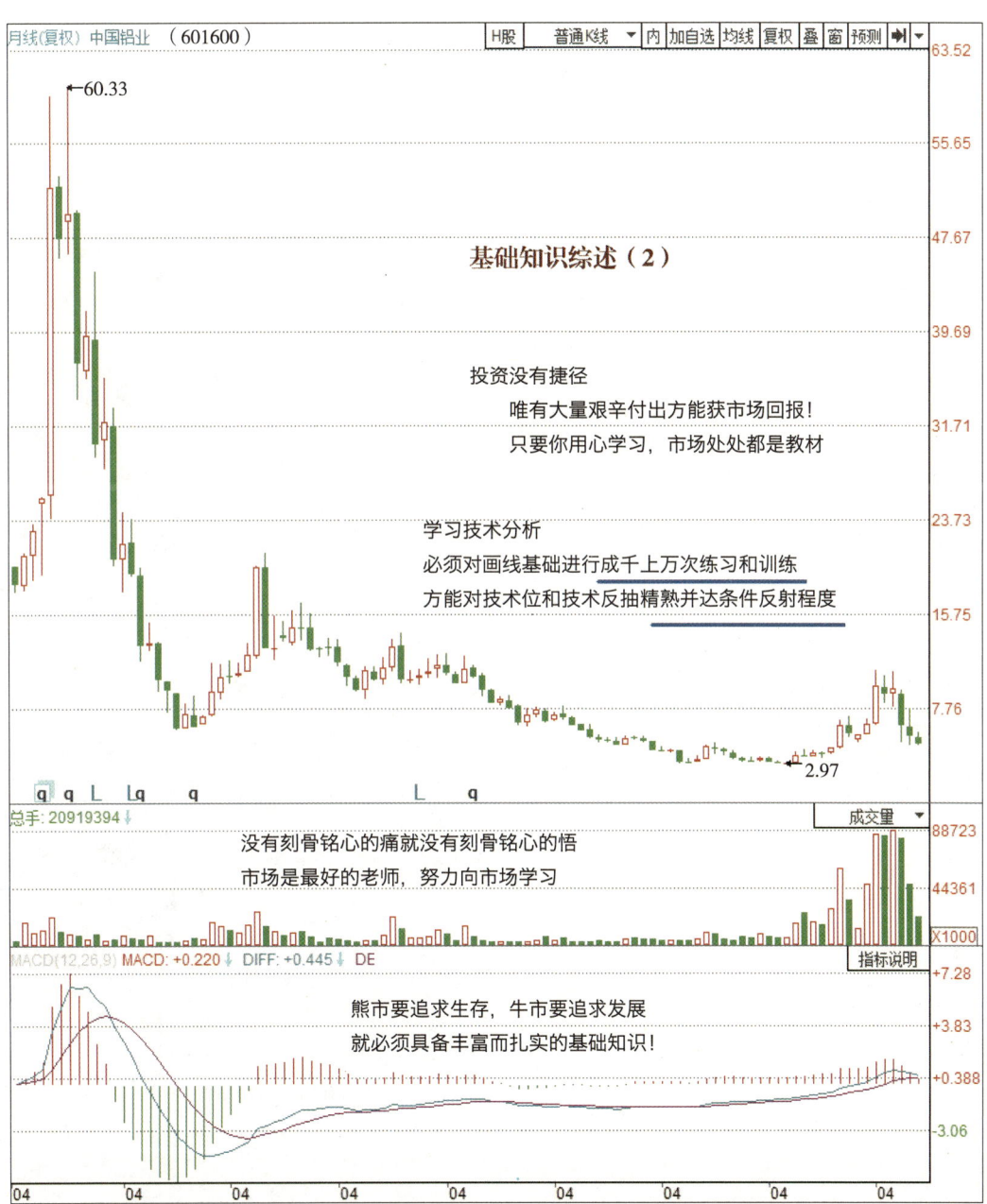

基础知识

· 077 ·

Chapter Two
第二章
K线分析法

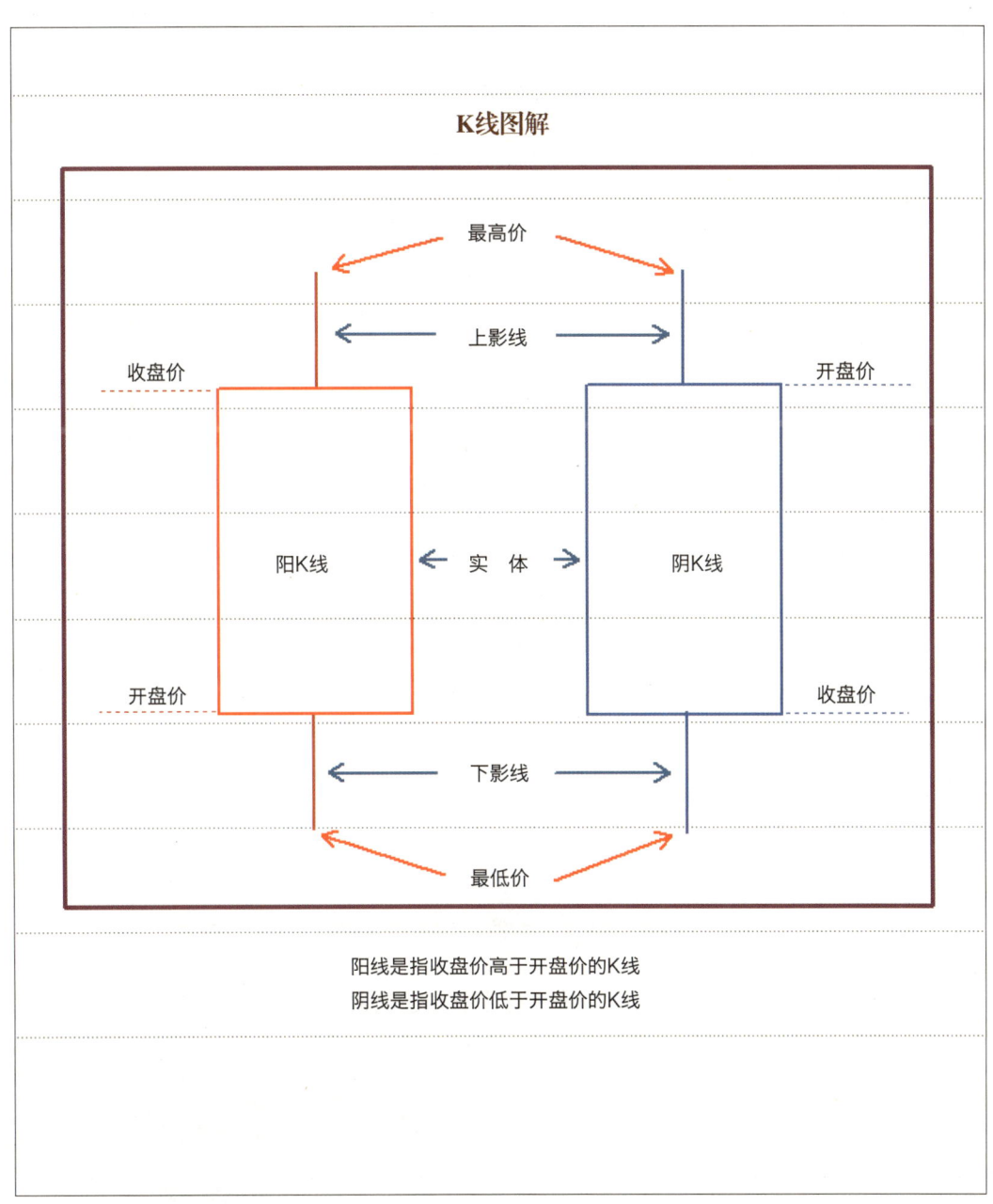

阳线是指收盘价高于开盘价的K线
阴线是指收盘价低于开盘价的K线

第一节　经典顶底K线

经典顶底K线类型

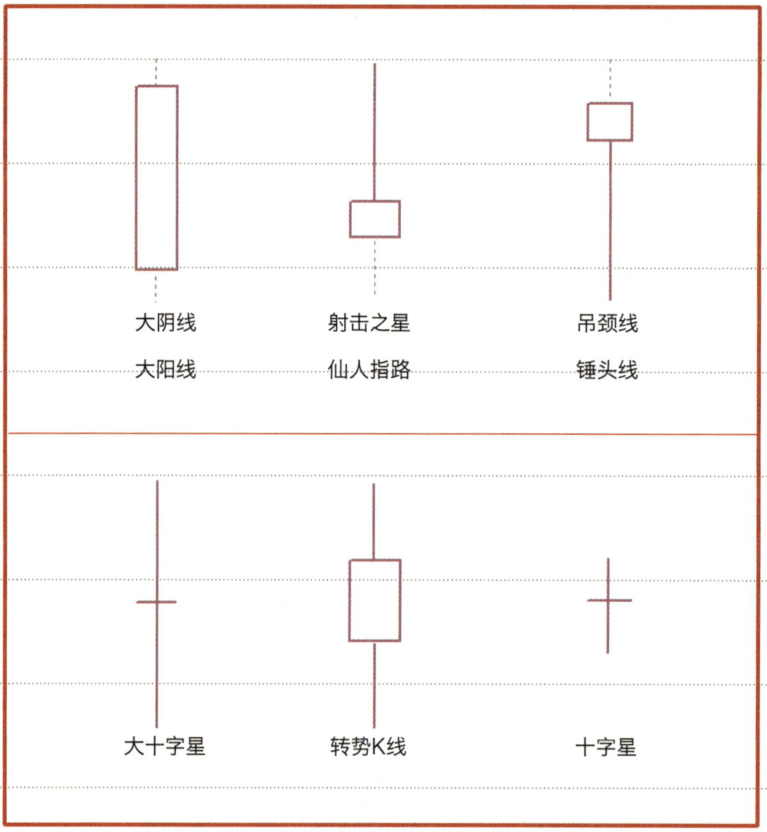

- 大阴线
- 大阳线
- 射击之星
- 仙人指路
- 吊颈线
- 锤头线
- 大十字星
- 转势K线
- 十字星

K线的种类繁多，上面九大类对趋势研判有重大意义，故称经典顶底K线

第二章 K线分析法

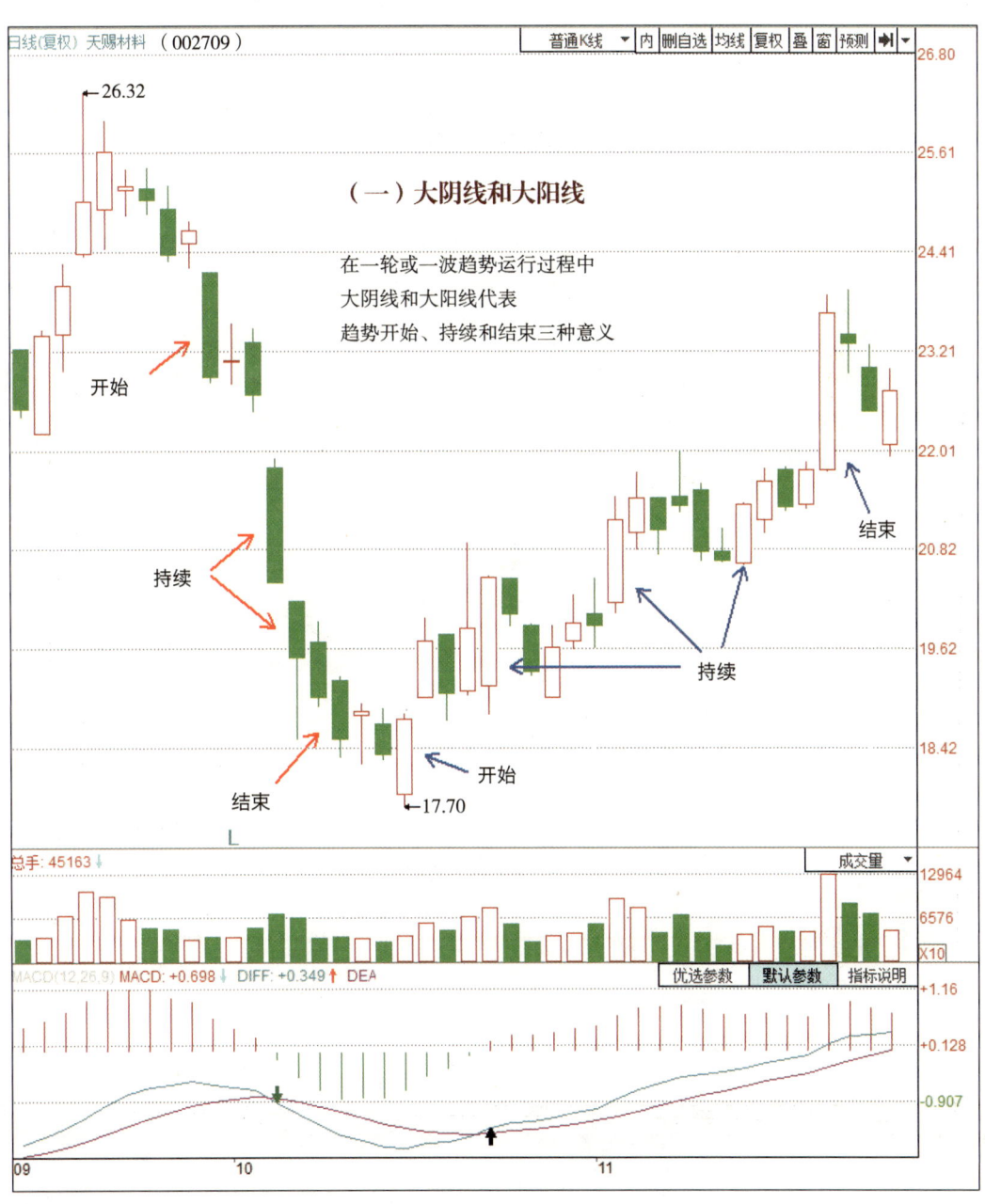

K线分析法

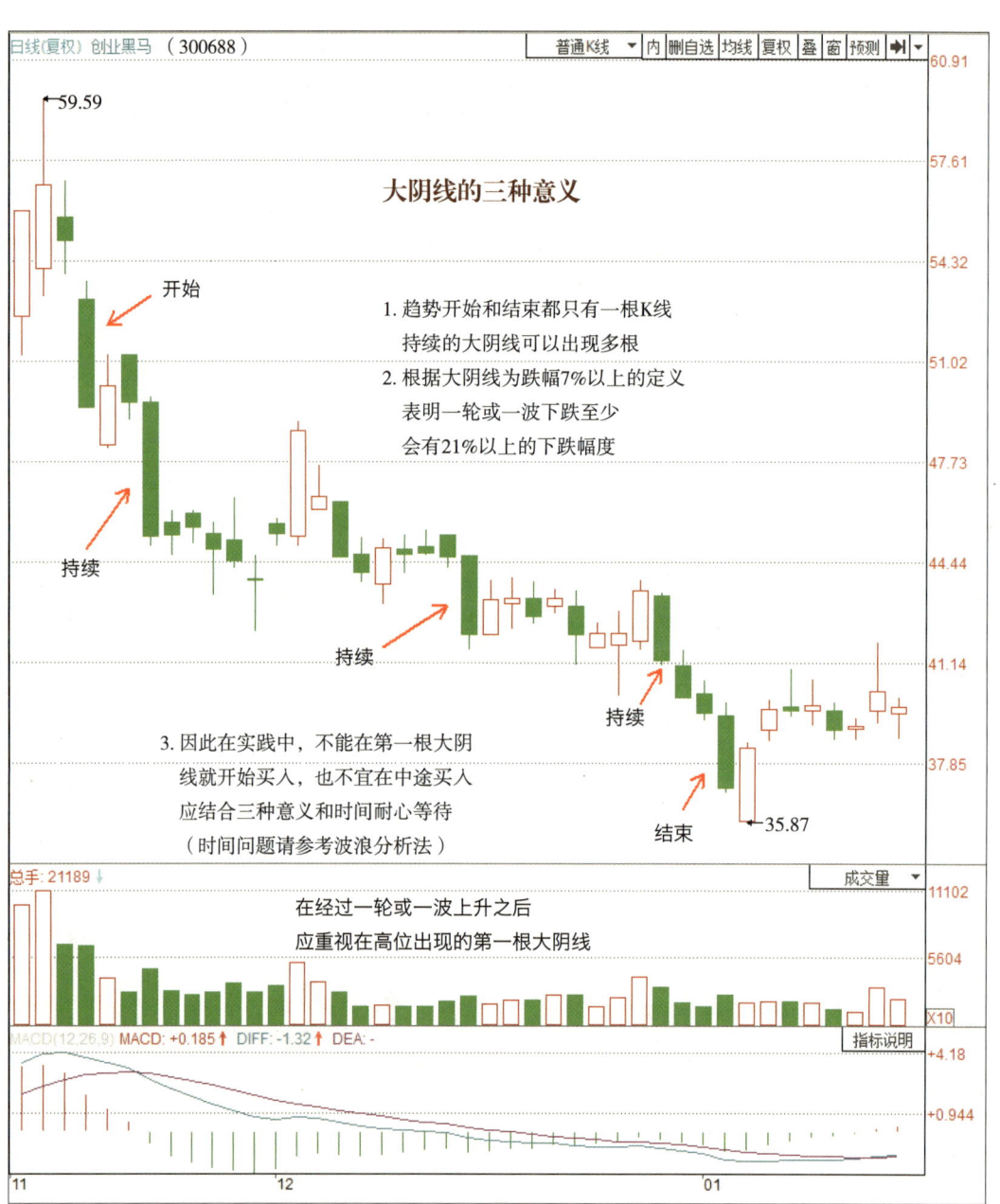

Chapter Two 第二章 K线分析法

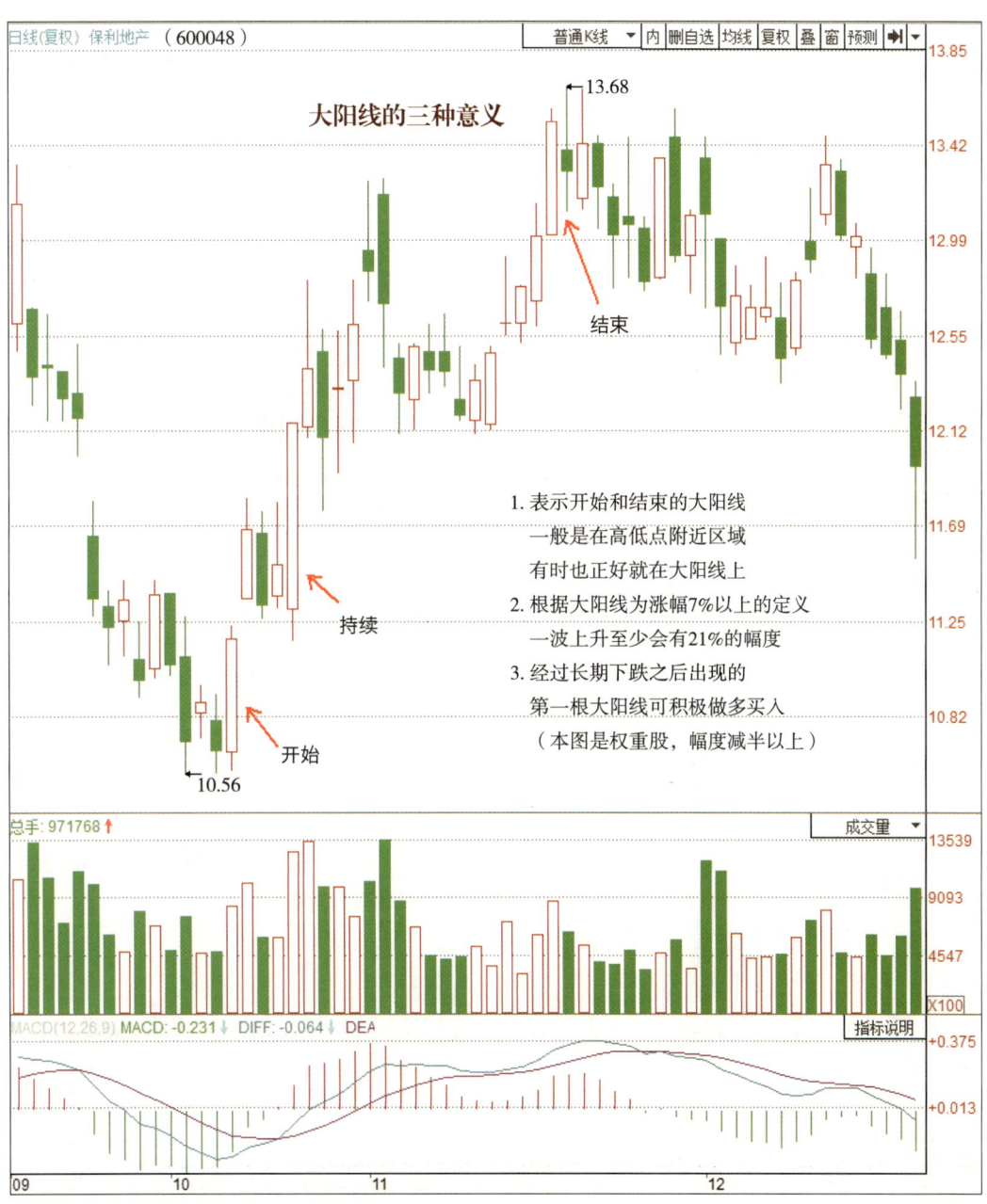

K线分析法

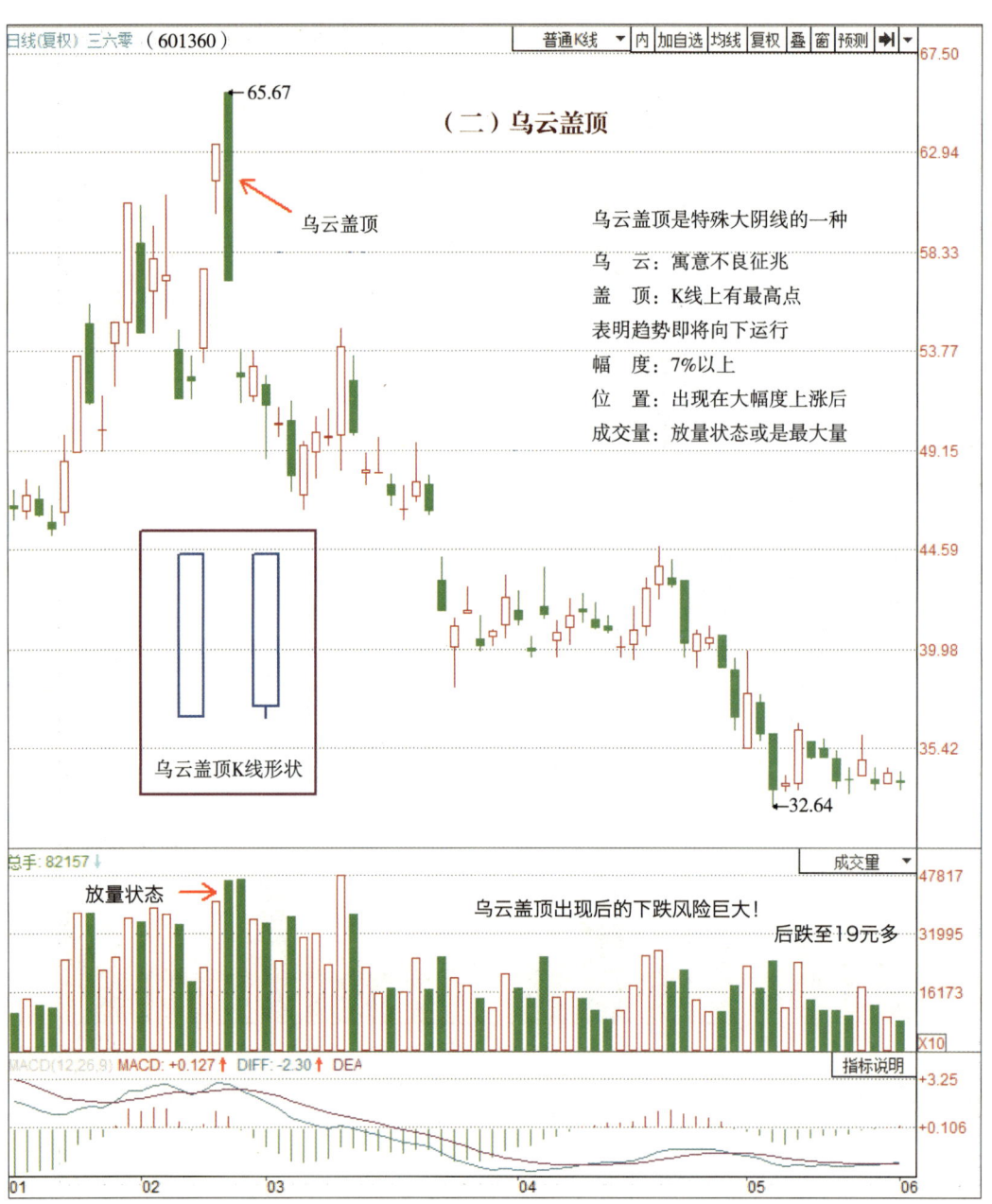

Chapter Two 第二章 K线分析法

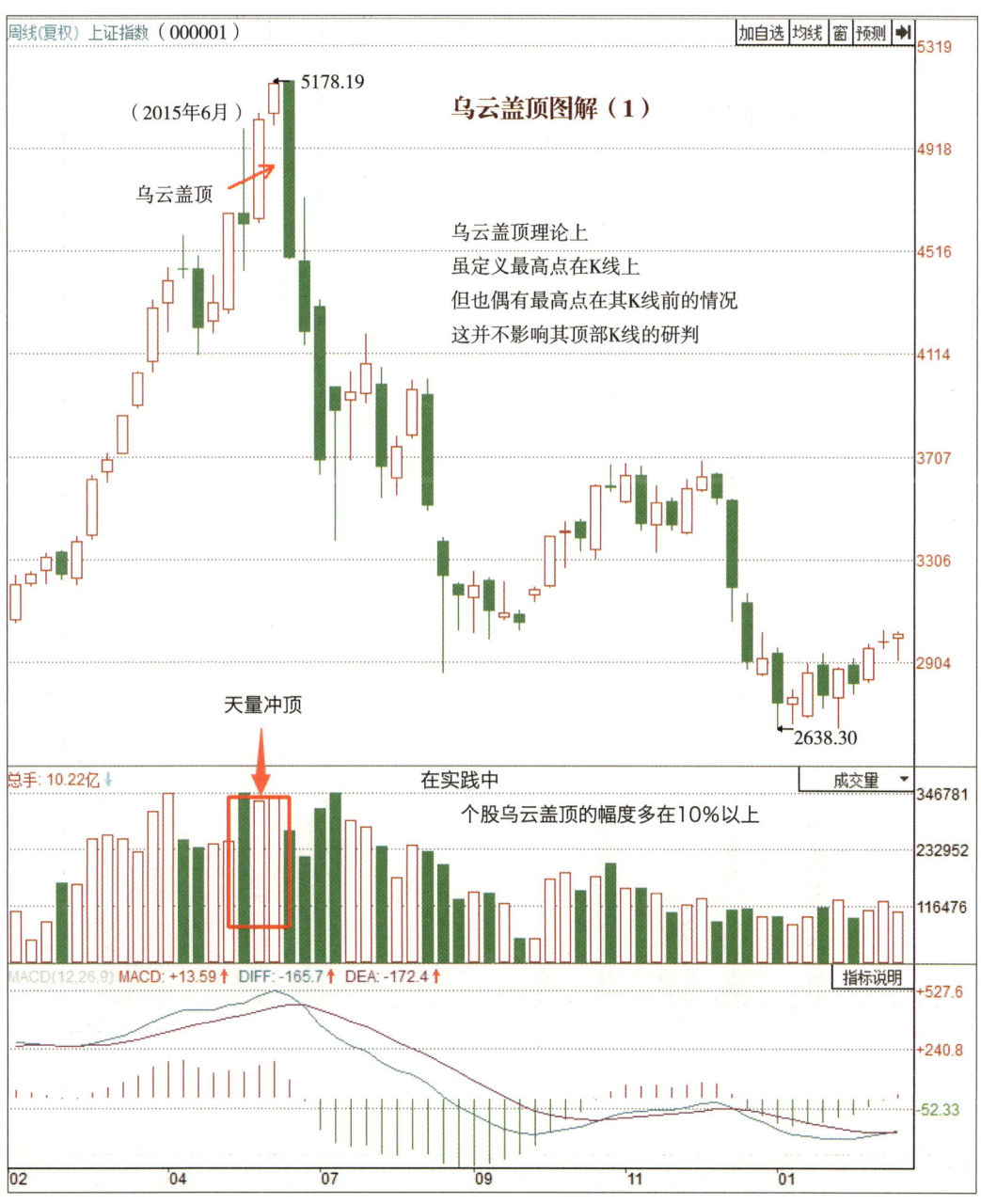

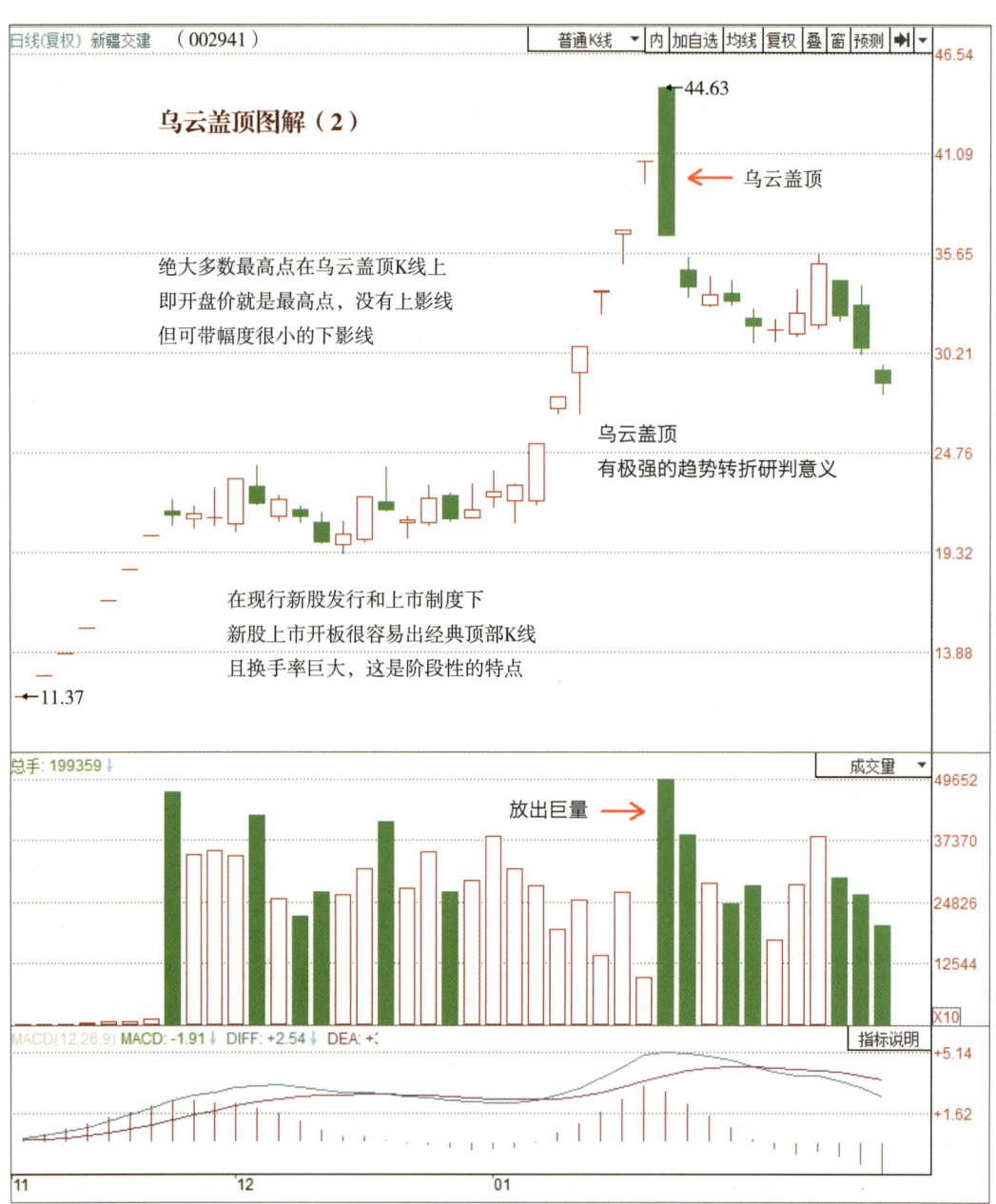

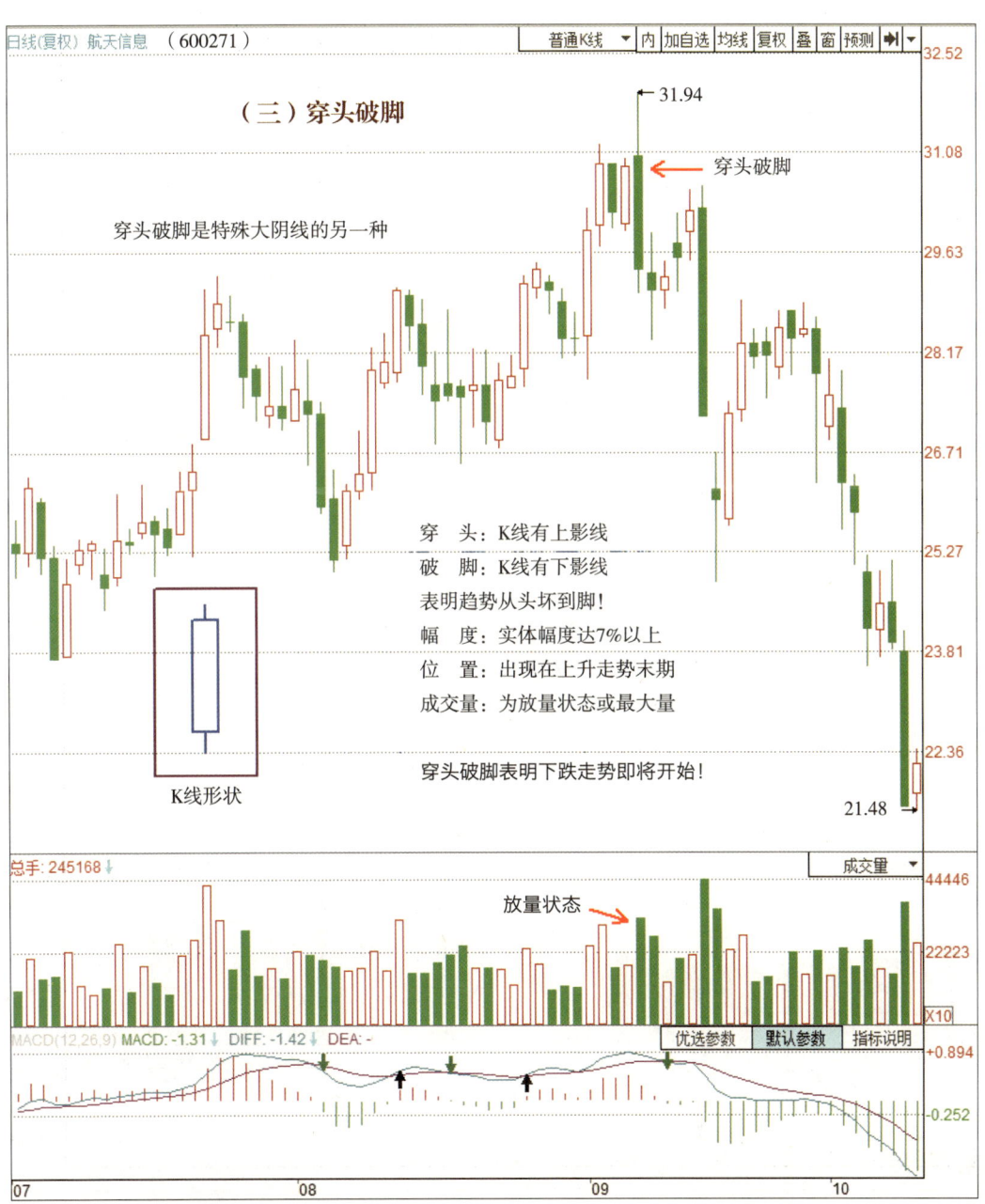

K线分析法

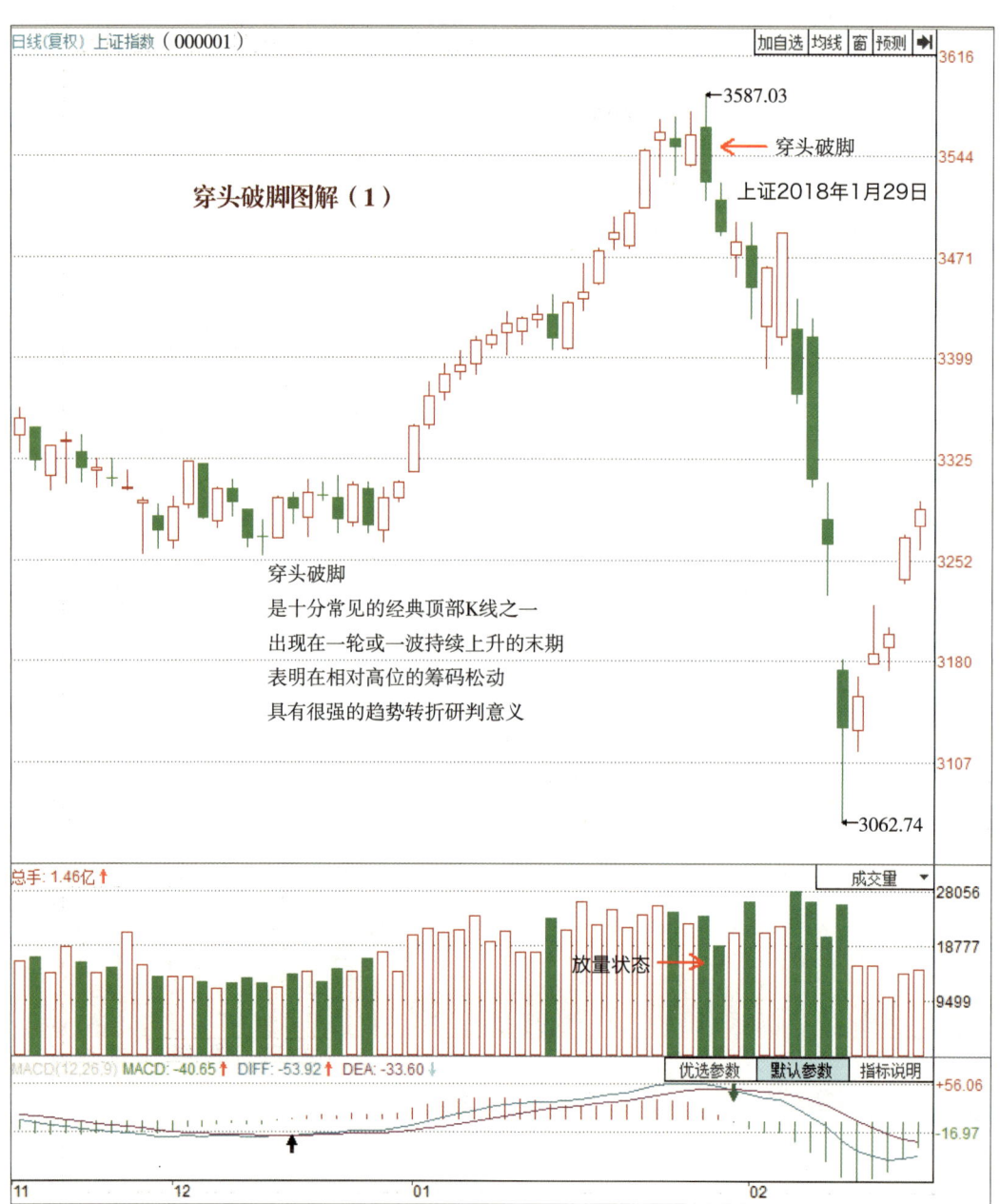

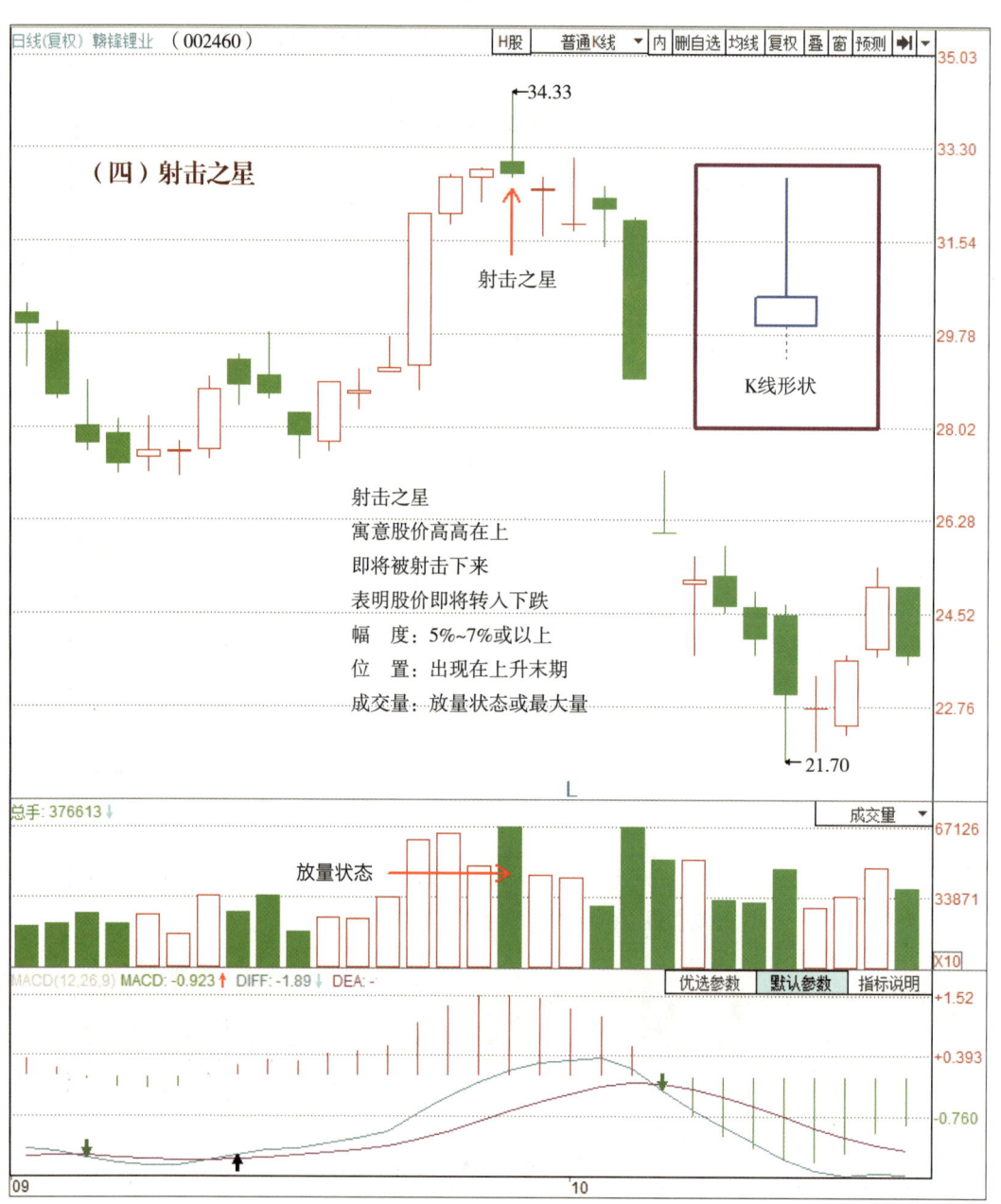

Chapter Two 第二章 K线分析法

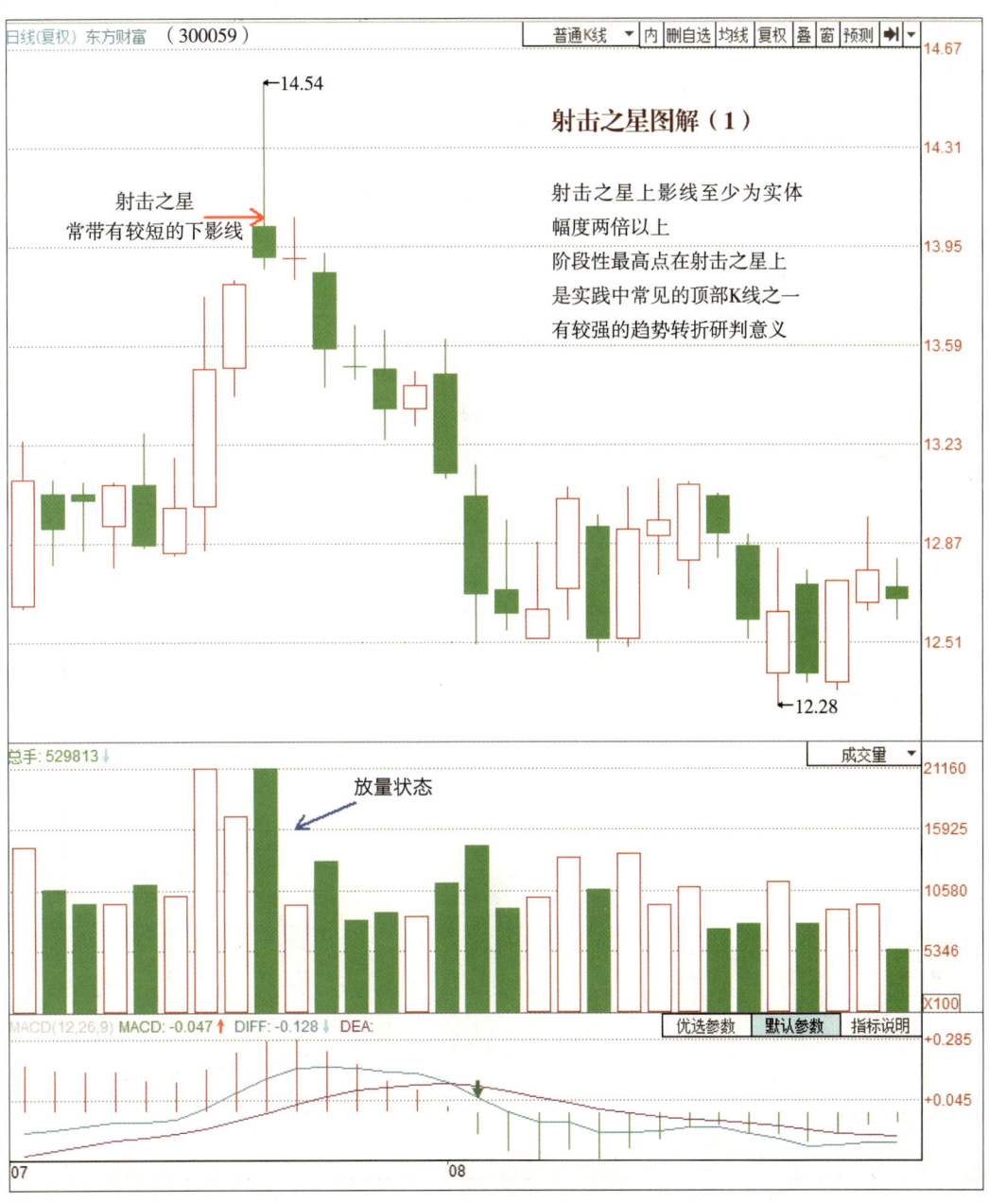

K线分析法

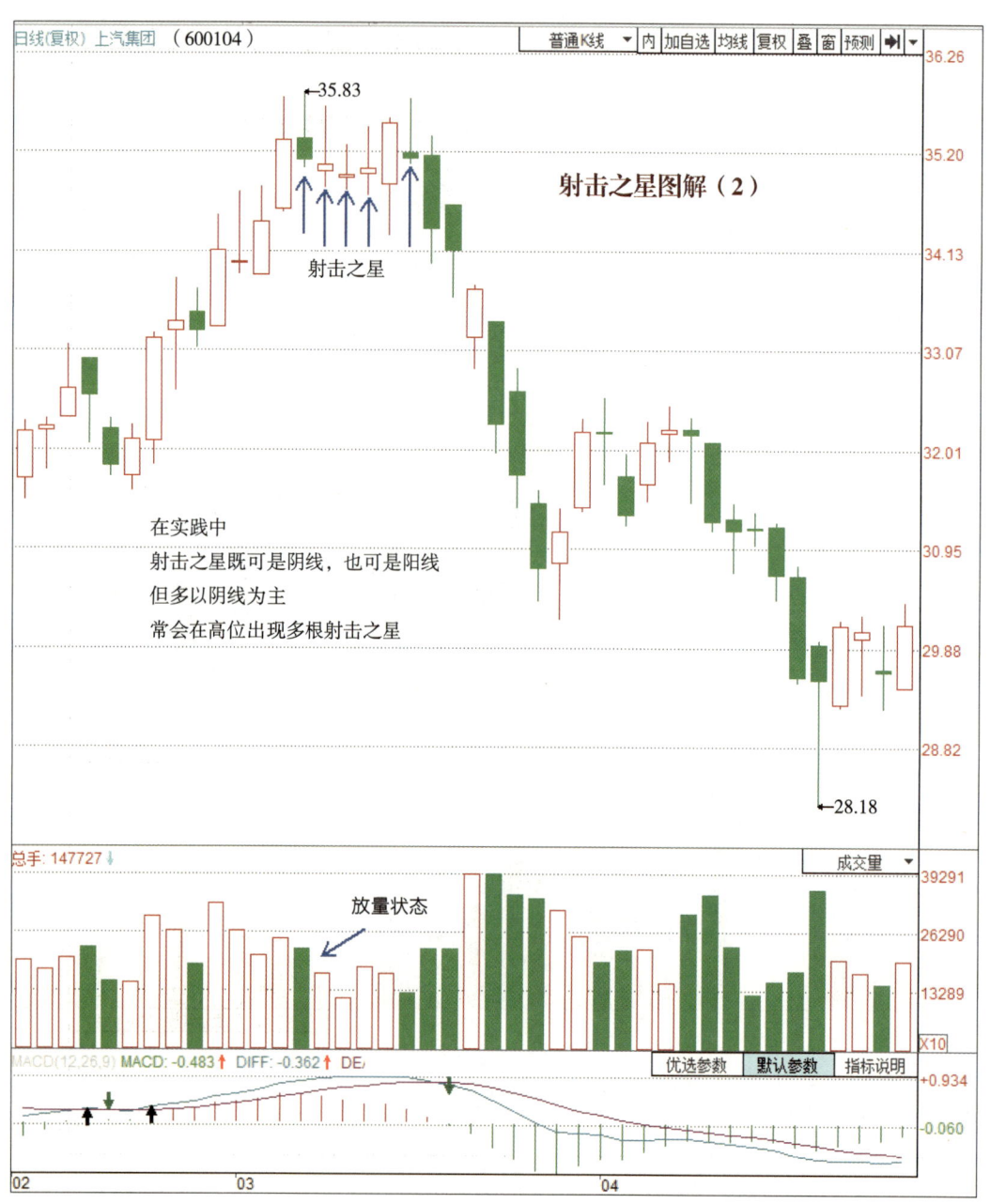

第二章 K线分析法

（五）仙人指路

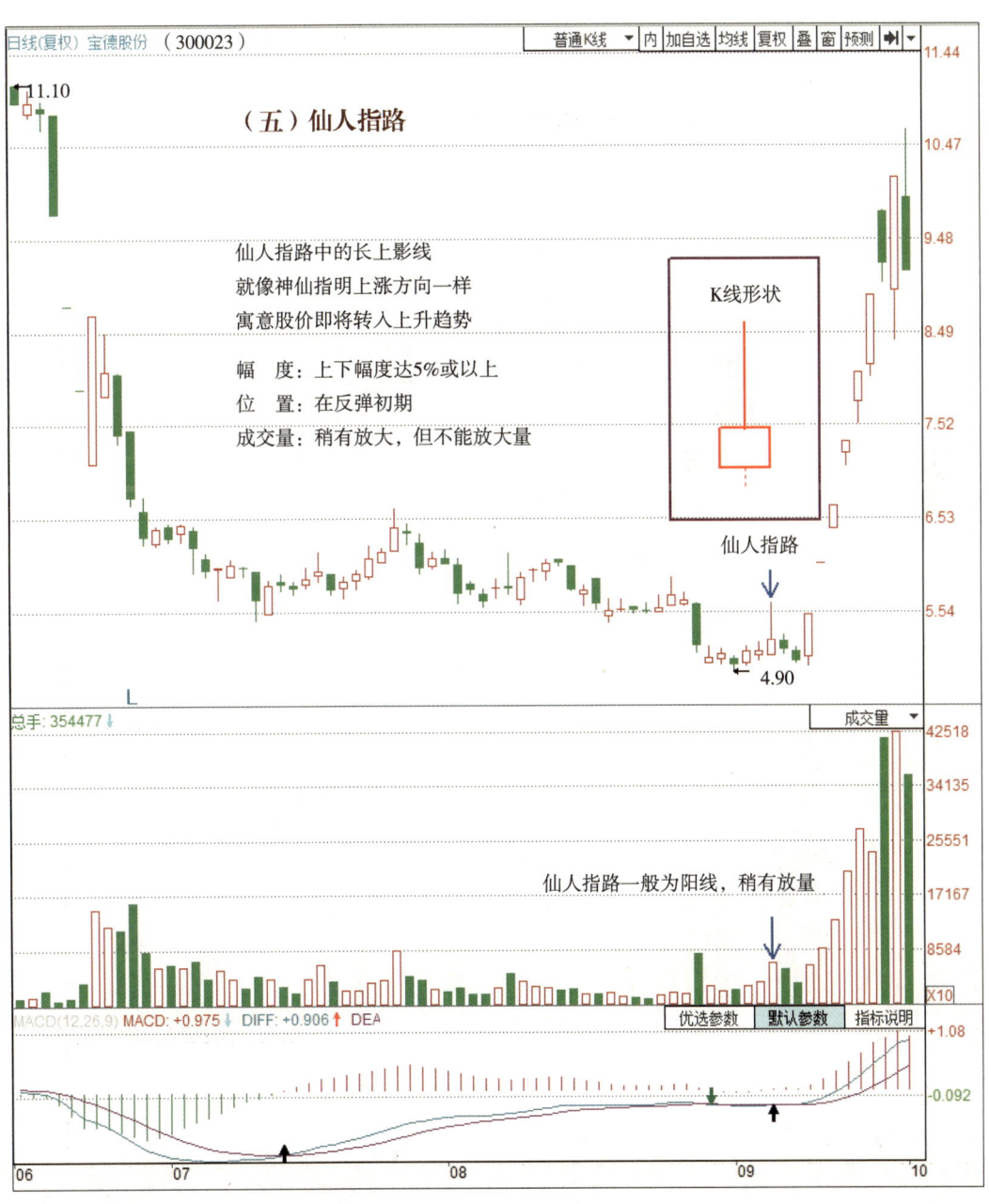

K线分析法

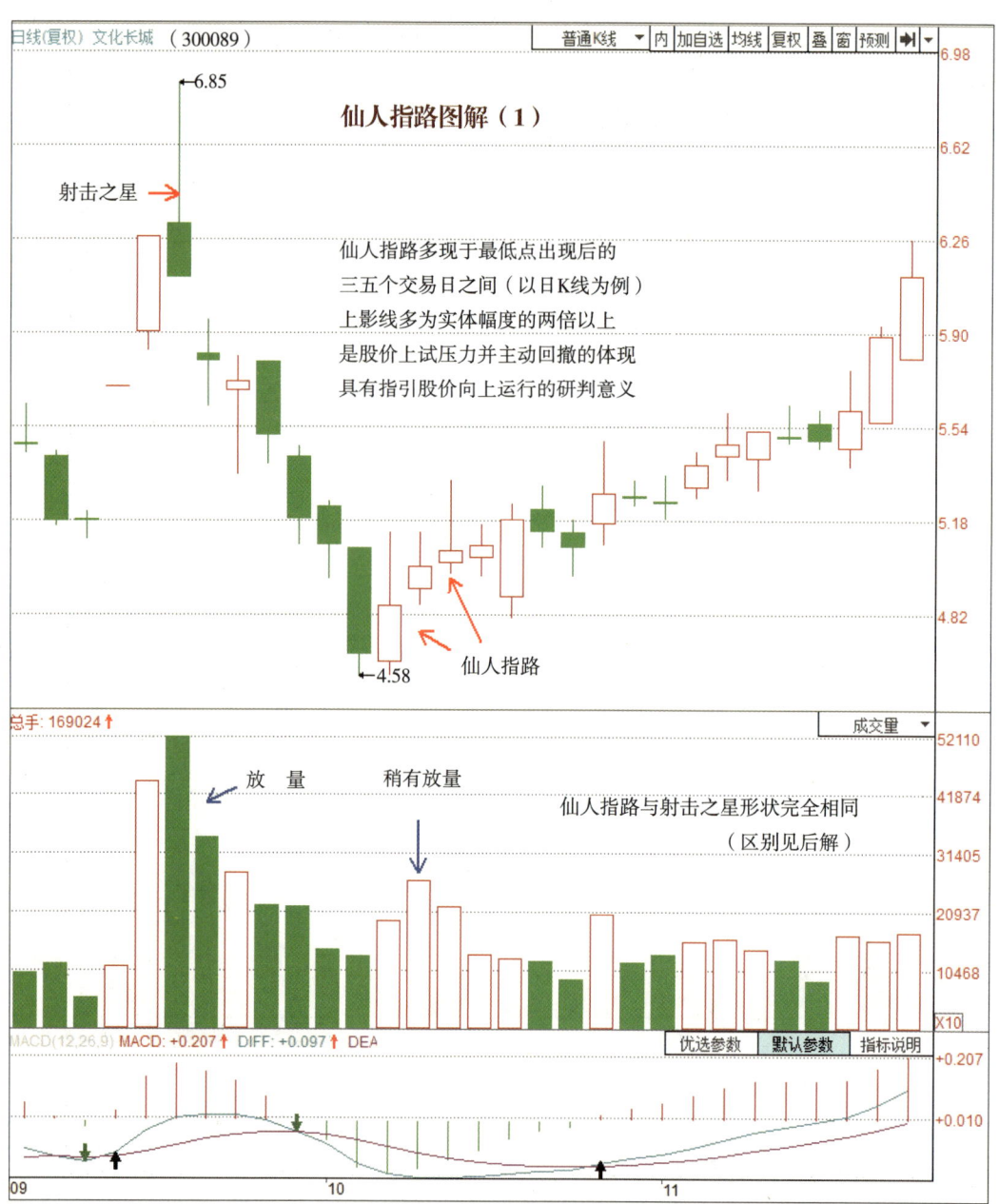

第二章 K线分析法

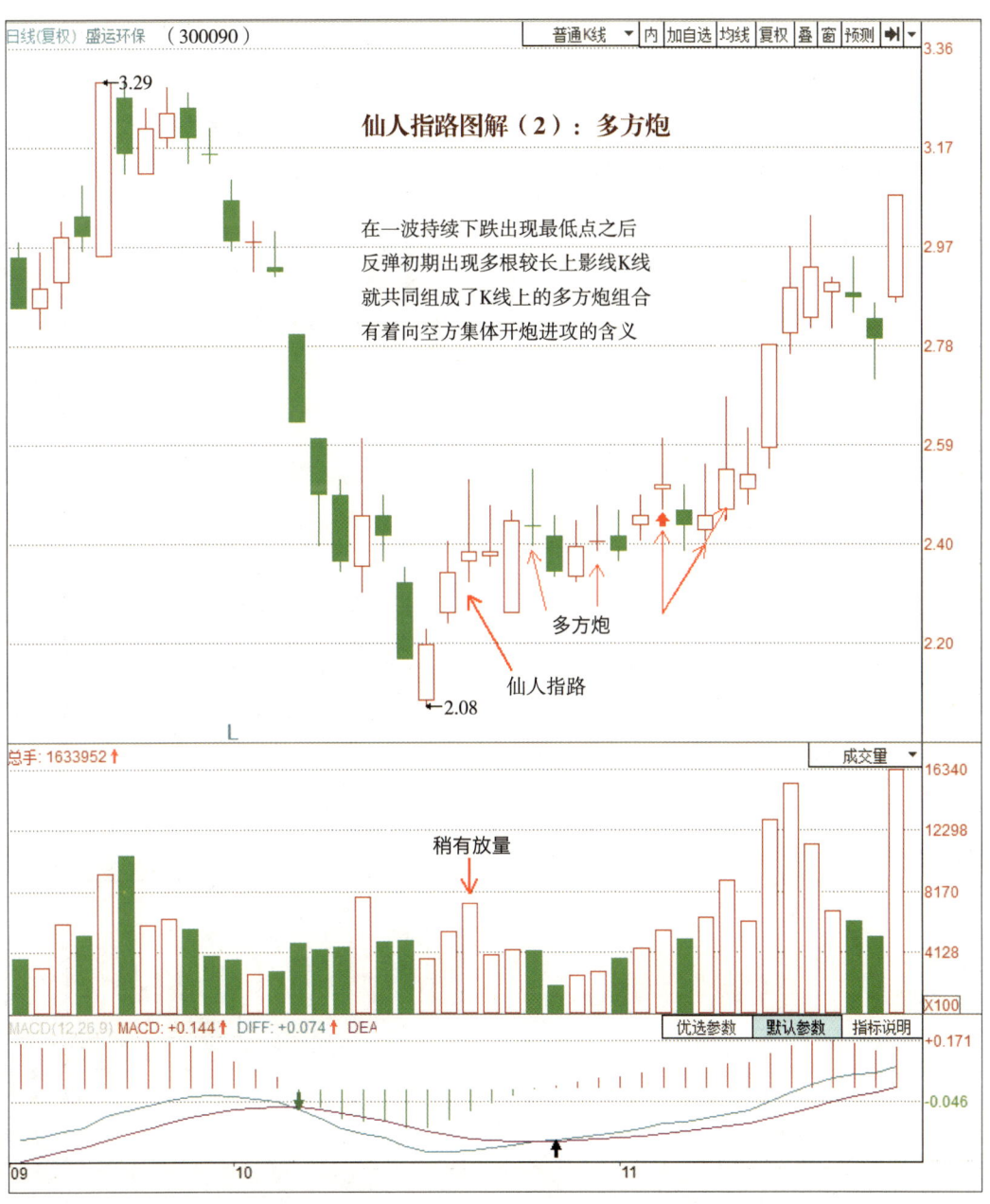

K线分析法

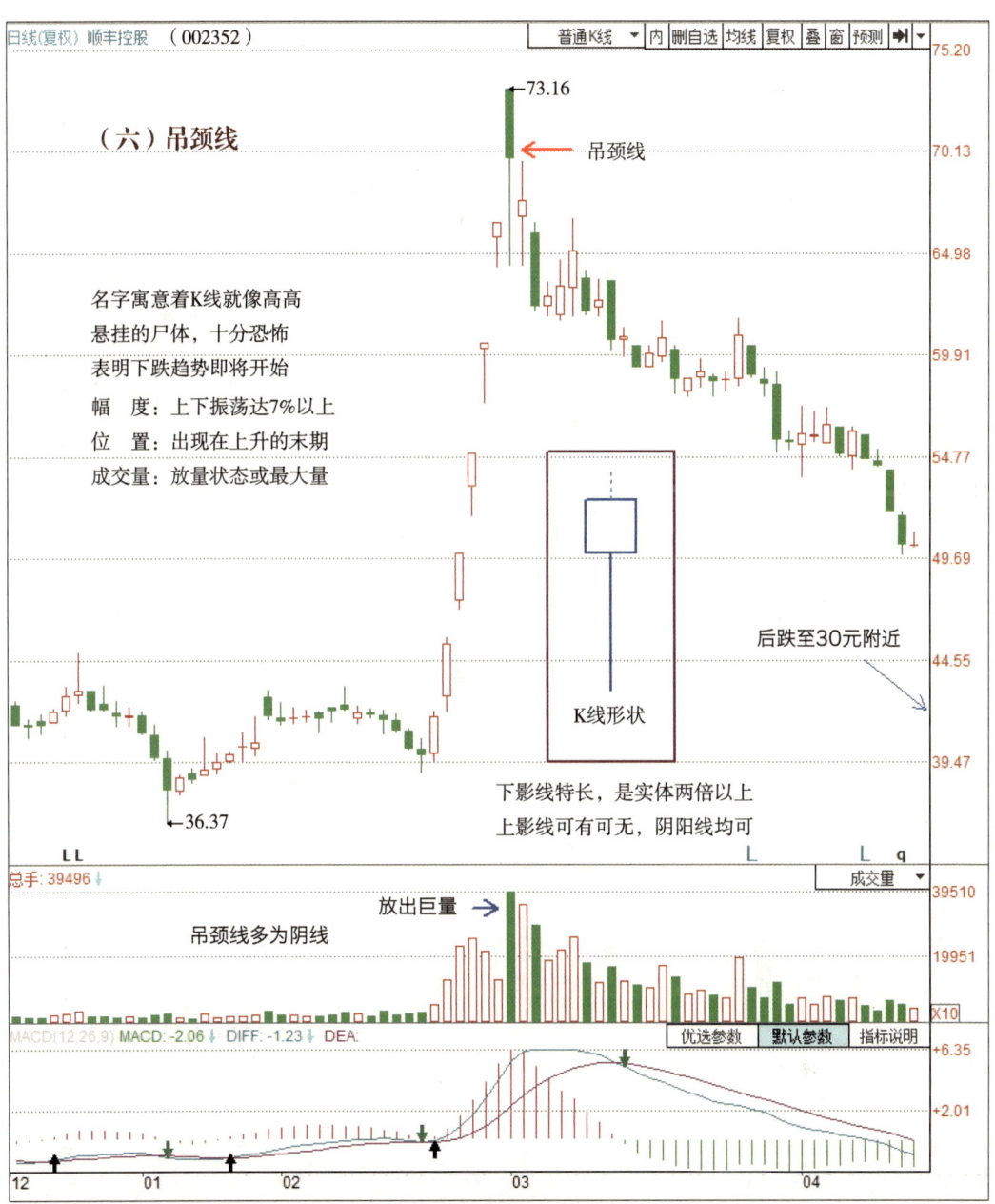

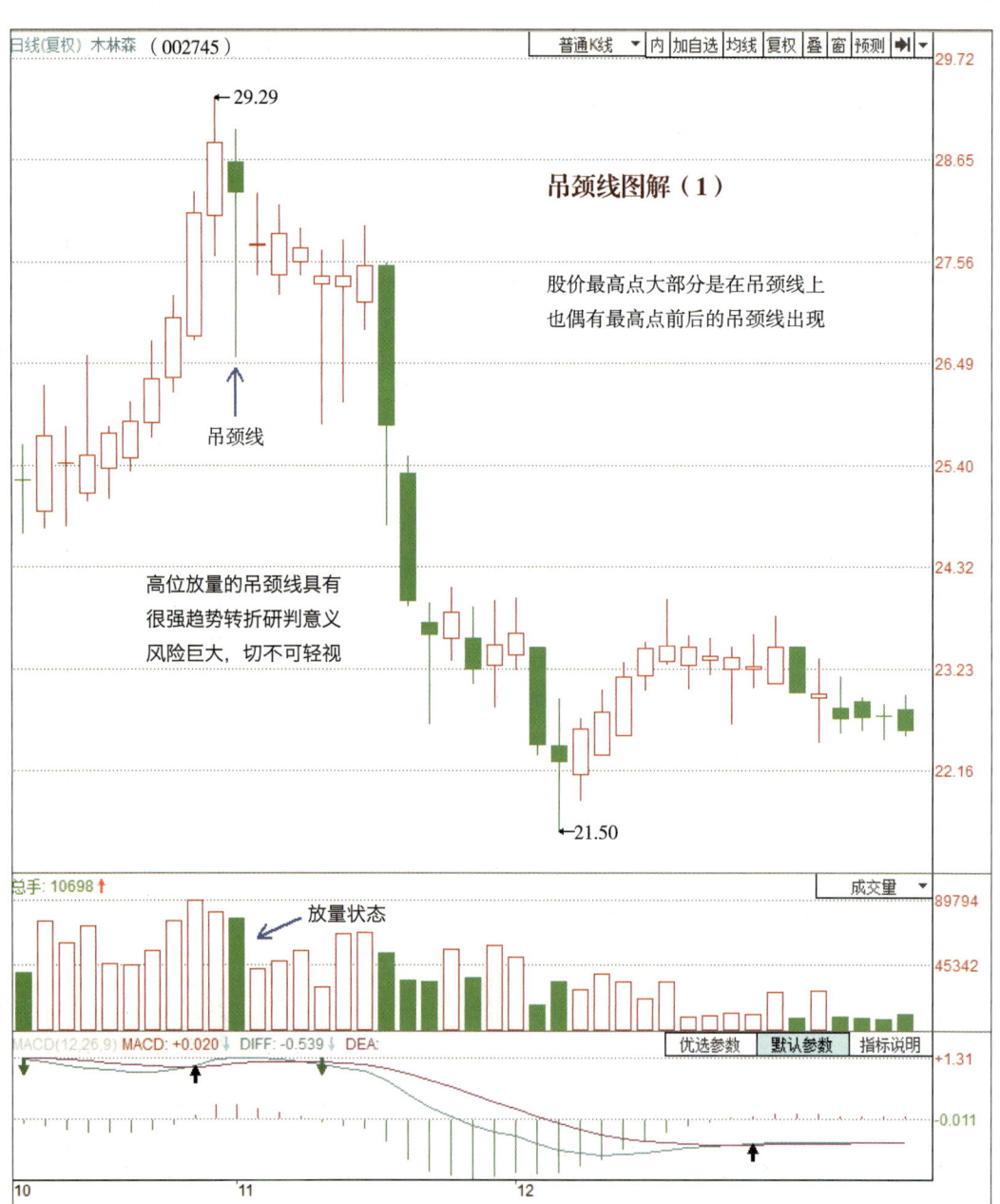

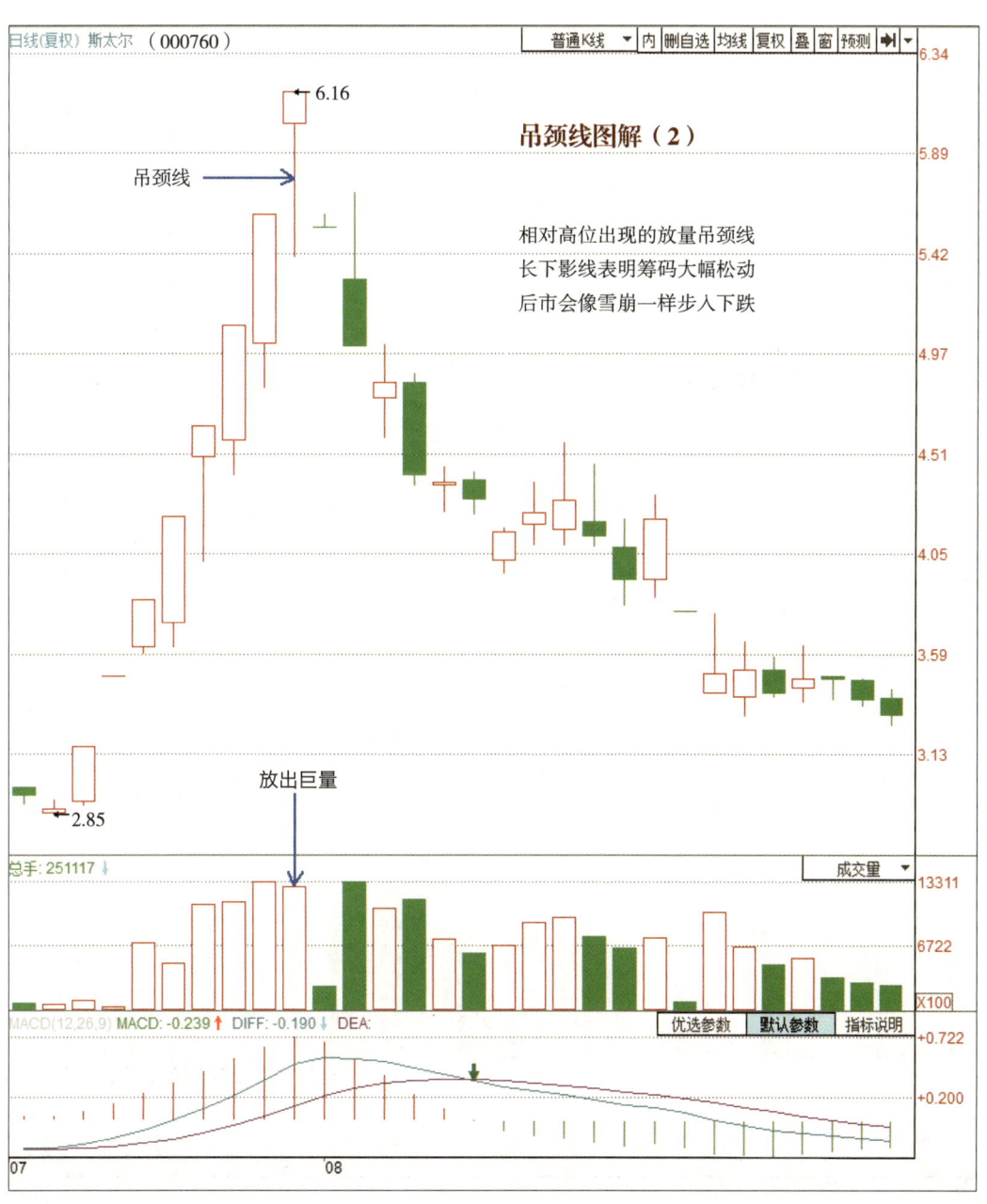

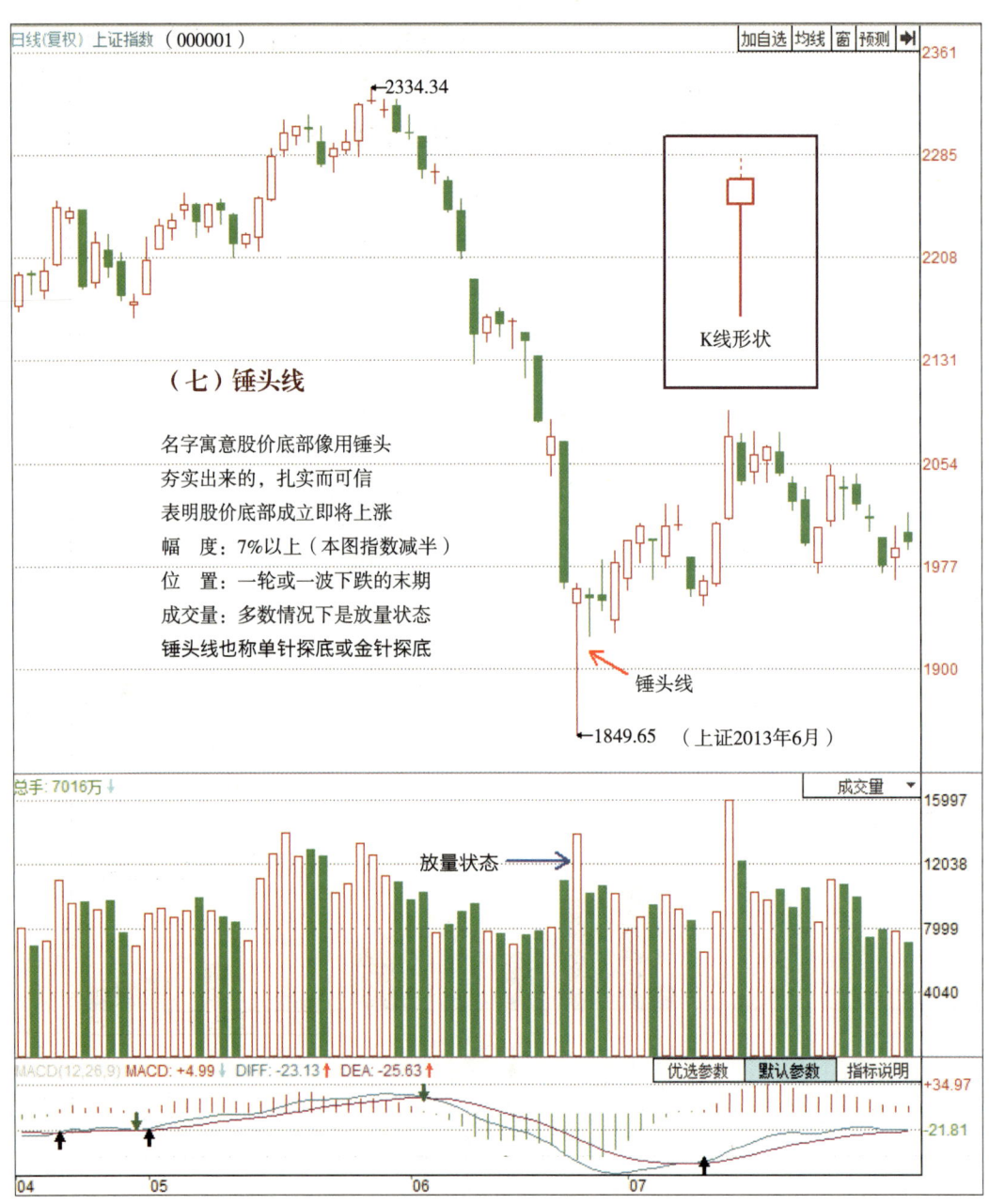

第二章 K线分析法

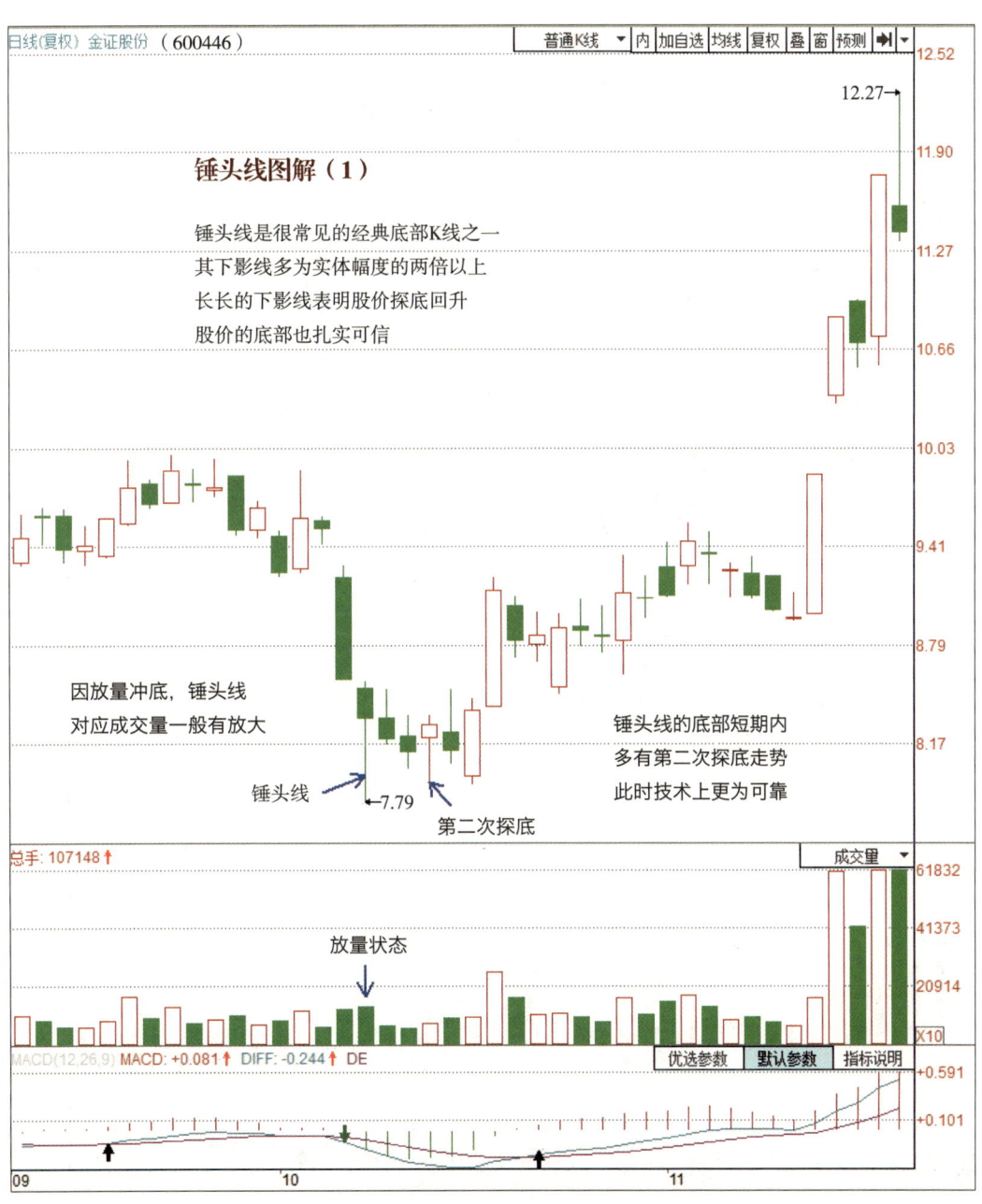

K线分析法

第二章 K线分析法

·103·

（八）大十字星

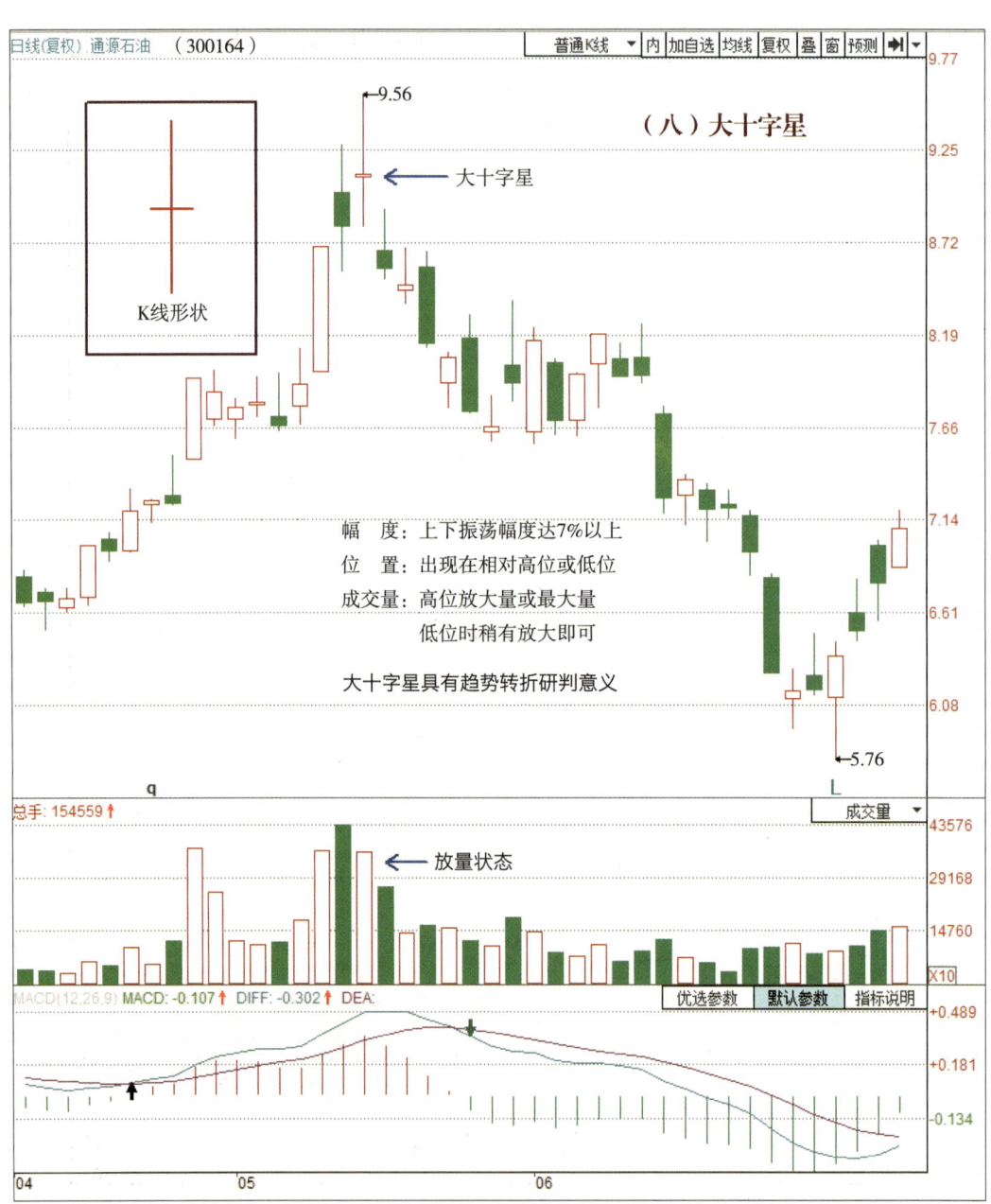

幅　　度：上下振荡幅度达7%以上
位　　置：出现在相对高位或低位
成交量：高位放量或最大量
　　　　低位时稍有放大即可

大十字星具有趋势转折研判意义

第二章 K线分析法
Chapter Two

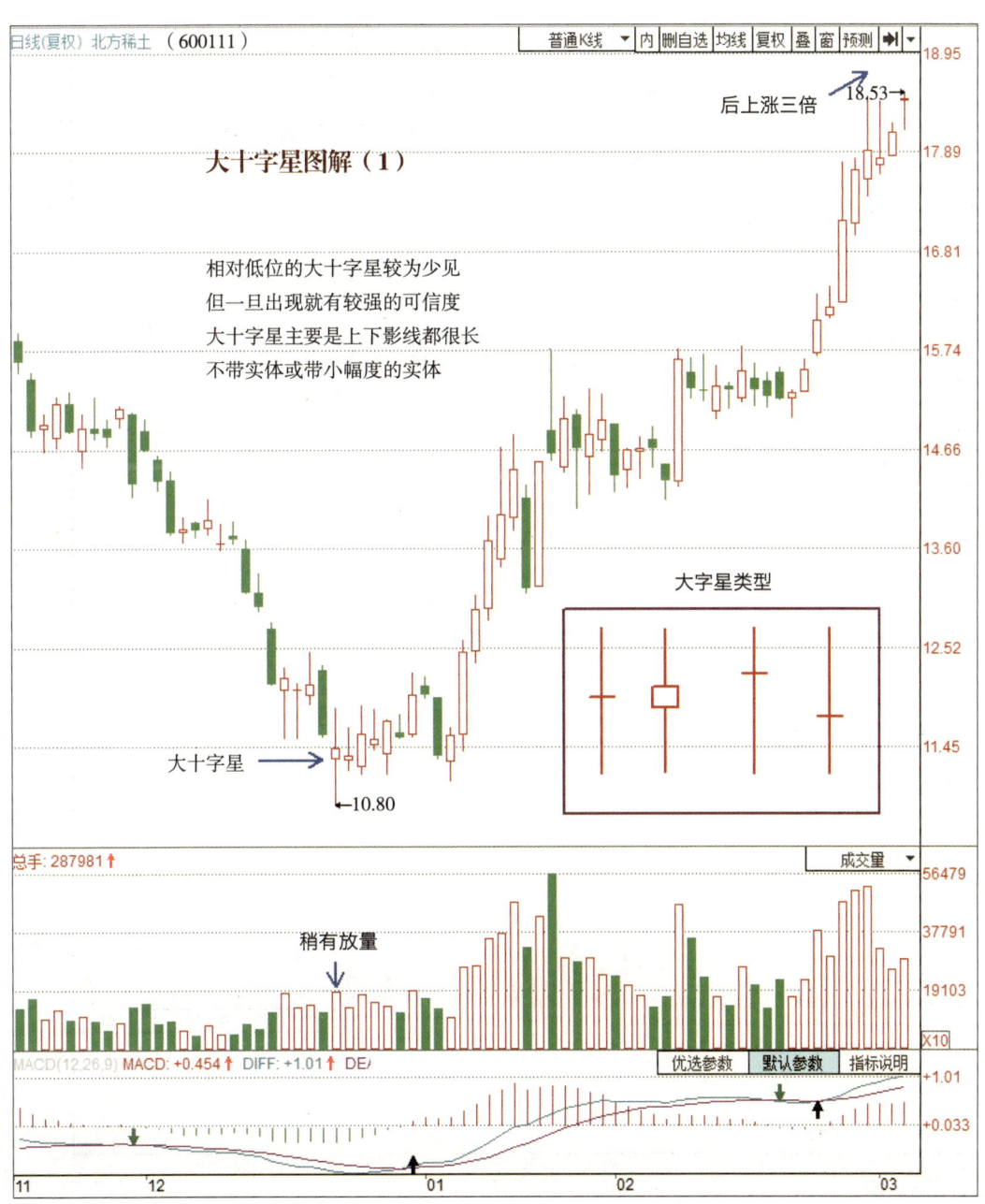

K线分析法

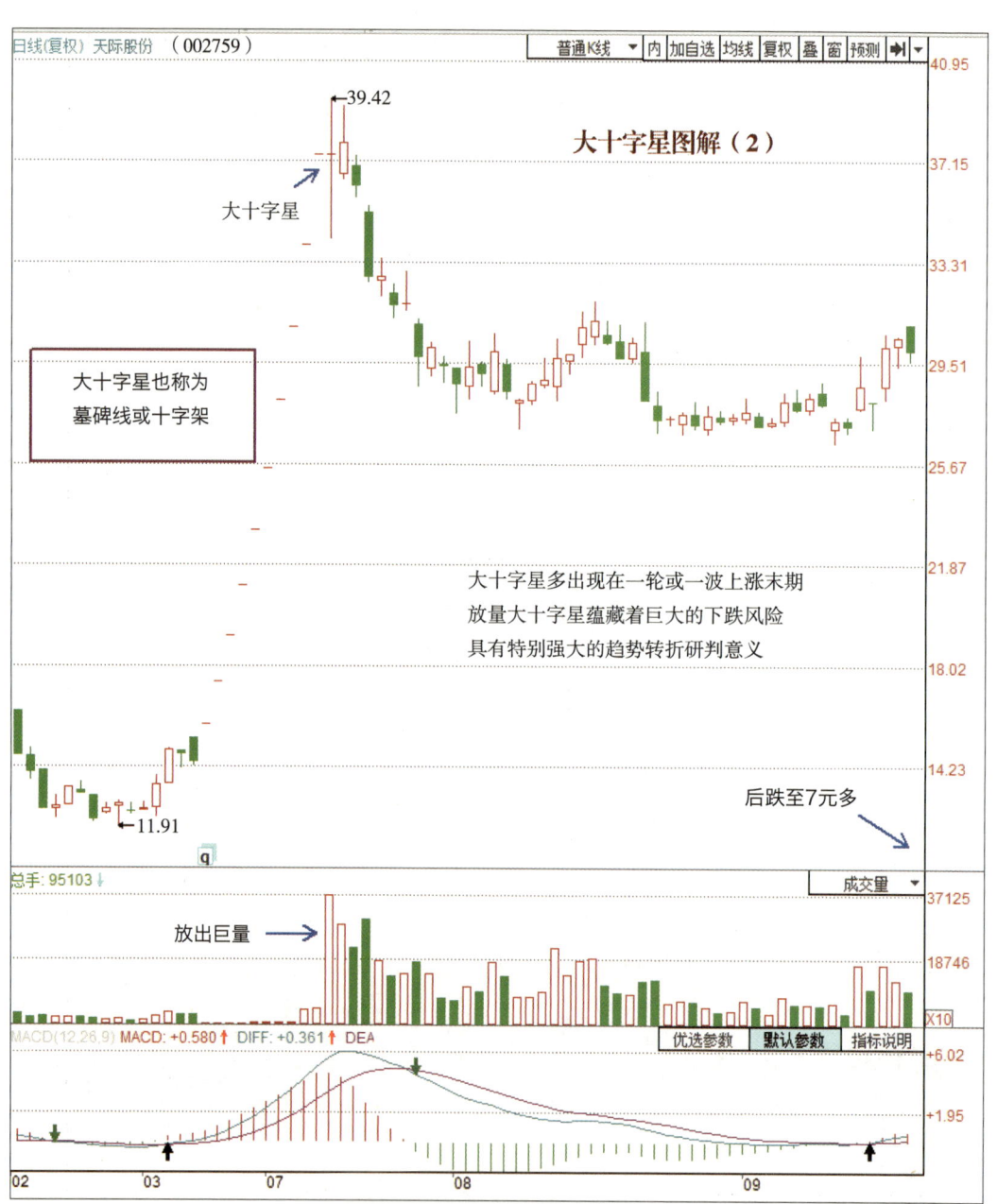

Chapter Two 第二章 K线分析法

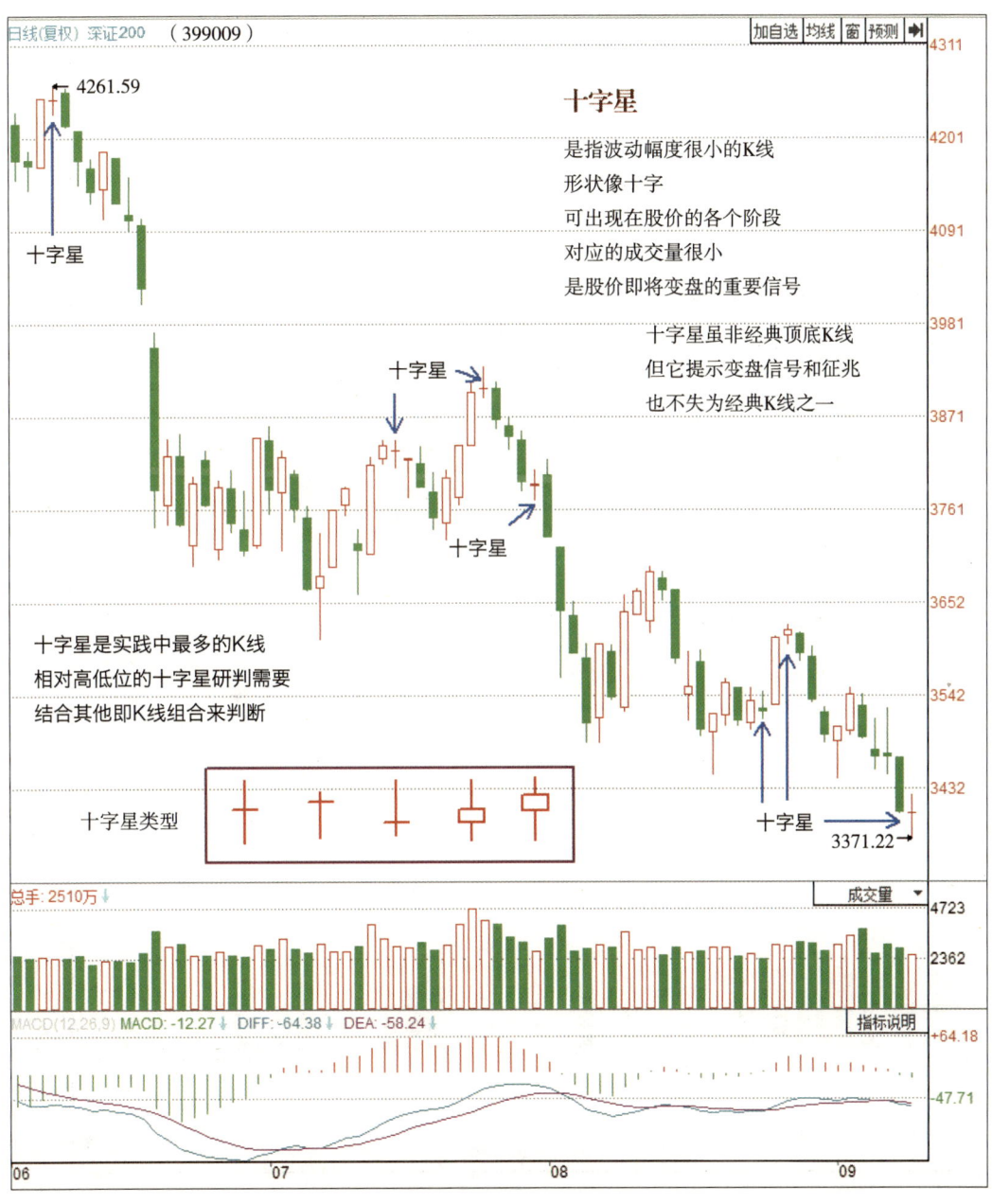

K线分析法

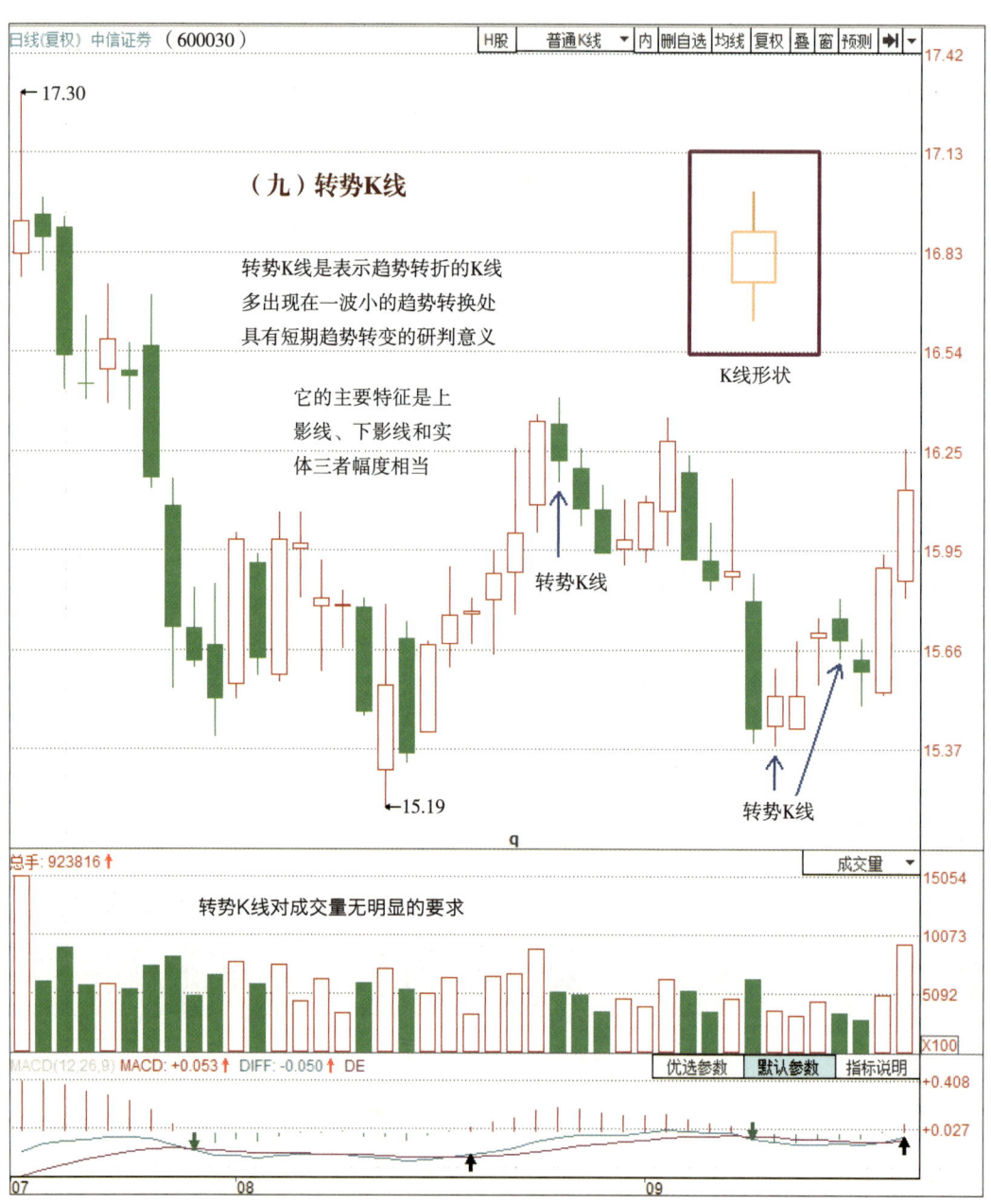

Chapter Two

第二章 K线分析法

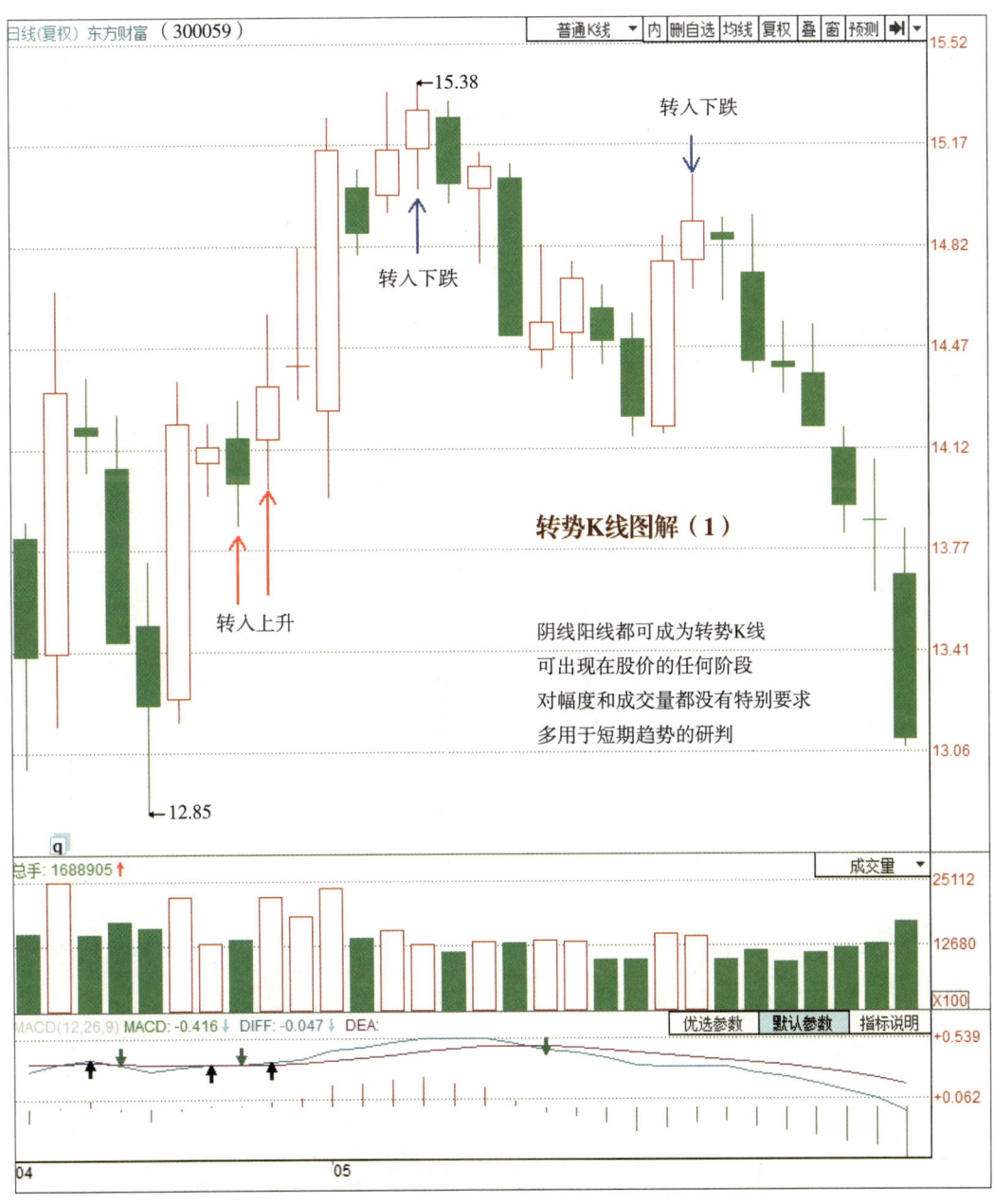

K线分析法

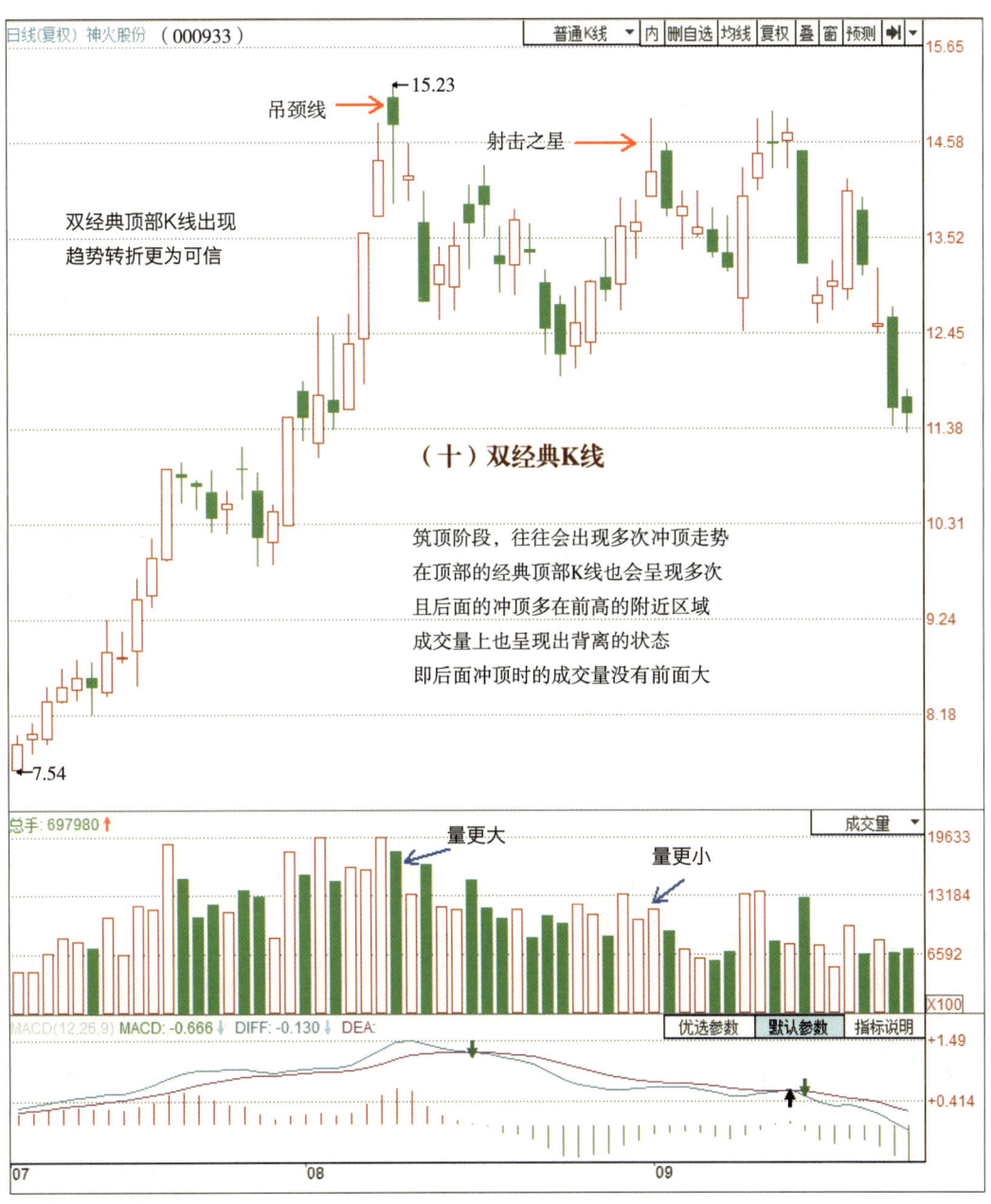

（十）双经典K线

筑顶阶段，往往会出现多次冲顶走势
在顶部的经典顶部K线也会呈现多次
且后面的冲顶多在前高的附近区域
成交量上也呈现出背离的状态
即后面冲顶时的成交量没有前面大

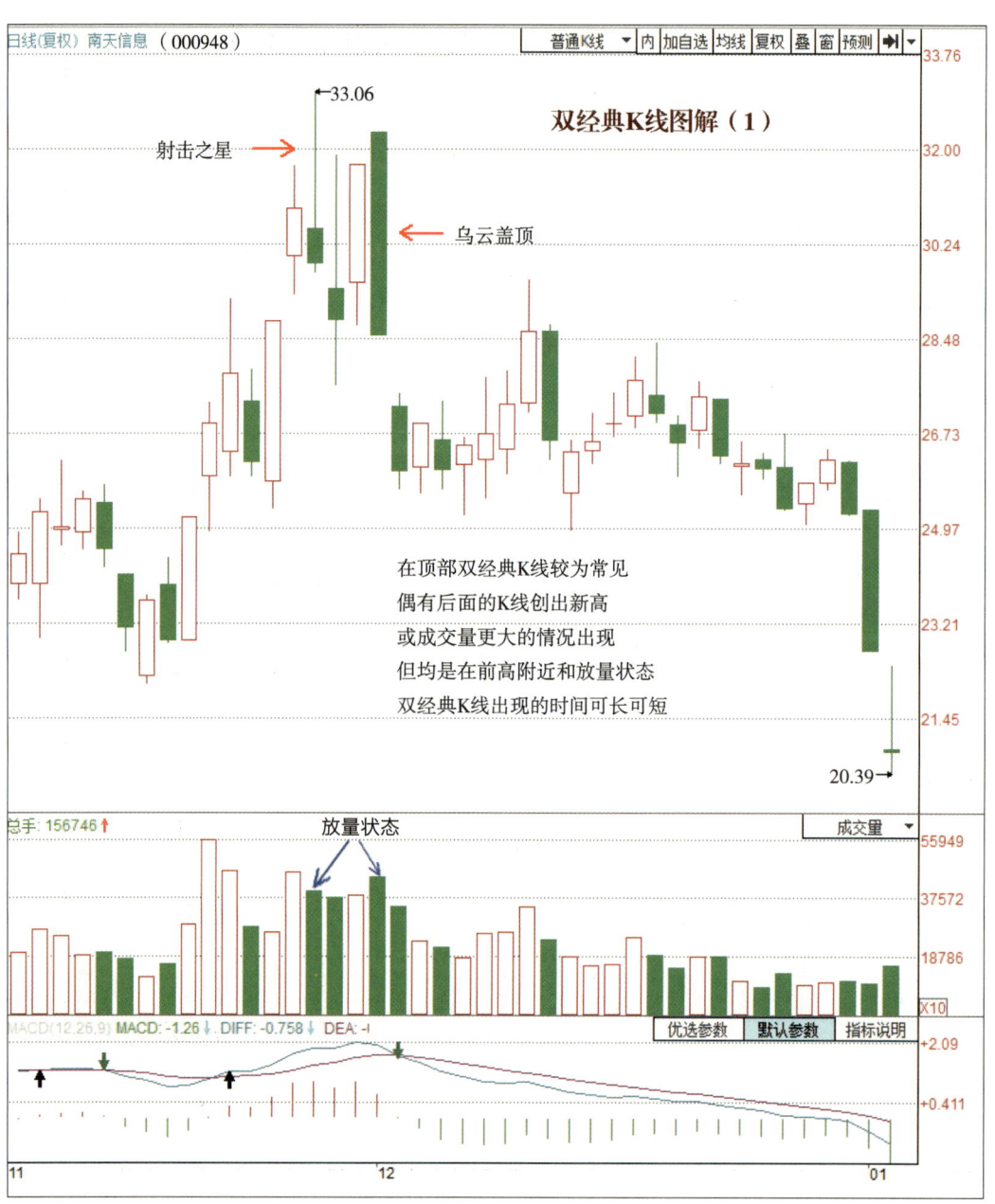

Chapter Two
第二章
K线分析法

K线分析法

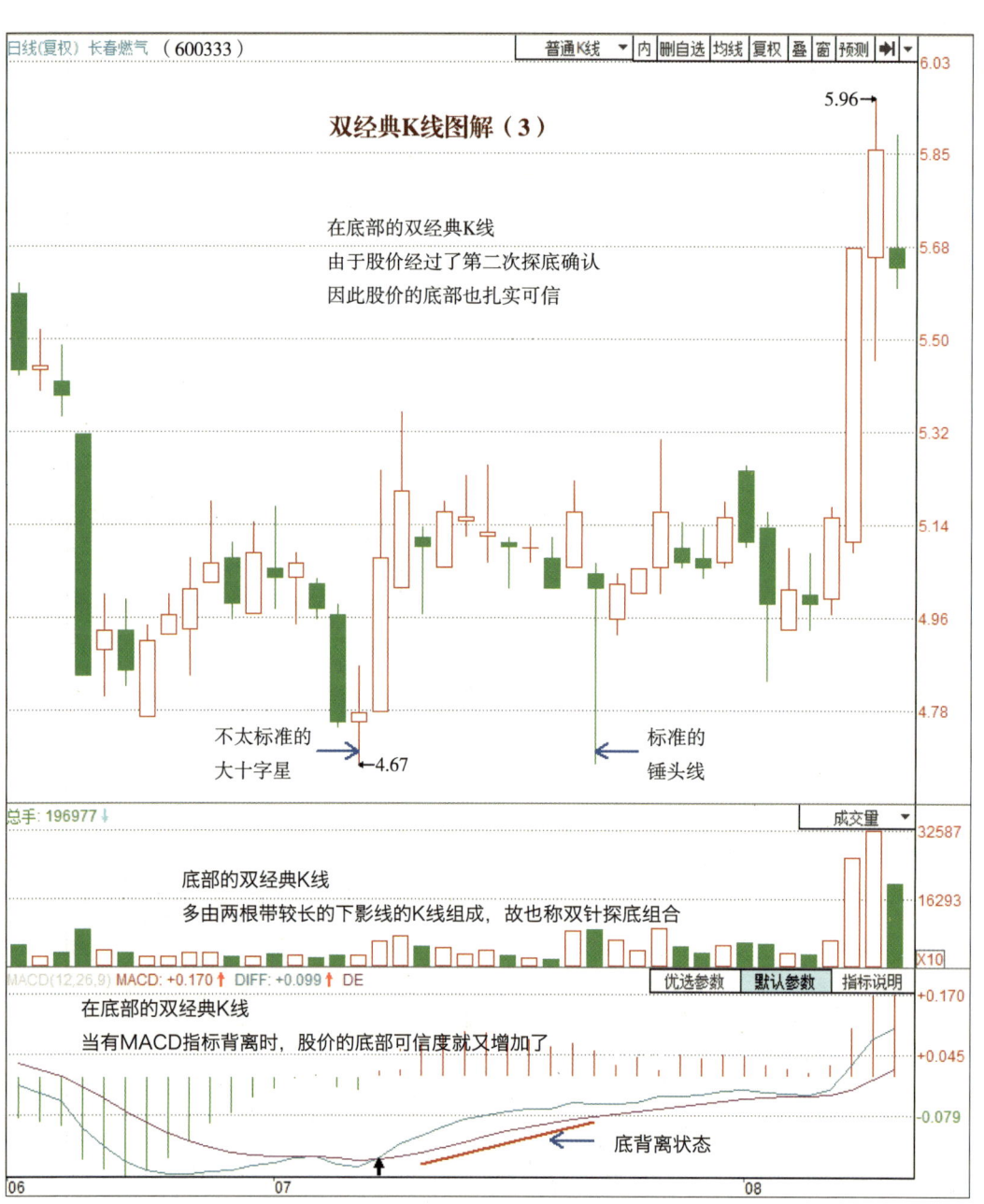

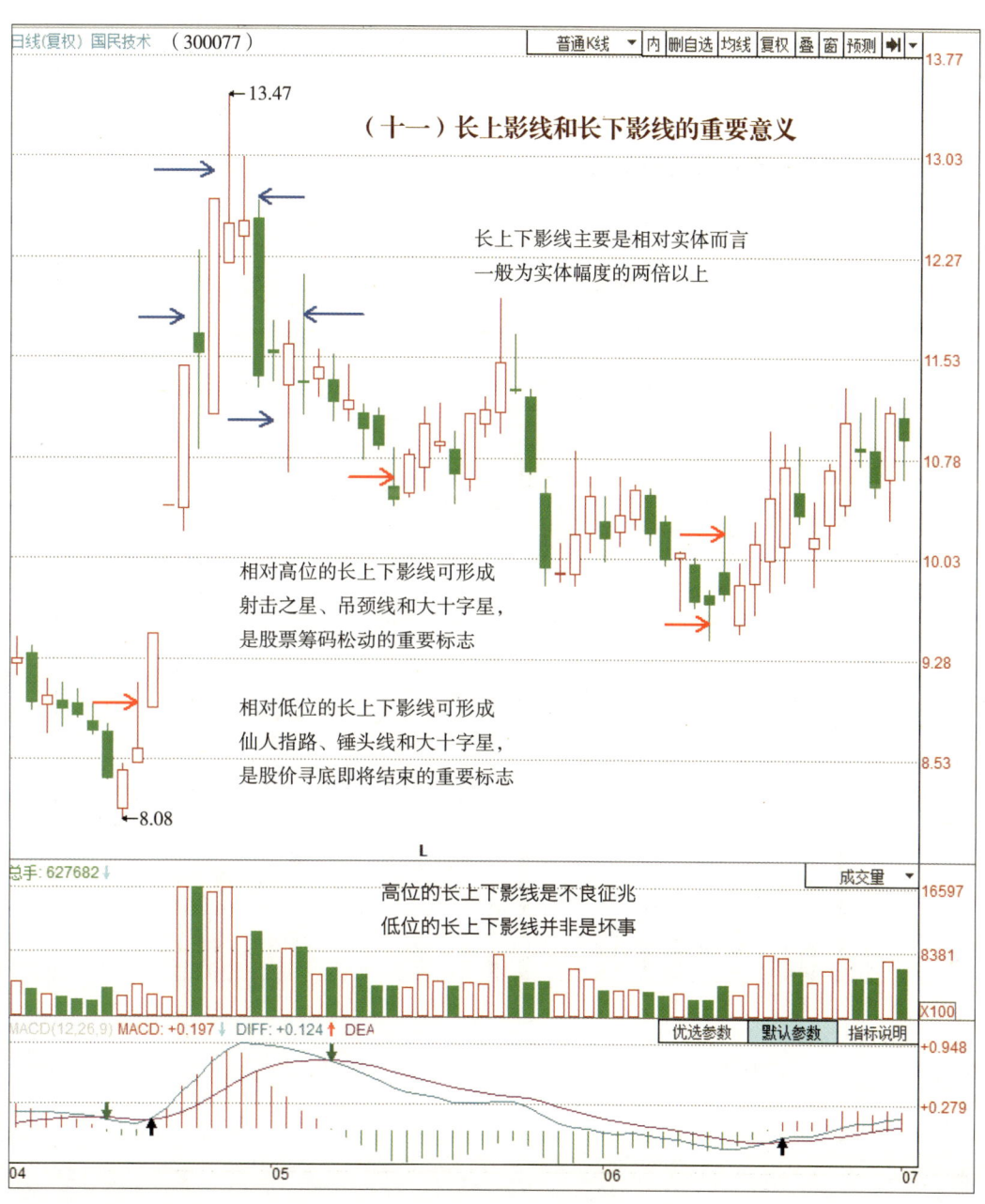

（十一）长上影线和长下影线的重要意义

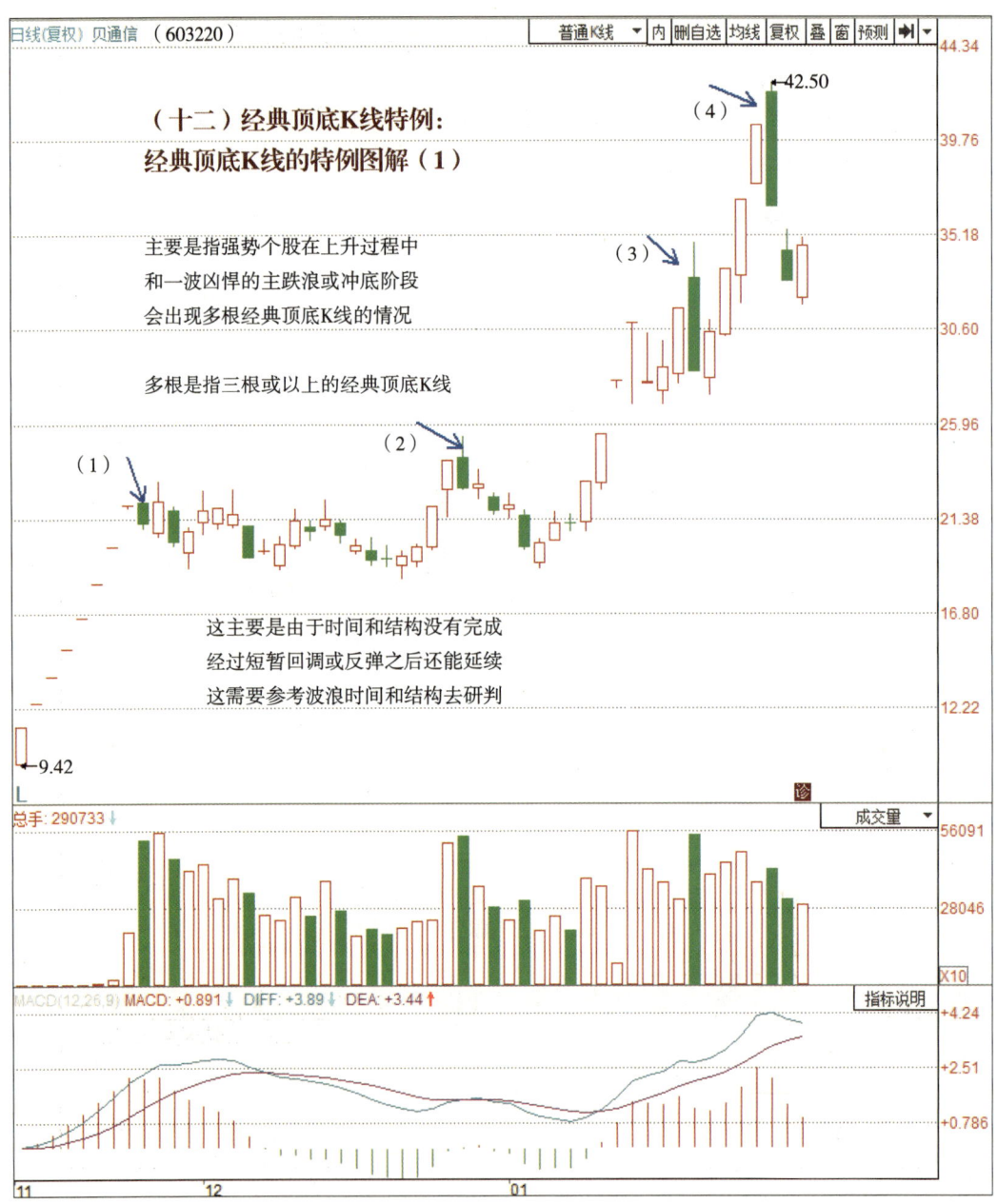

第二章
K线分析法

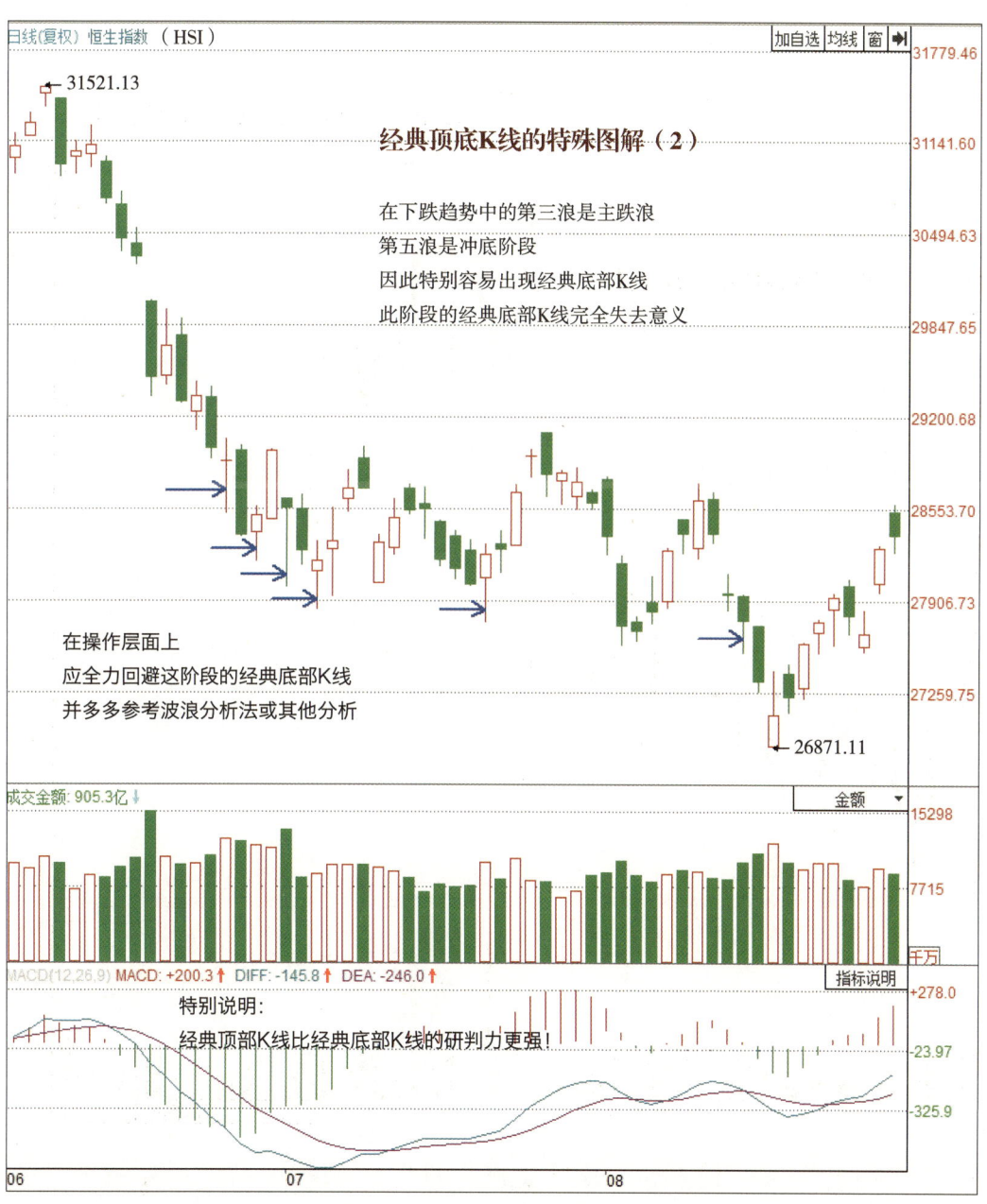

（十三）经典顶底K线后述

1. 经典顶底K线不仅指绝对高低点，也包括阶段性的高低点区域在内
2. 经典顶底K线的研判应结合K线幅度、位置和成交量三因素综合研判
3. 趋势转折点前后不全都是标准的经典顶底K线，而是稍有变化，其研判意义区别不大
4. 经典顶部K线研判能力强于底部K线，对此始终应该牢记！

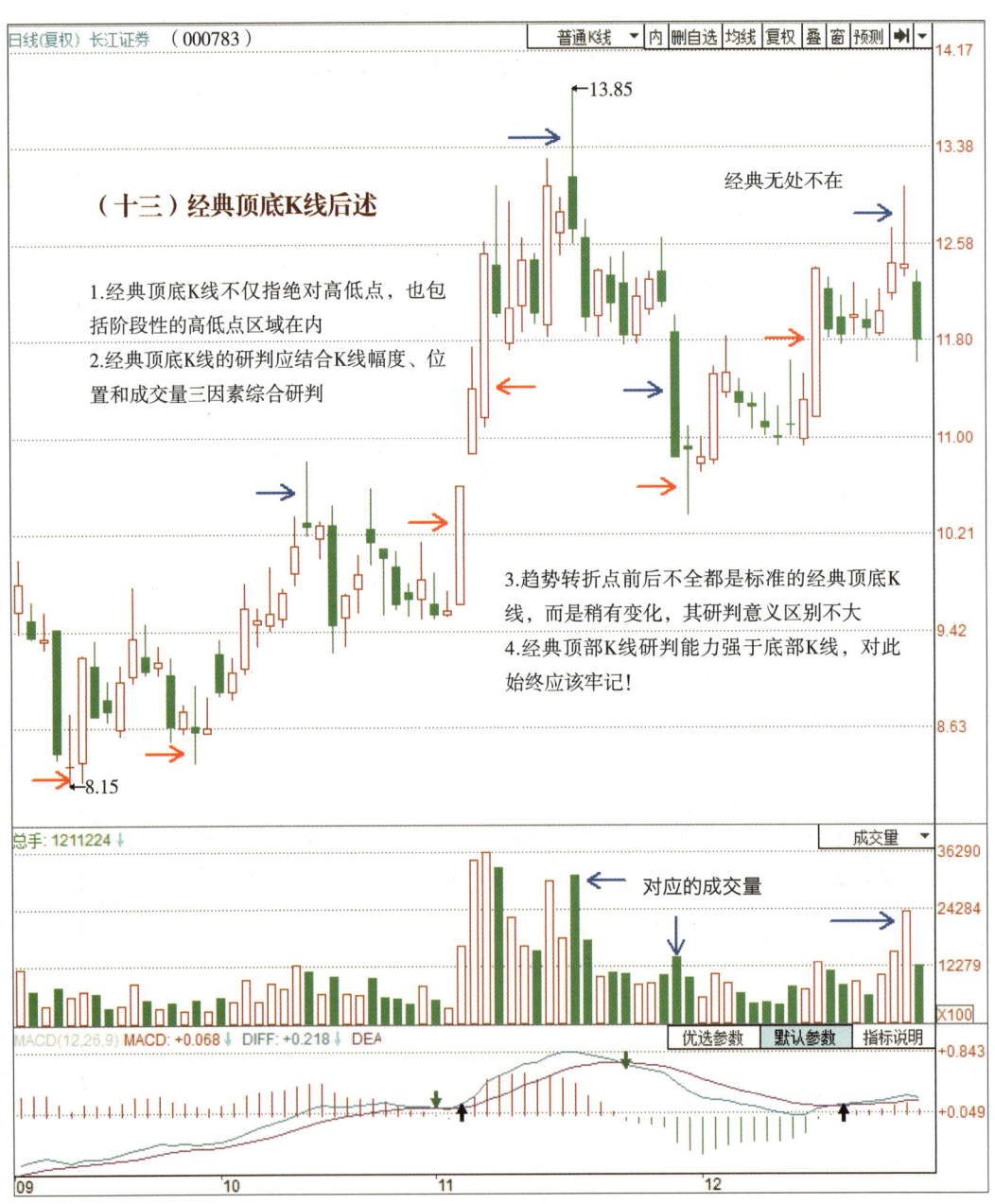

第二节 经典K线组合

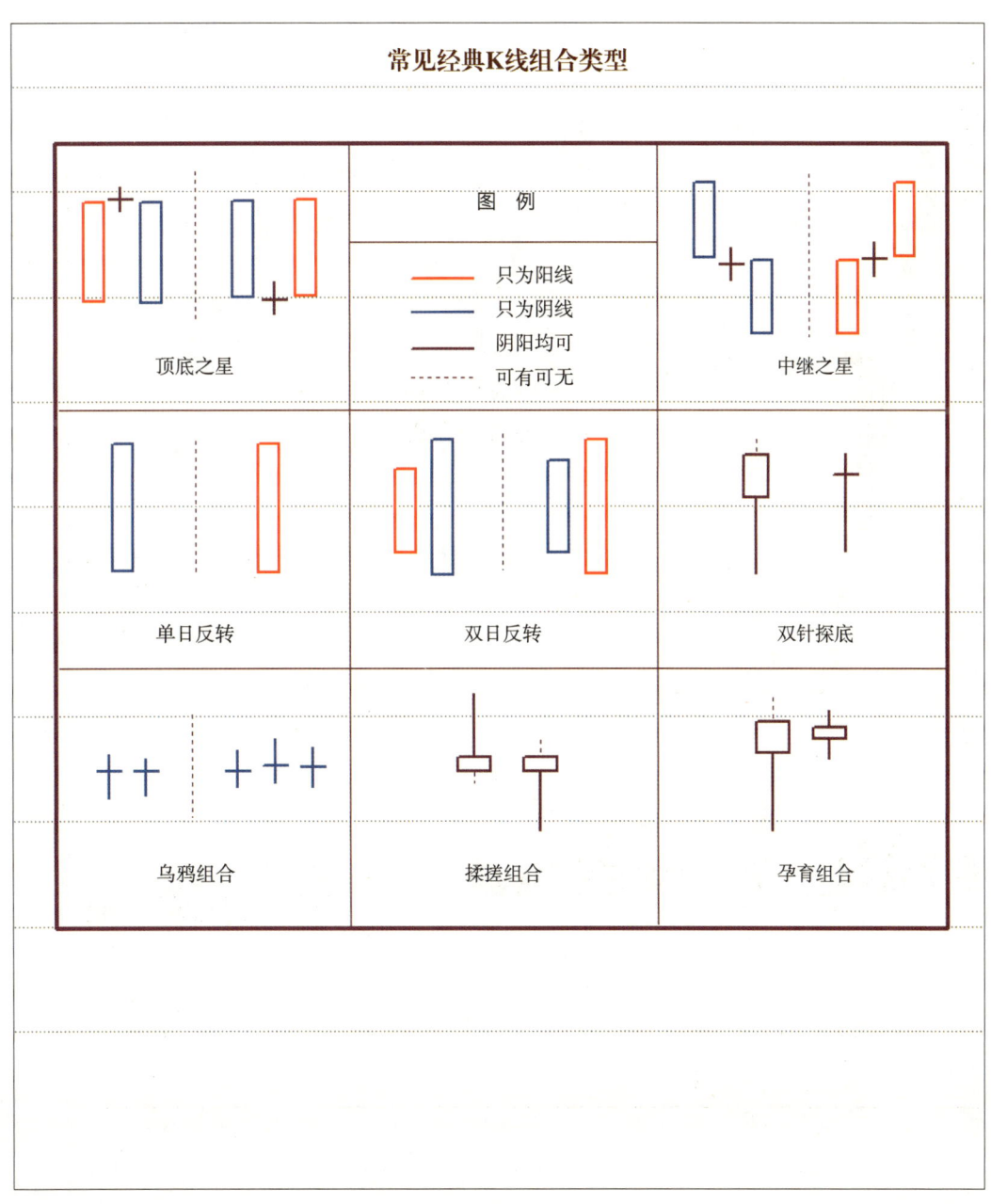

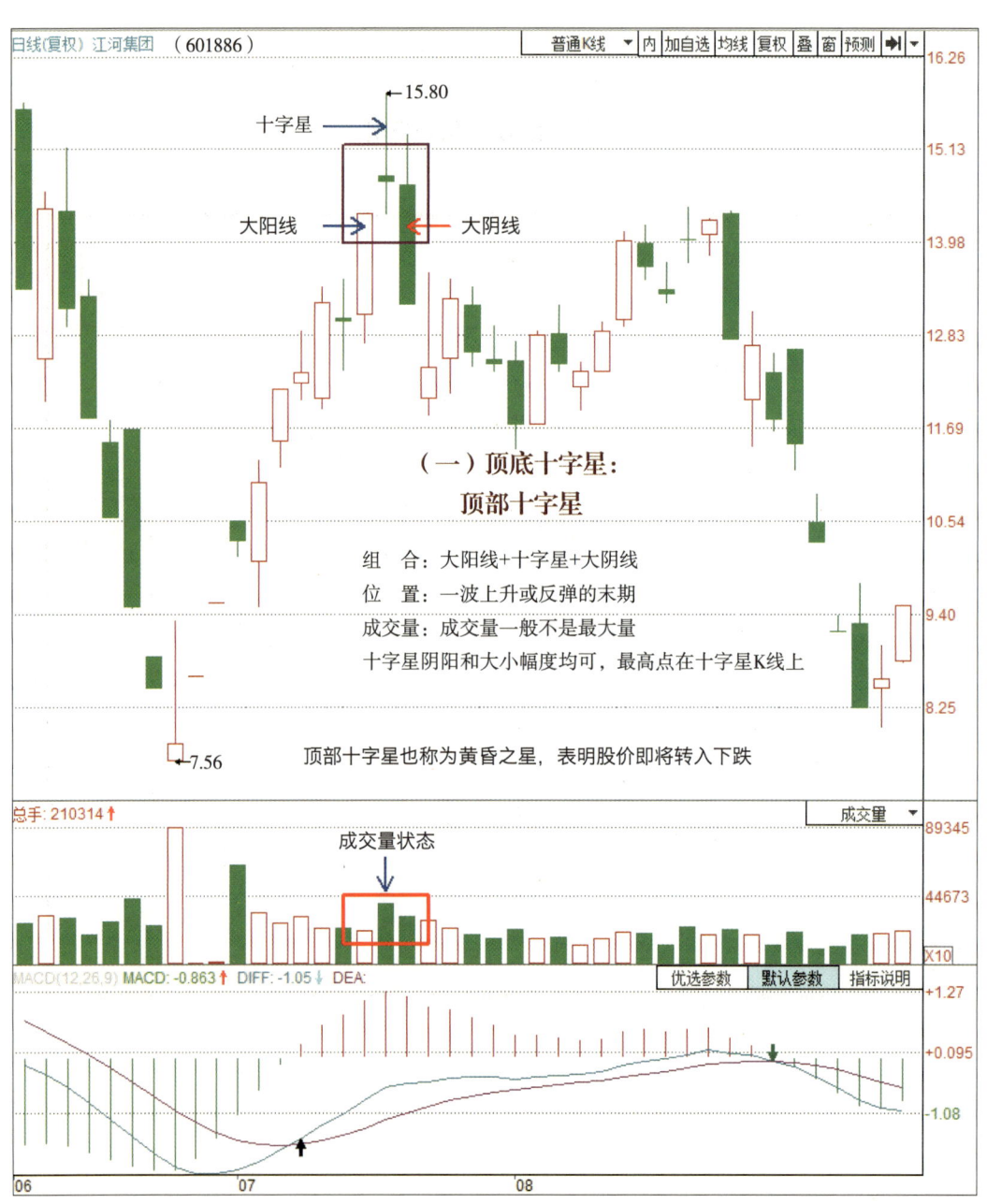

Chapter Two
第二章
K线分析法

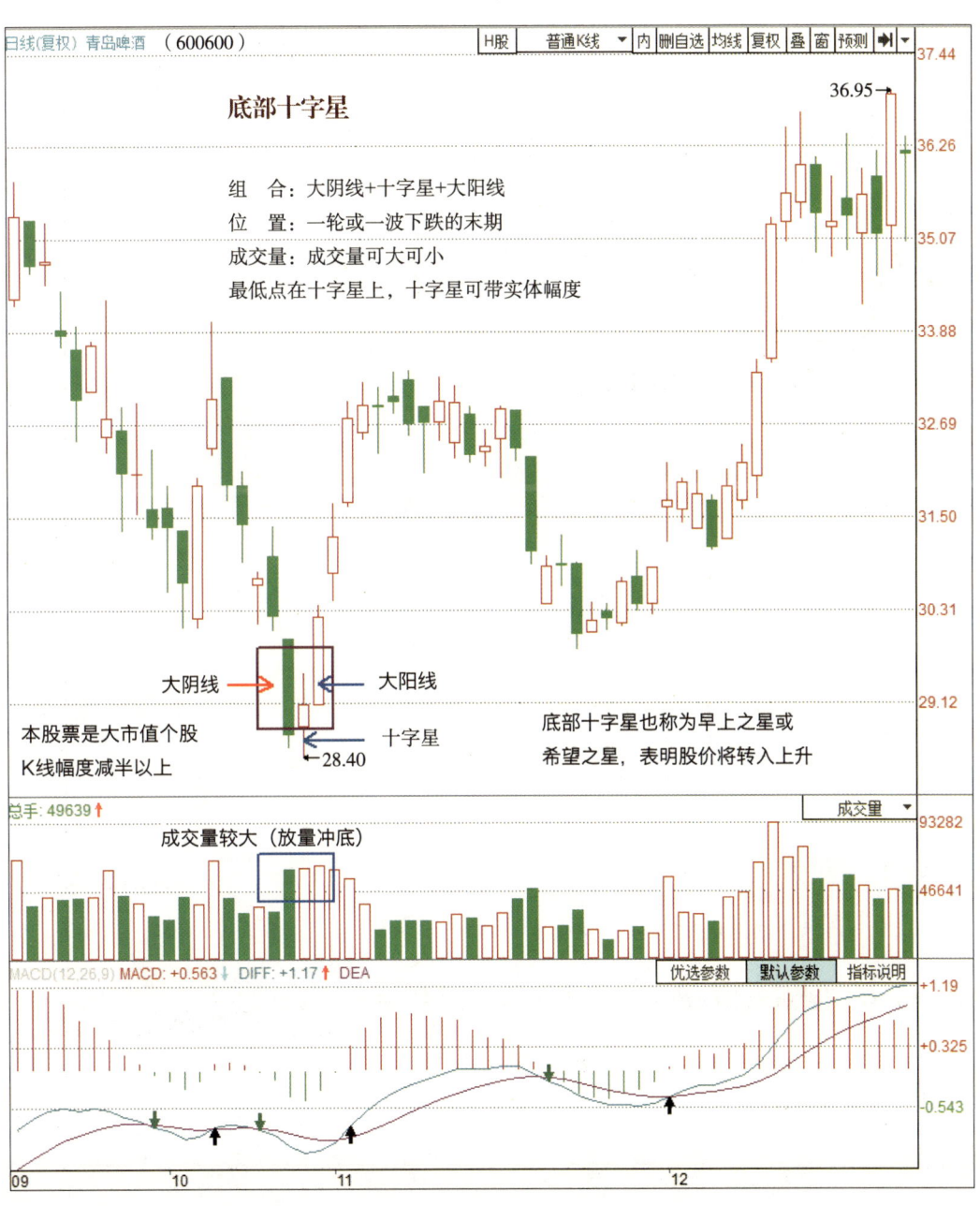

K线分析法

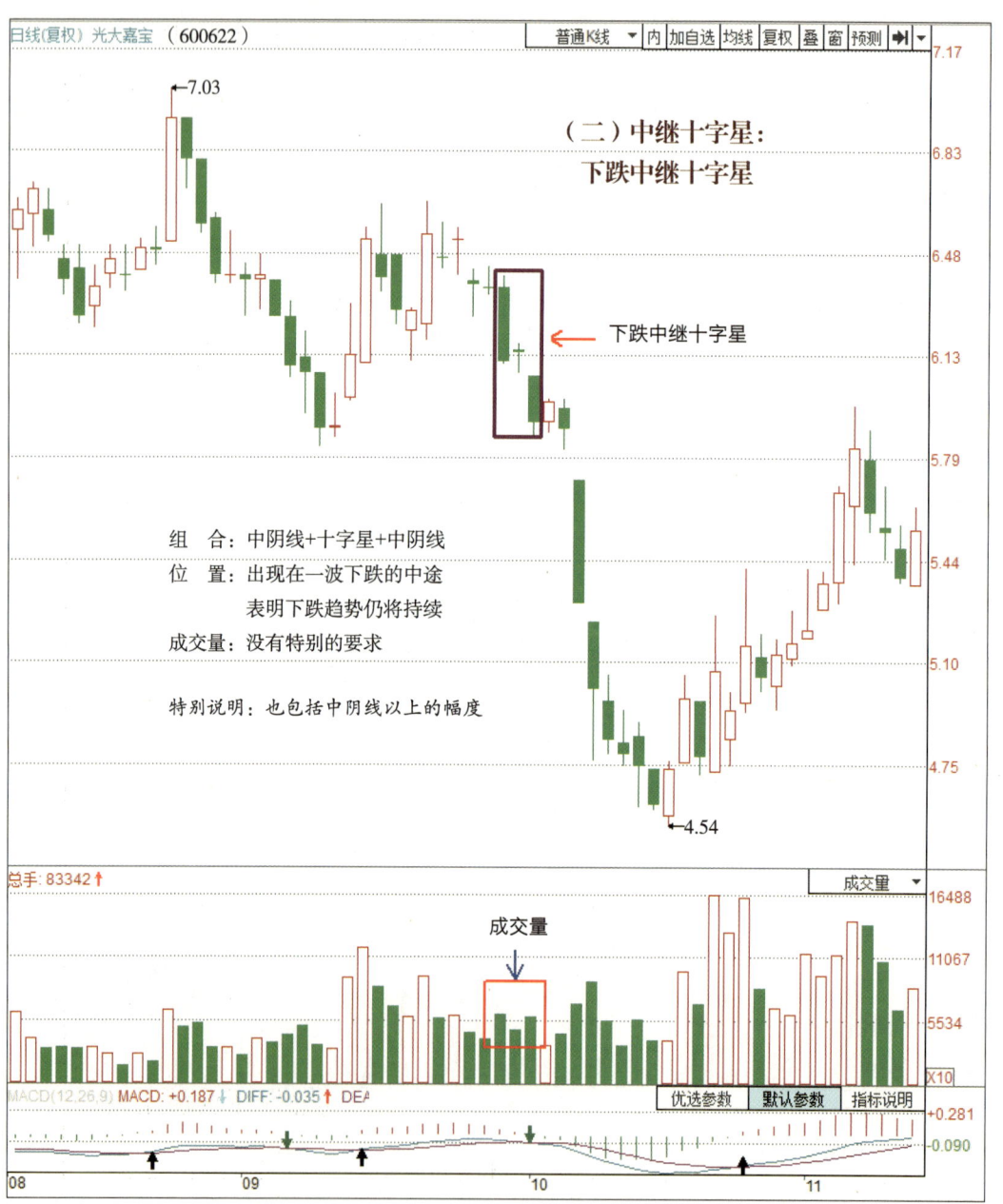

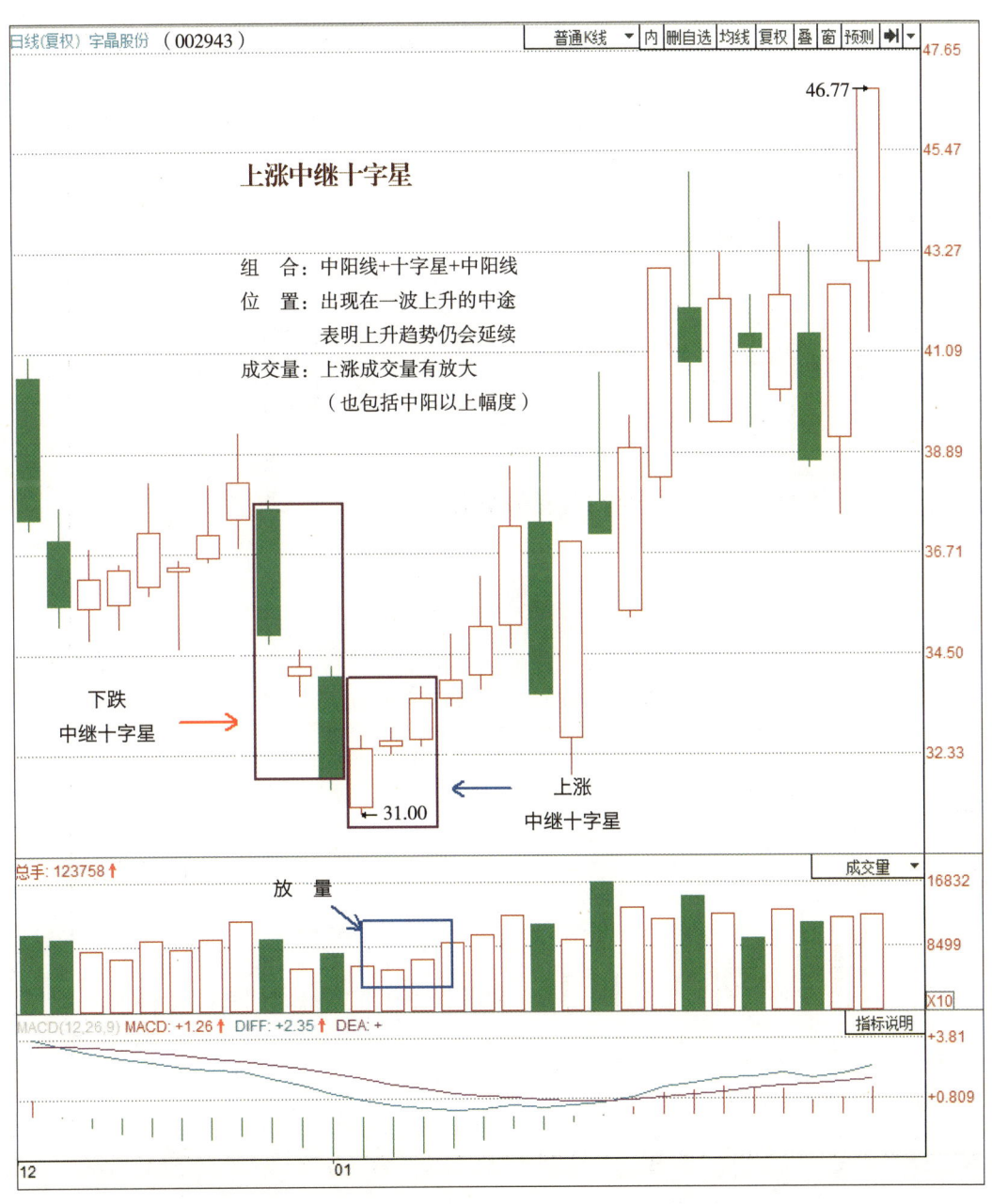

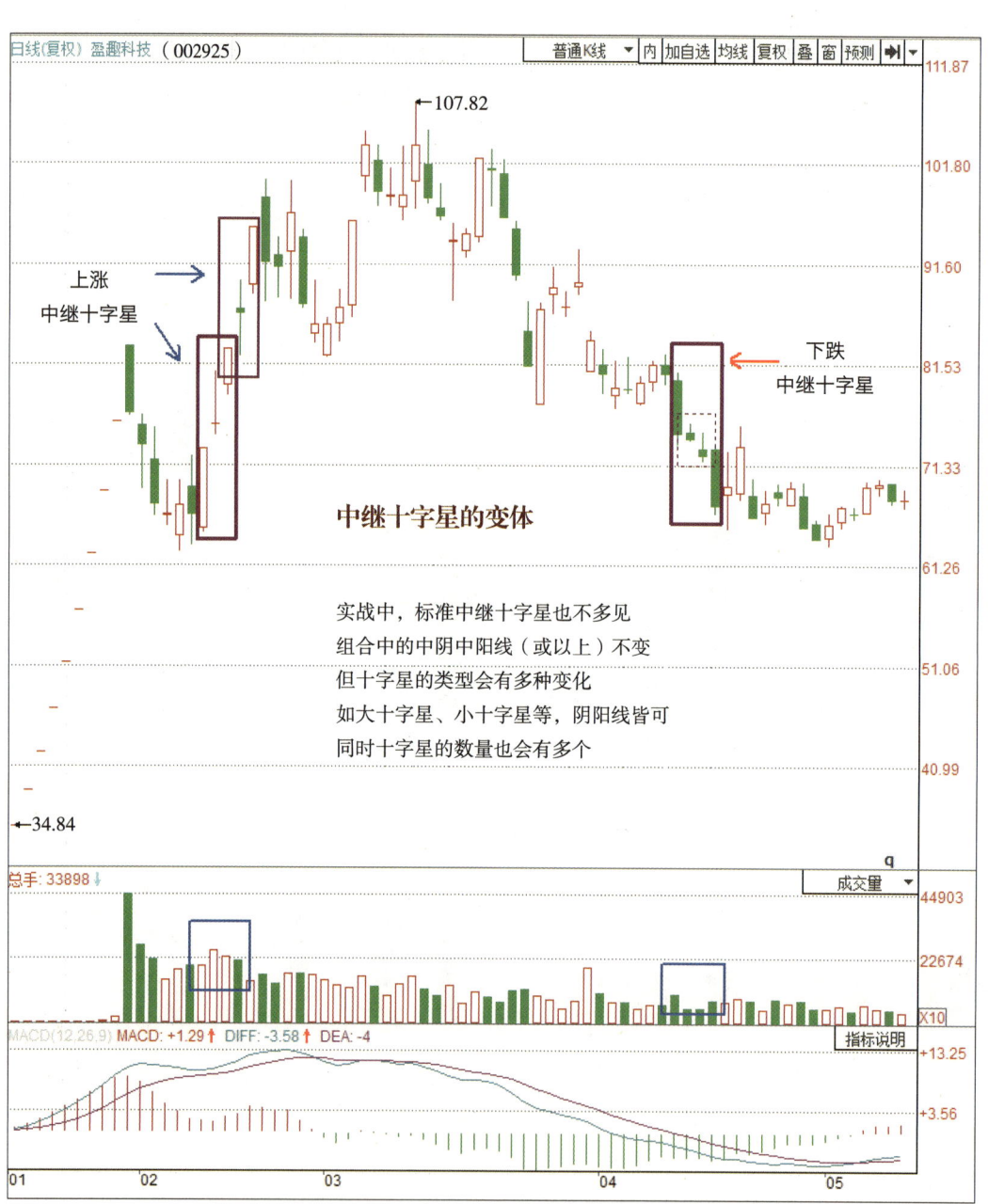

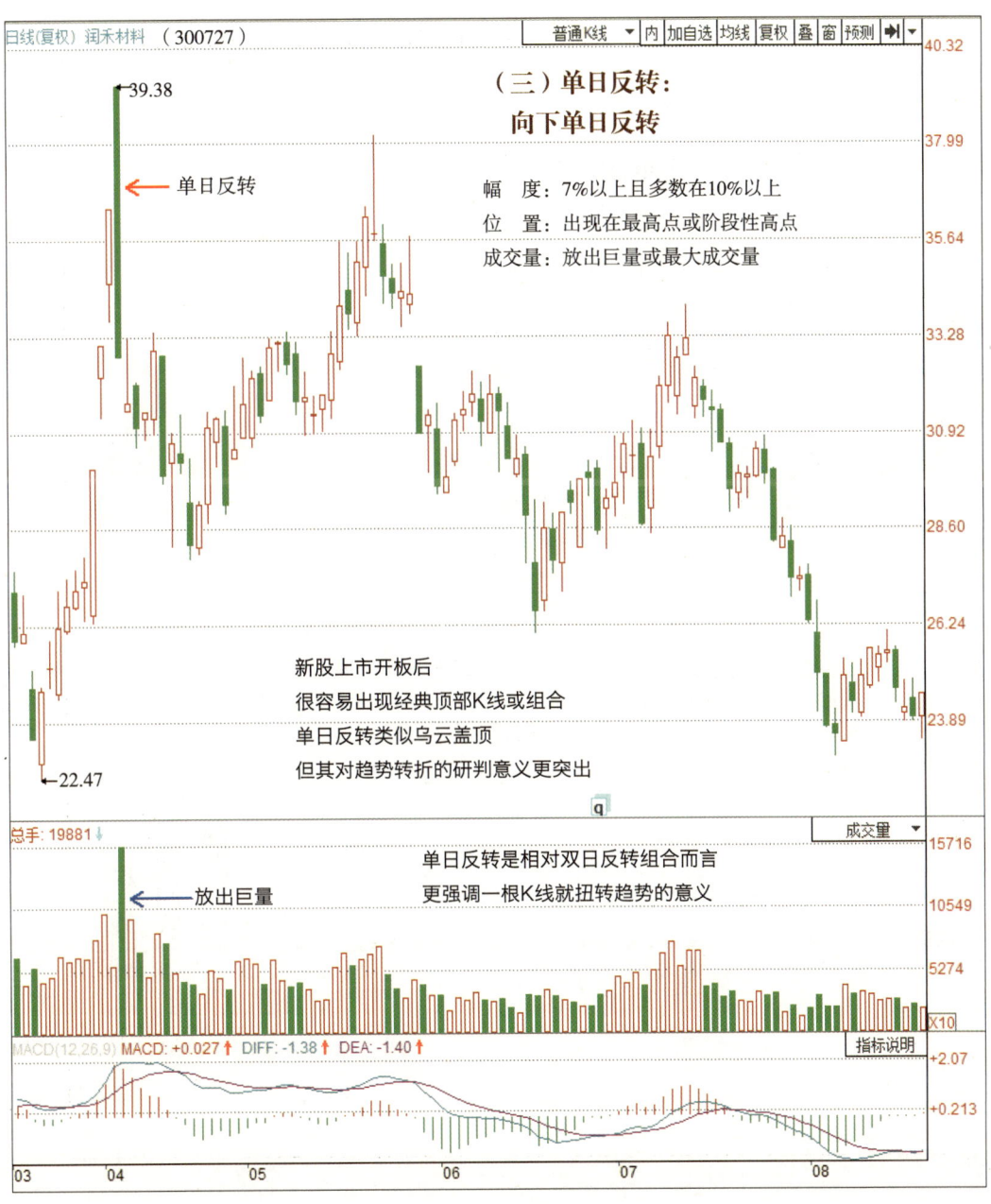

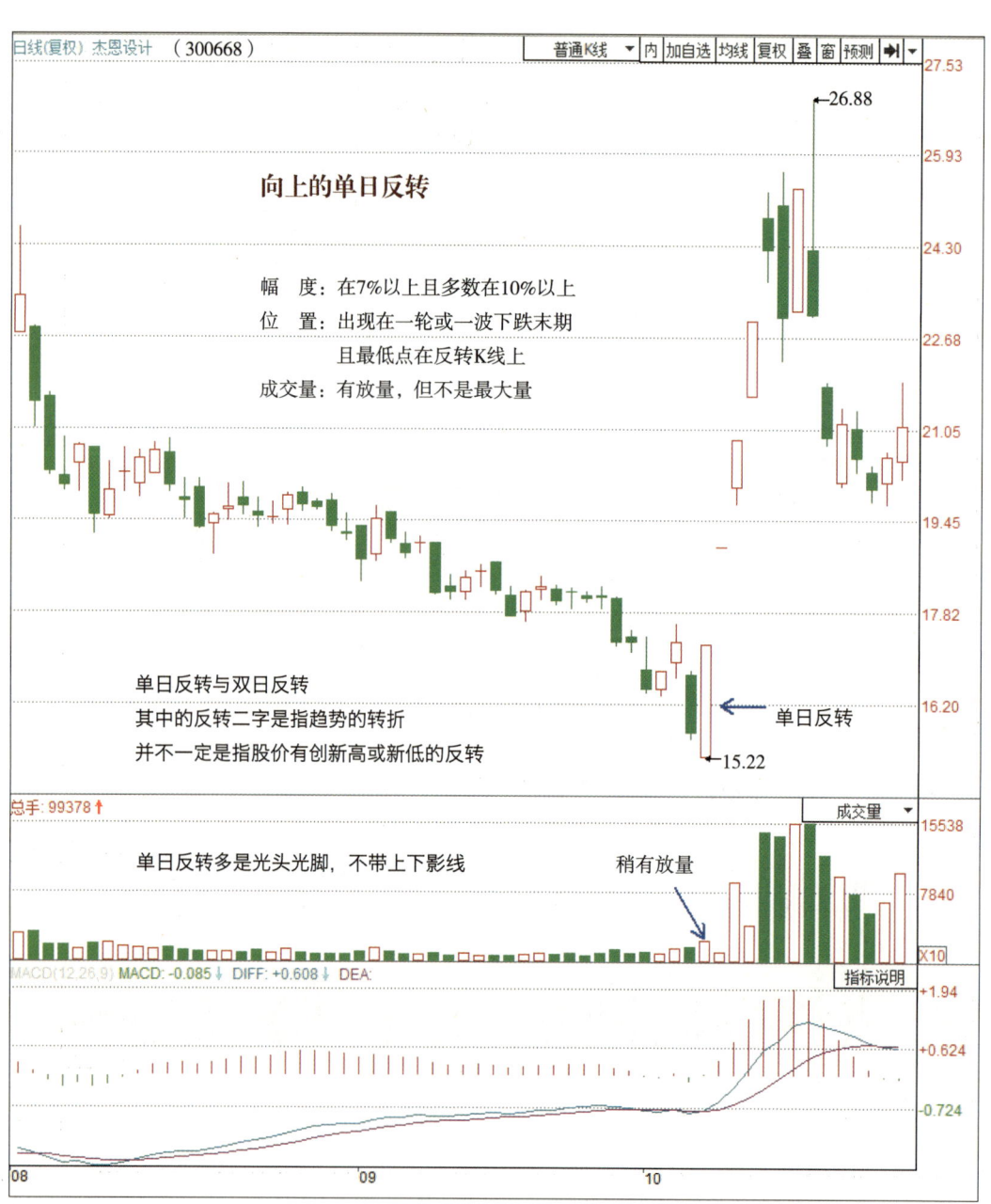

第二章 K线分析法

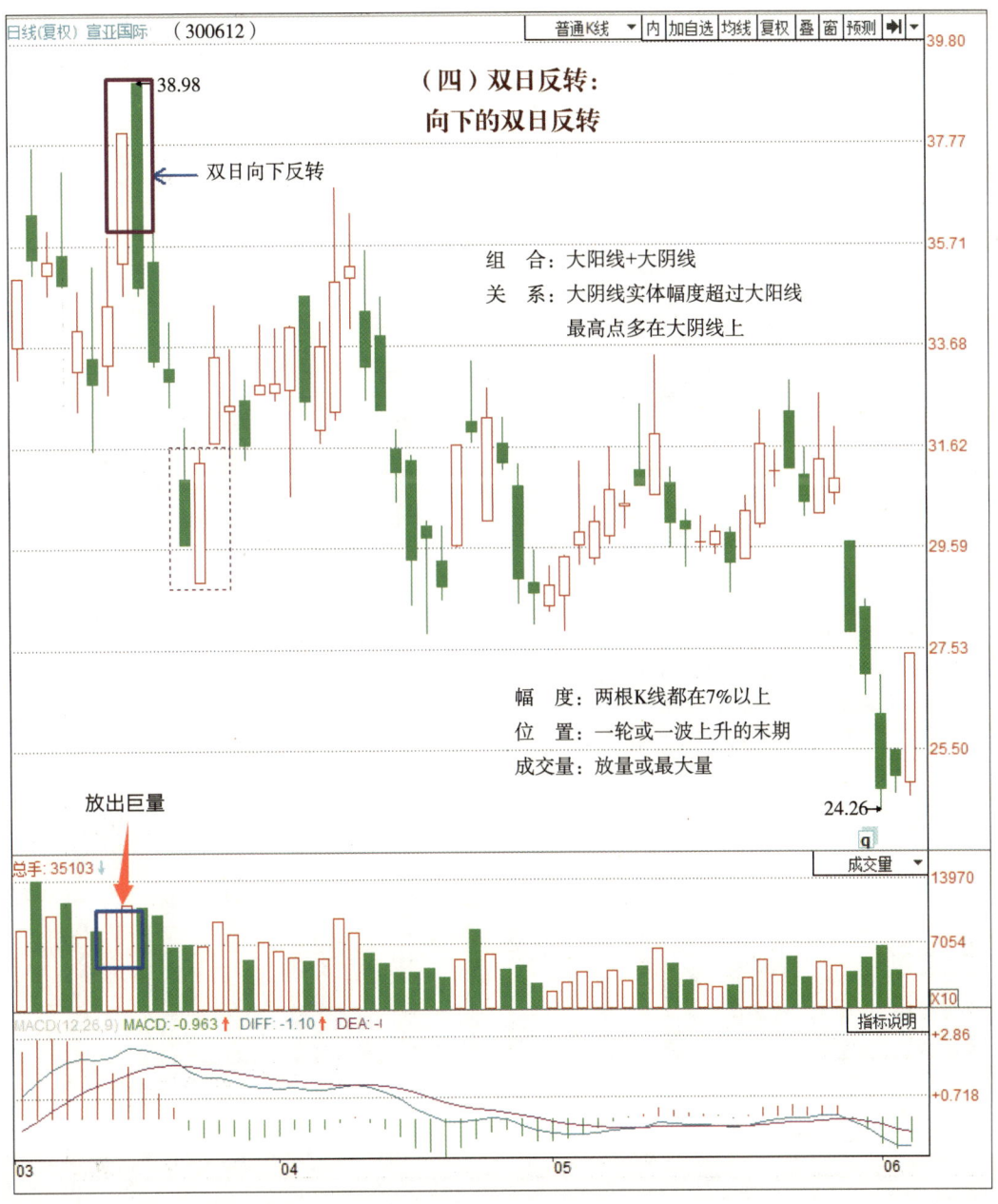

（四）双日反转：
向下的双日反转

组　合：大阳线+大阴线
关　系：大阴线实体幅度超过大阳线
　　　　最高点多在大阴线上

幅　度：两根K线都在7%以上
位　置：一轮或一波上升的末期
成交量：放量或最大量

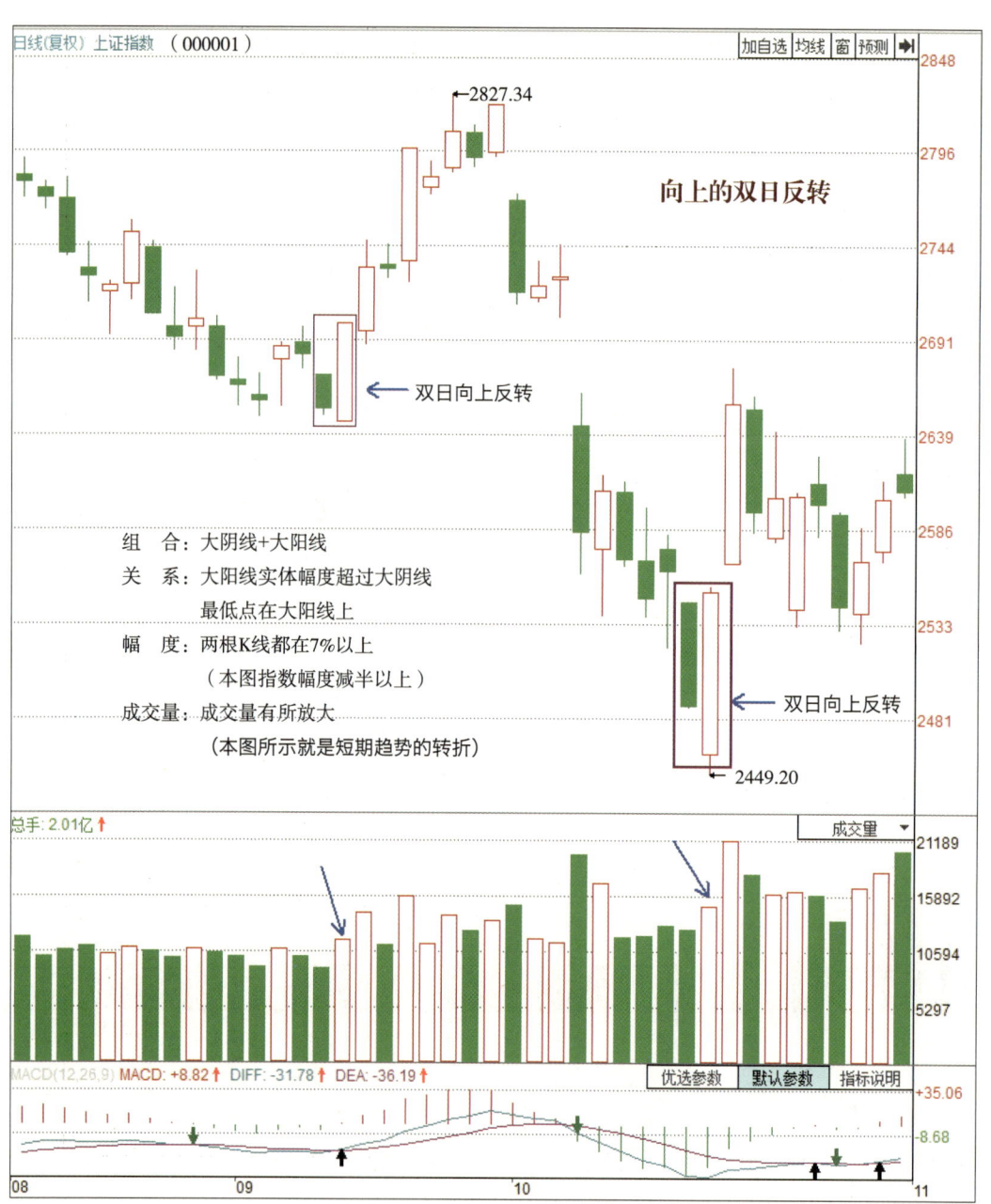

第二章 K线分析法

K线分析法

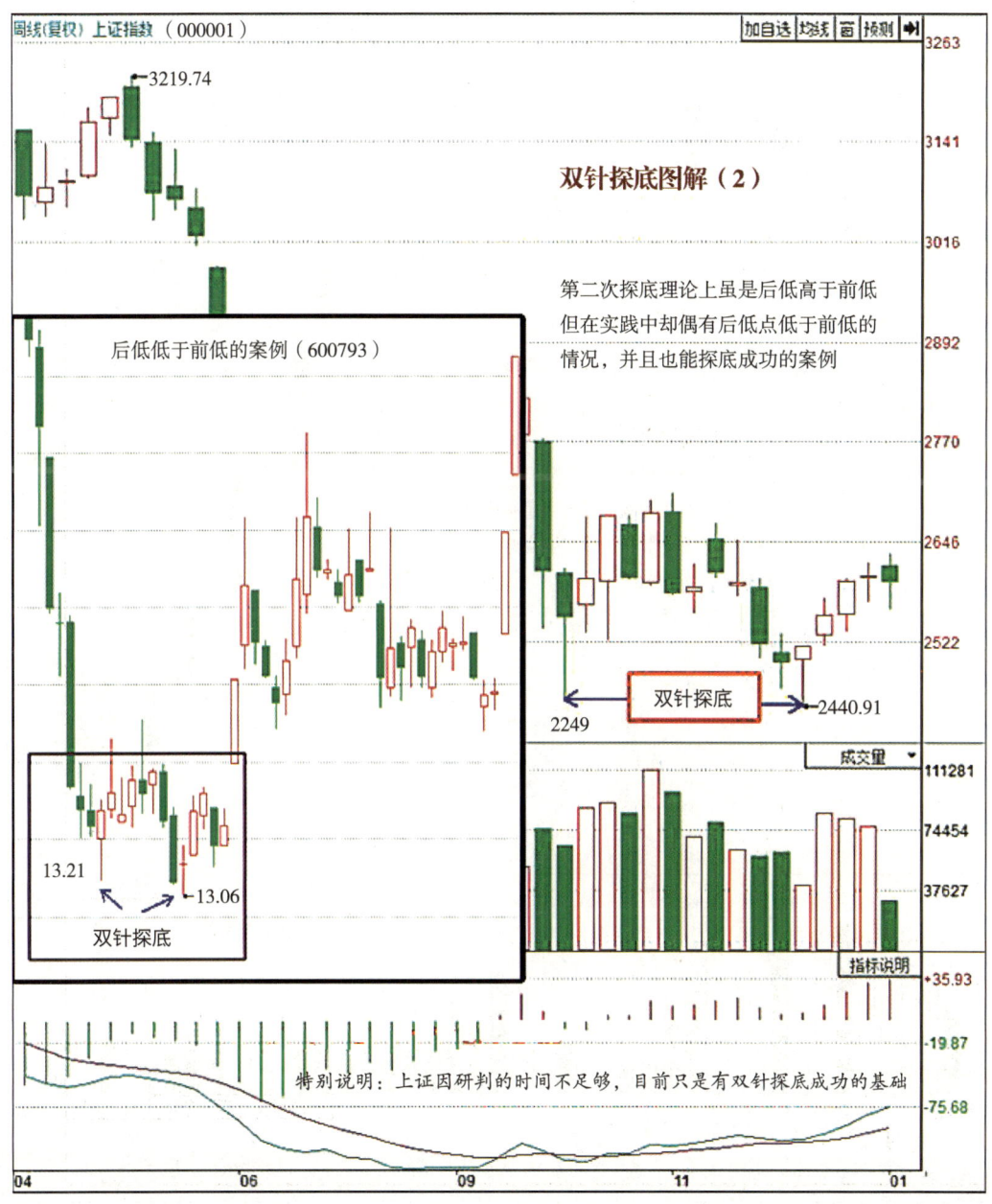

Chapter Two 第二章 K线分析法

· 135 ·

第二章 K线分析法

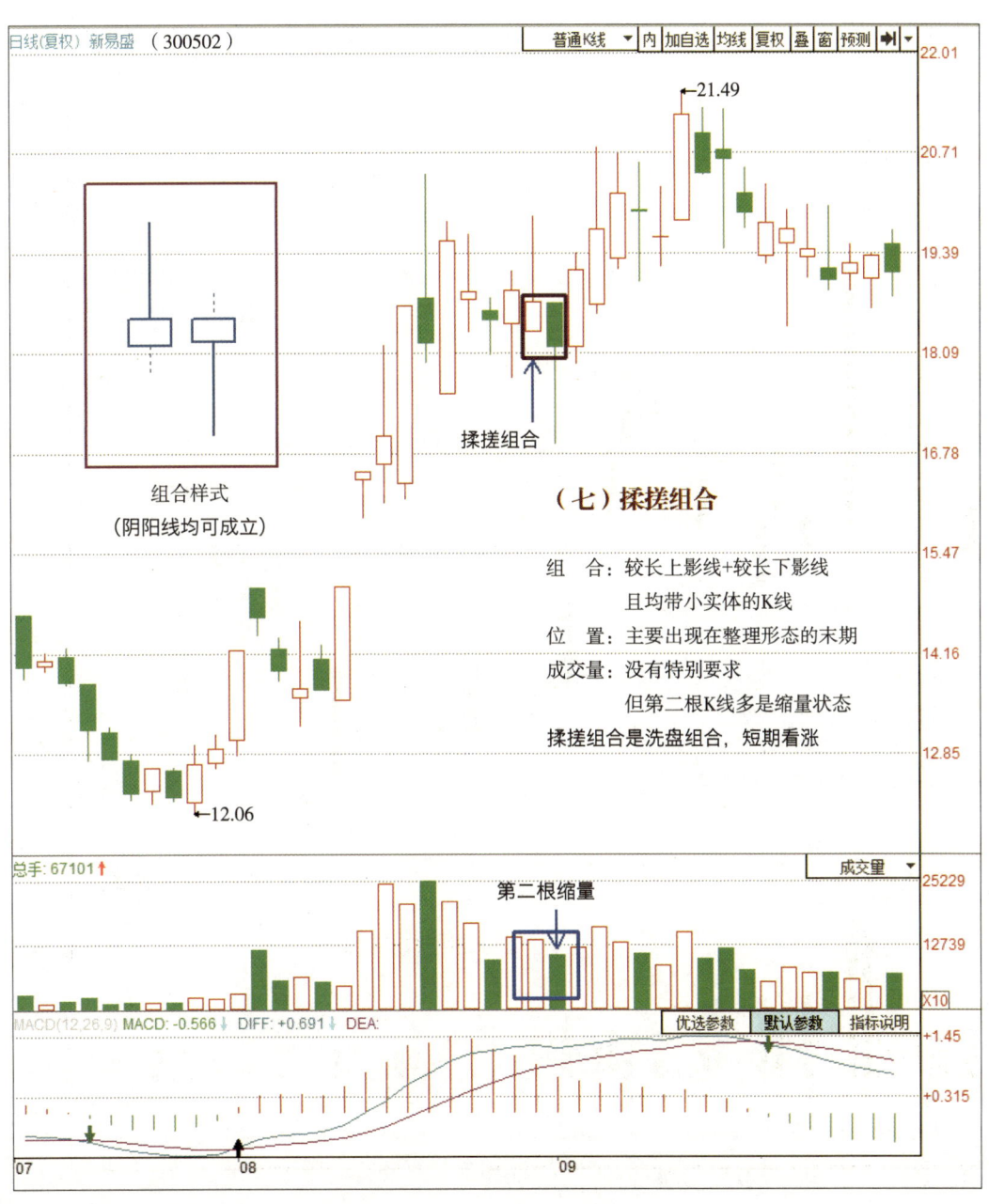

（七）揉搓组合

组　合：较长上影线+较长下影线
　　　　且均带小实体的K线
位　置：主要出现在整理形态的末期
成交量：没有特别要求
　　　　但第二根K线多是缩量状态
揉搓组合是洗盘组合，短期看涨

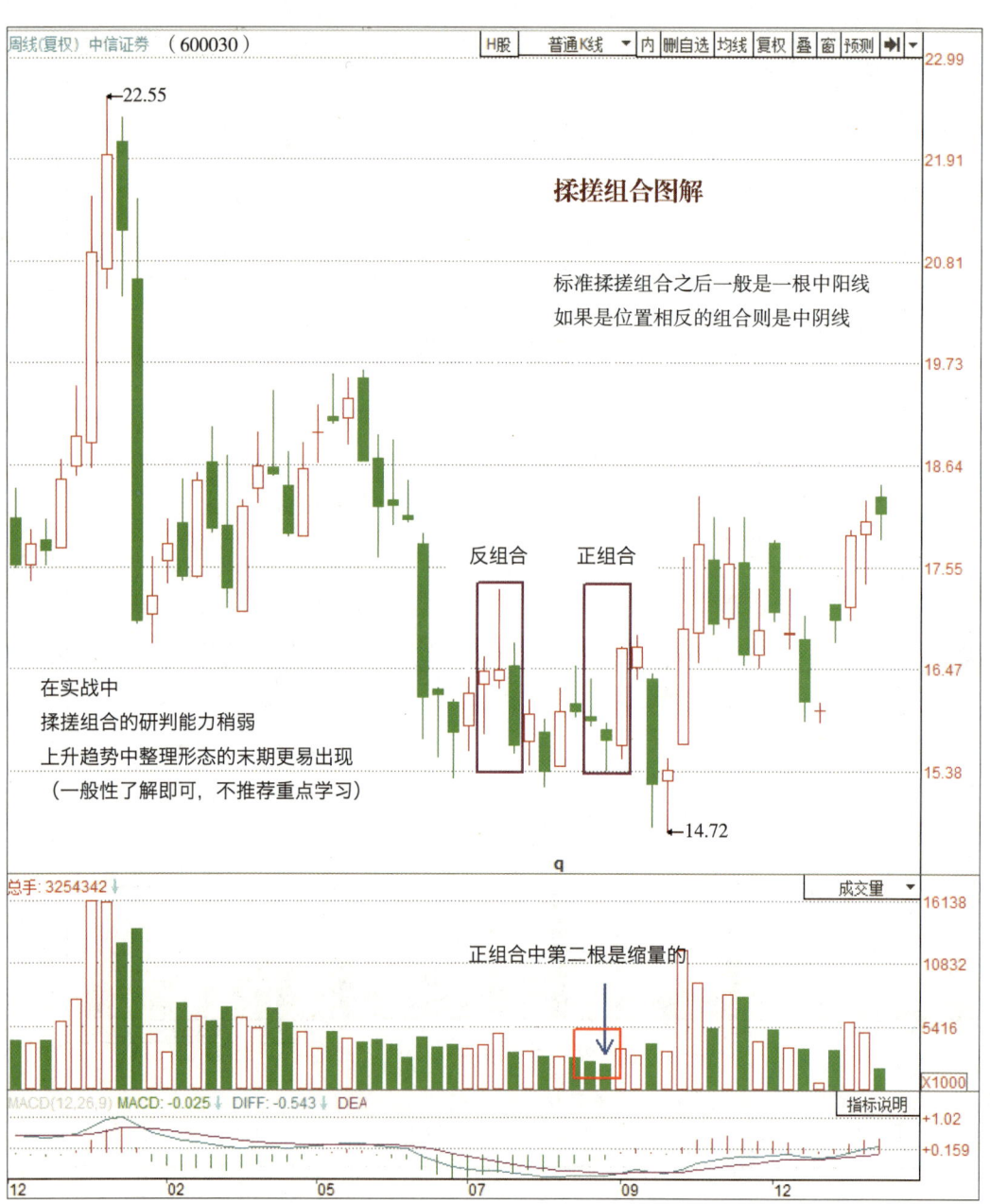

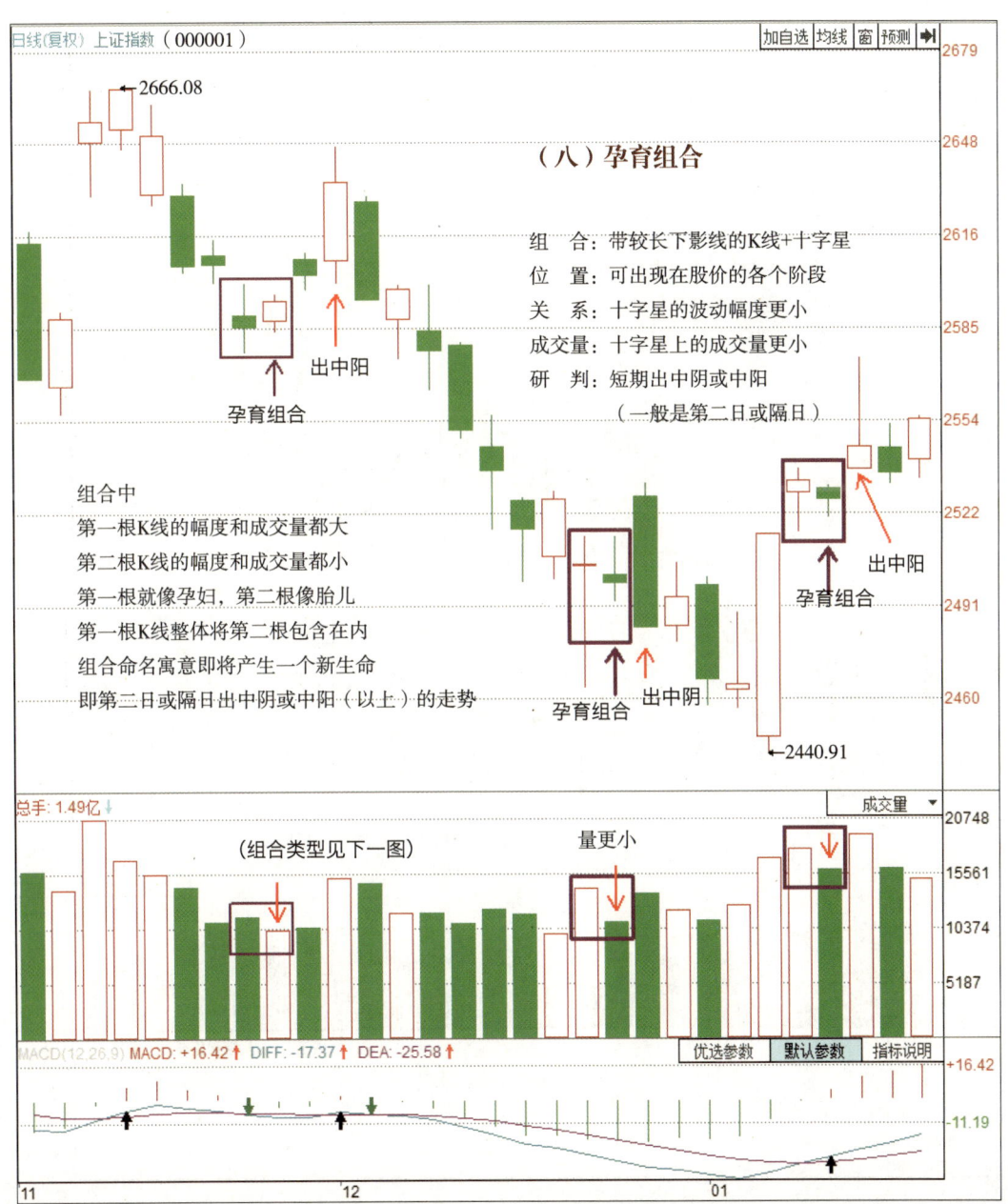

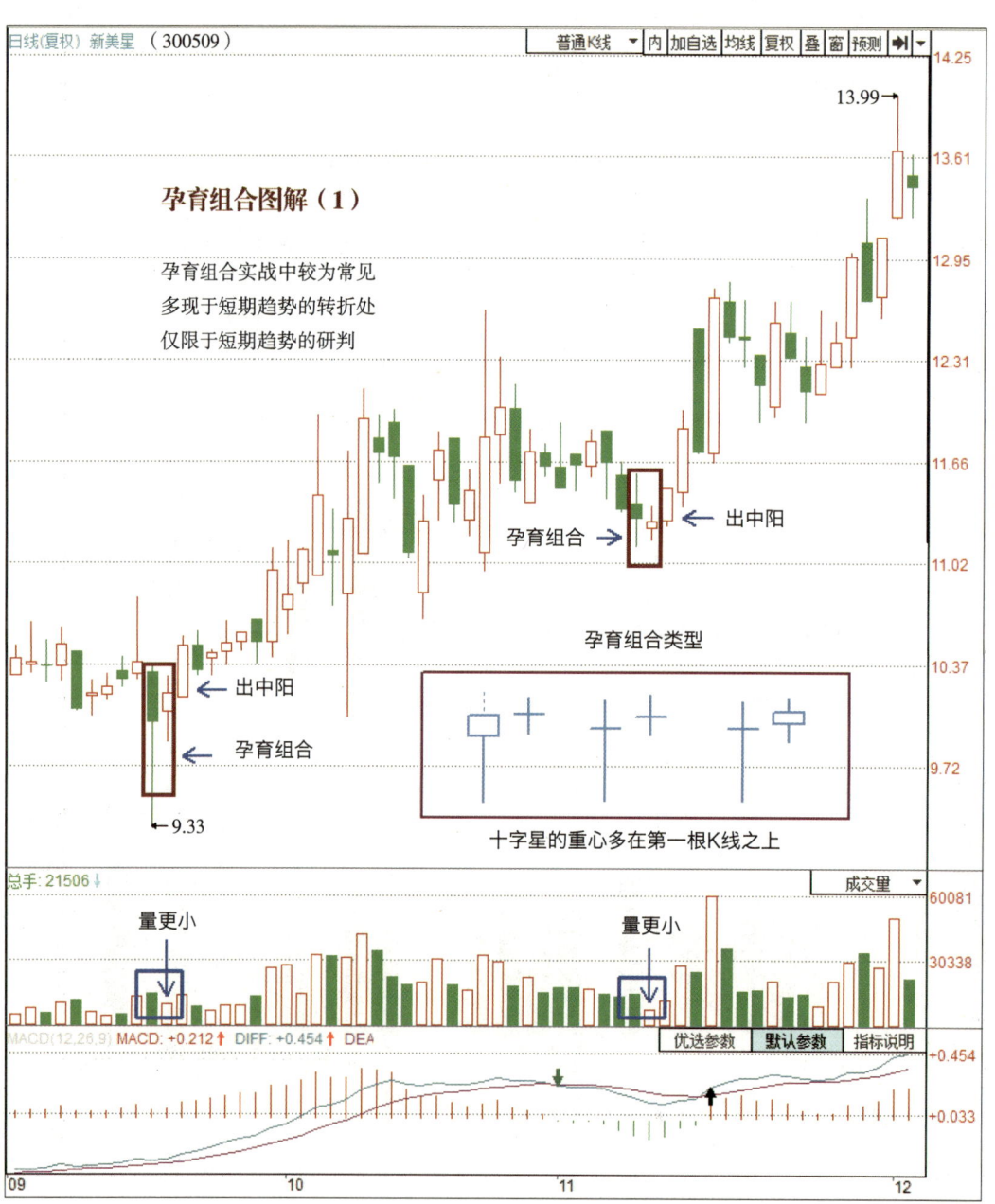

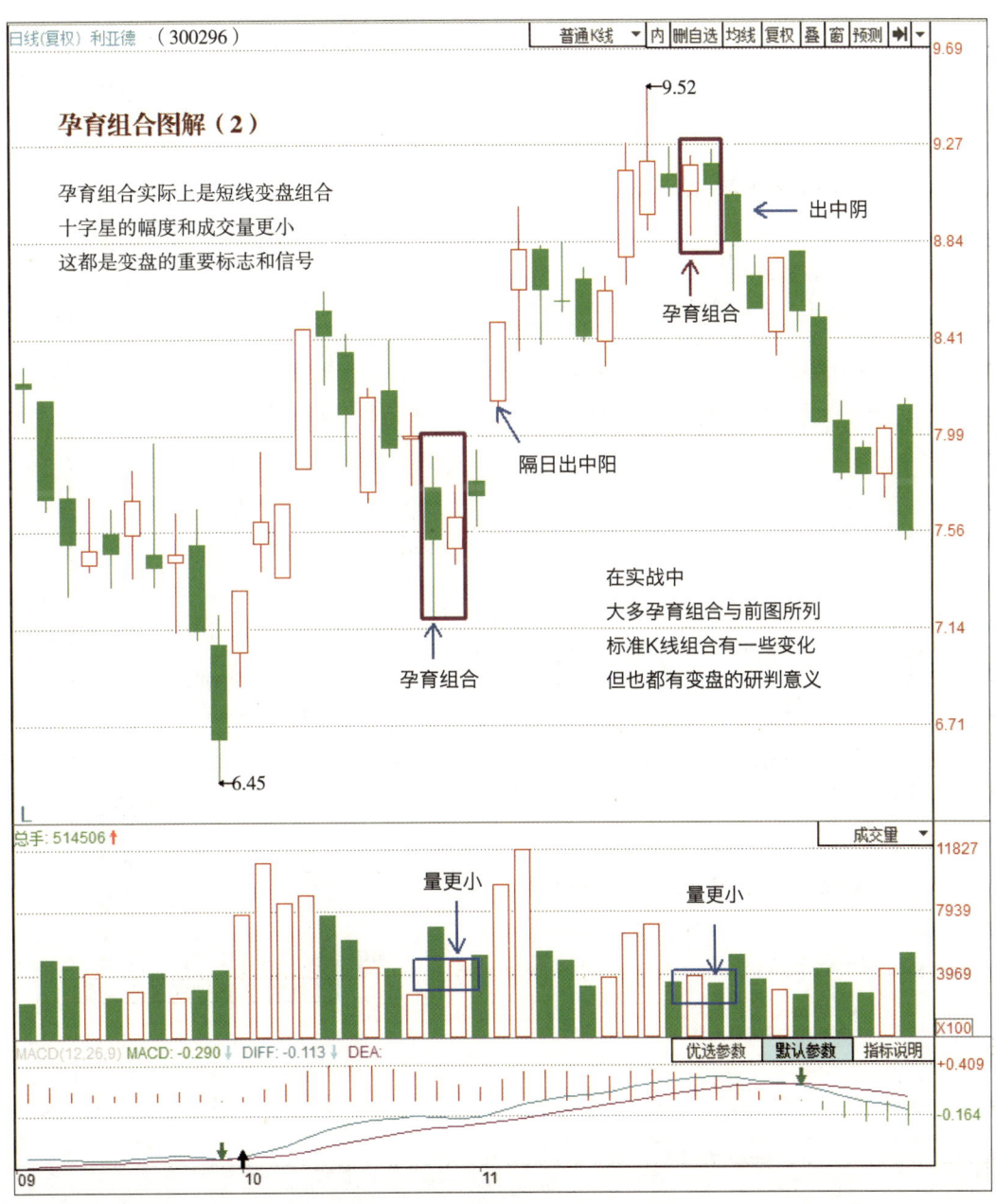

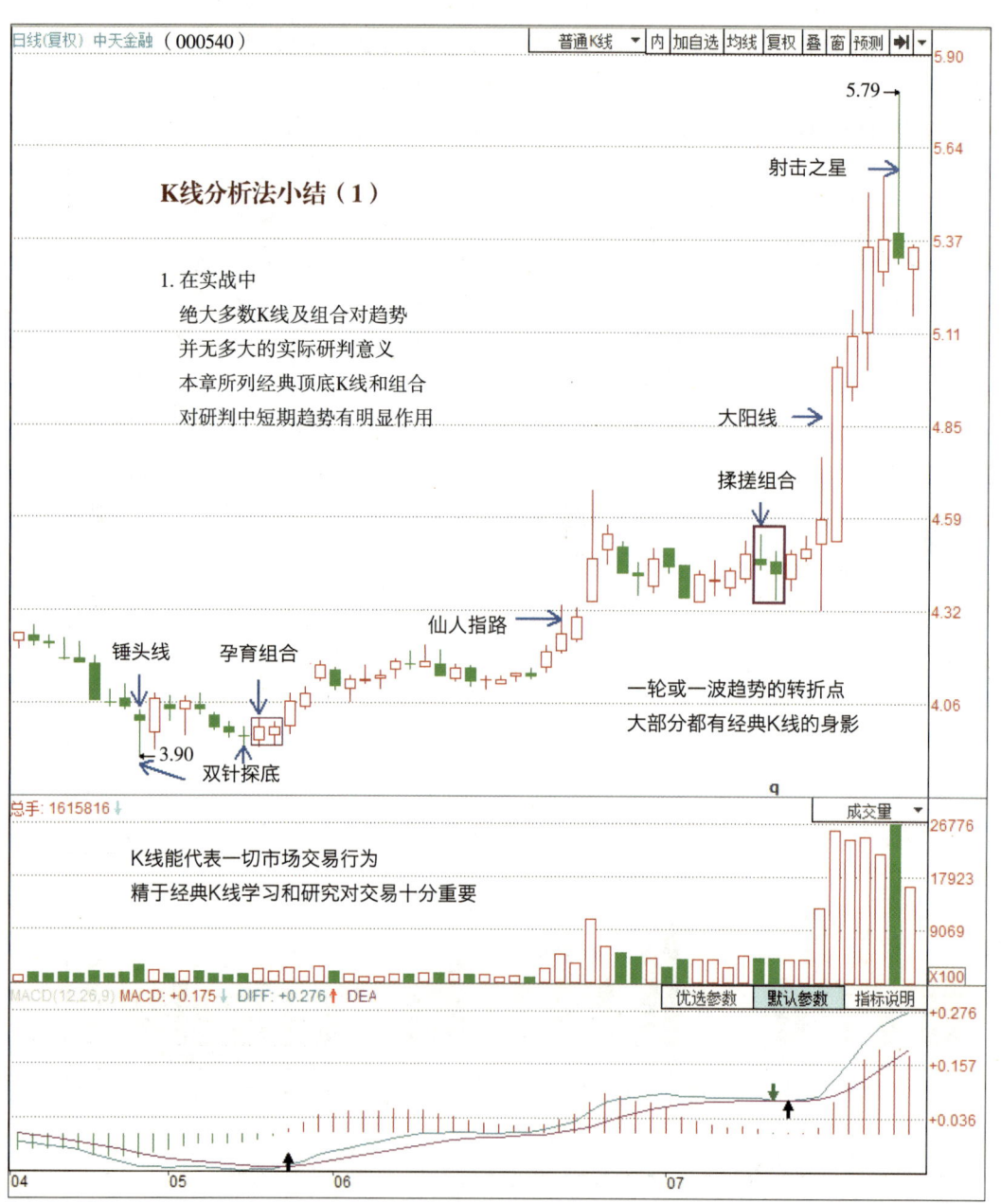

Chapter Two
第二章
K线分析法

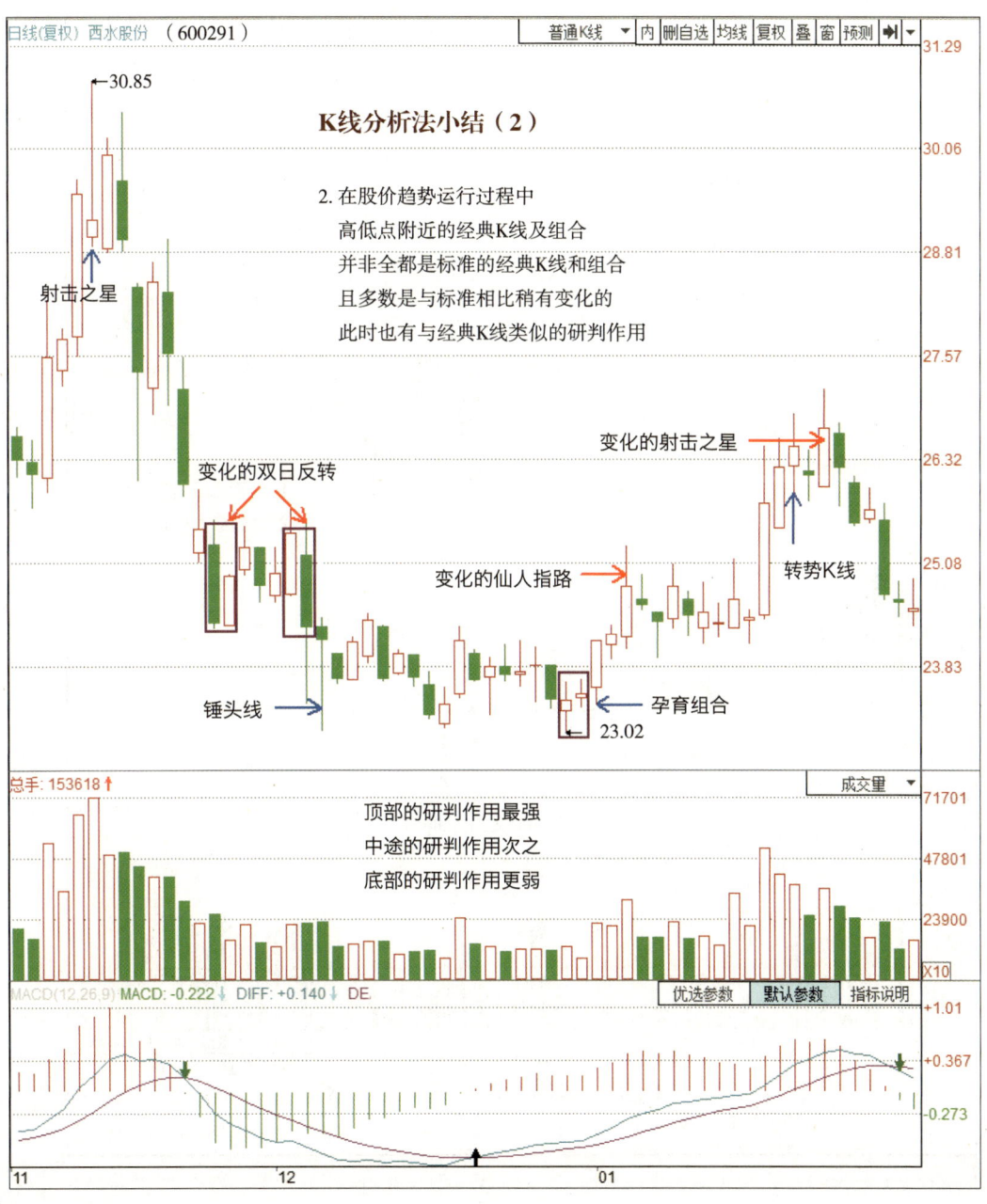

K线分析法

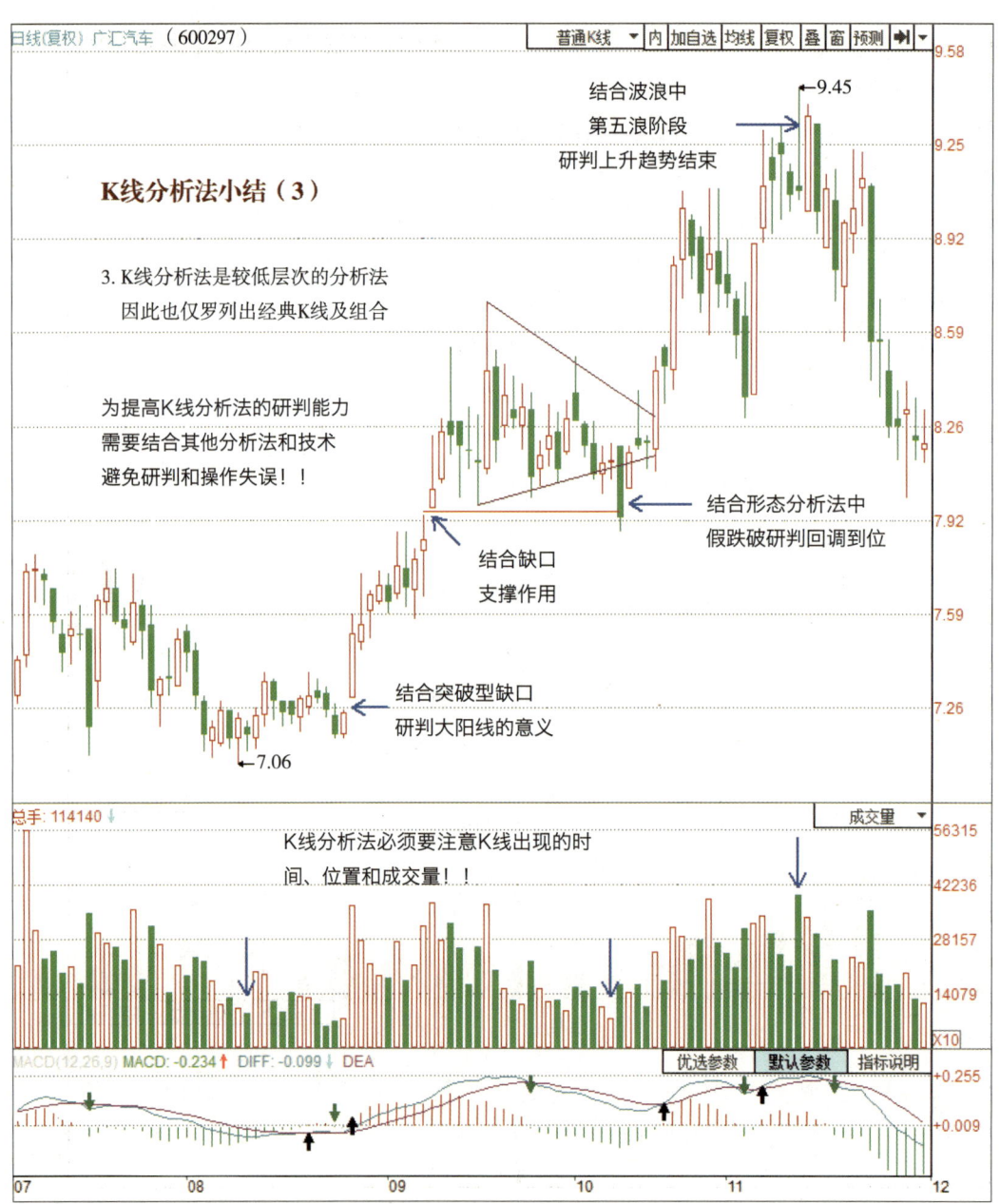

Chapter Three

第三章 指标分析法

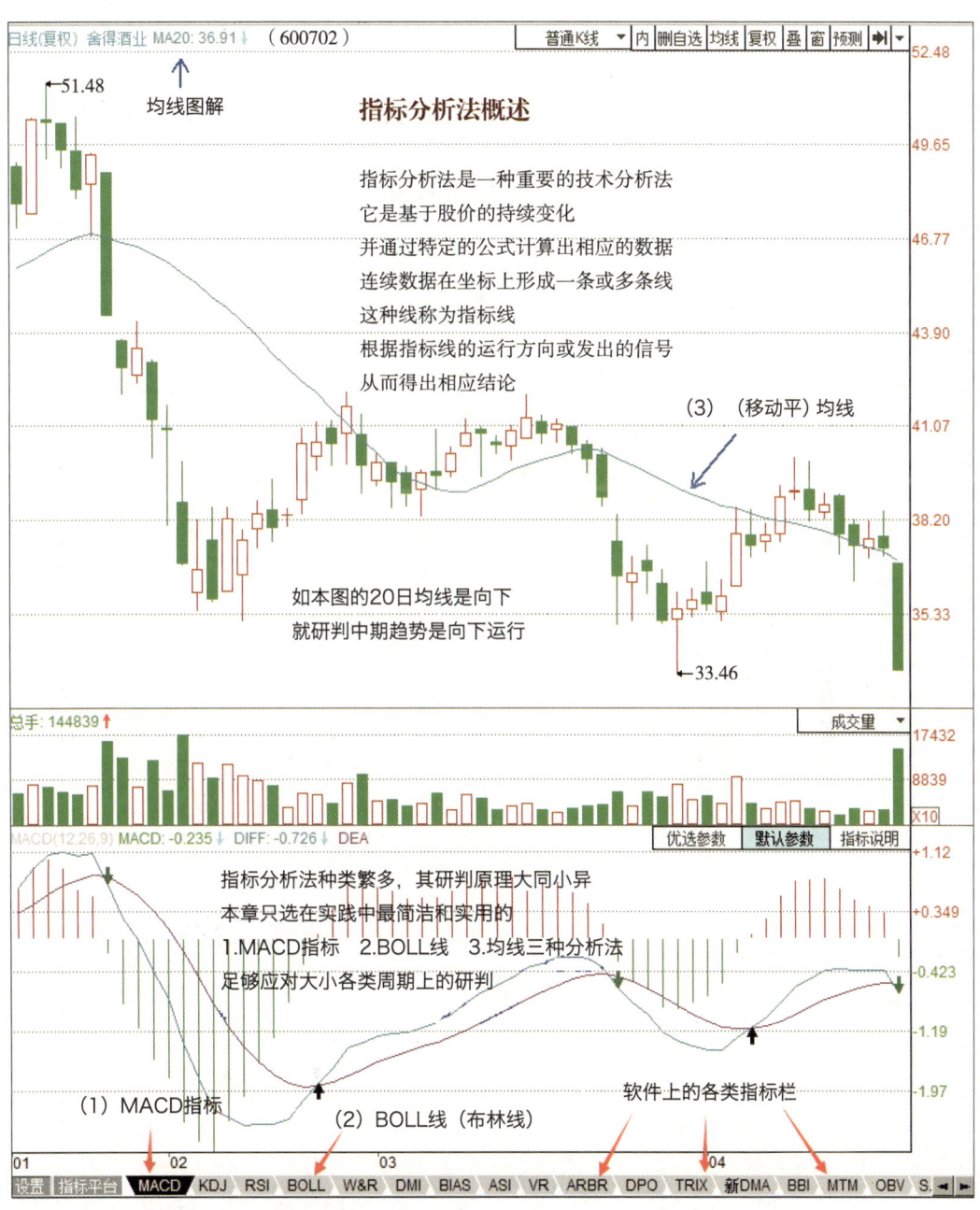

指标分析法

· 145 ·

第一节 MACD和BOLL

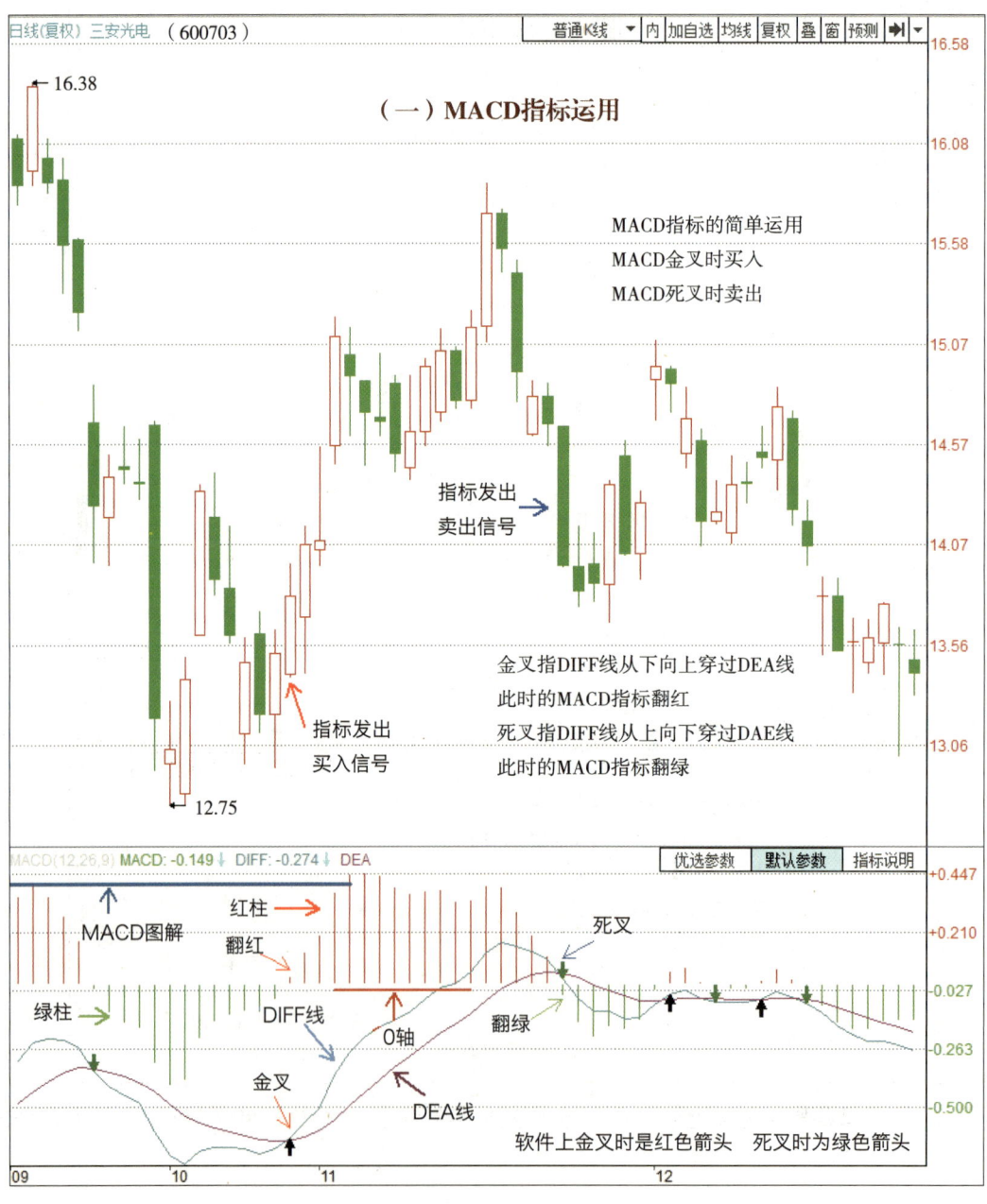

Chapter Three

第三章 指标分析法

指标分析法

Chapter Three

第三章 指标分析法

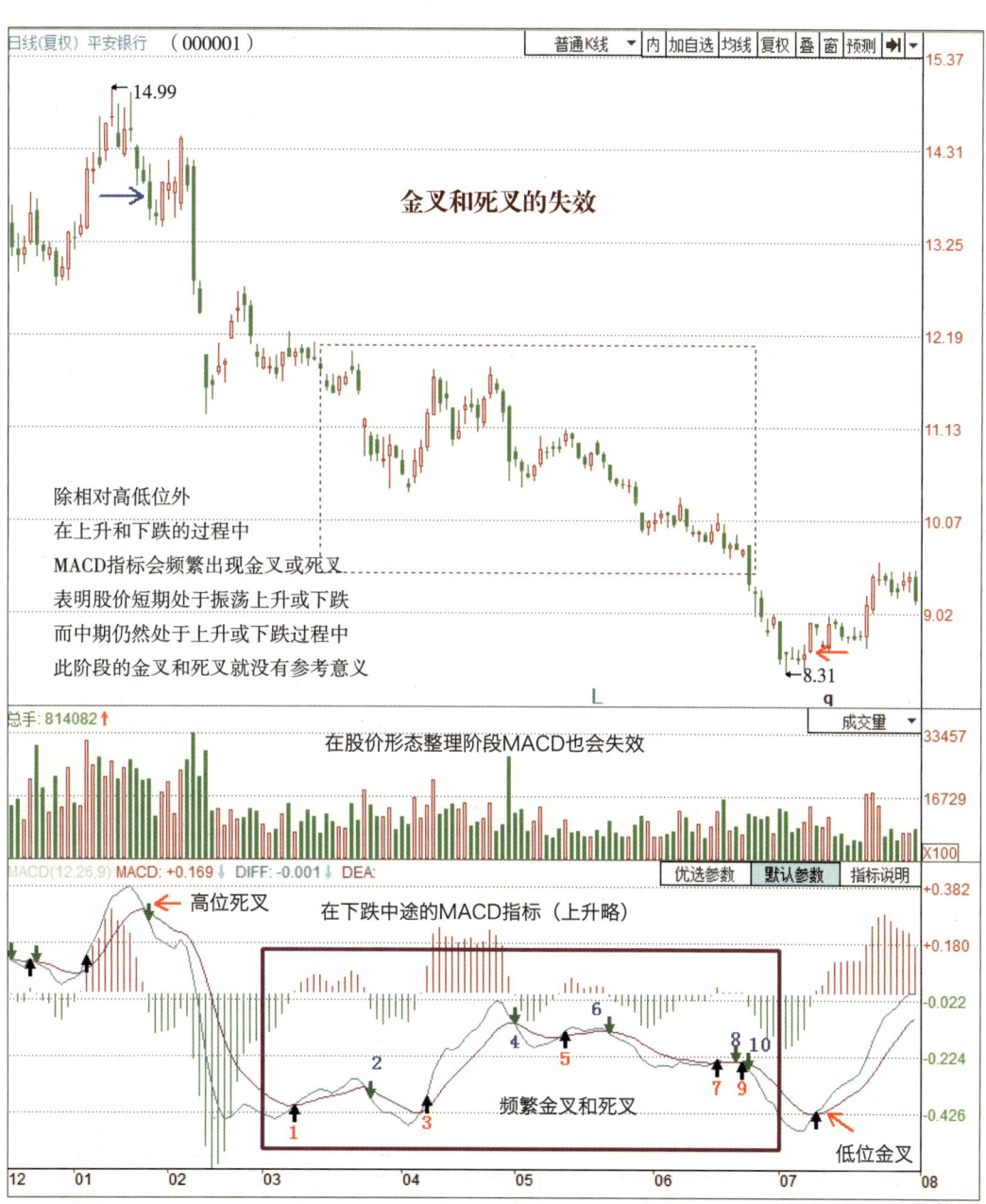

指标分析法

Chapter Three 第三章 指标分析法

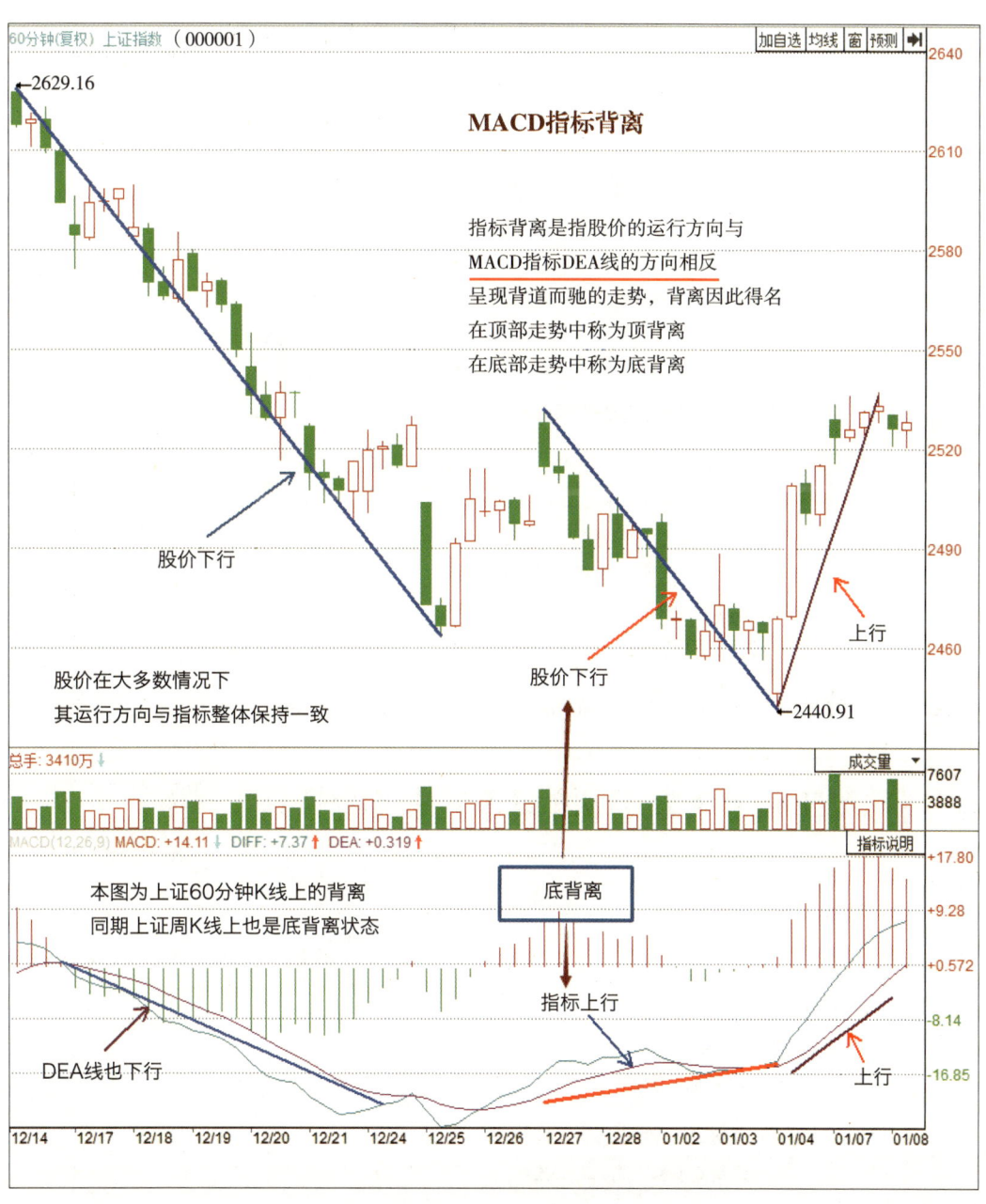

指标分析法

· 151 ·

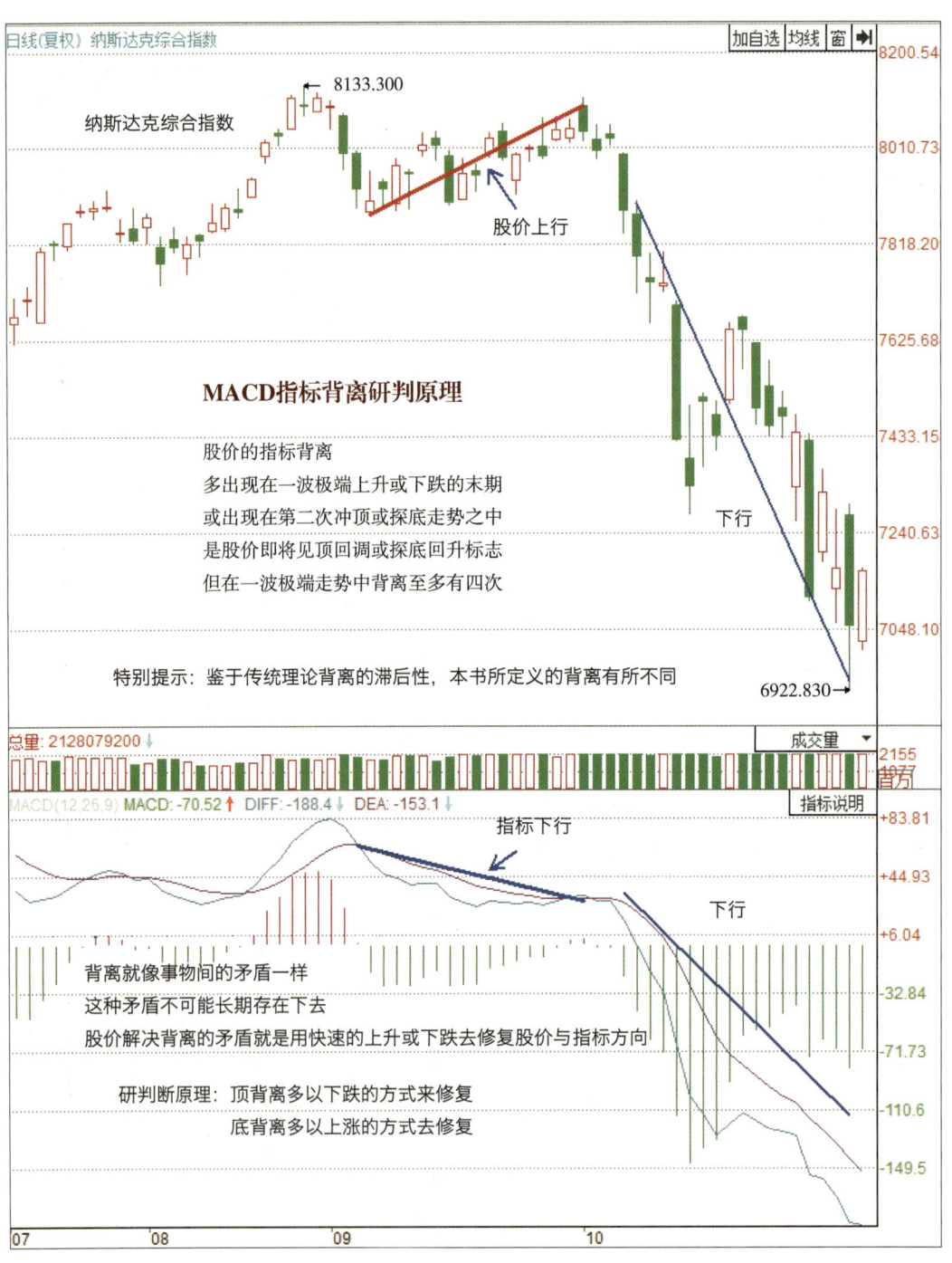

Chapter Three

第三章
指标分析法

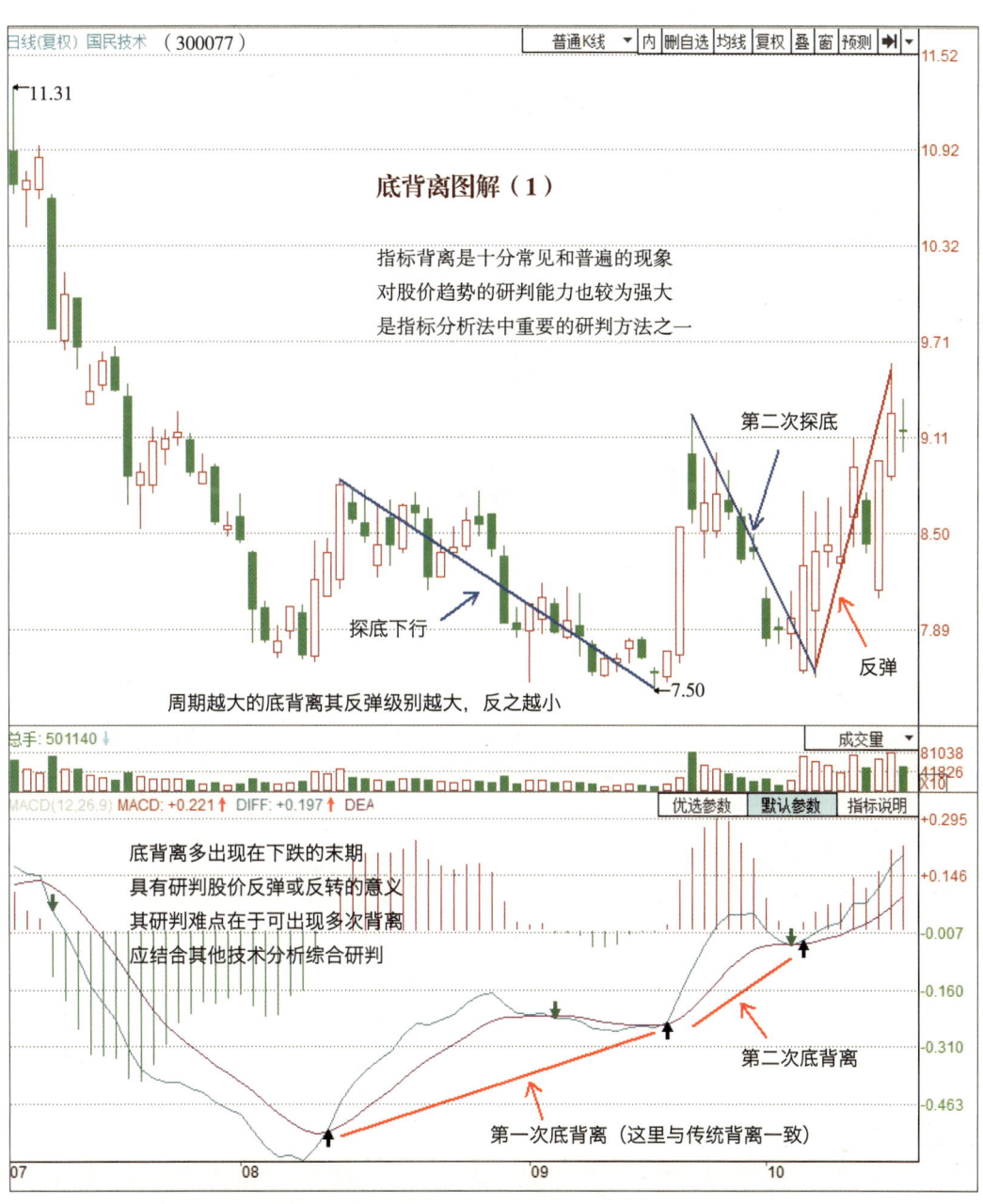

指标分析法

Chapter Three

第三章
指标分析法

顶背离图解（1）

顶背离出现在一波极端上升末期
或者是第二次冲顶失败走势之中
顶背离也往往一次背离就能成功
之后的下跌时间长、幅度大

传统背离
是将股价高低与两个金叉或死叉间
高低位置进行对比研判得出的背离
但传统背离无法研判第二次冲顶和探底时的背离走势并有滞后性
（本图的顶背离与传统背离一致）

第二个死叉位置更低
但对应的股价却更高
这就是传统背离的定义

指标分析法

Chapter Three 第三章 指标分析法

（二）BOLL（布林）线

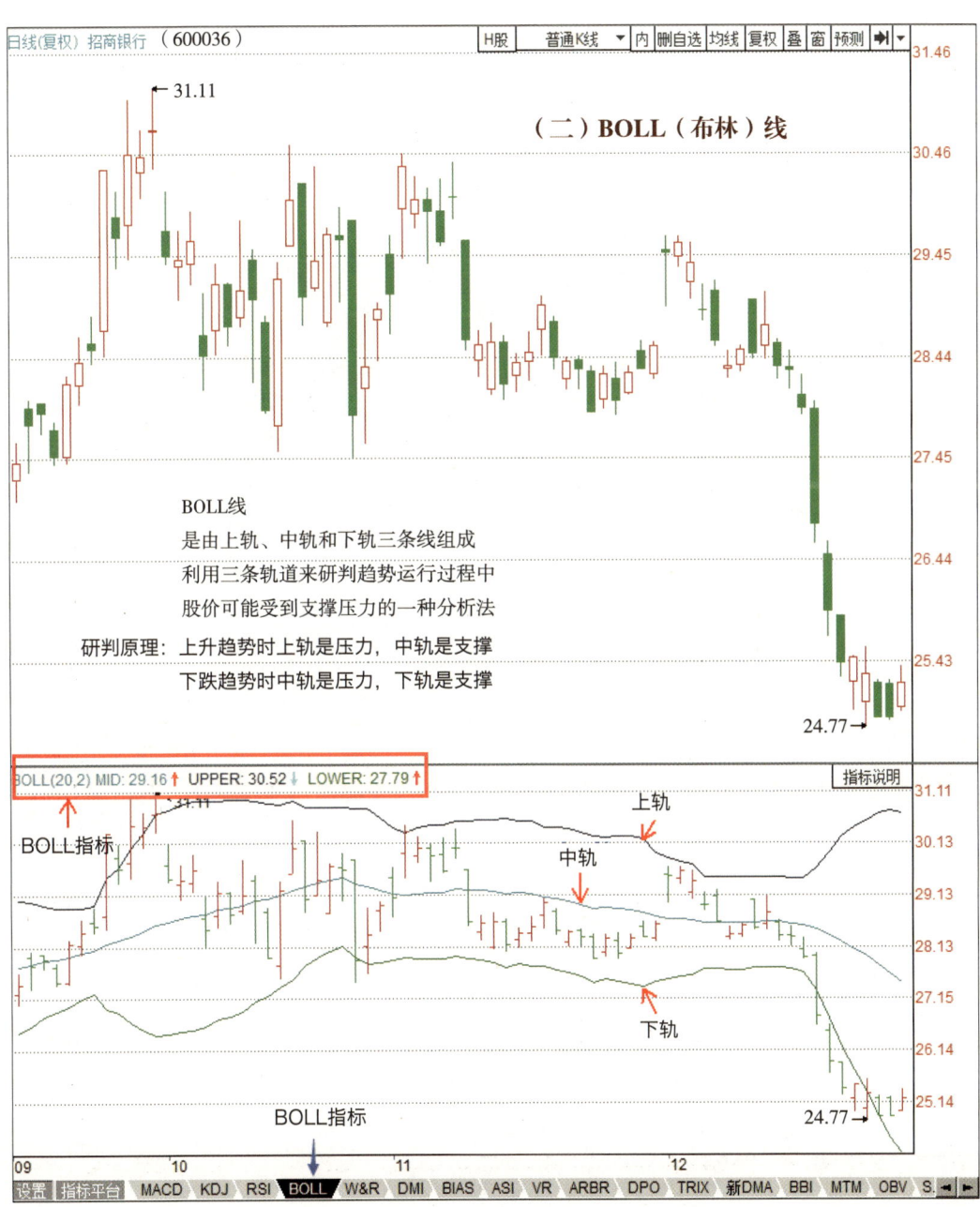

BOLL线
是由上轨、中轨和下轨三条线组成
利用三条轨道来研判趋势运行过程中
股价可能受到支撑压力的一种分析法

研判原理：上升趋势时上轨是压力，中轨是支撑
下跌趋势时中轨是压力，下轨是支撑

指标分析法

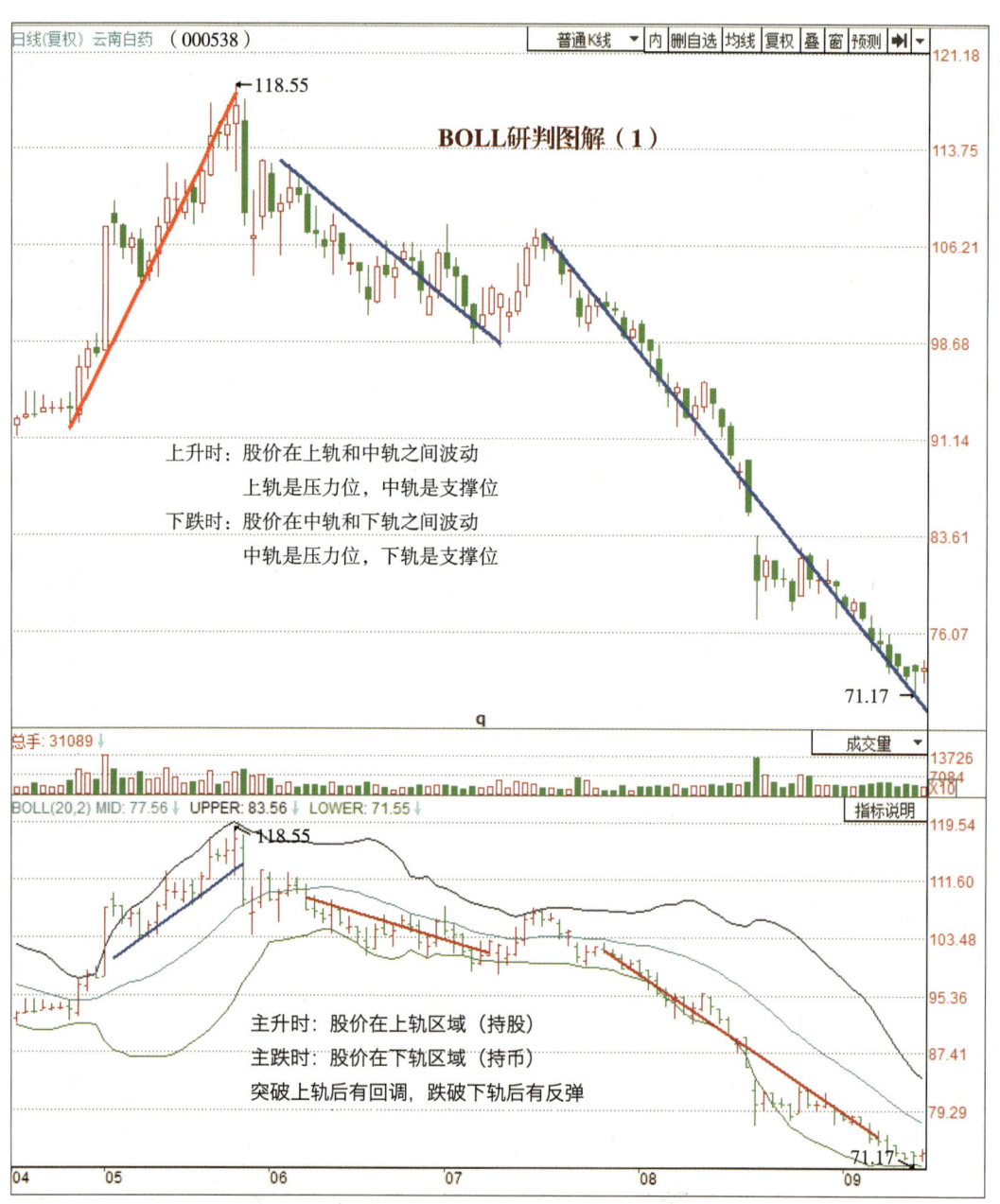

Chapter Three

第三章 指标分析法

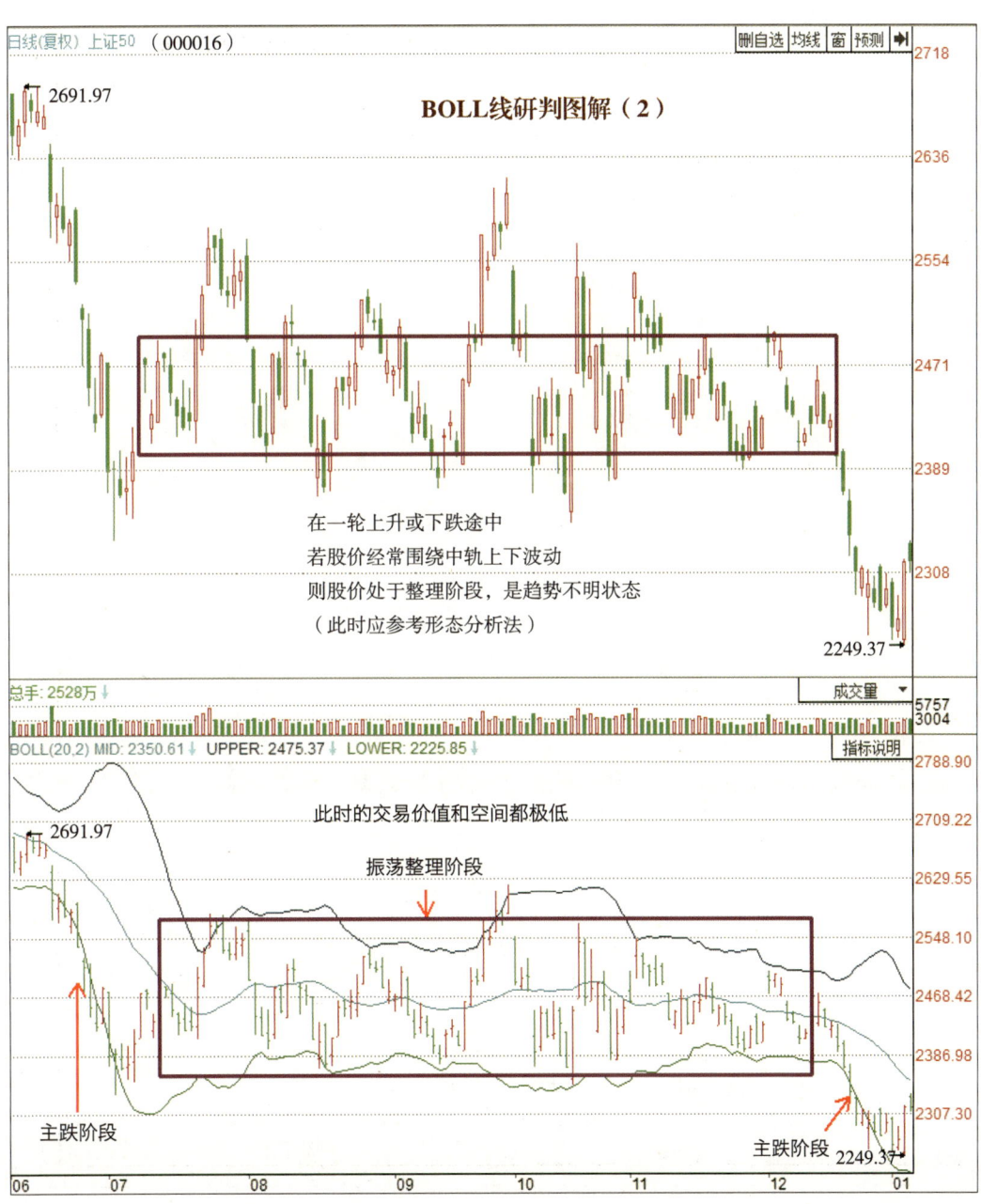

指标分析法

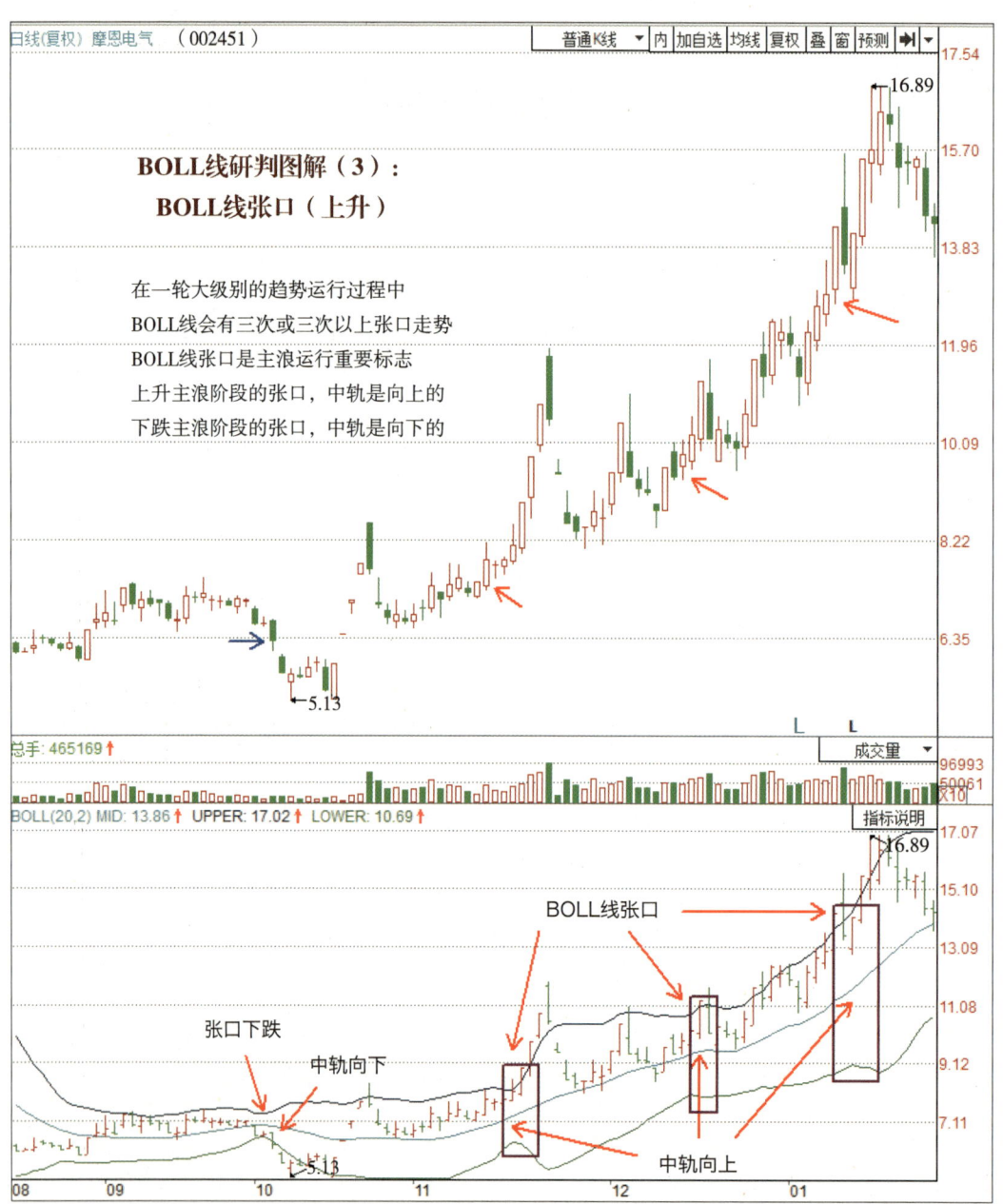

Chapter Three 第三章 指标分析法

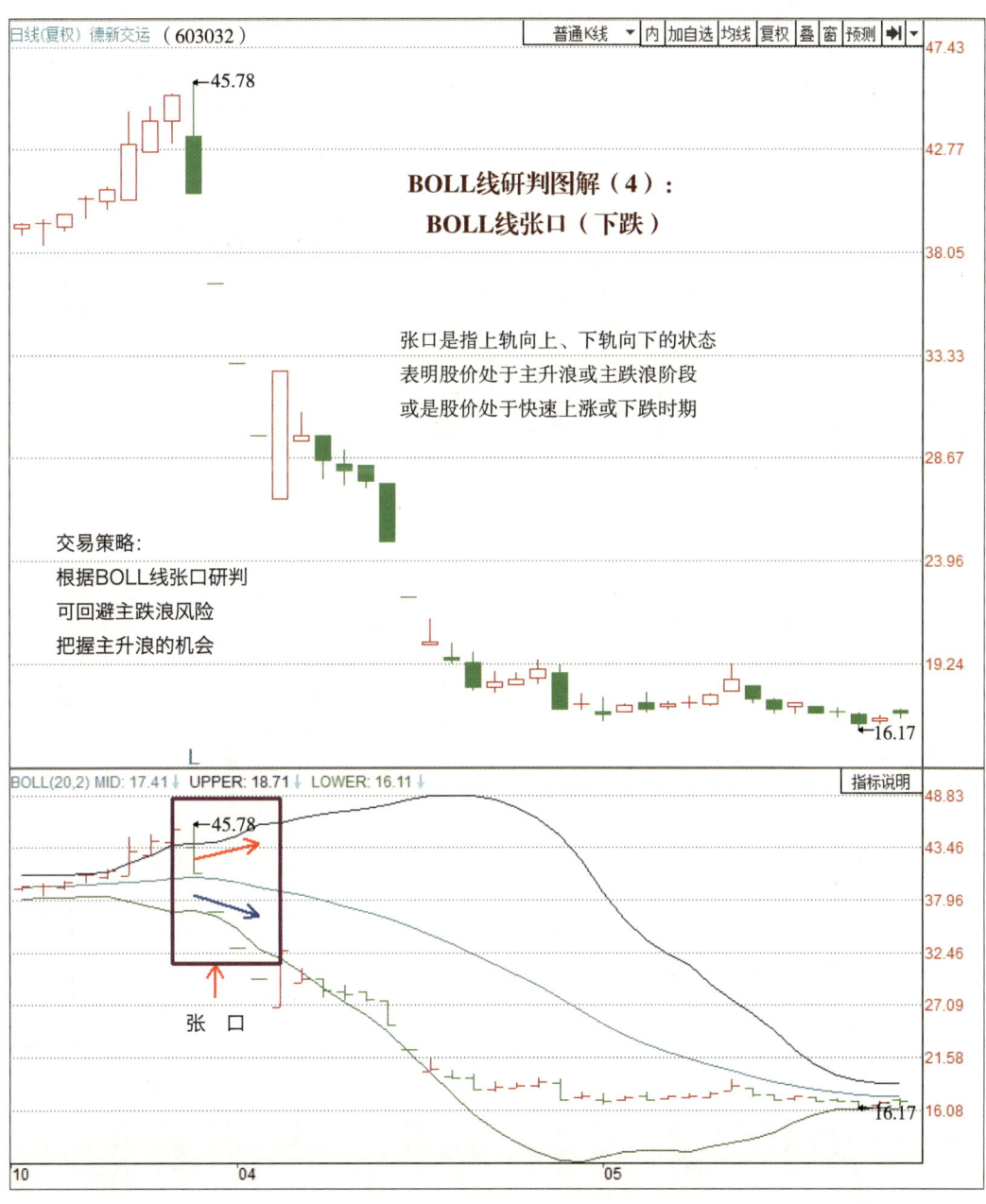

指标分析法

第二节　均线分析法

Chapter Three
第三章
指标分析法

一、指标分析法

Chapter Three
第三章
指标分析法

（一）5日和10日均线

5日和10日均线又称为快速移动平均线
是研判短期趋势的重要均线
上升转下跌时：5日均线向下调头并与10日均线形成死叉状态，是卖出机会

下跌转上升时：5日均线向上调头并与10日均线形成金叉状态，是买入机会

5日和10日均线是短线操作的重要参考指标之一

注：通过鼠标右键选修改指标参数可调整均线数量

● 指标分析法

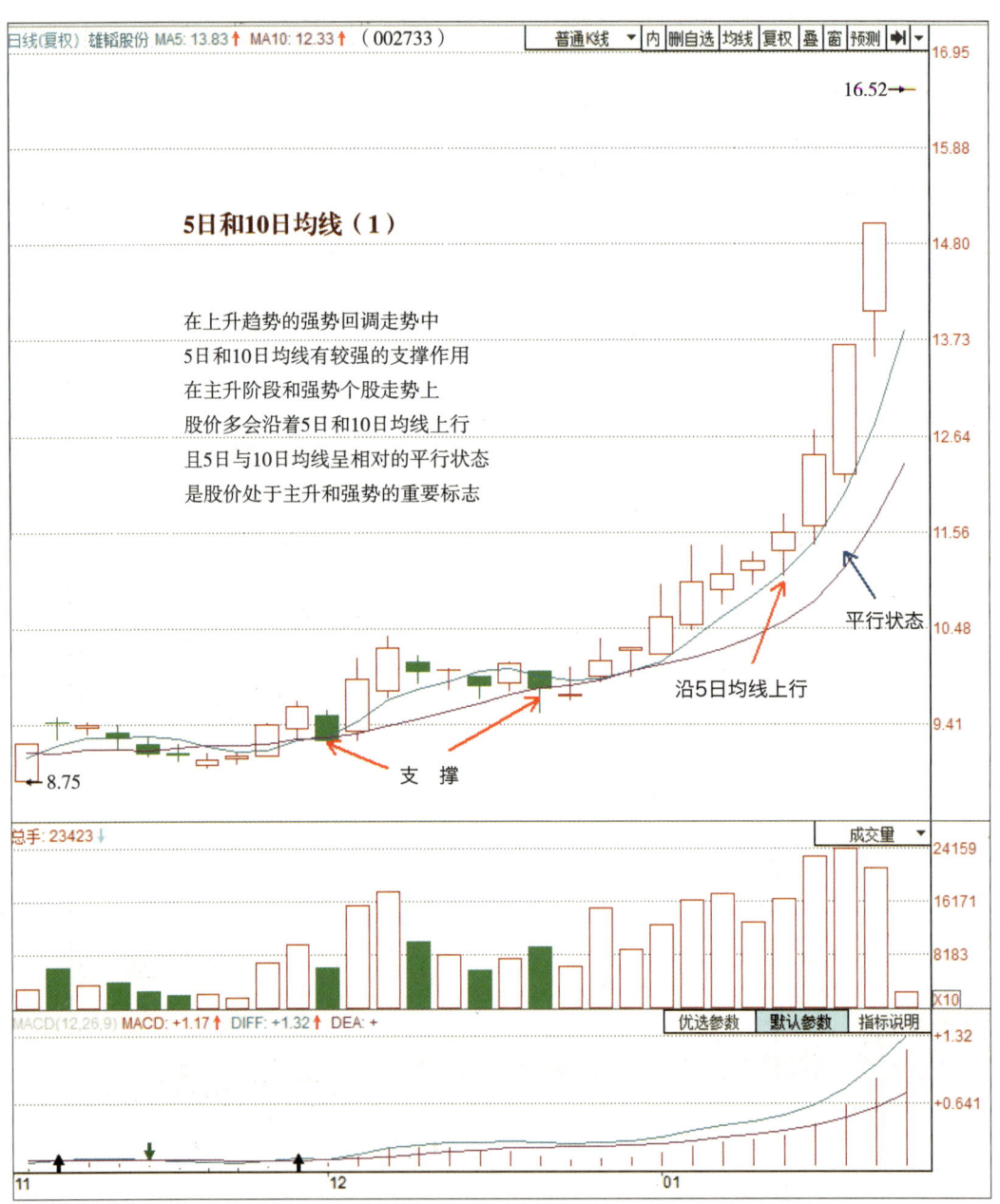

Chapter Three

第三章
指标分析法

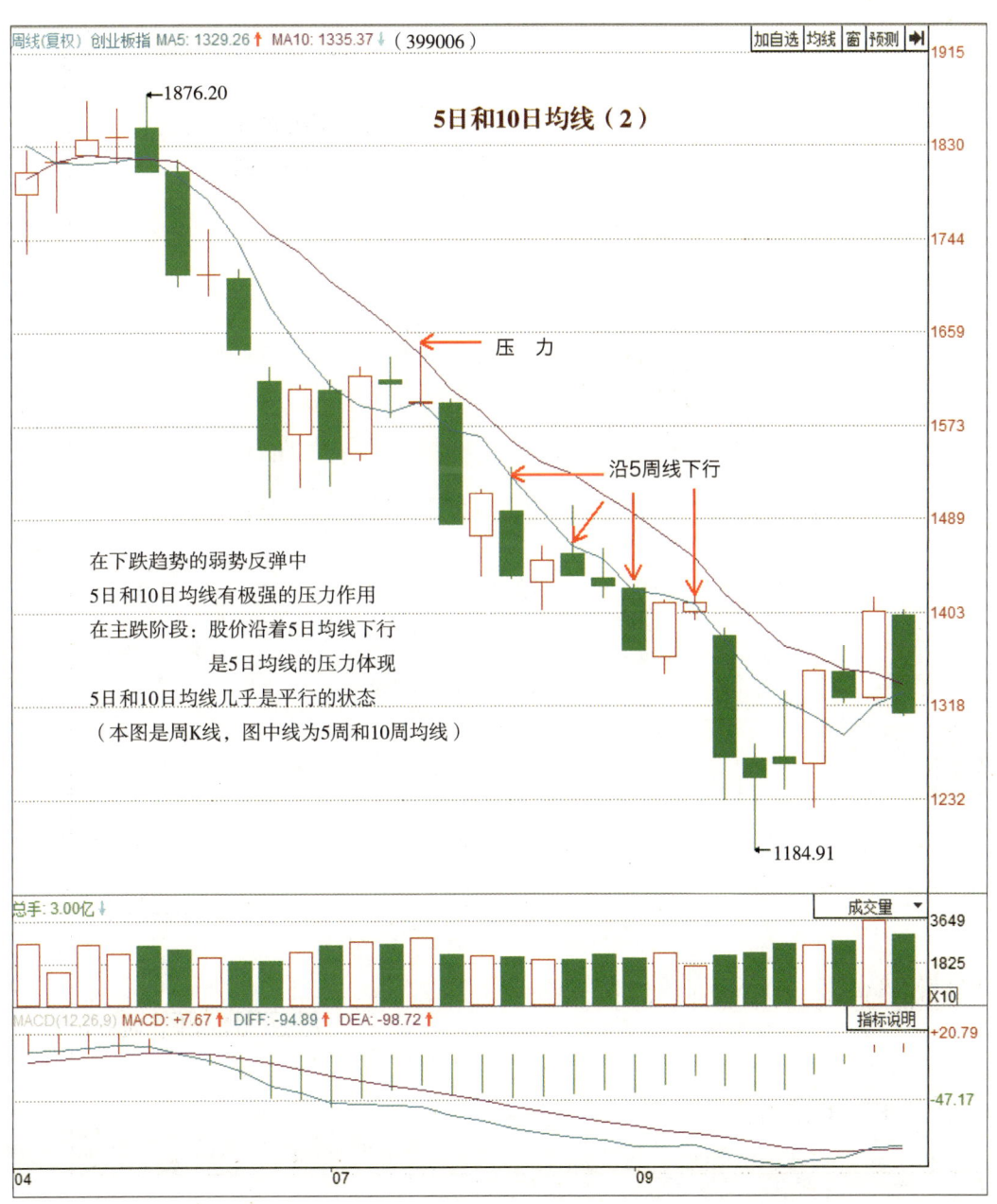

指标分析法

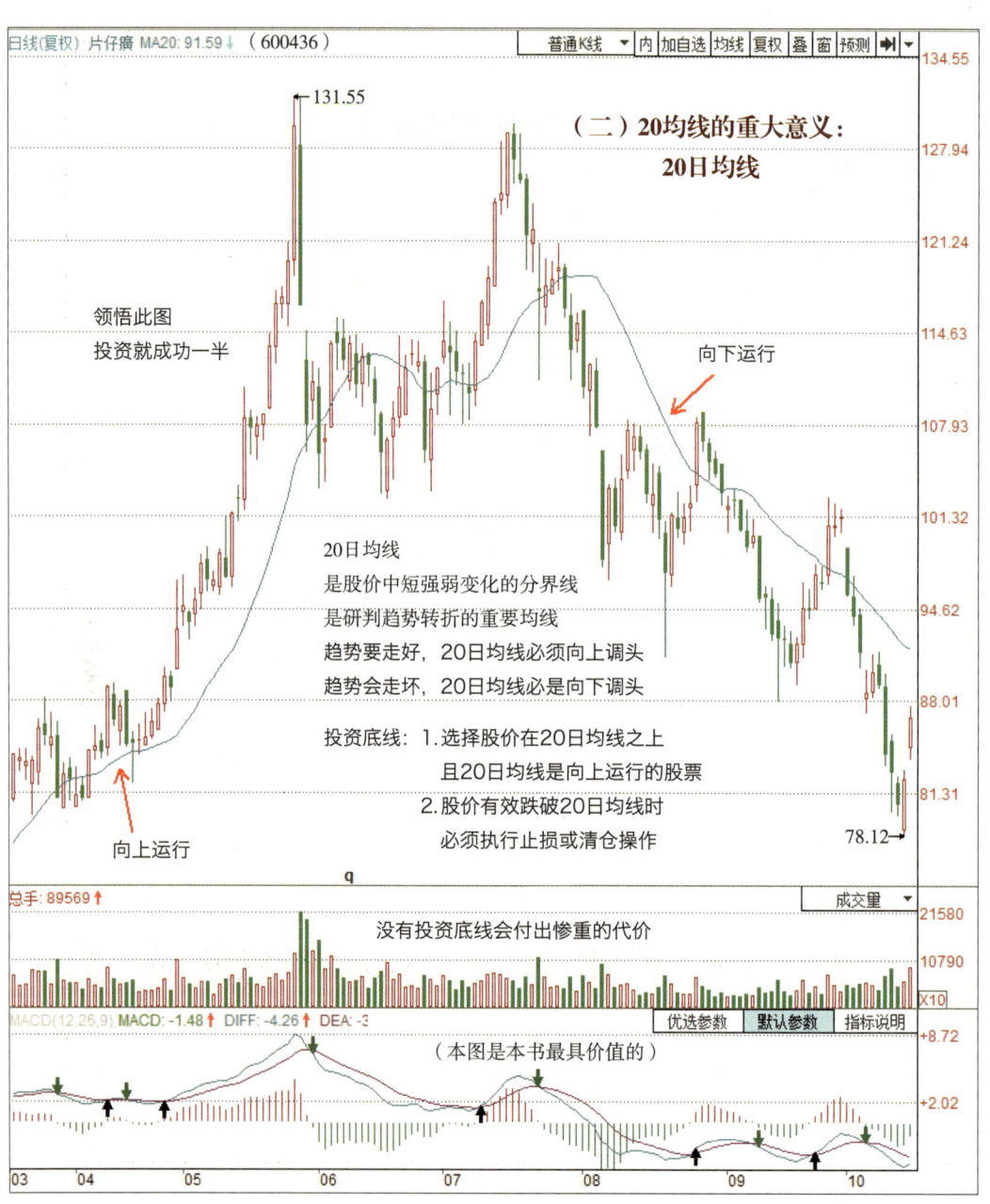

Chapter Three

第三章

指标分析法

指标分析法

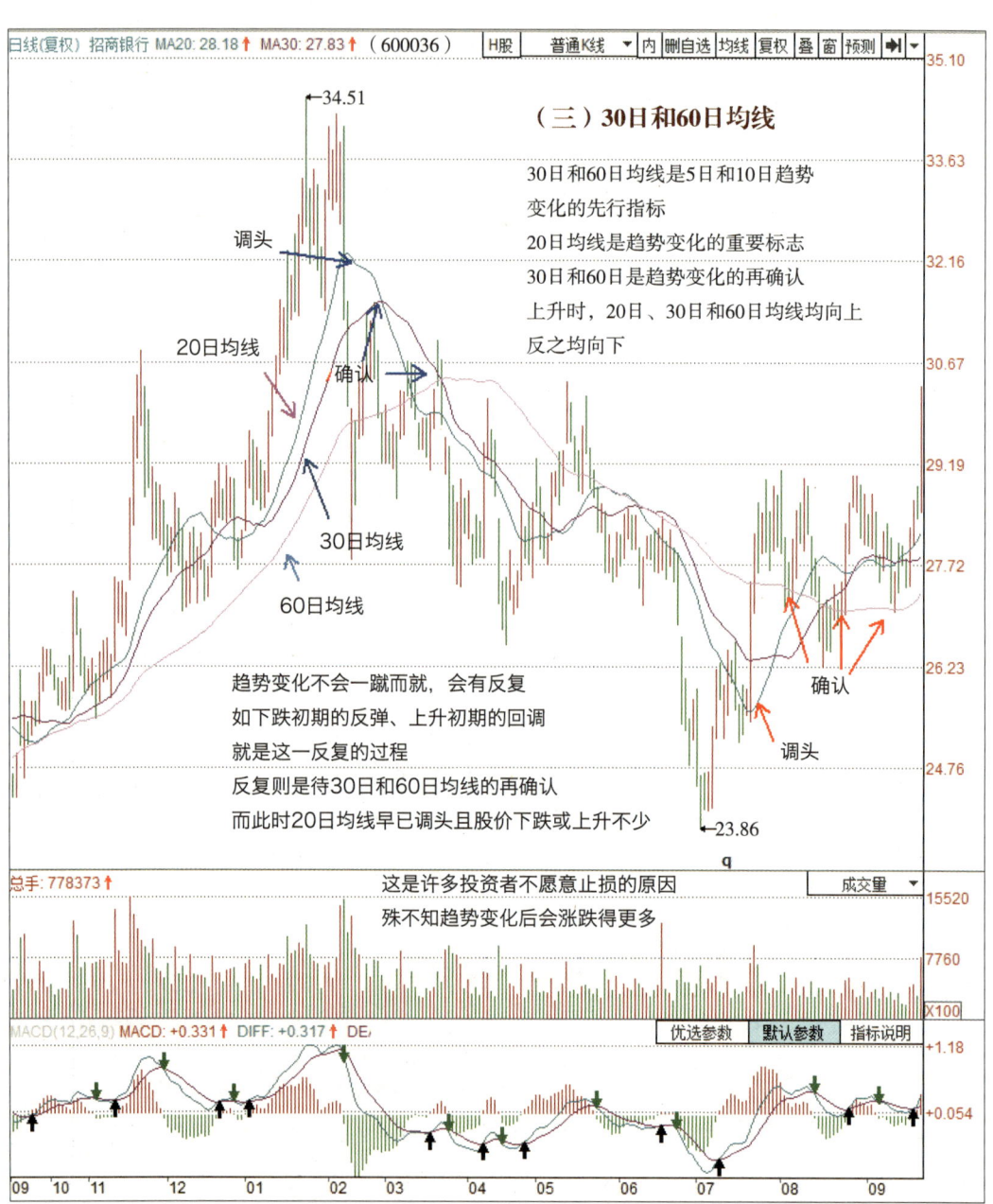

Chapter Three
第三章
指标分析法

（四）120日均线

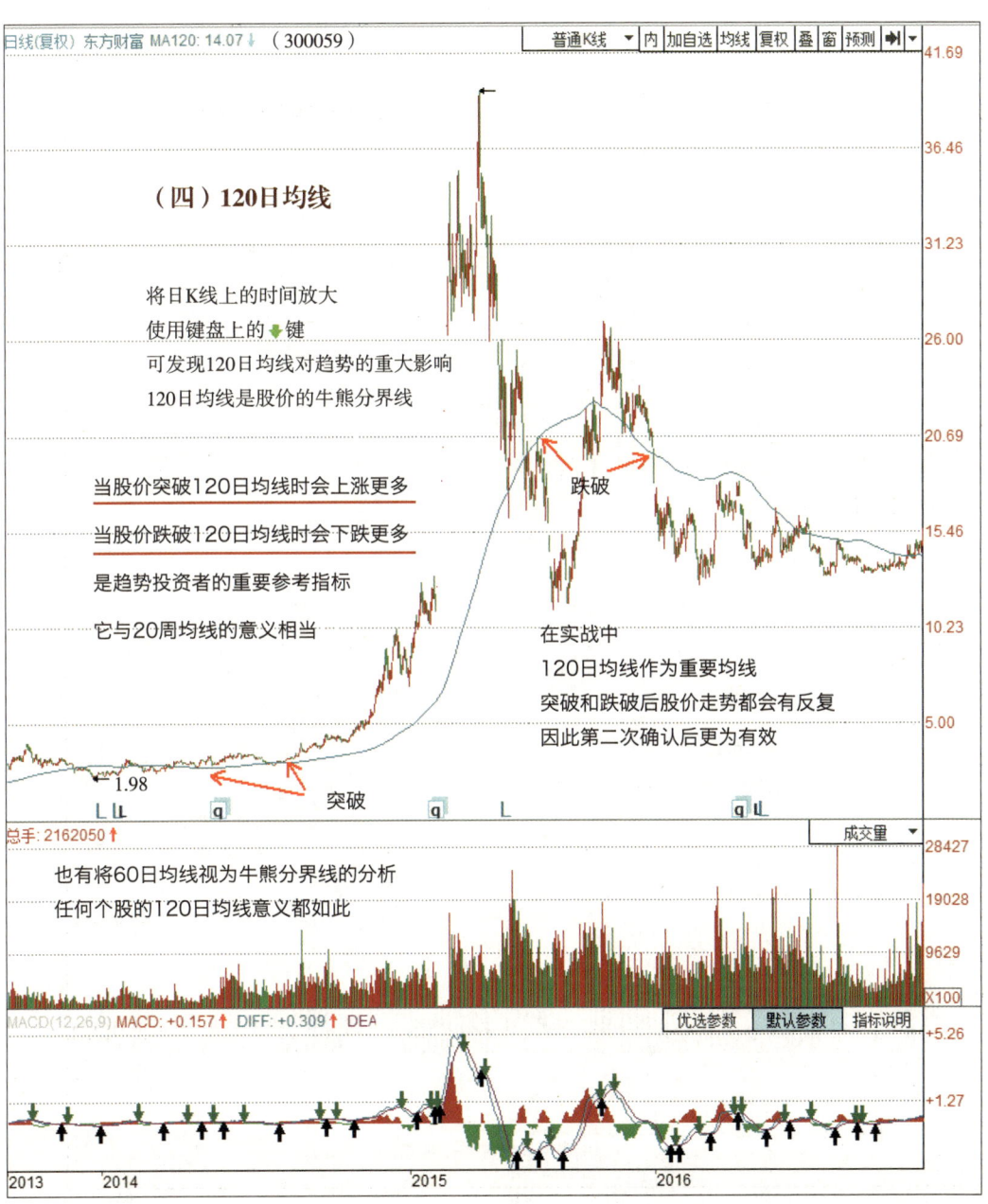

将日K线上的时间放大
使用键盘上的 ↓ 键
可发现120日均线对趋势的重大影响
120日均线是股价的牛熊分界线

当股价突破120日均线时会上涨更多
当股价跌破120日均线时会下跌更多
是趋势投资者的重要参考指标
它与20周均线的意义相当

在实战中
120日均线作为重要均线
突破和跌破后股价走势都会有反复
因此第二次确认后更为有效

也有将60日均线视为牛熊分界线的分析
任何个股的120日均线意义都如此

指标分析法
·171·

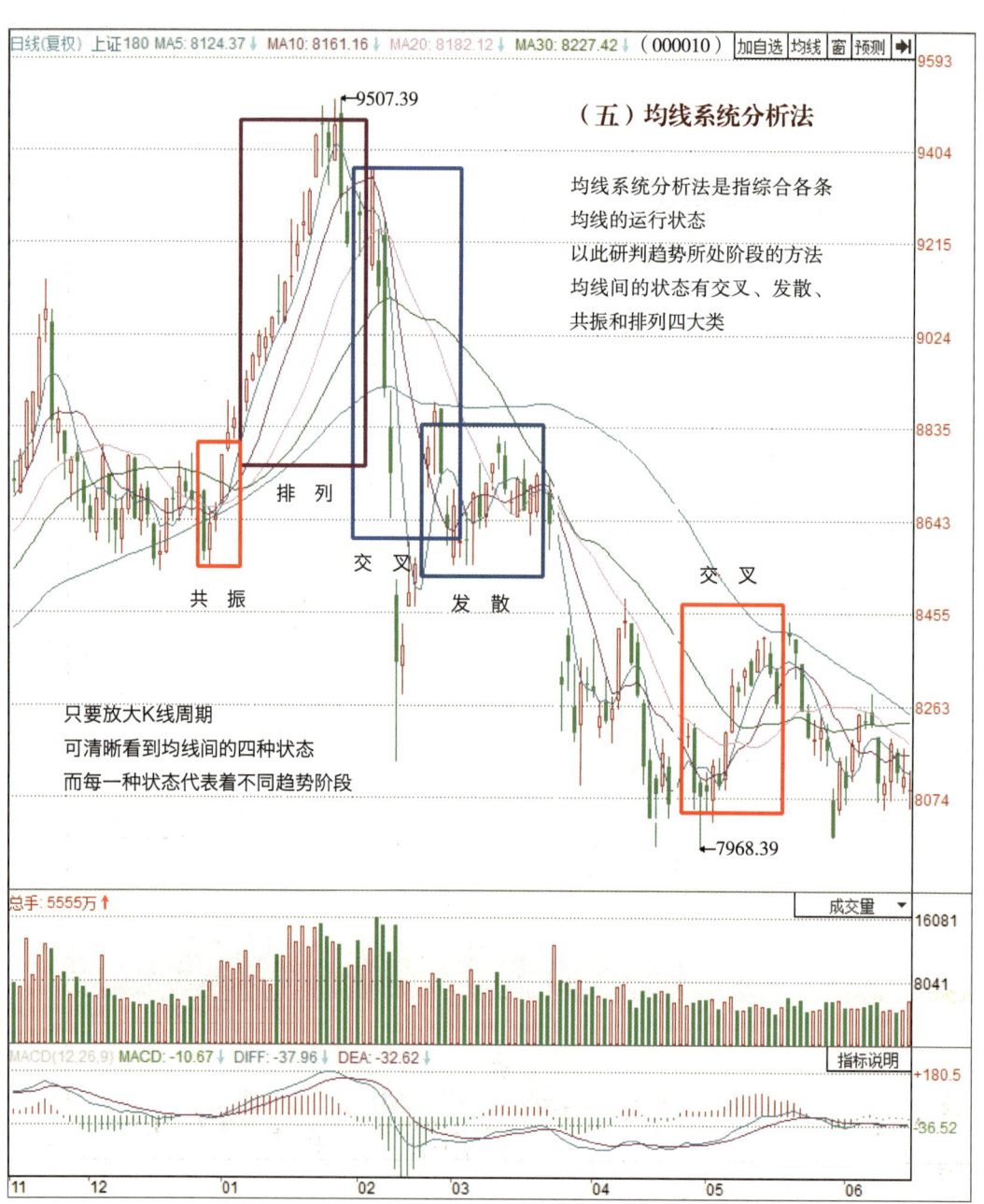

Chapter Three
第三章
指标分析法

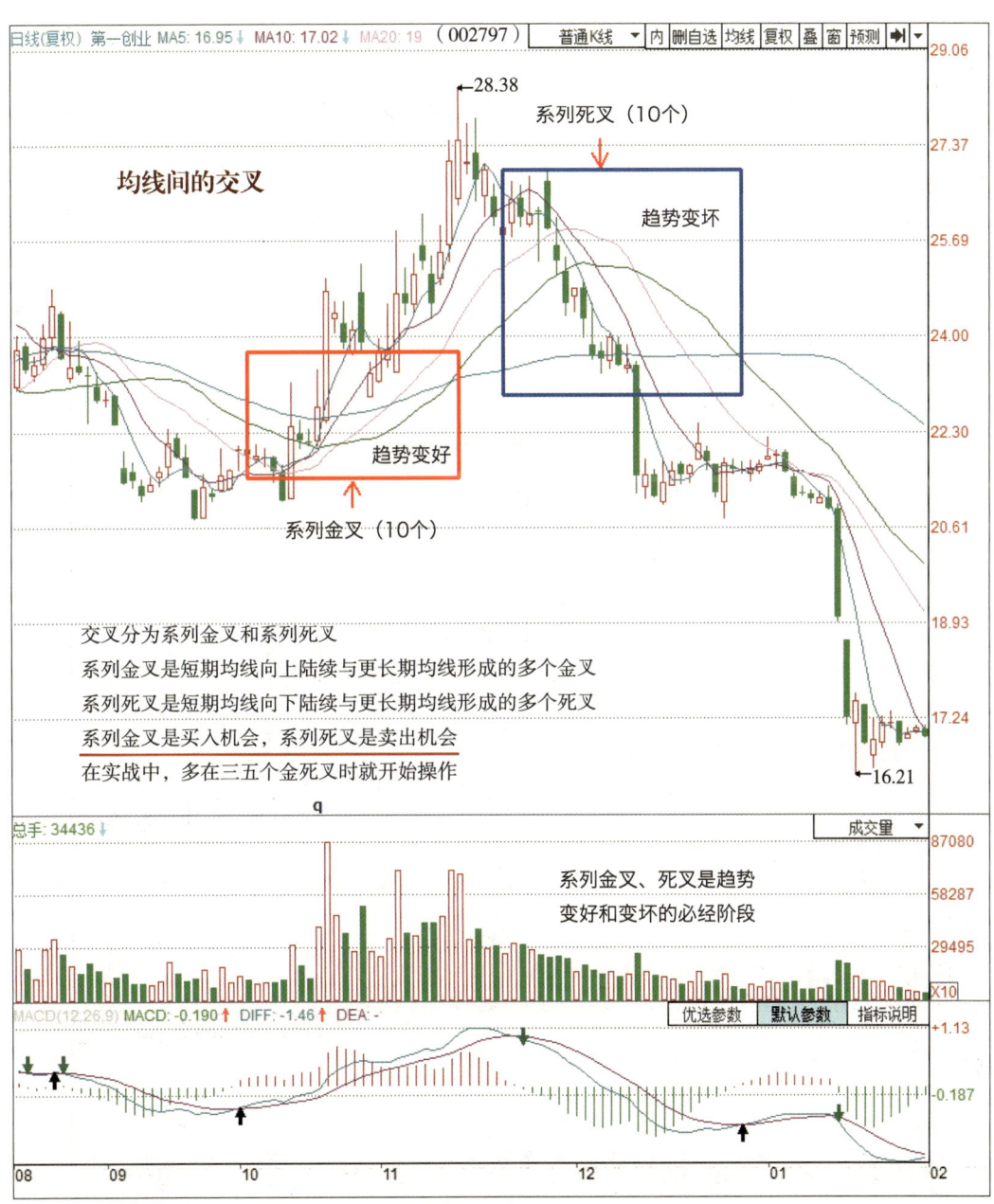

指标分析法

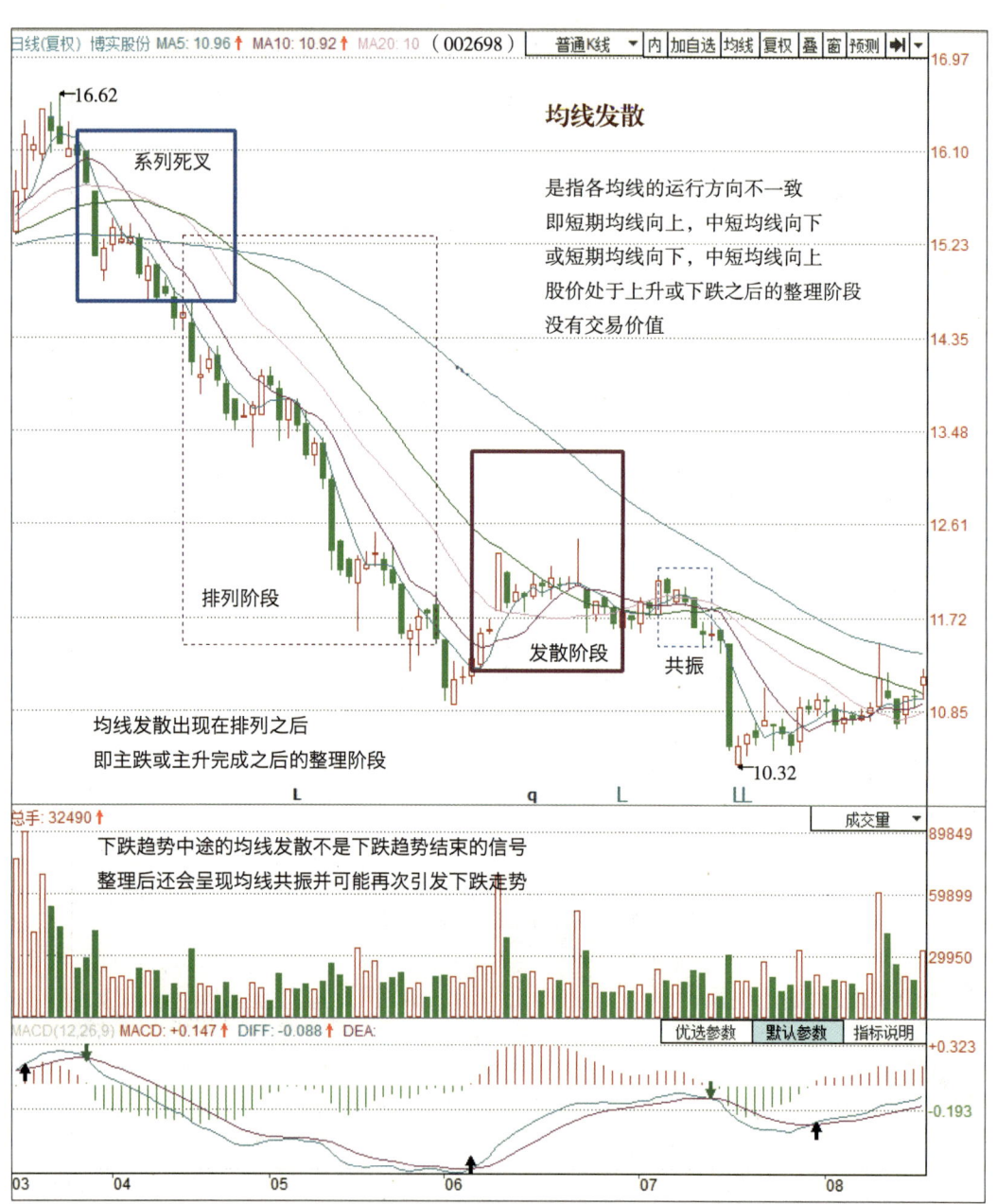

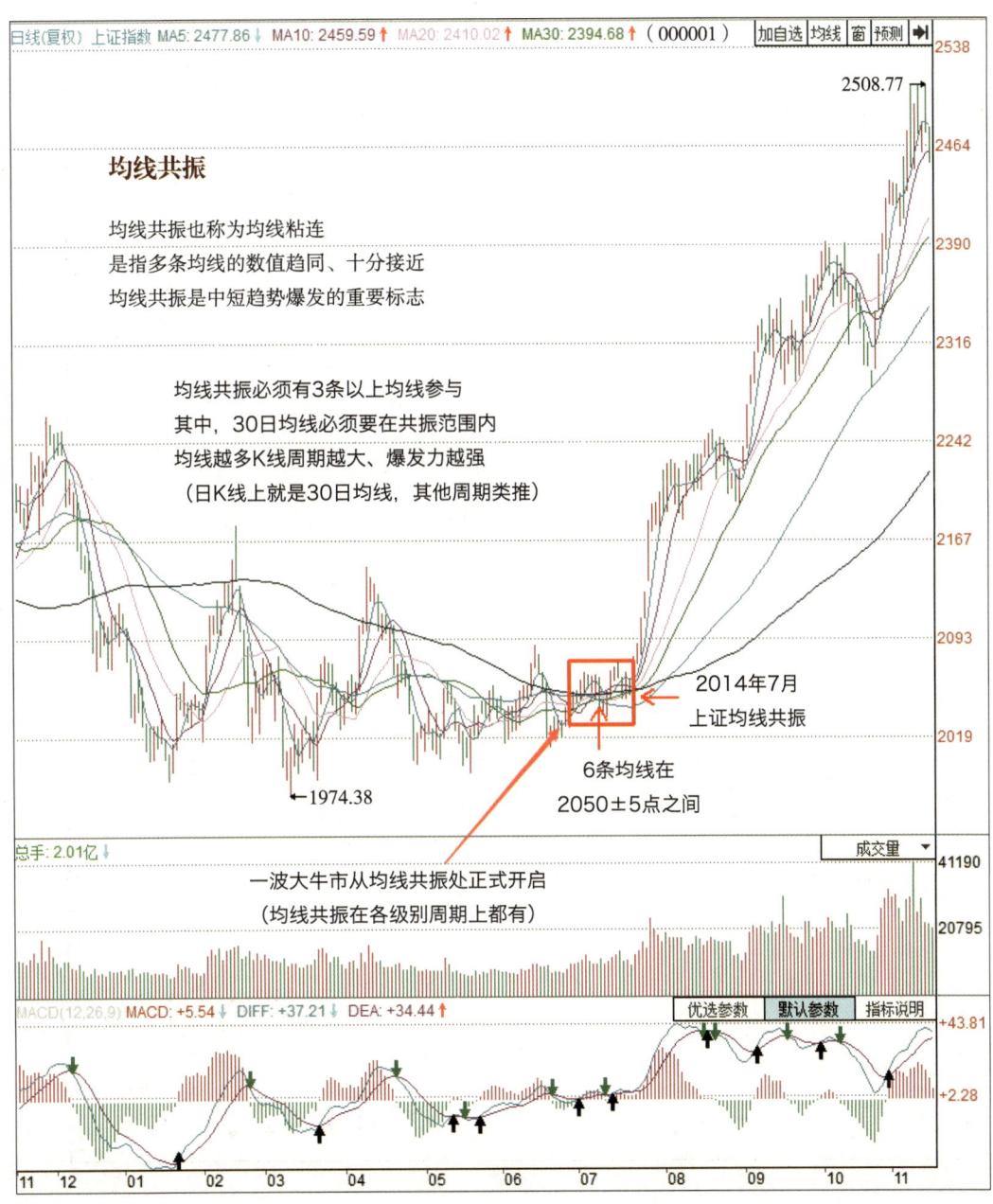

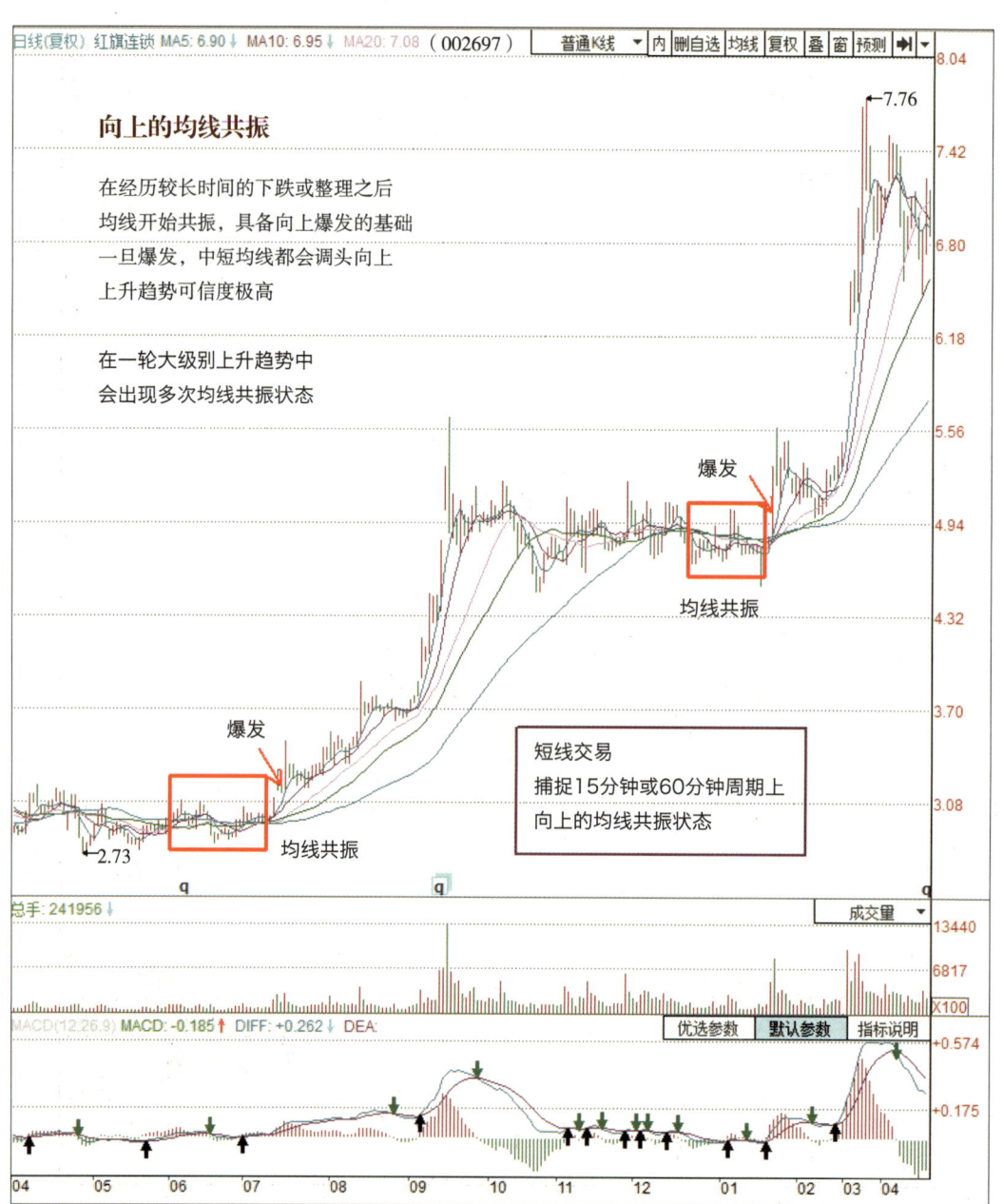

Chapter Three 第三章 指标分析法

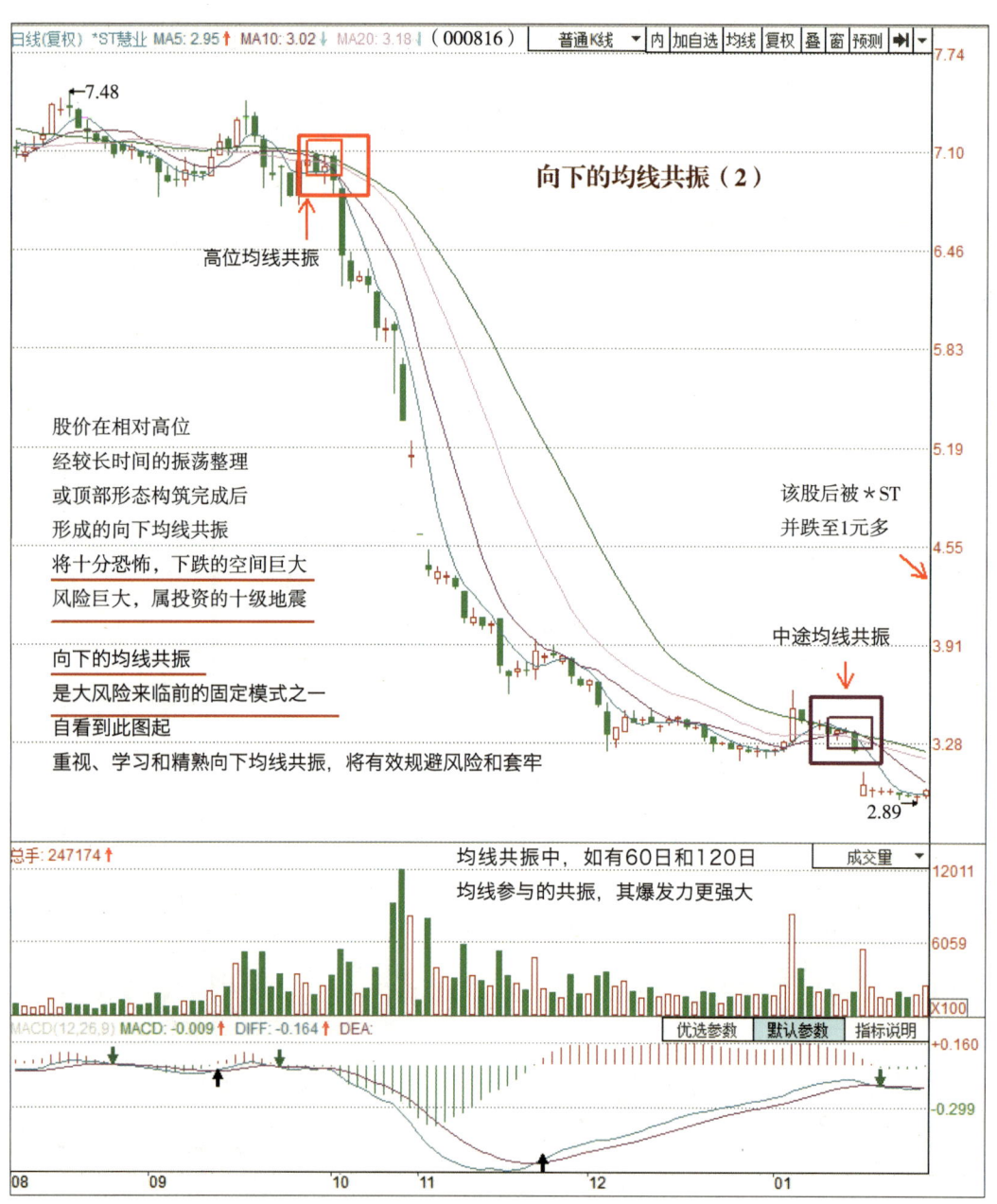

Chapter Three
第三章
指标分析法

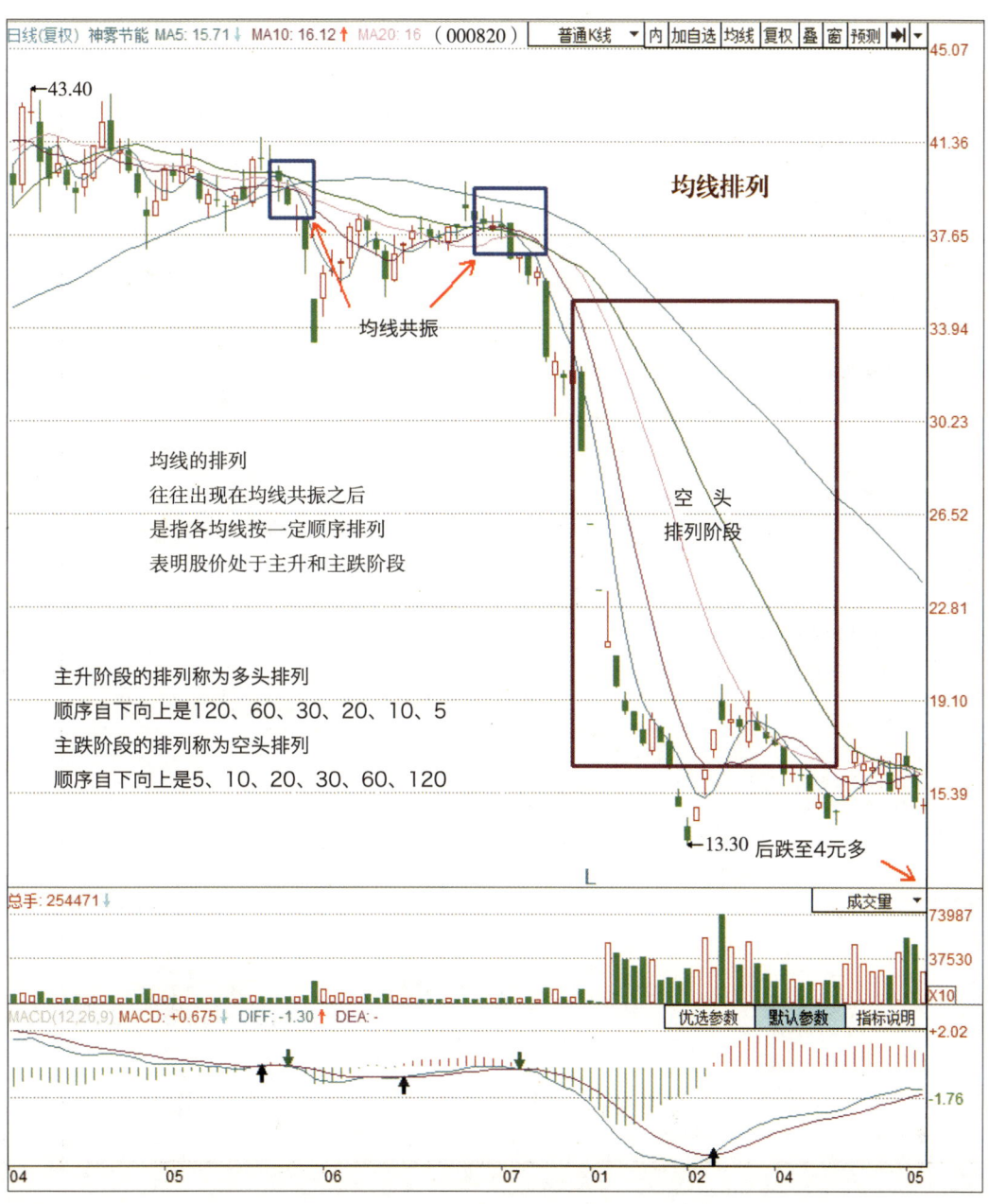

指标分析法

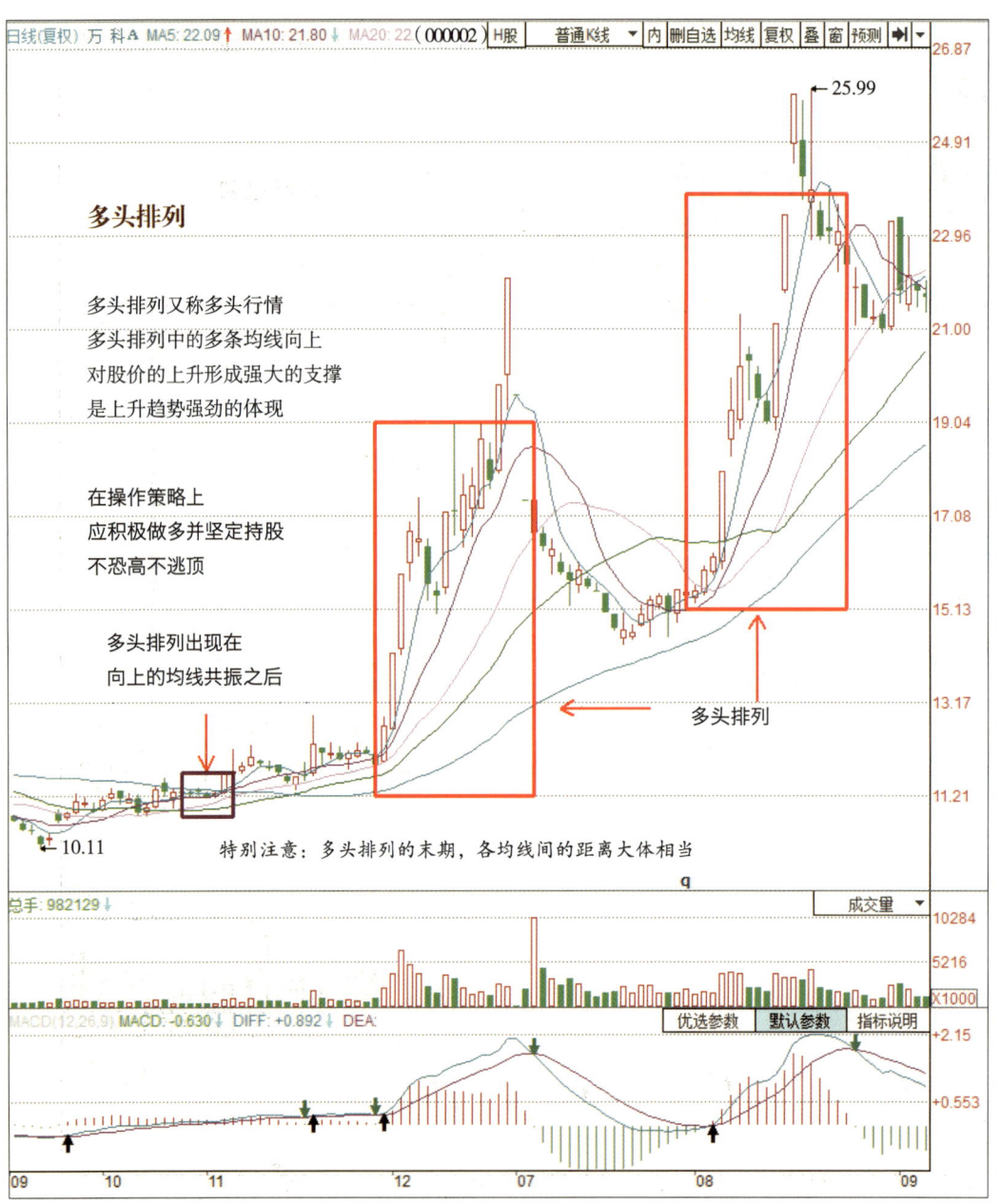

Chapter Three
第三章
指标分析法

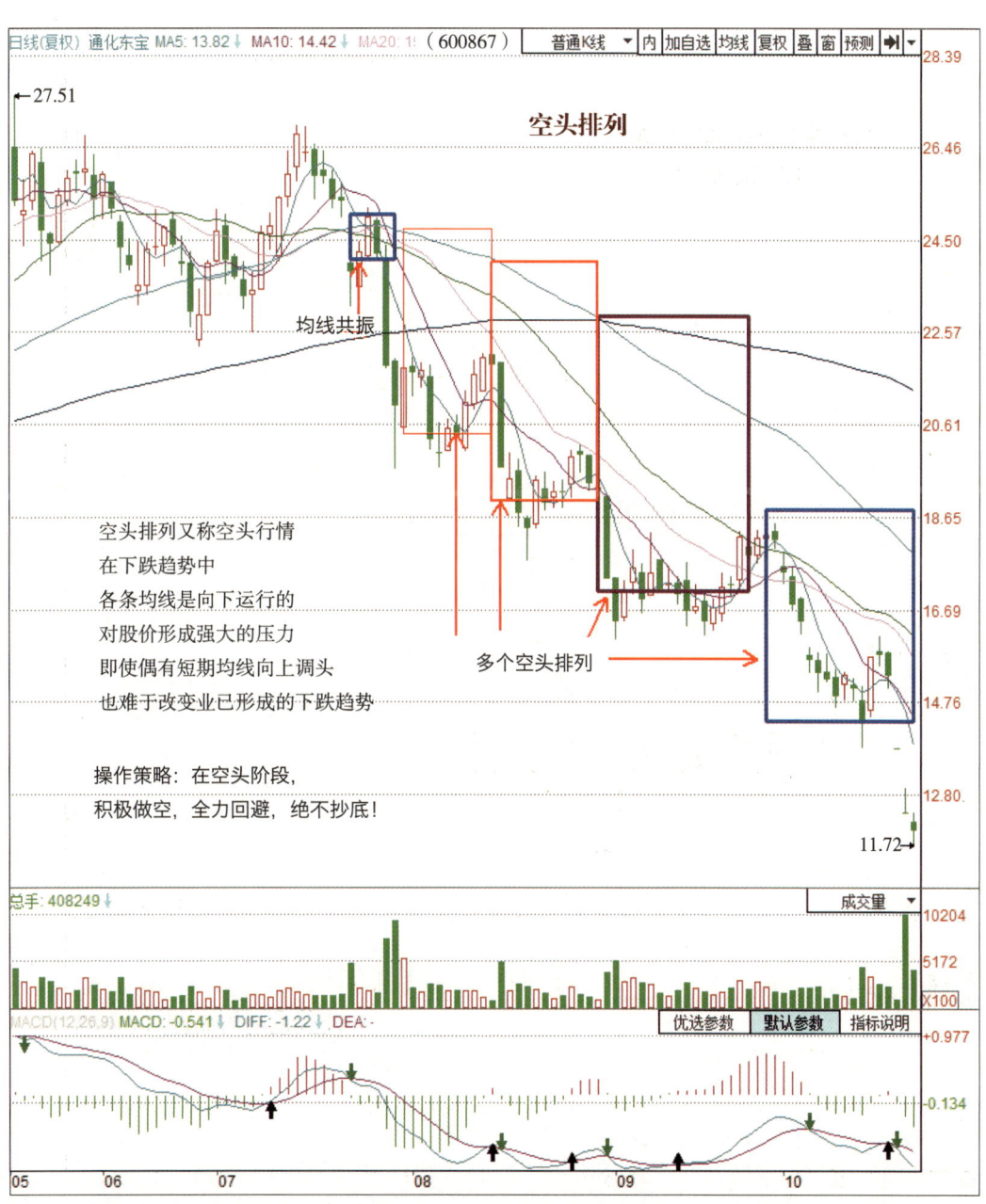

指标分析法

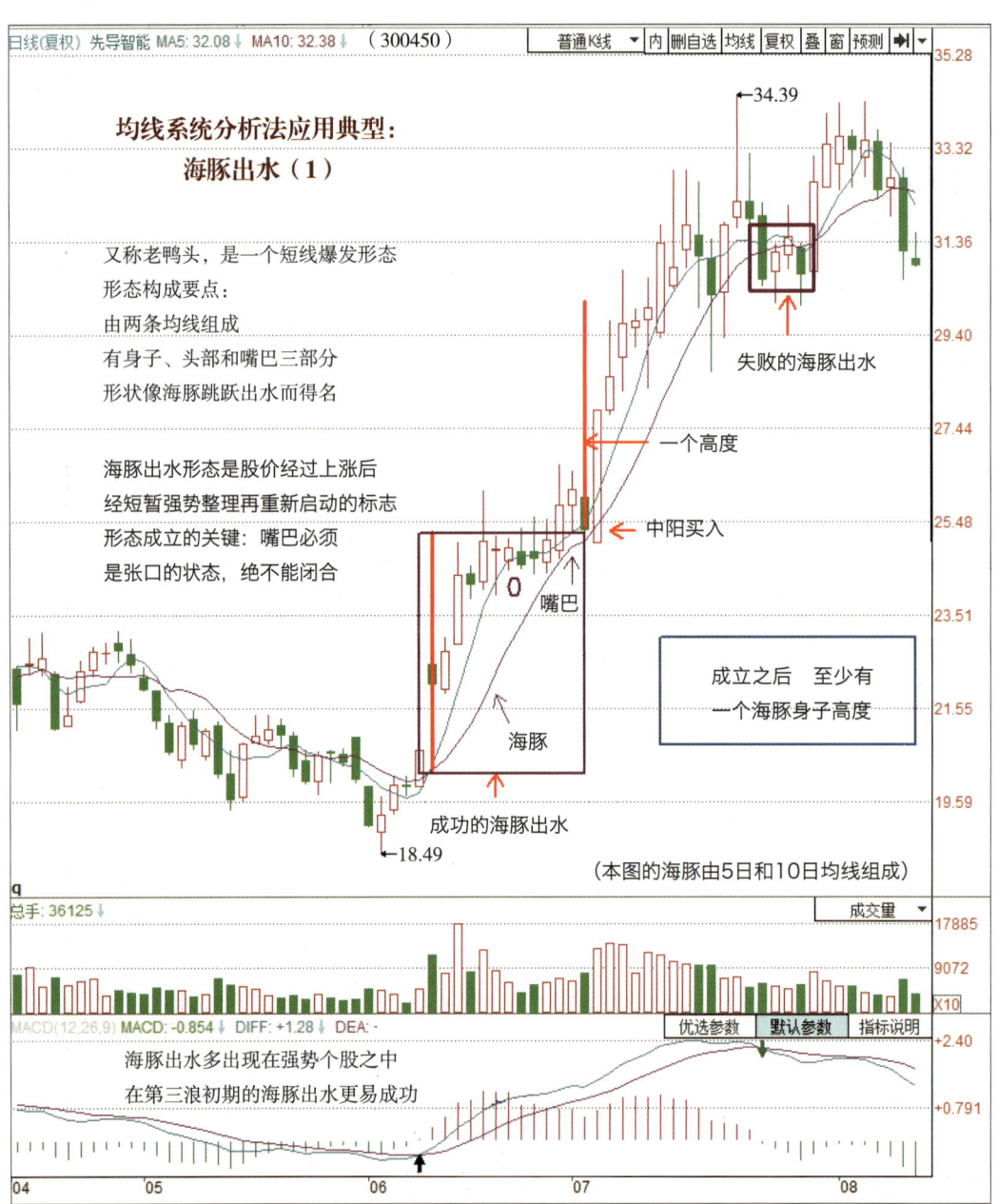

Chapter Three

第三章 指标分析法

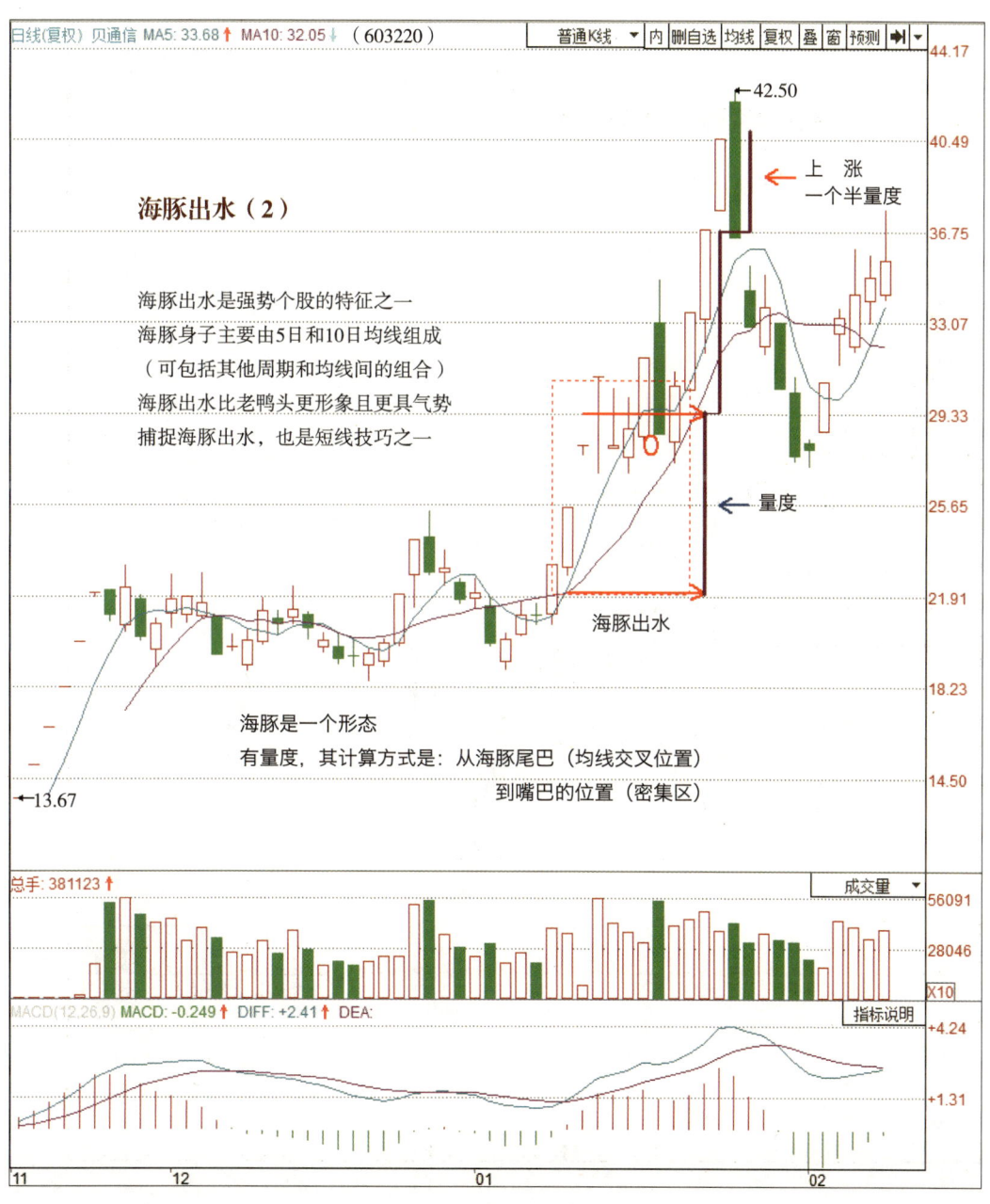

指标分析法

第四章 形态分析法

Chapter Four

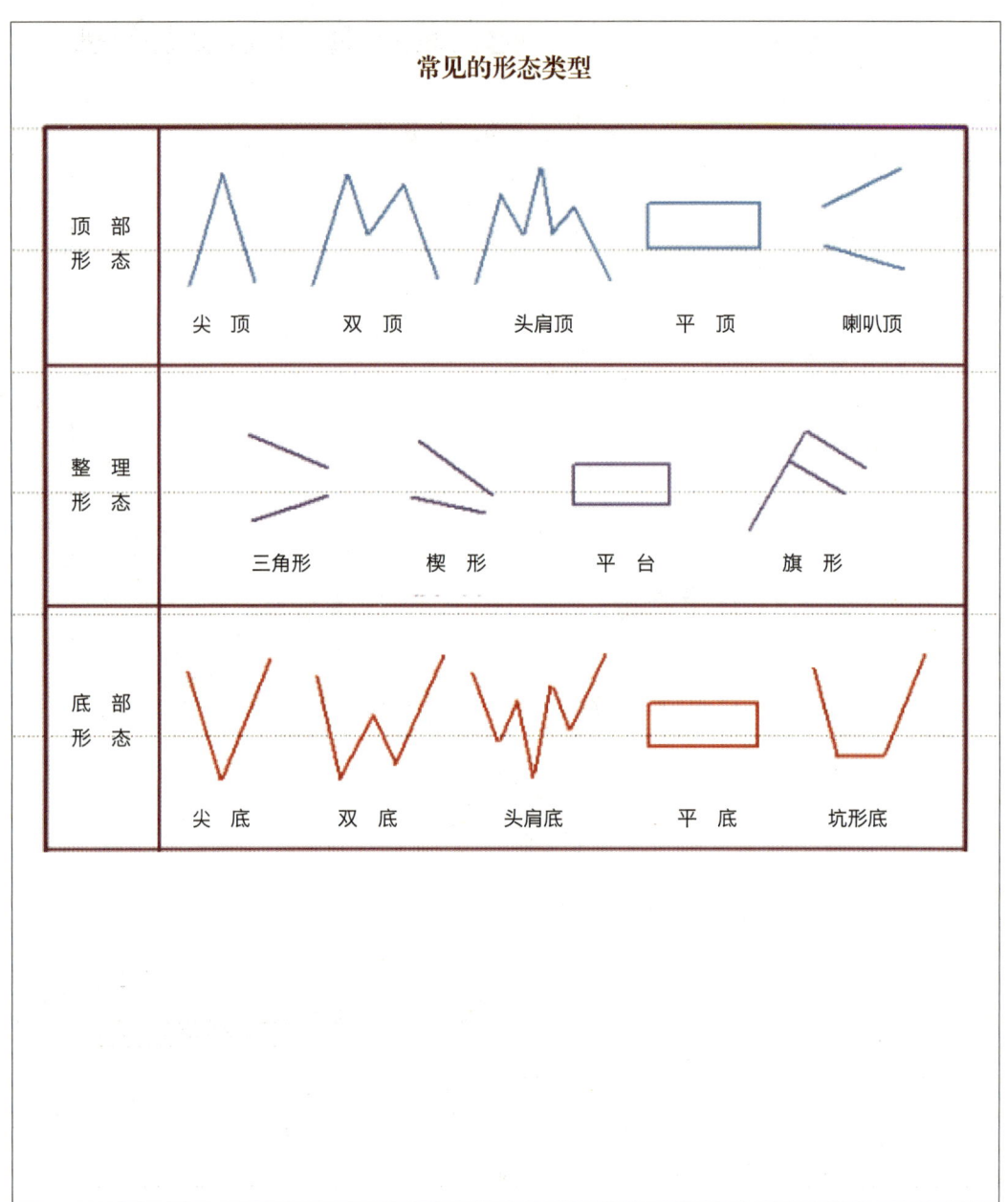

Chapter Four
第四章
形态分析法

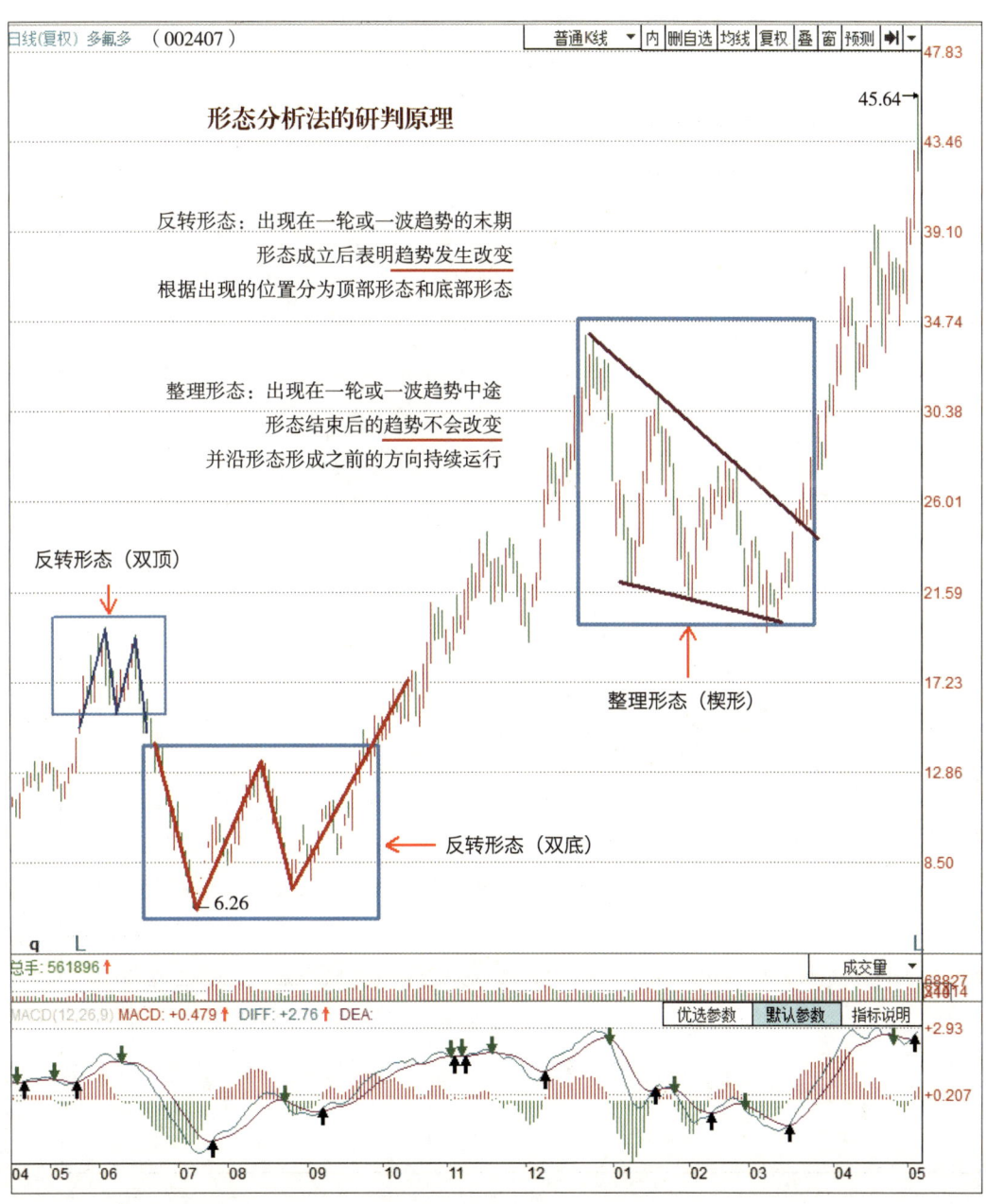

形态分析法

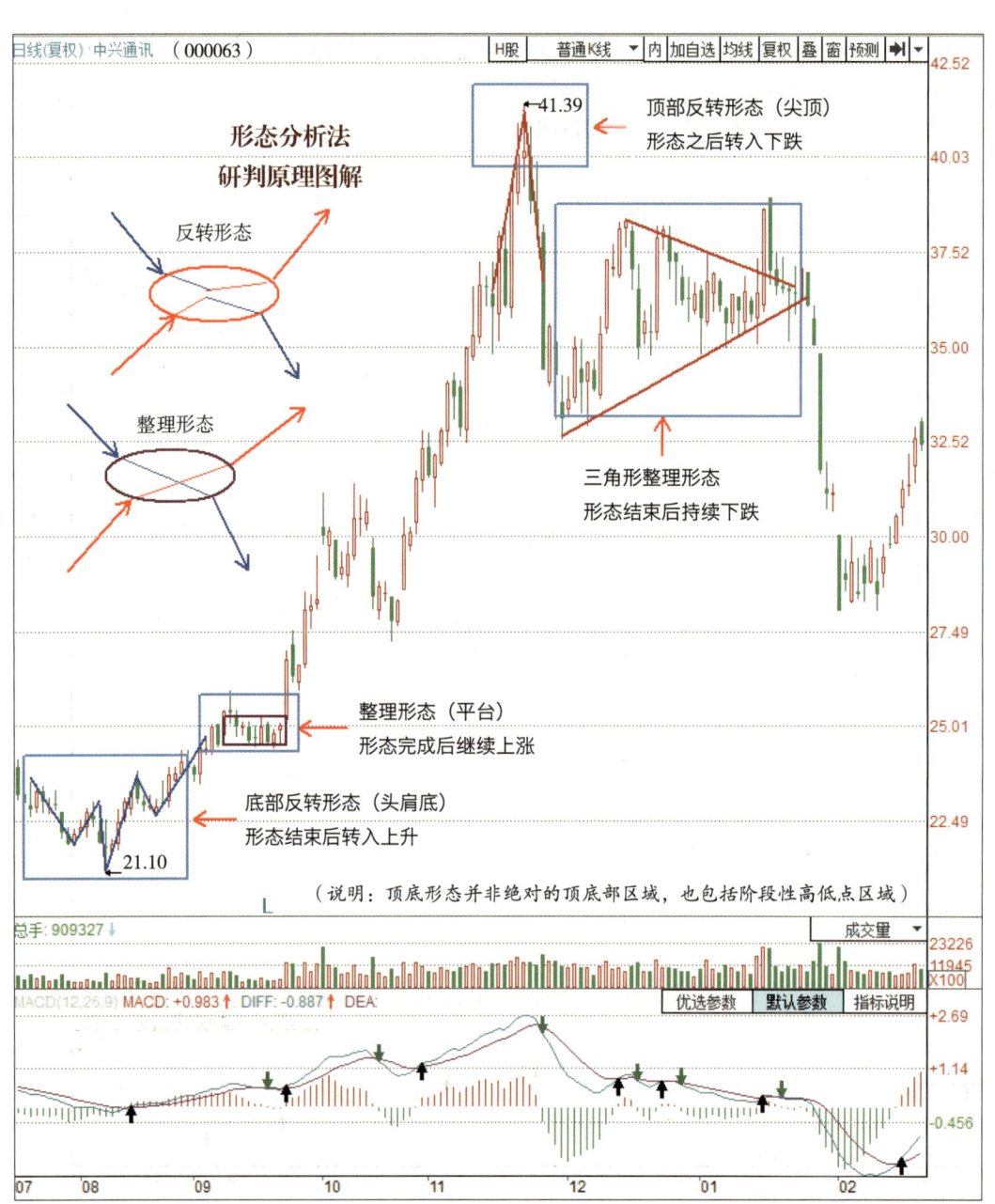

Chapter Four

第四章 形态分析法

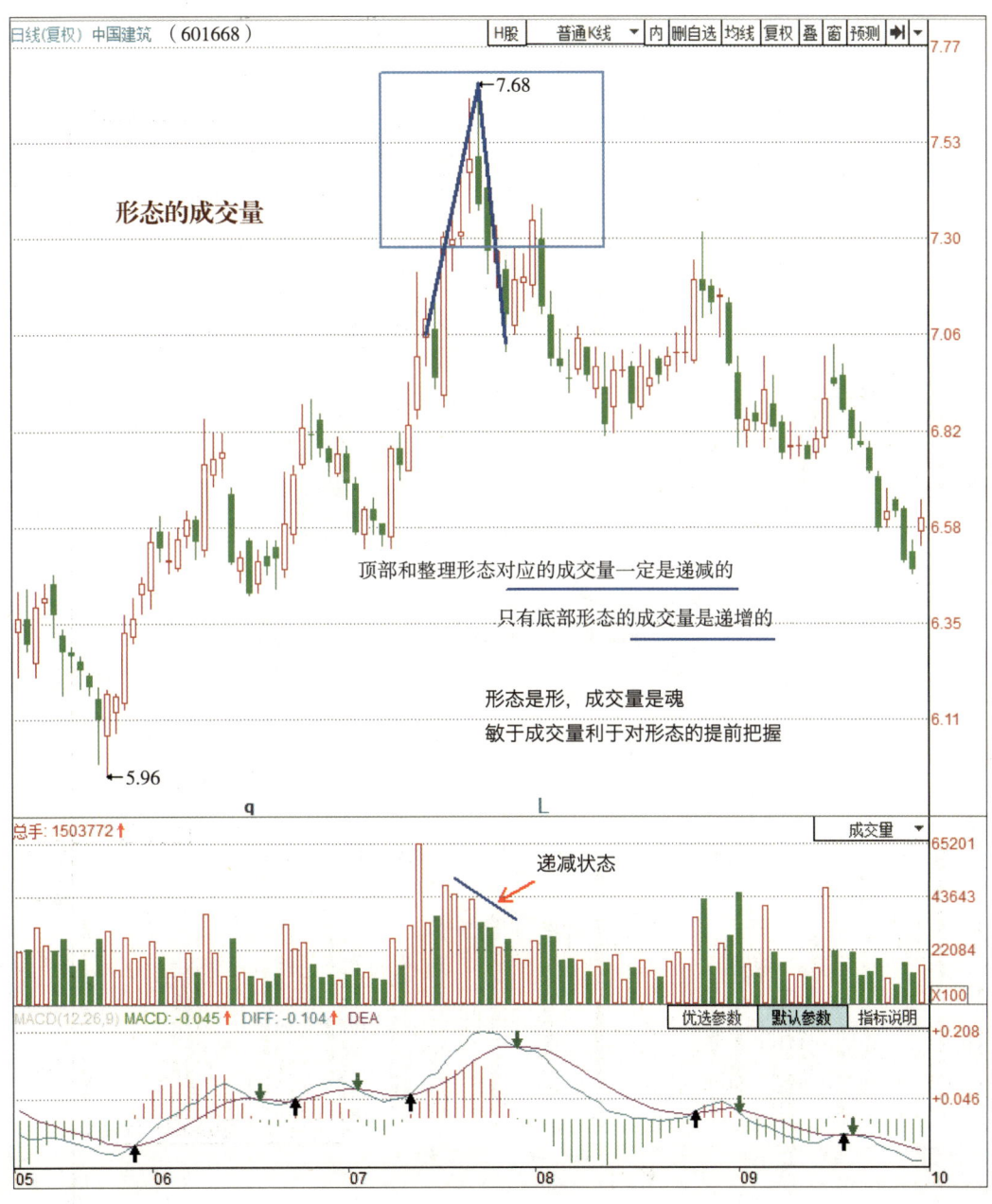

第一节 顶部形态

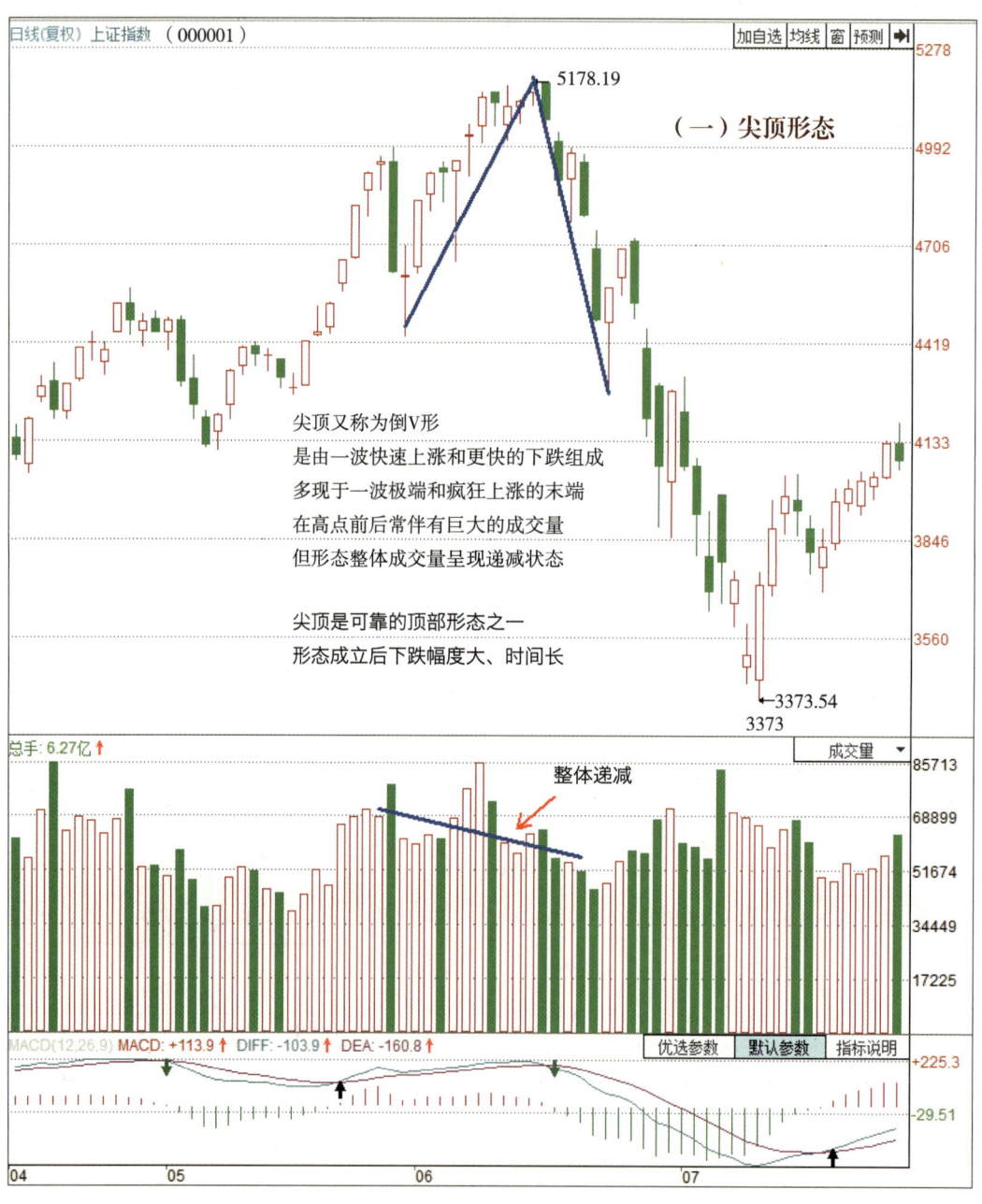

Chapter Four
第四章
形态分析法

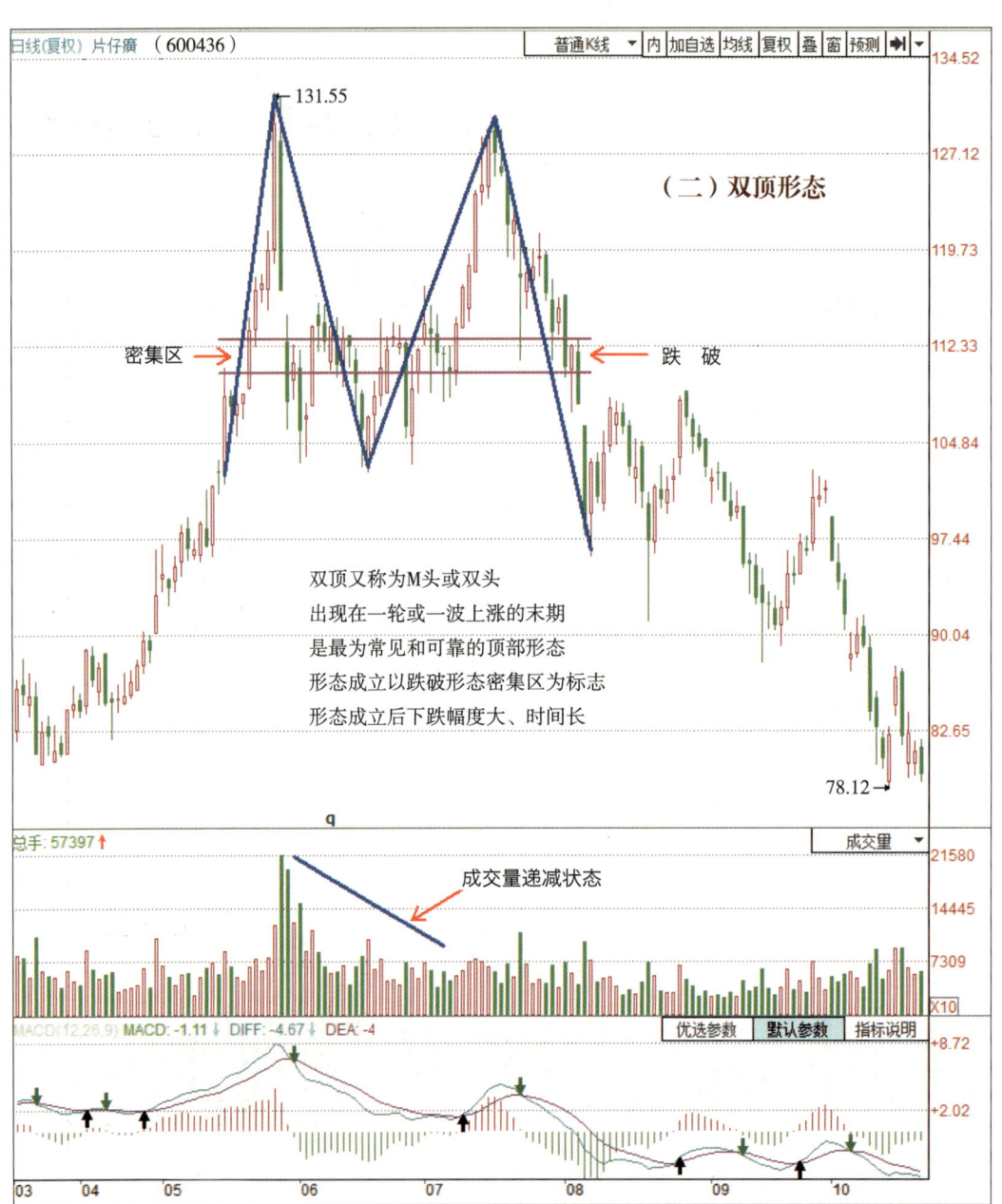

（二）双顶形态

双顶又称为M头或双头
出现在一轮或一波上涨的末期
是最为常见和可靠的顶部形态
形态成立以跌破形态密集区为标志
形态成立后下跌幅度大、时间长

Chapter Four

第四章
形态分析法

形态分析法

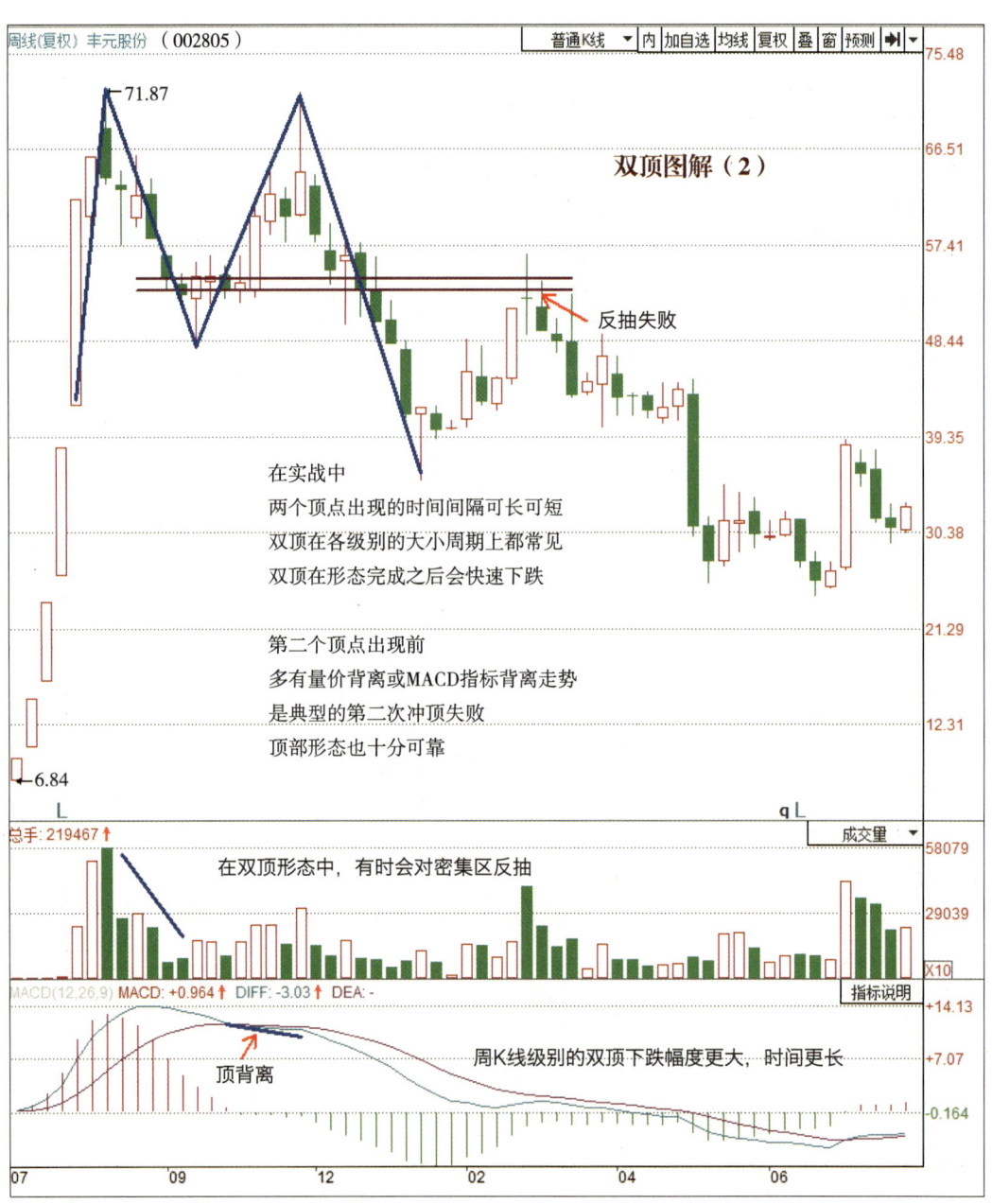

第四章 形态分析法
Chapter Four

形态分析法

· 195 ·

（三）头肩顶形态

头肩顶形态
以跌破形态密集区为成立标志
成立之后至少会跌一个形态高度（量度）
标准头肩形态多是右边低于左边区域
成交量则有从左肩开始递减的
也有从头部开始递减的情况

Chapter Four 第四章 形态分析法

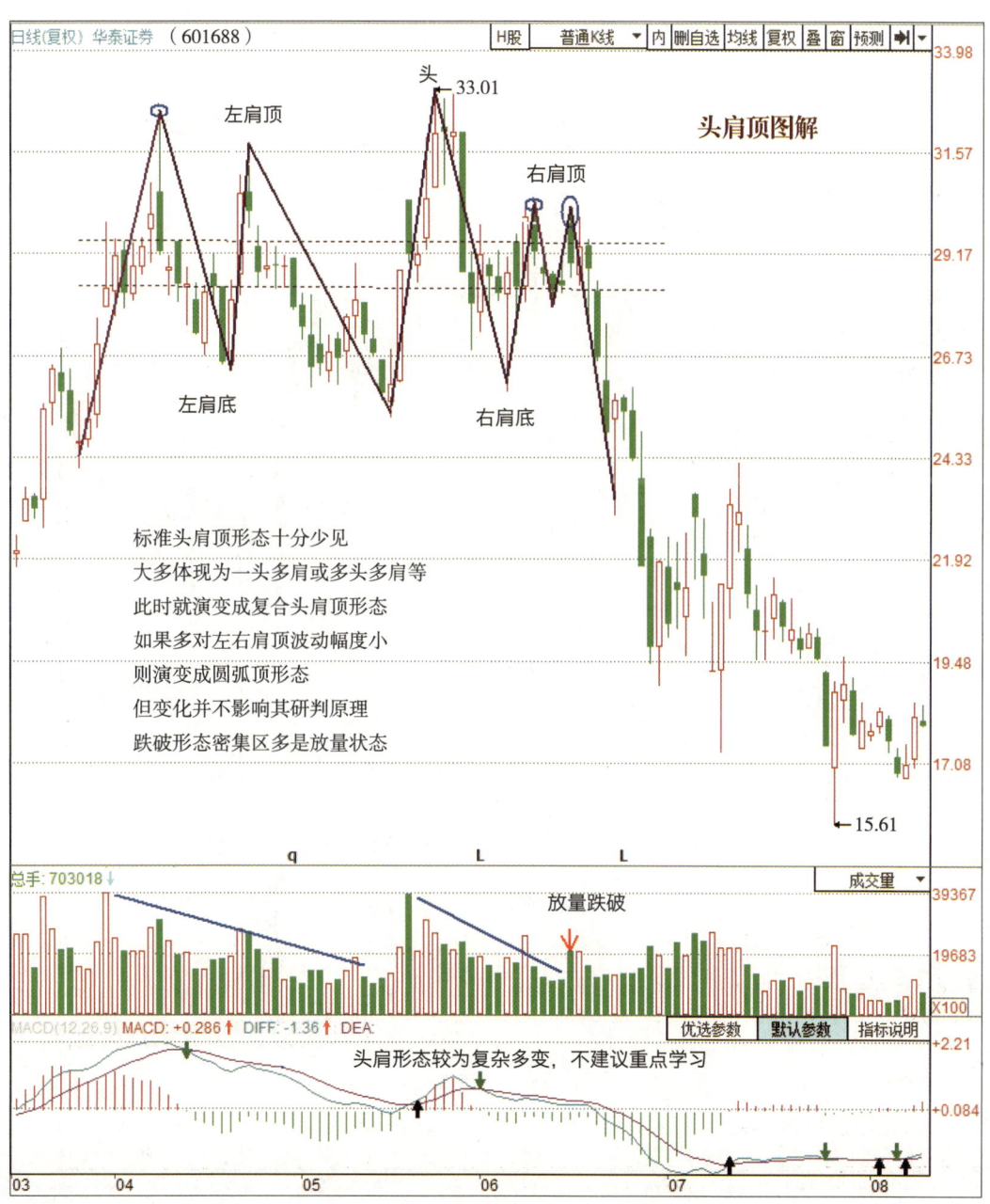

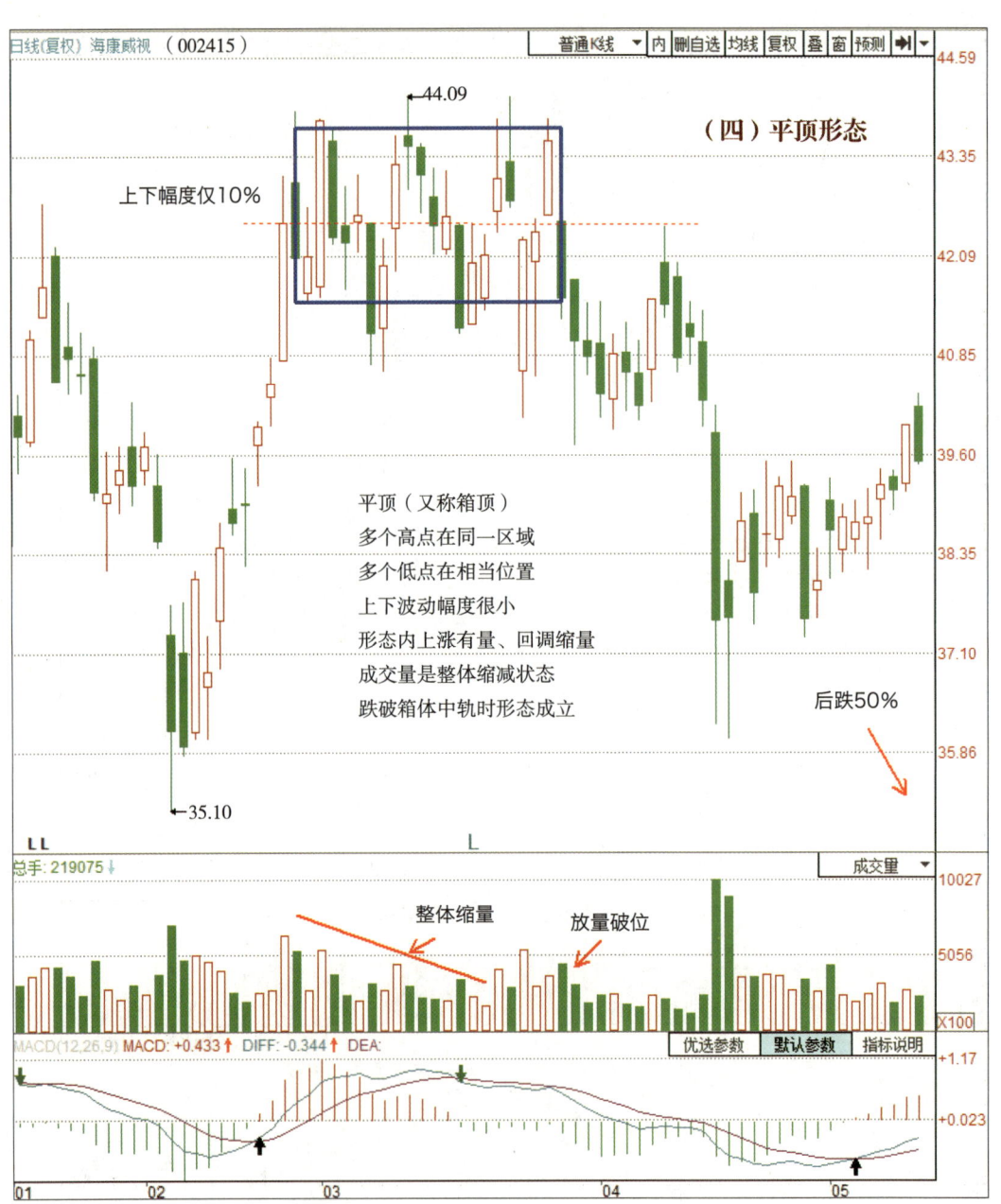

Chapter Four
第四章
形态分析法

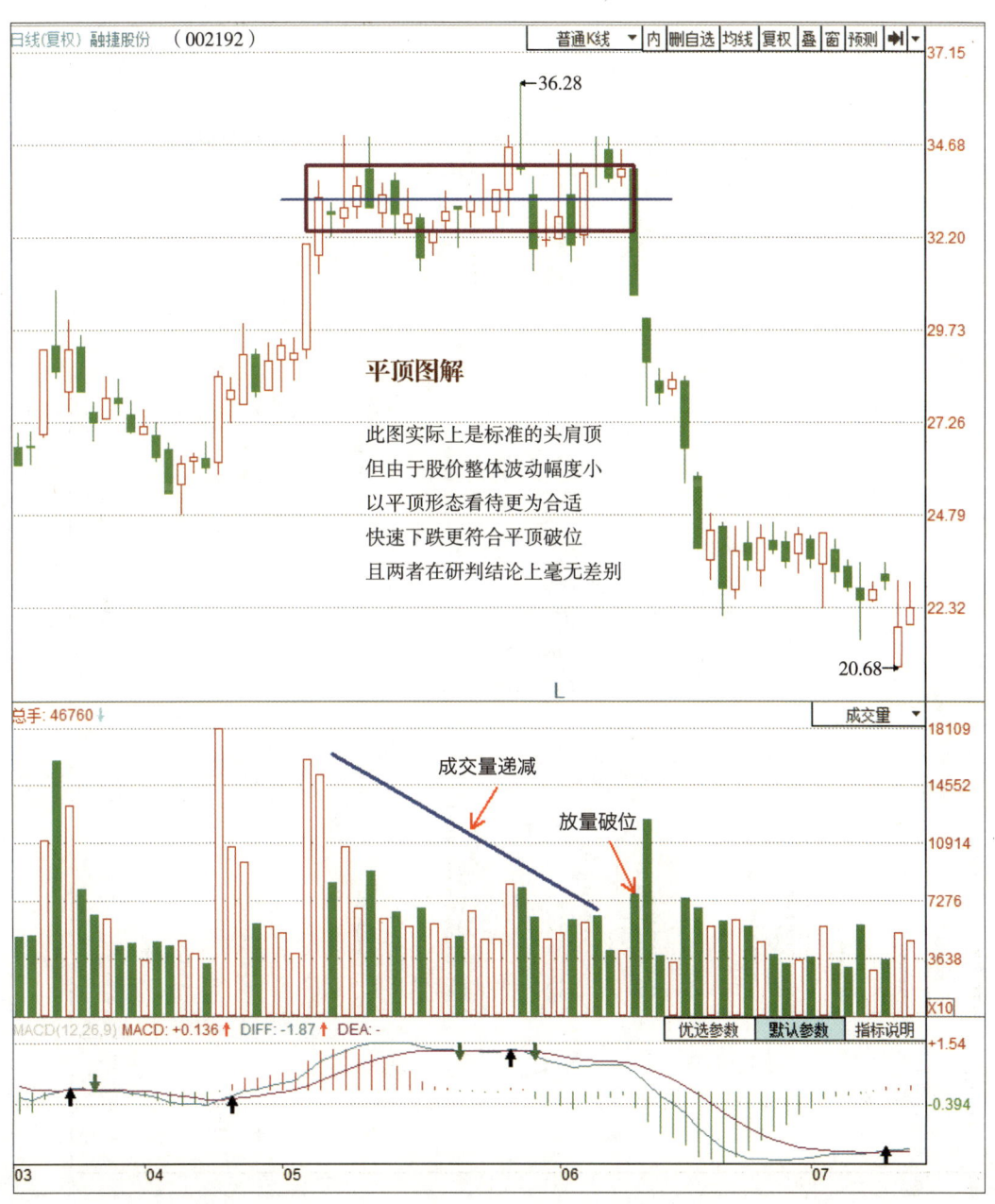

形态分析法

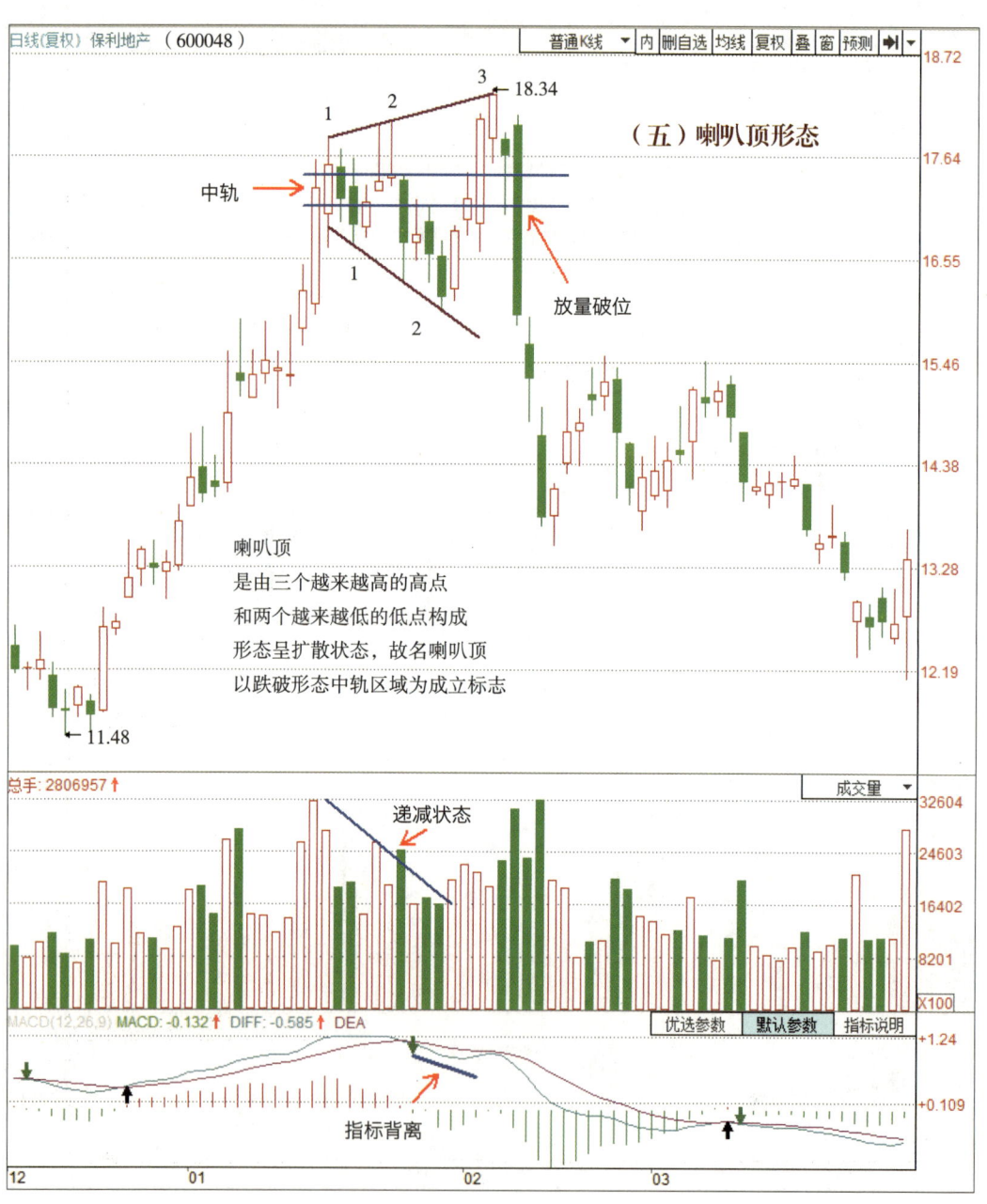

Chapter Four
第四章 形态分析法

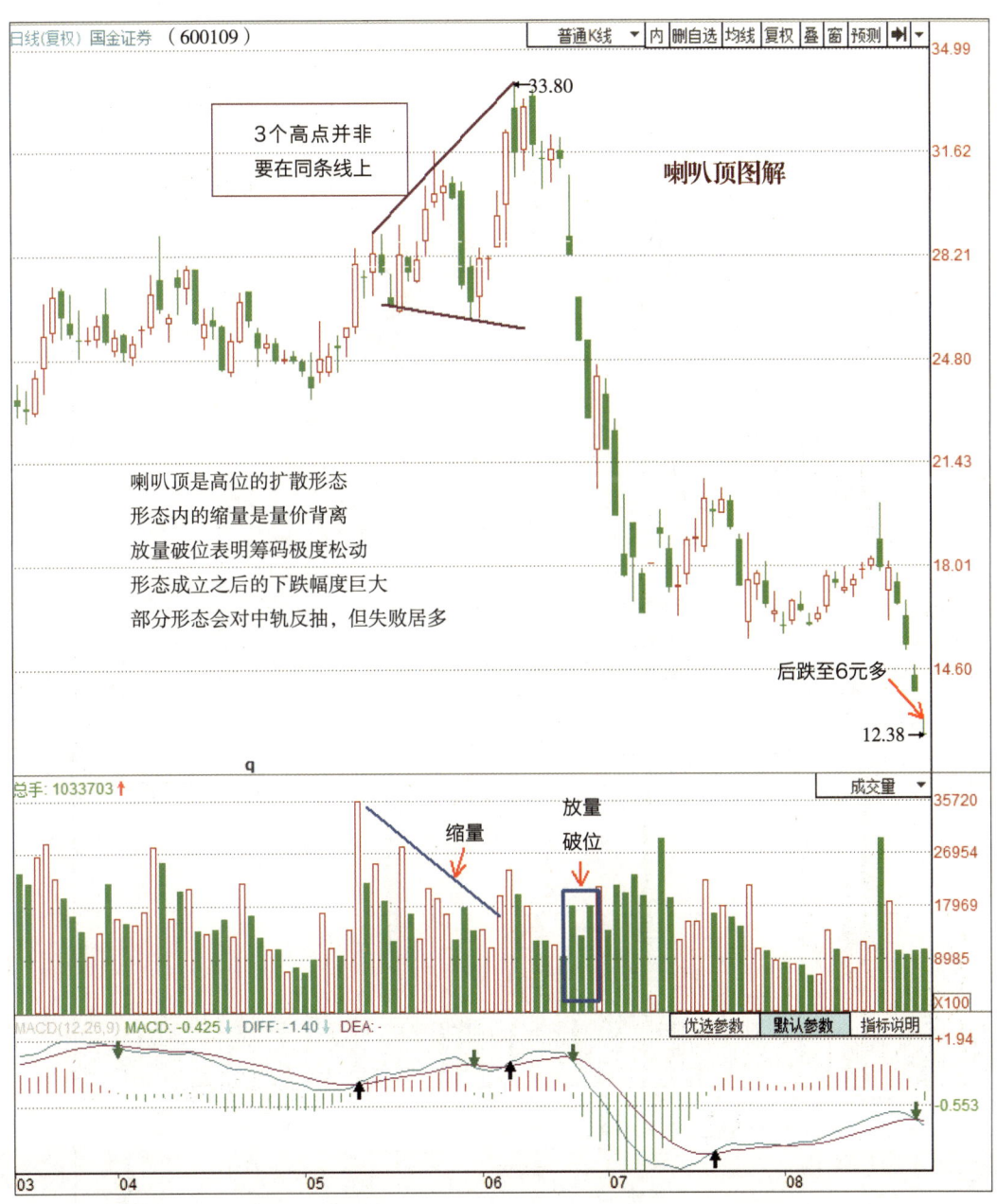

四 形态分析法

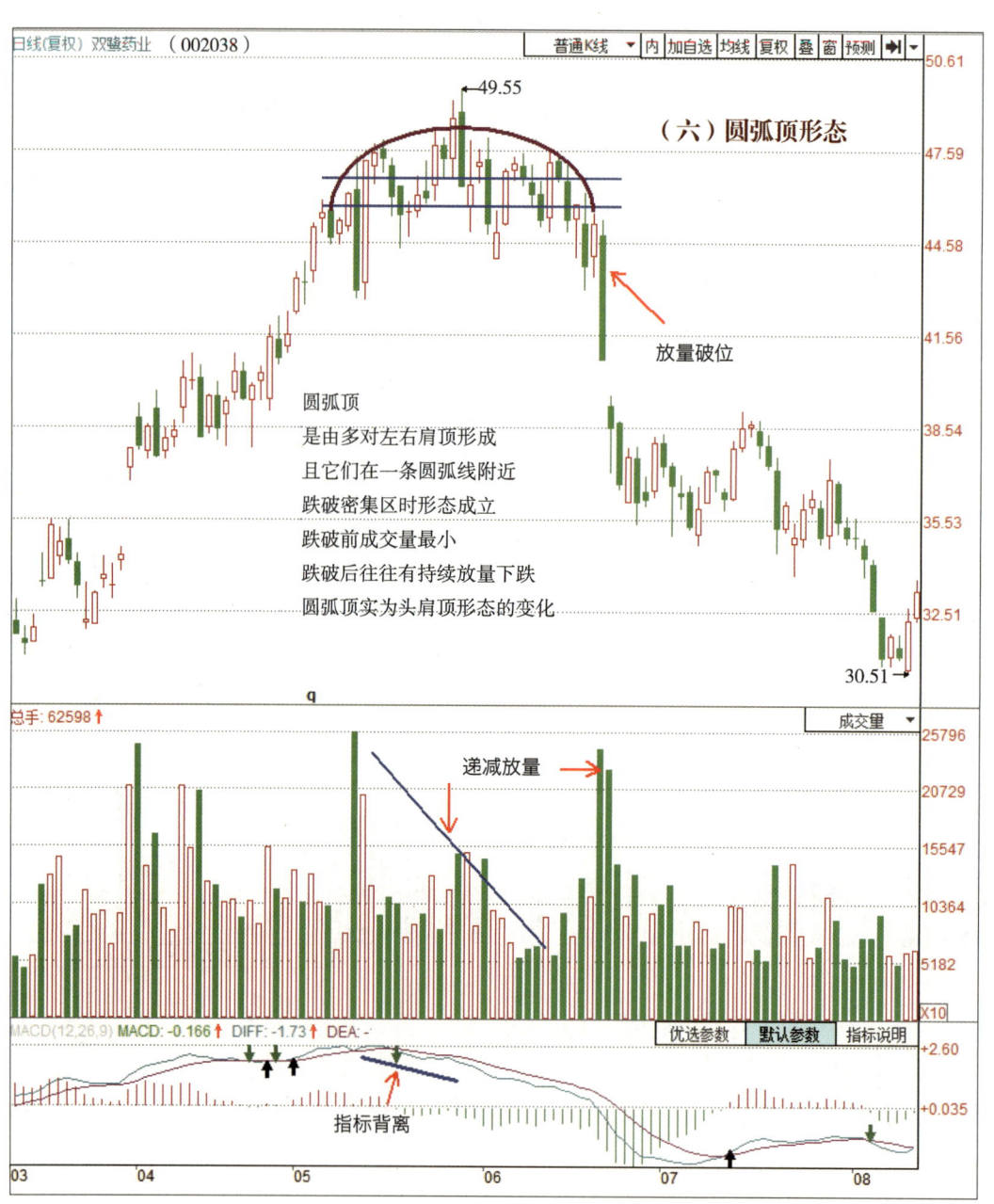

（六）圆弧顶形态

第二节 整理形态

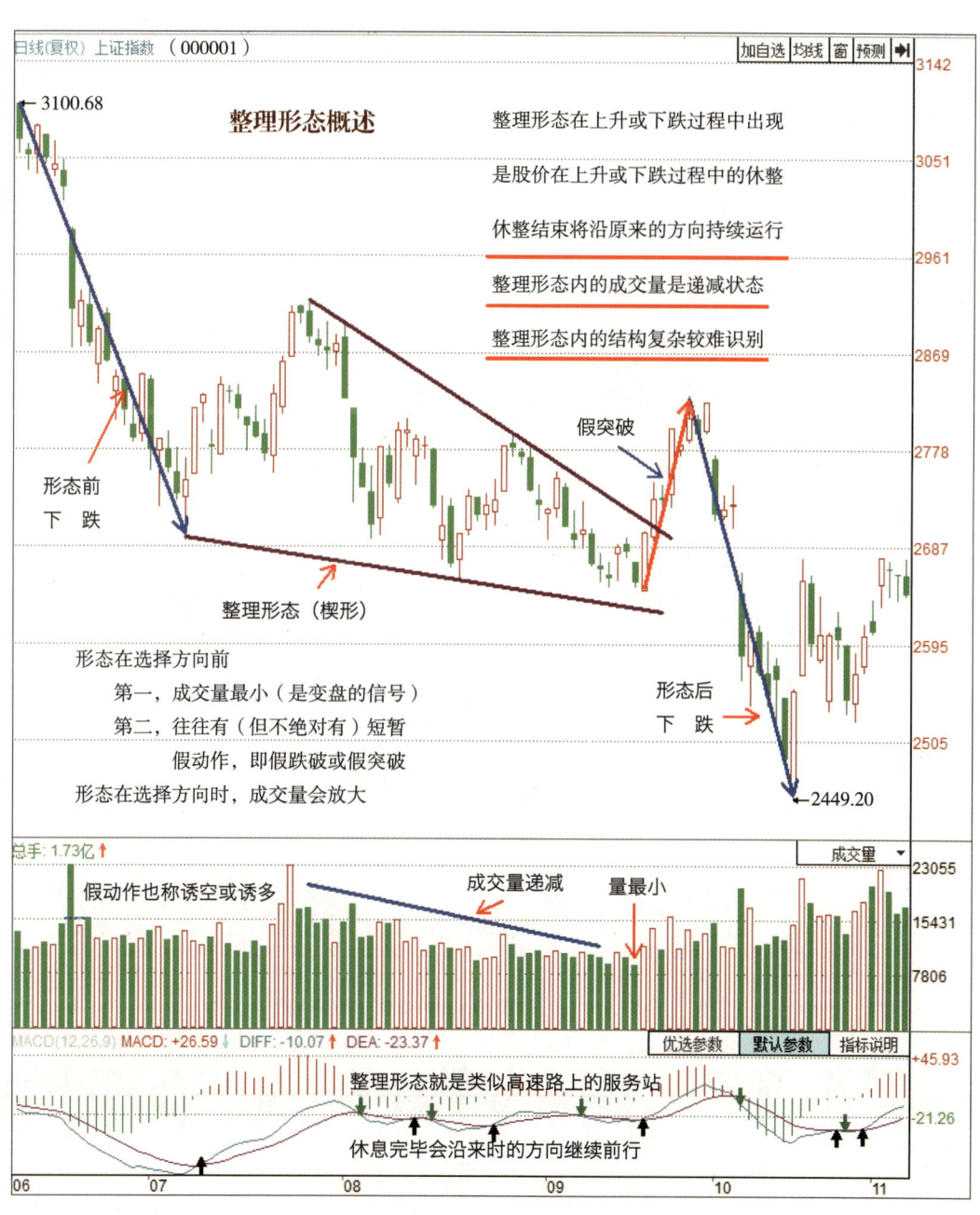

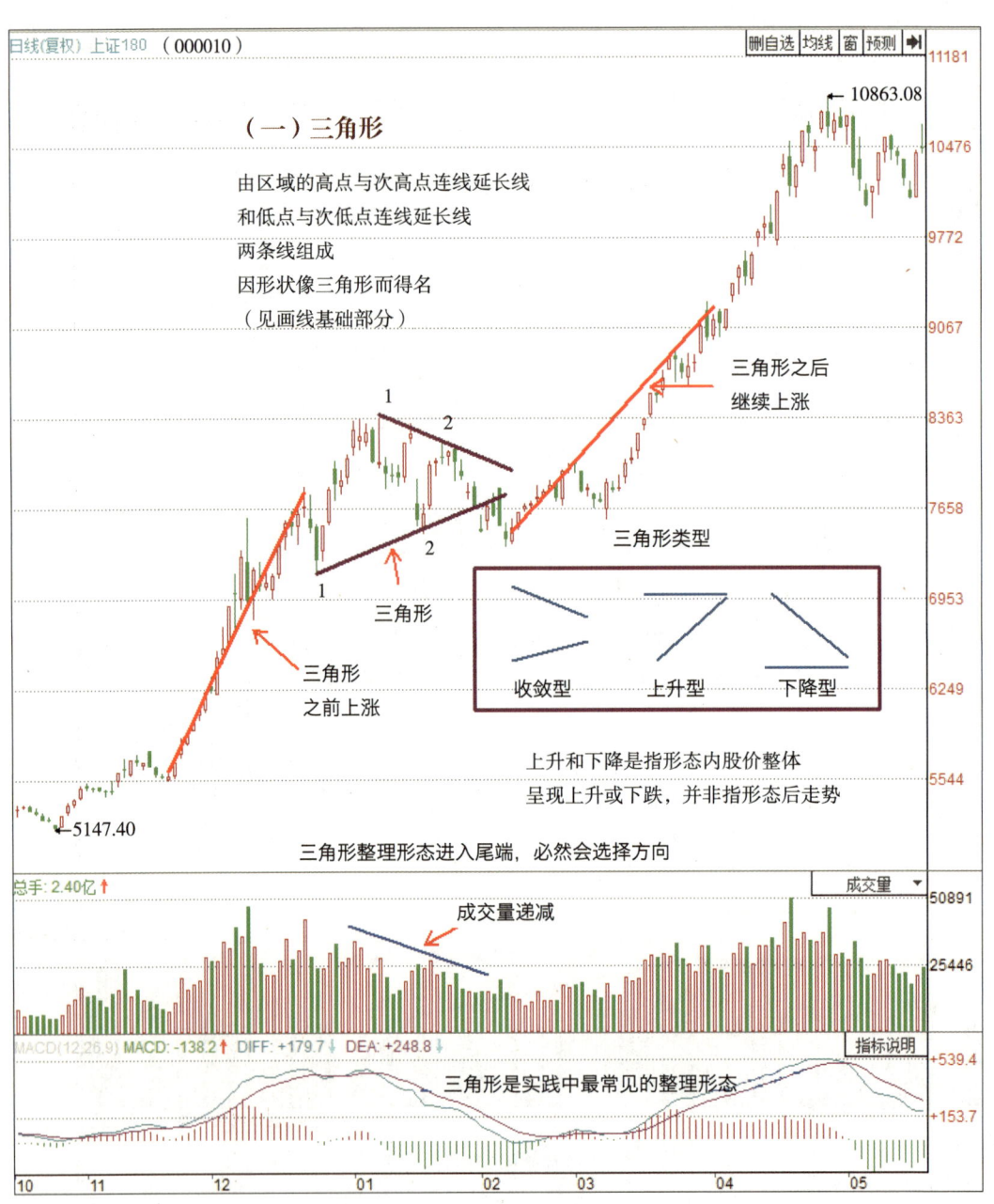

Chapter Four 第四章 形态分析法

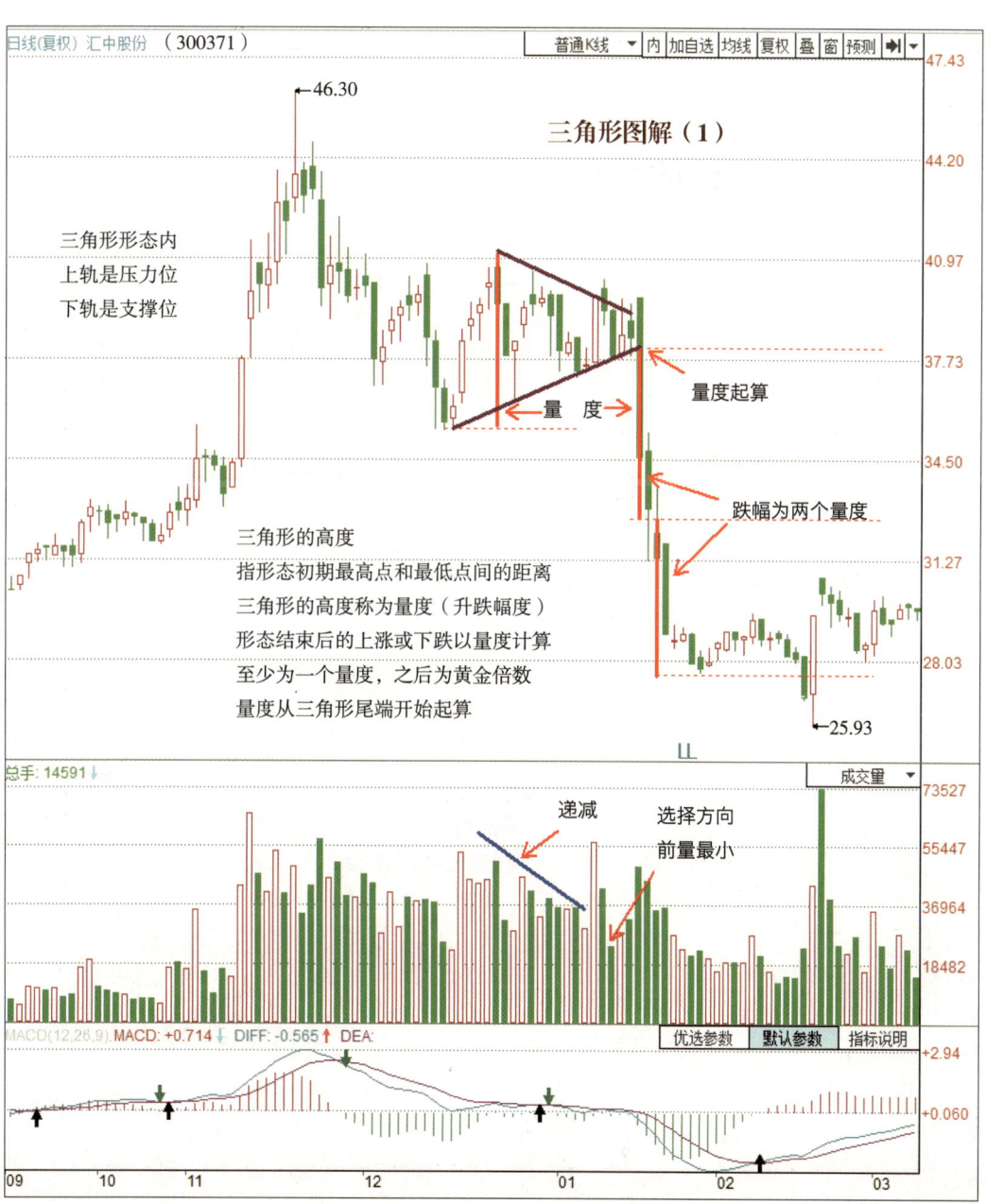

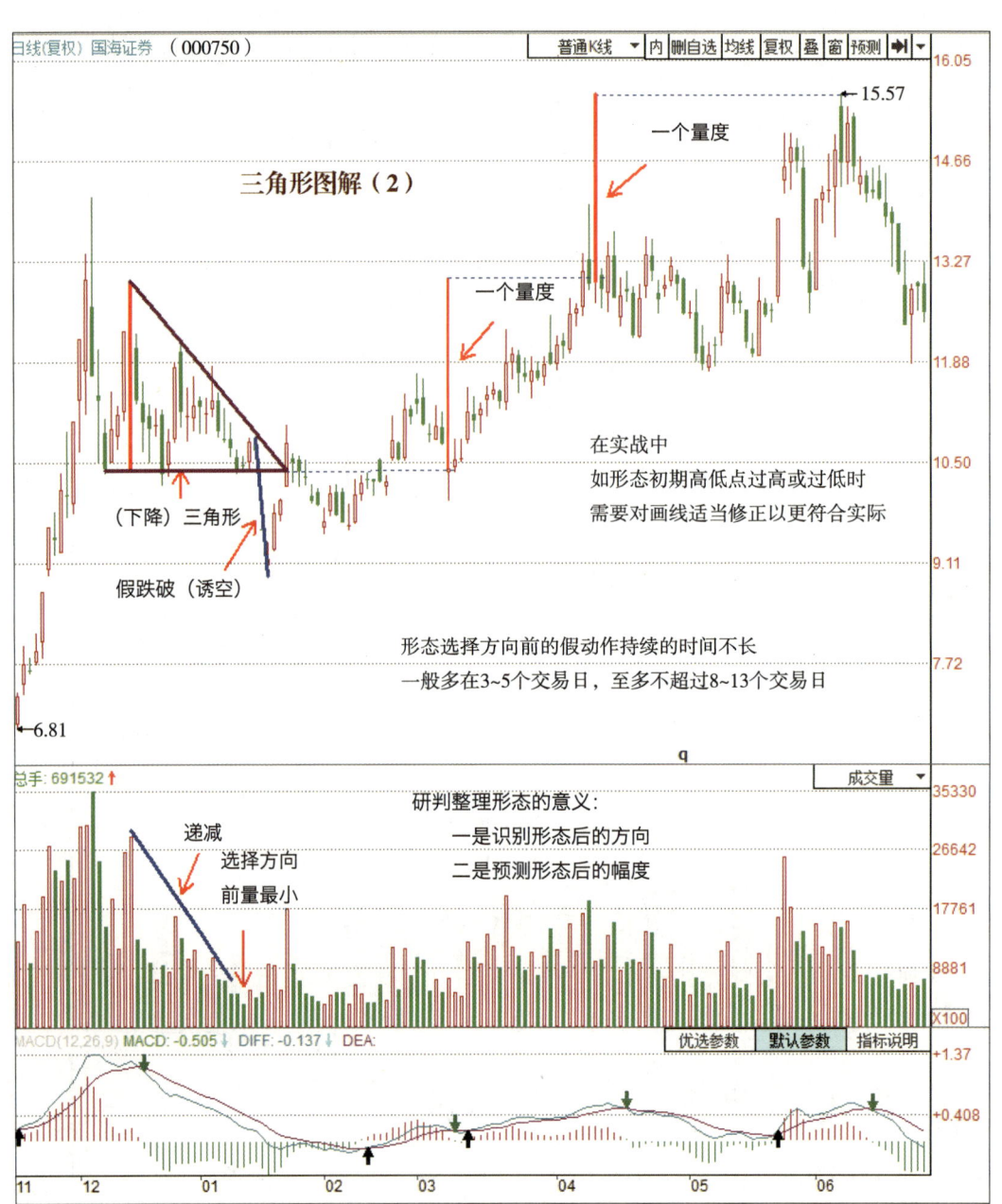

第四章 形态分析法

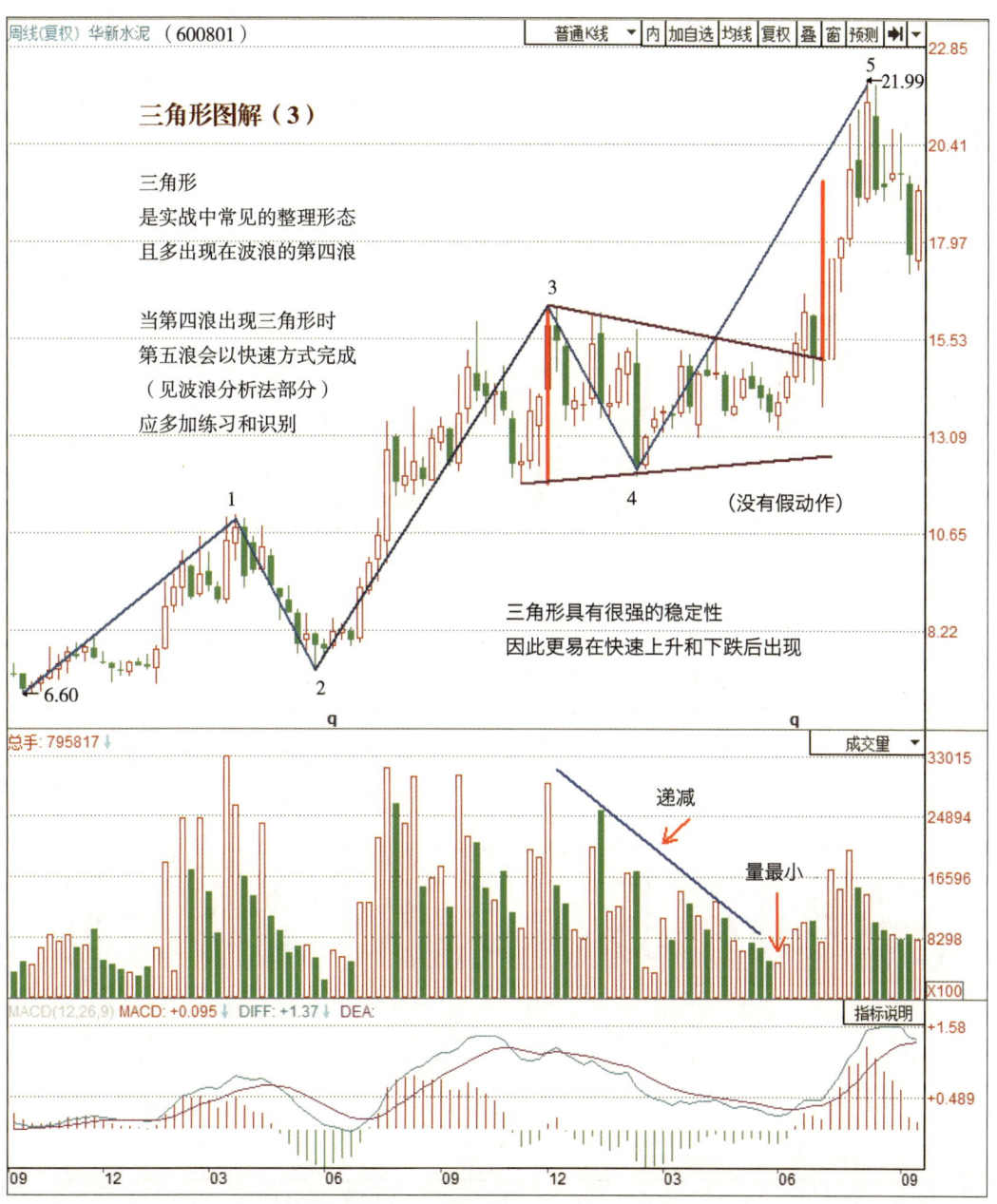

Chapter Four
第四章
形态分析法

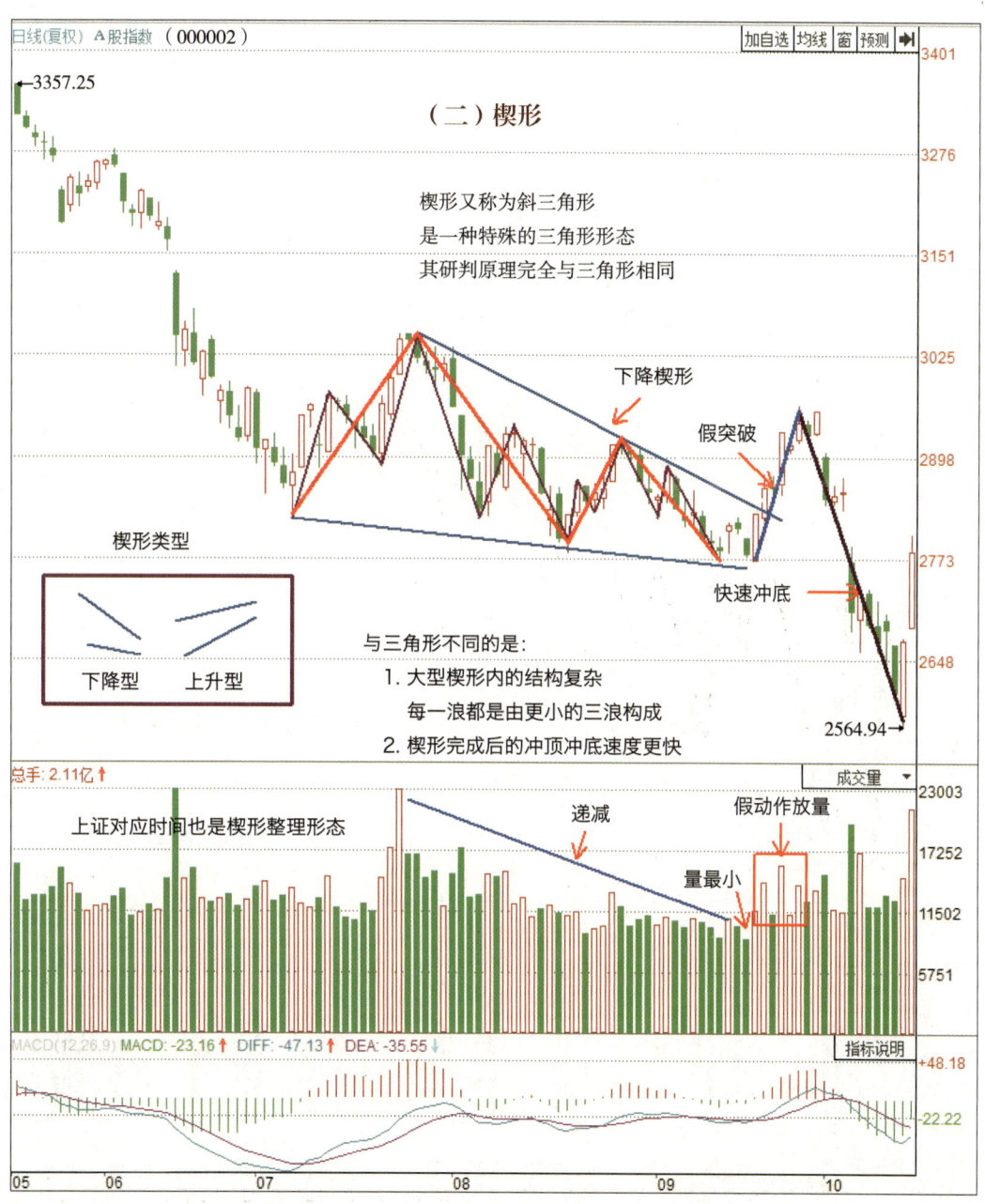

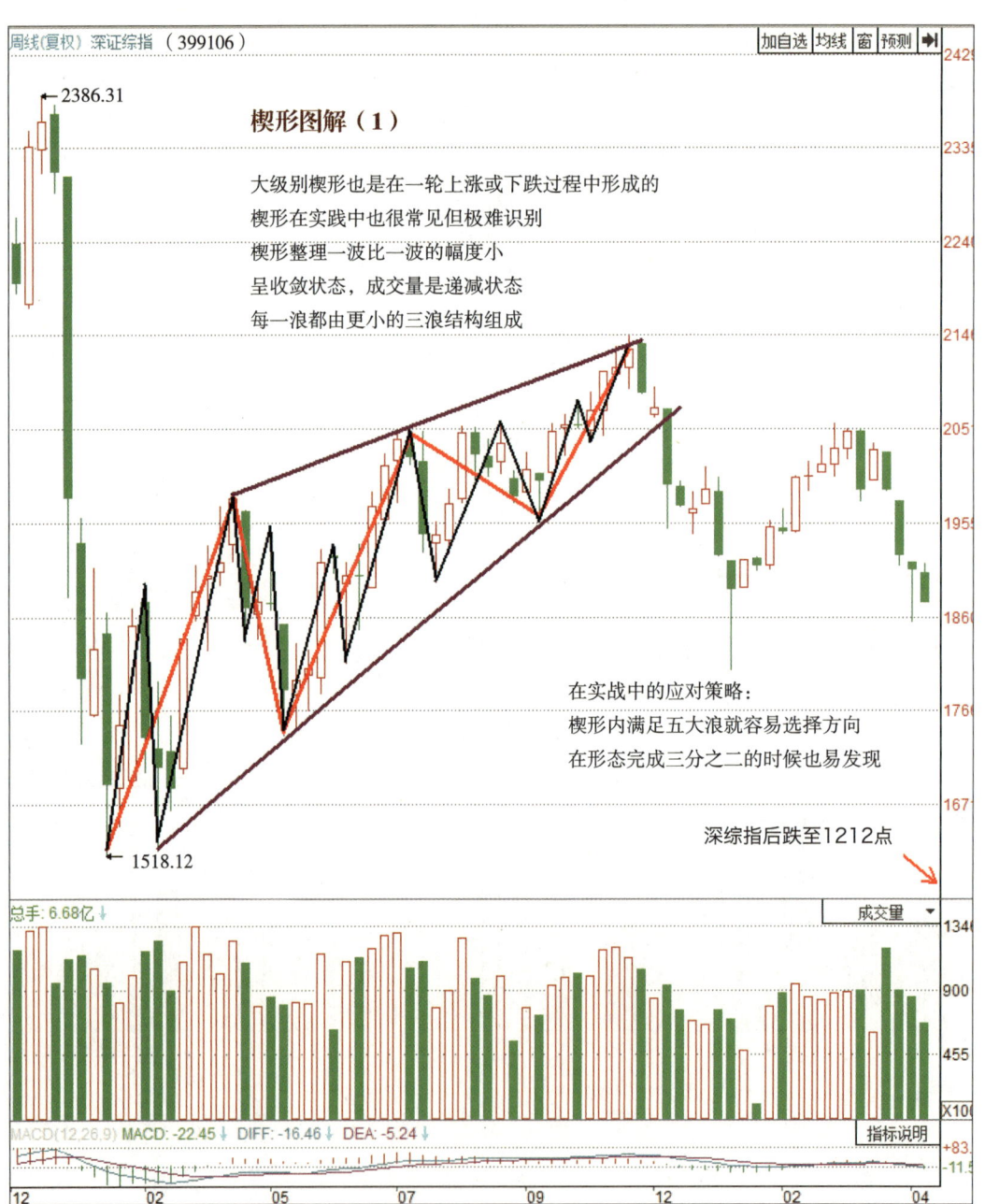

Chapter Four

第四章 形态分析法

形态分析法

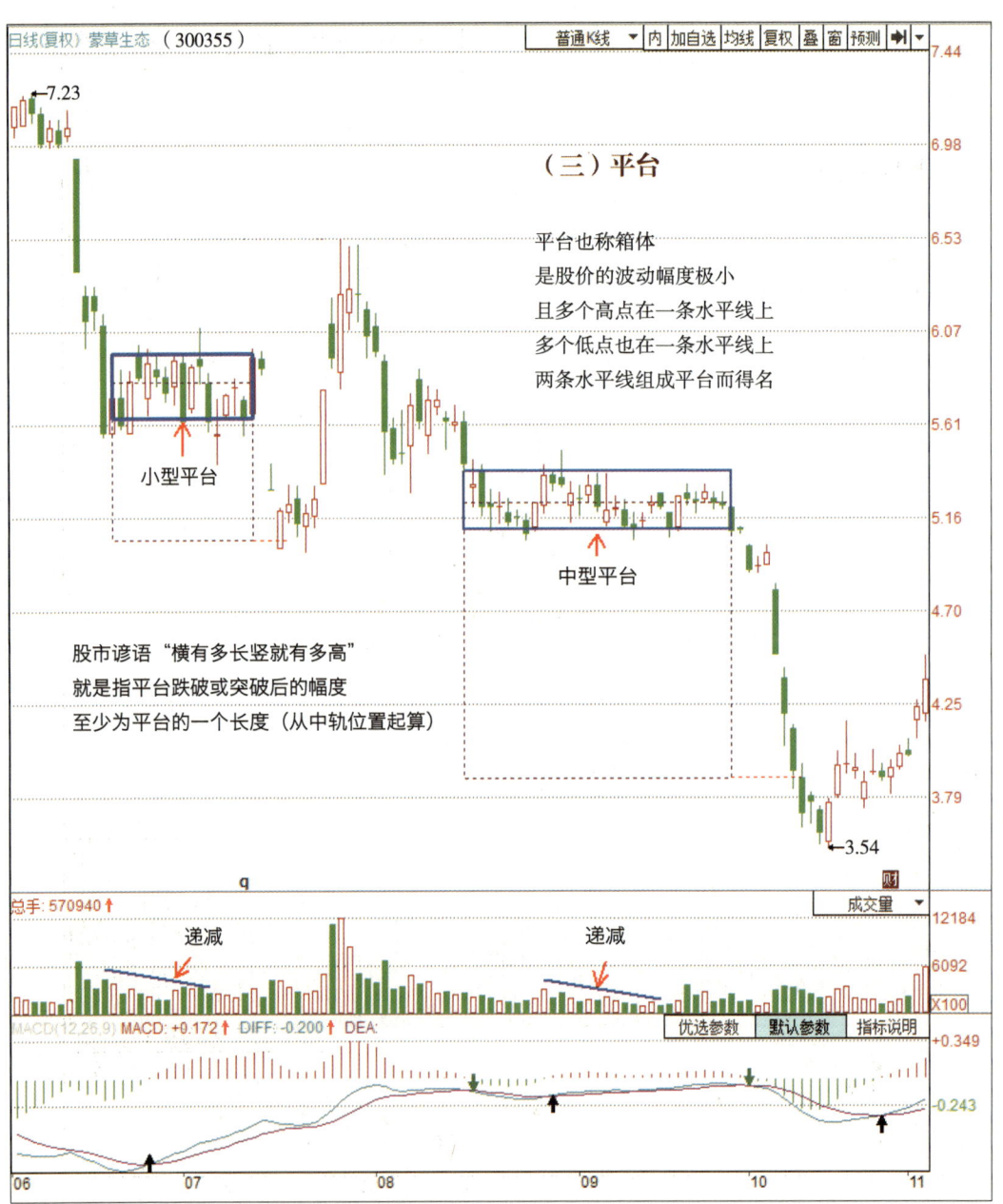

Chapter Four

第四章 形态分析法

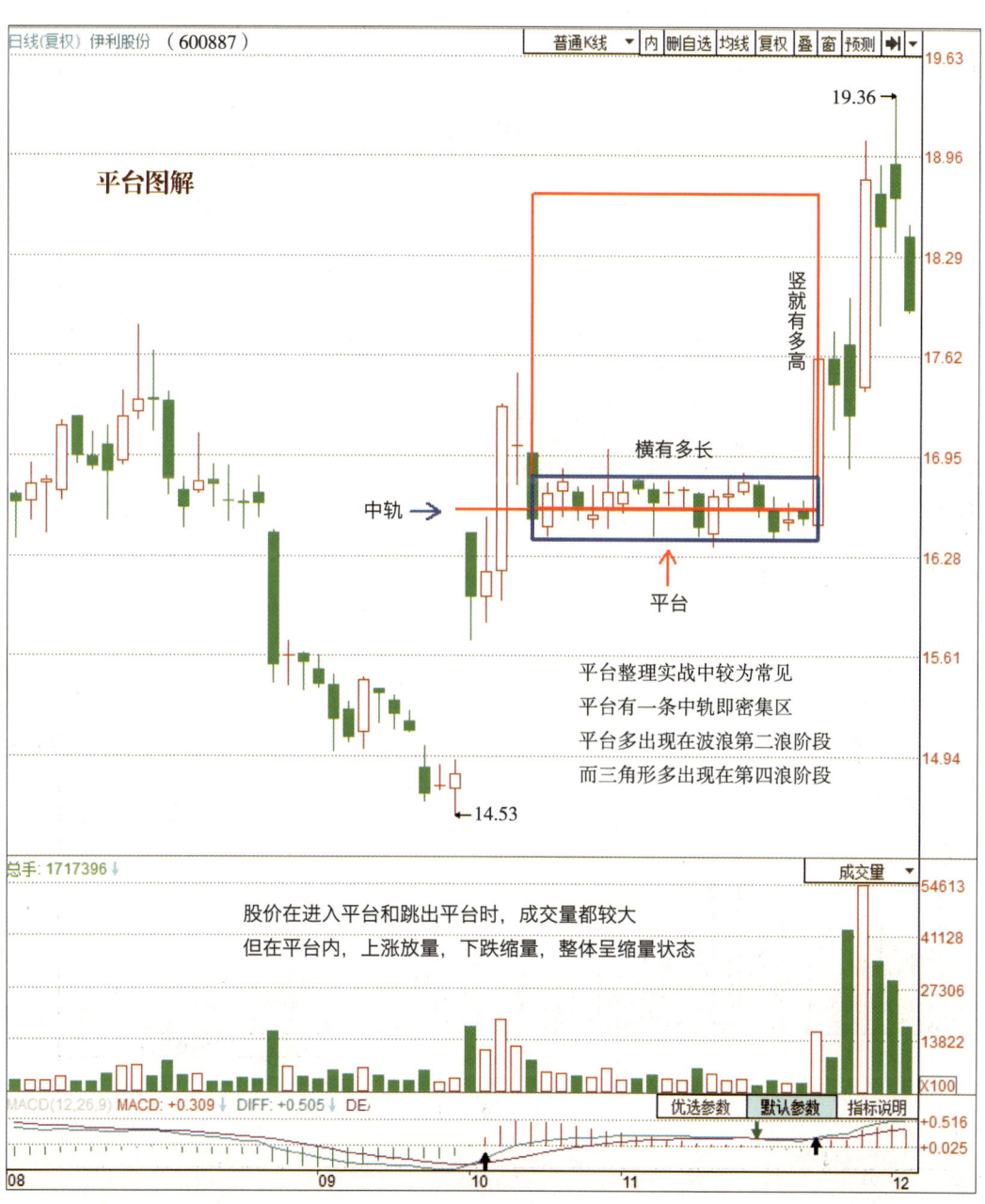

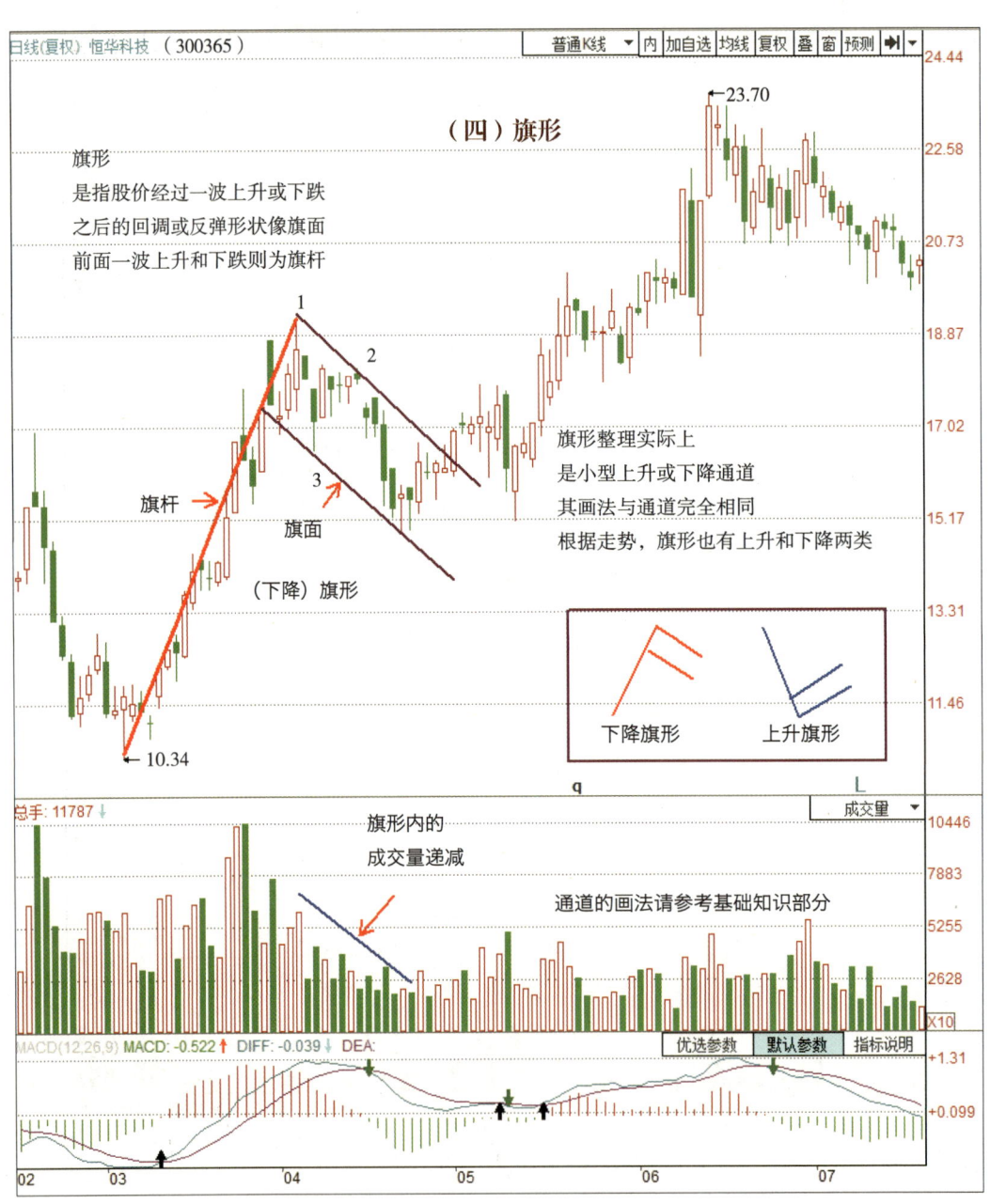

Chapter Four

第四章
形态分析法

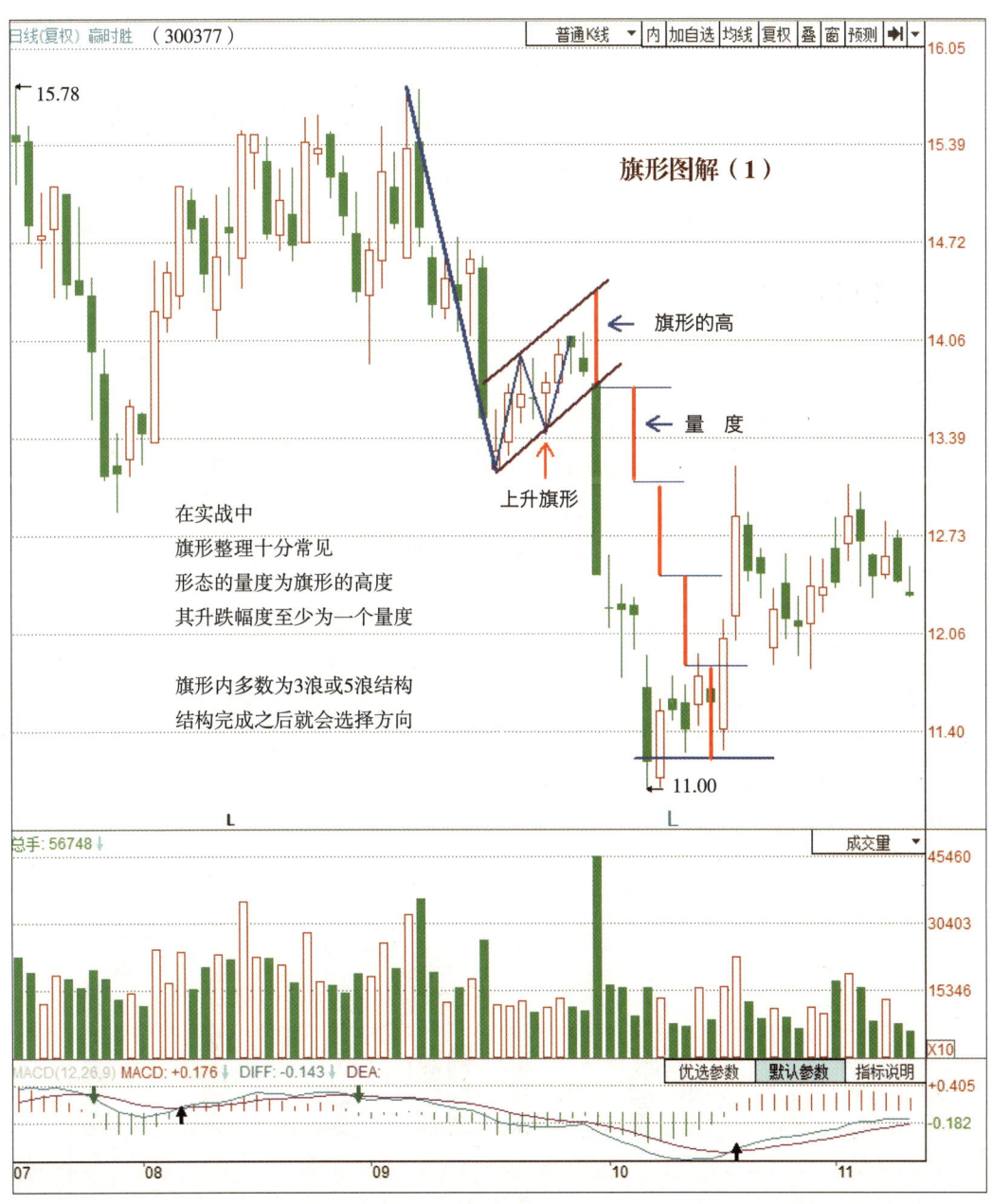

旗形图解（1）

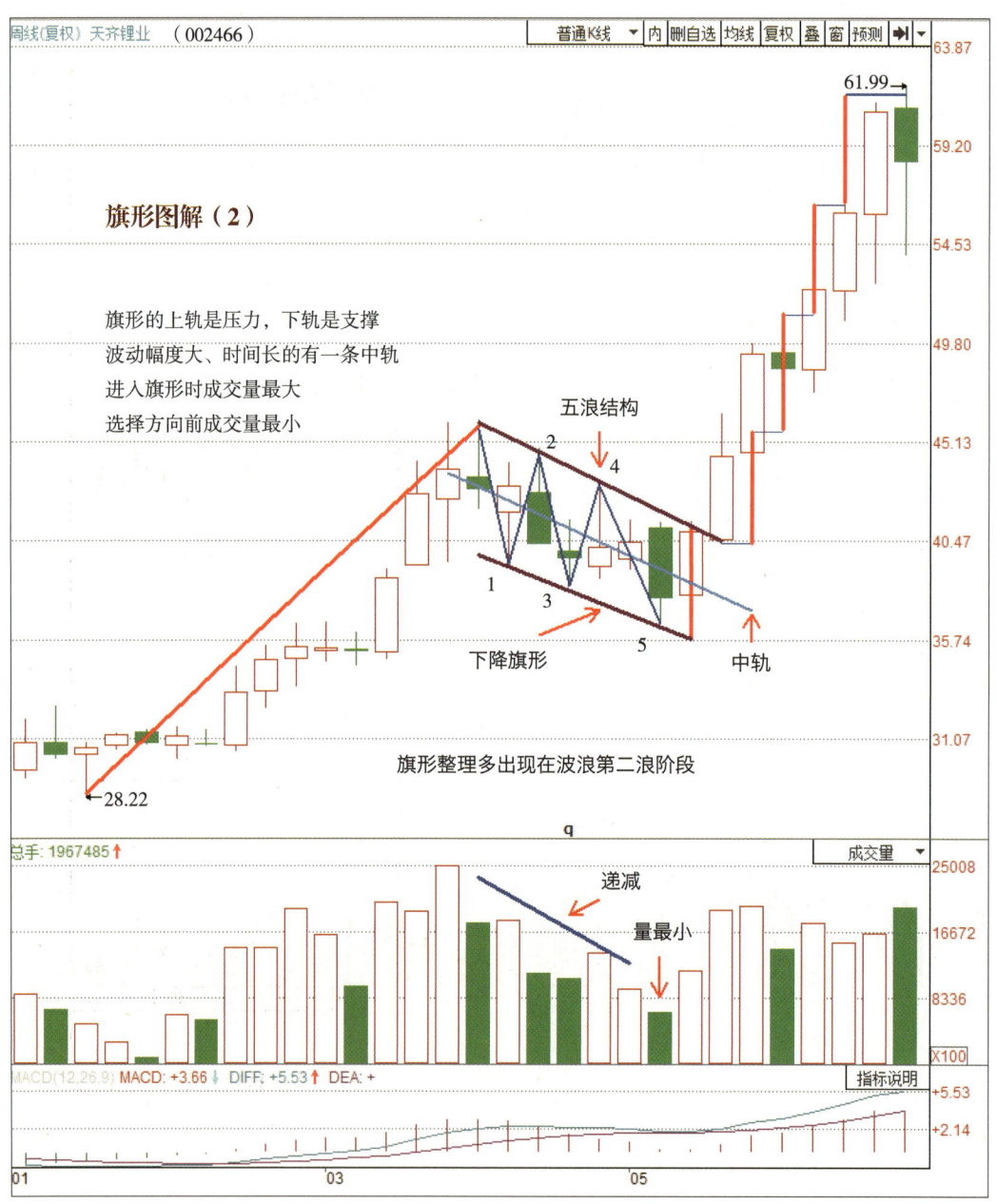

第三节 底部形态

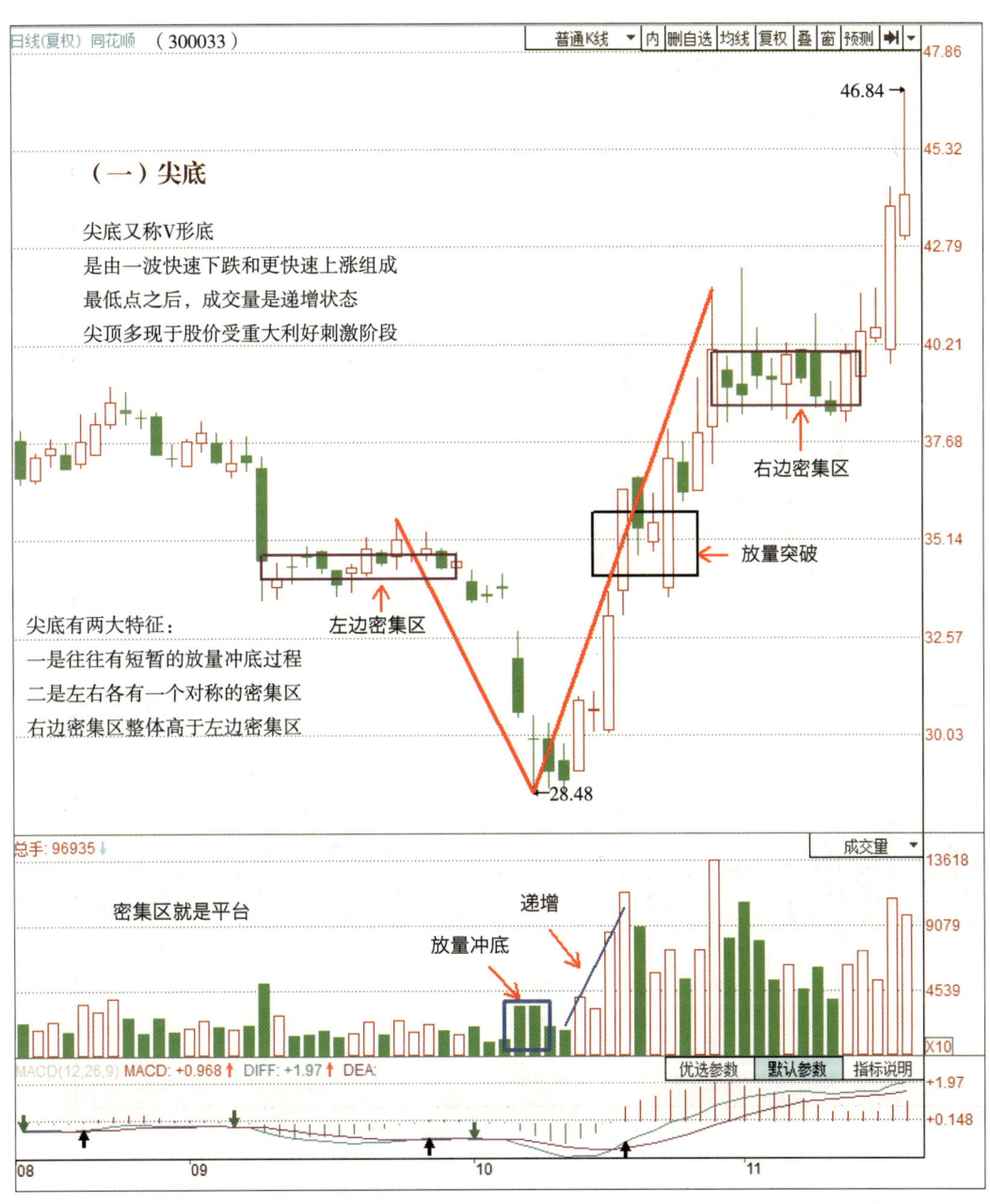

Chapter Four

第四章 形态分析法

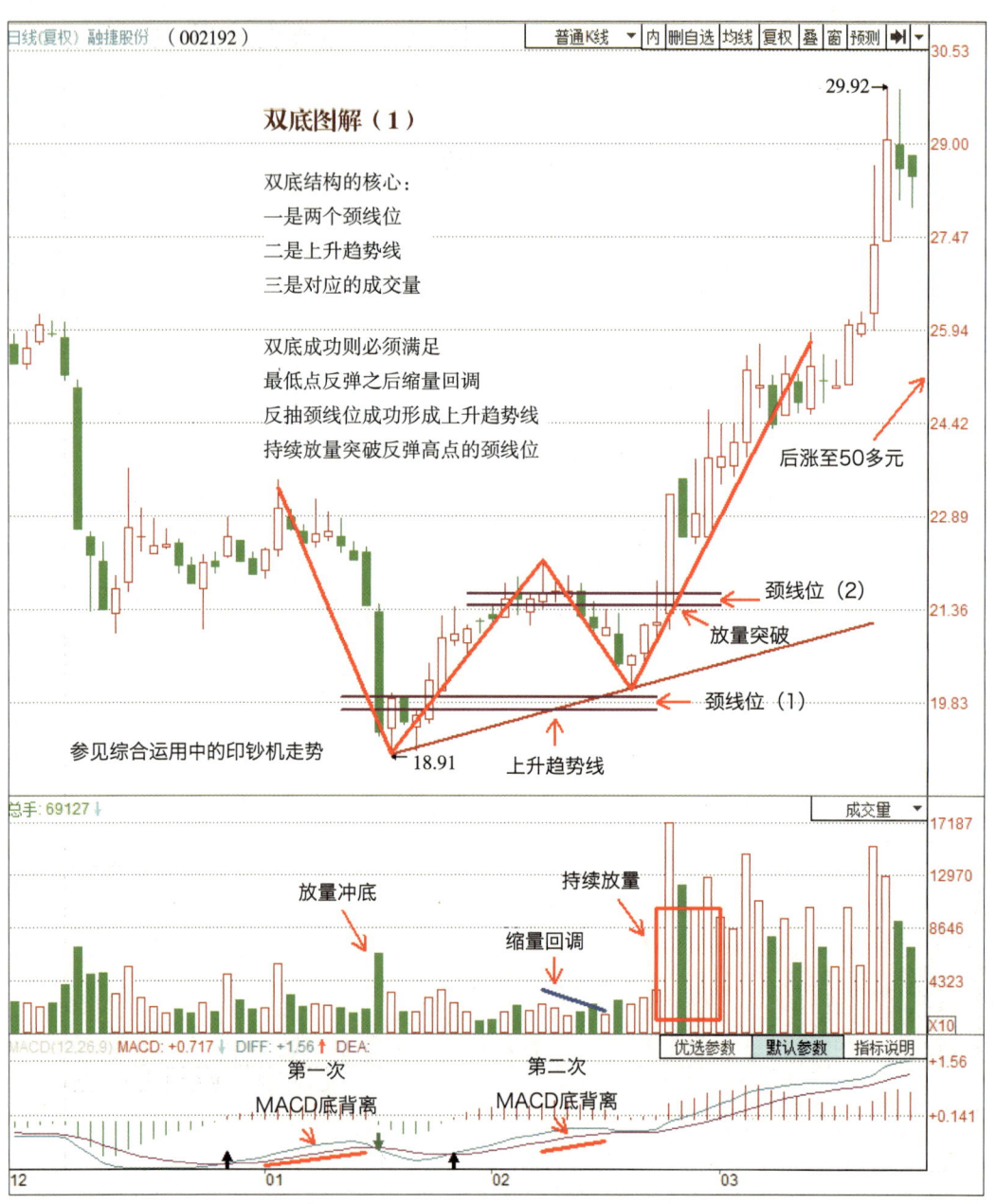

Chapter Four

第四章 形态分析法

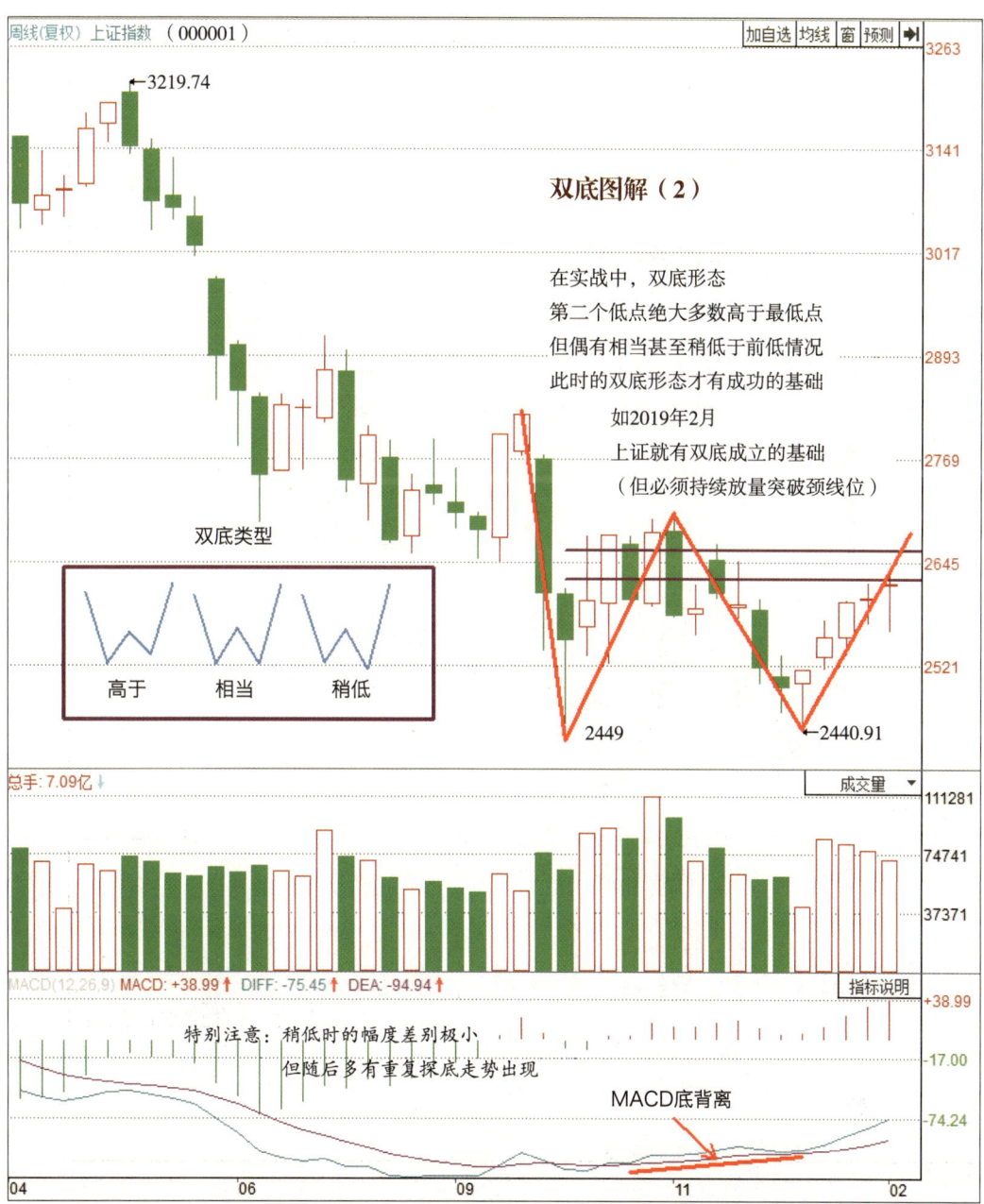

Chapter Four

第四章 形态分析法

（三）头肩底

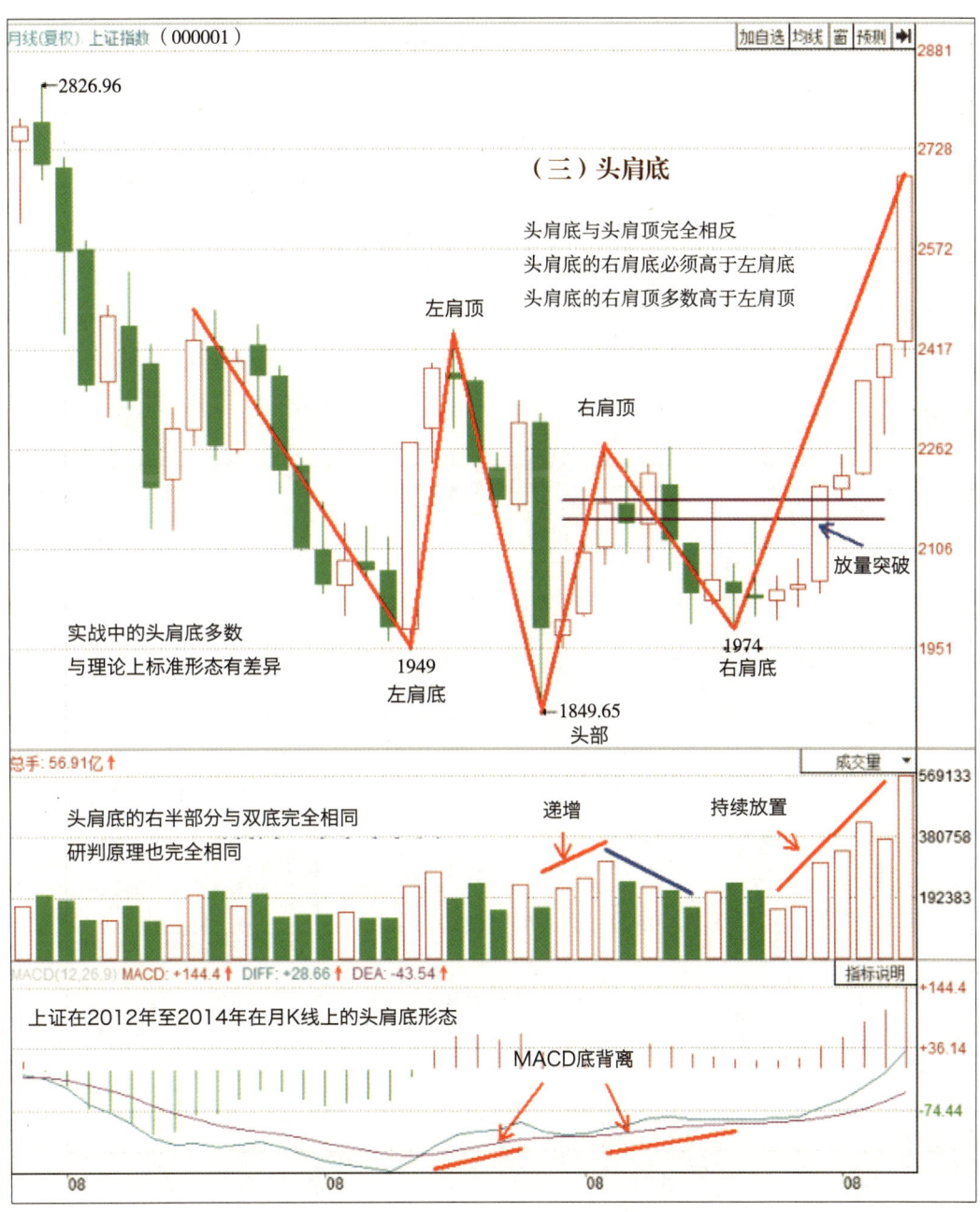

上证在2012年至2014年在月K线上的头肩底形态

形态分析法

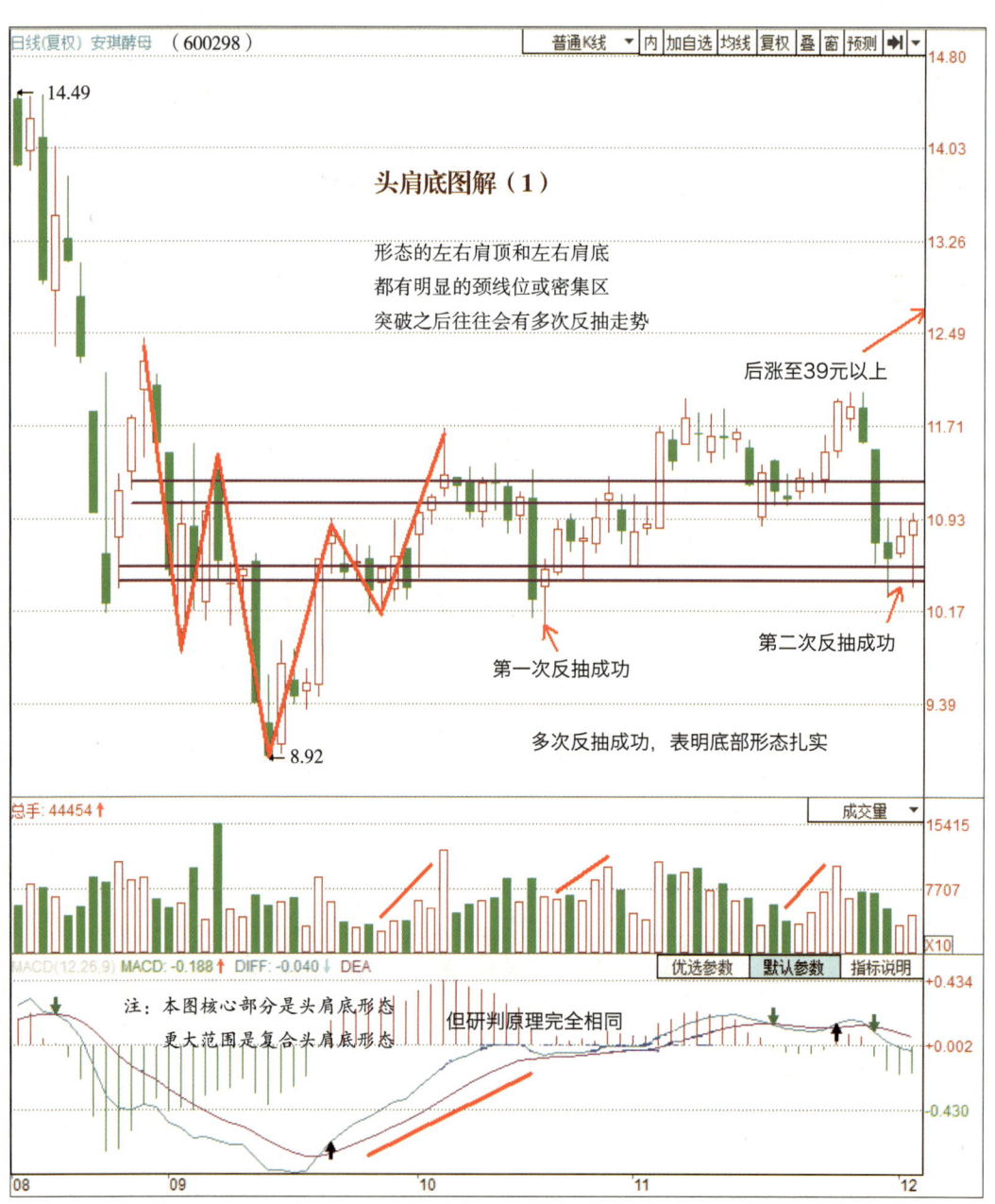

Chapter Four 第四章 形态分析法

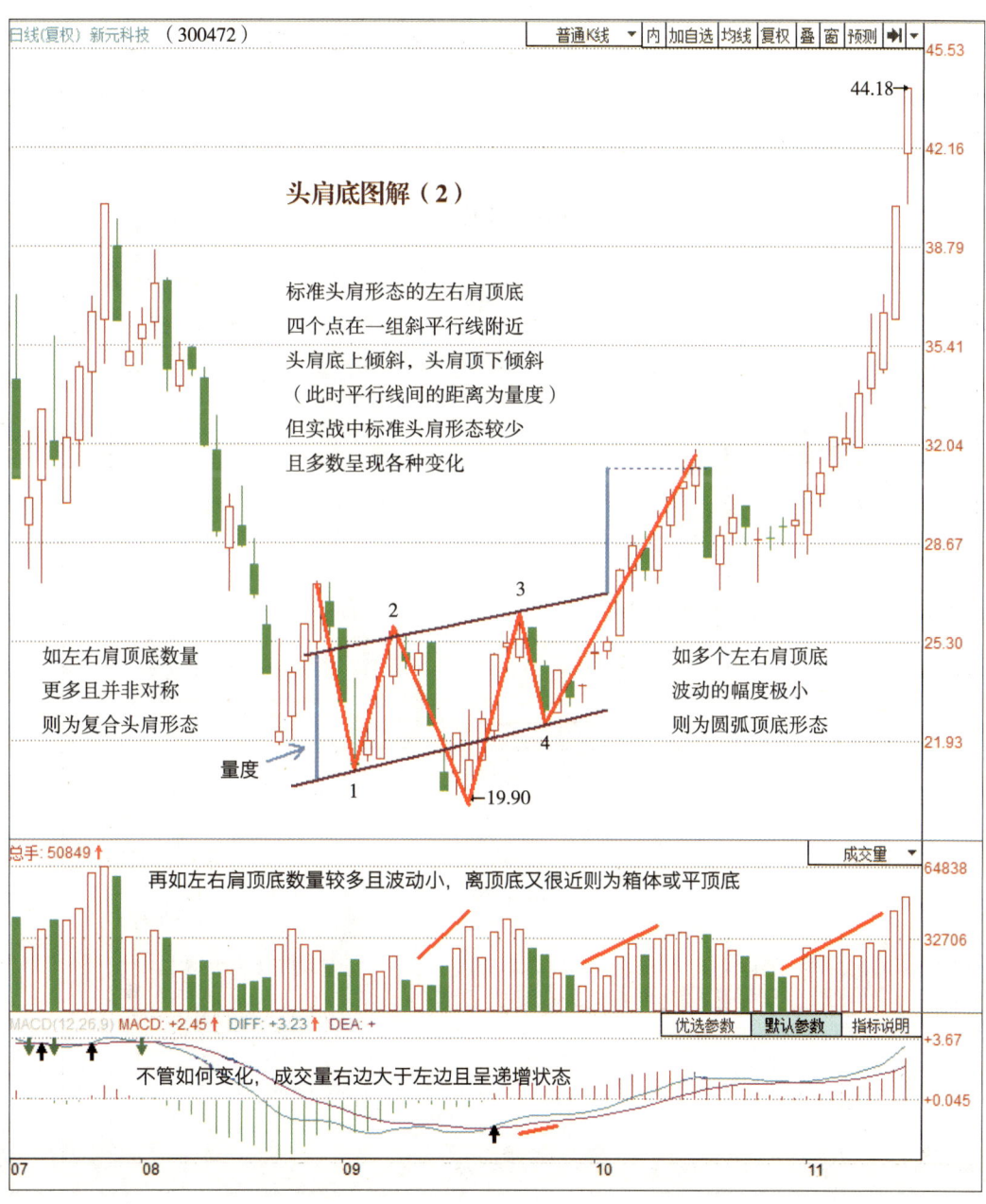

第四章 形态分析法

（五）坑形底

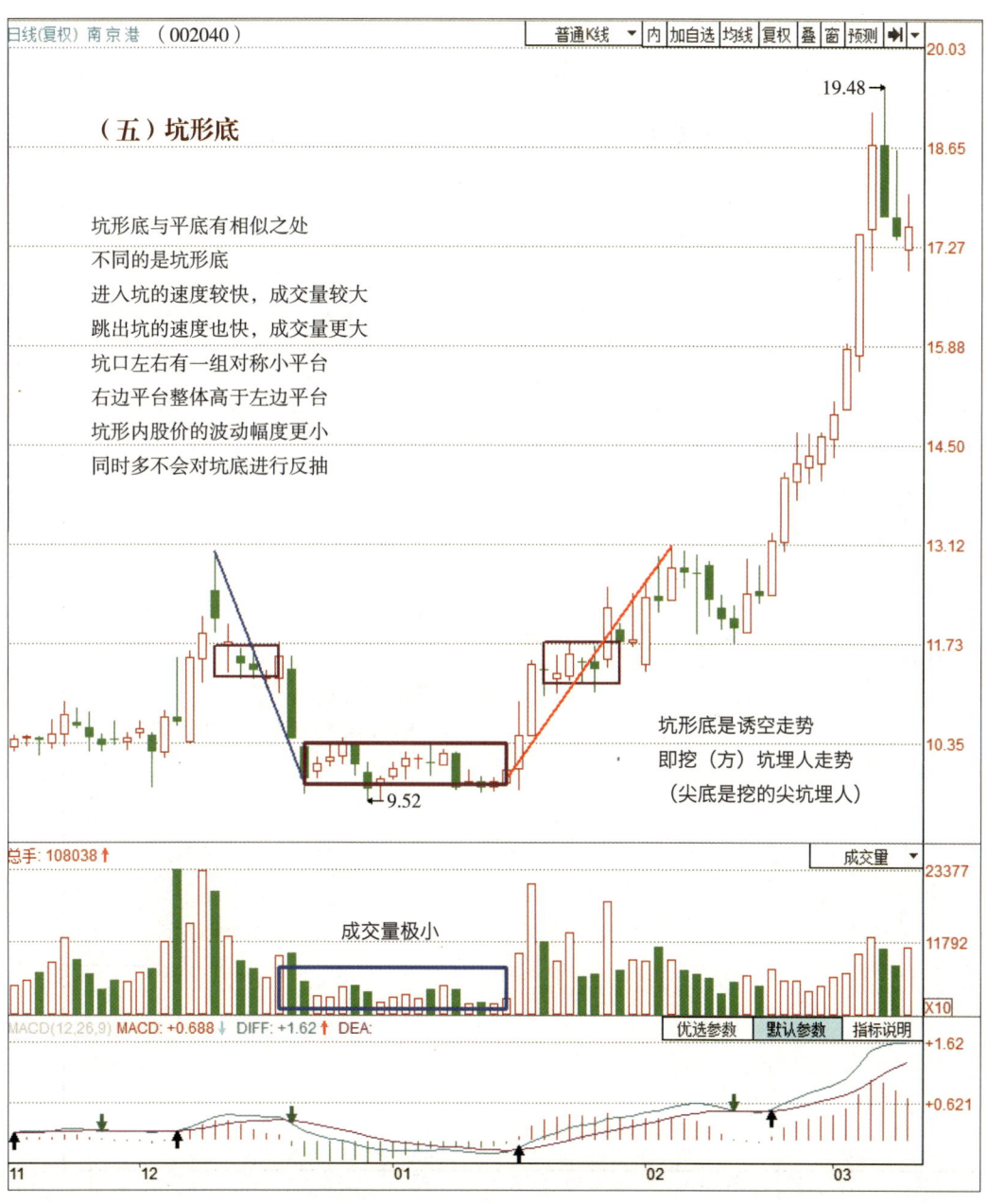

坑形底与平底有相似之处
不同的是坑形底
进入坑的速度较快，成交量较大
跳出坑的速度也快，成交量更大
坑口左右有一组对称小平台
右边平台整体高于左边平台
坑形内股价的波动幅度更小
同时多不会对坑底进行反抽

坑形底是诱空走势
即挖（方）坑埋人走势
（尖底是挖的尖坑埋人）

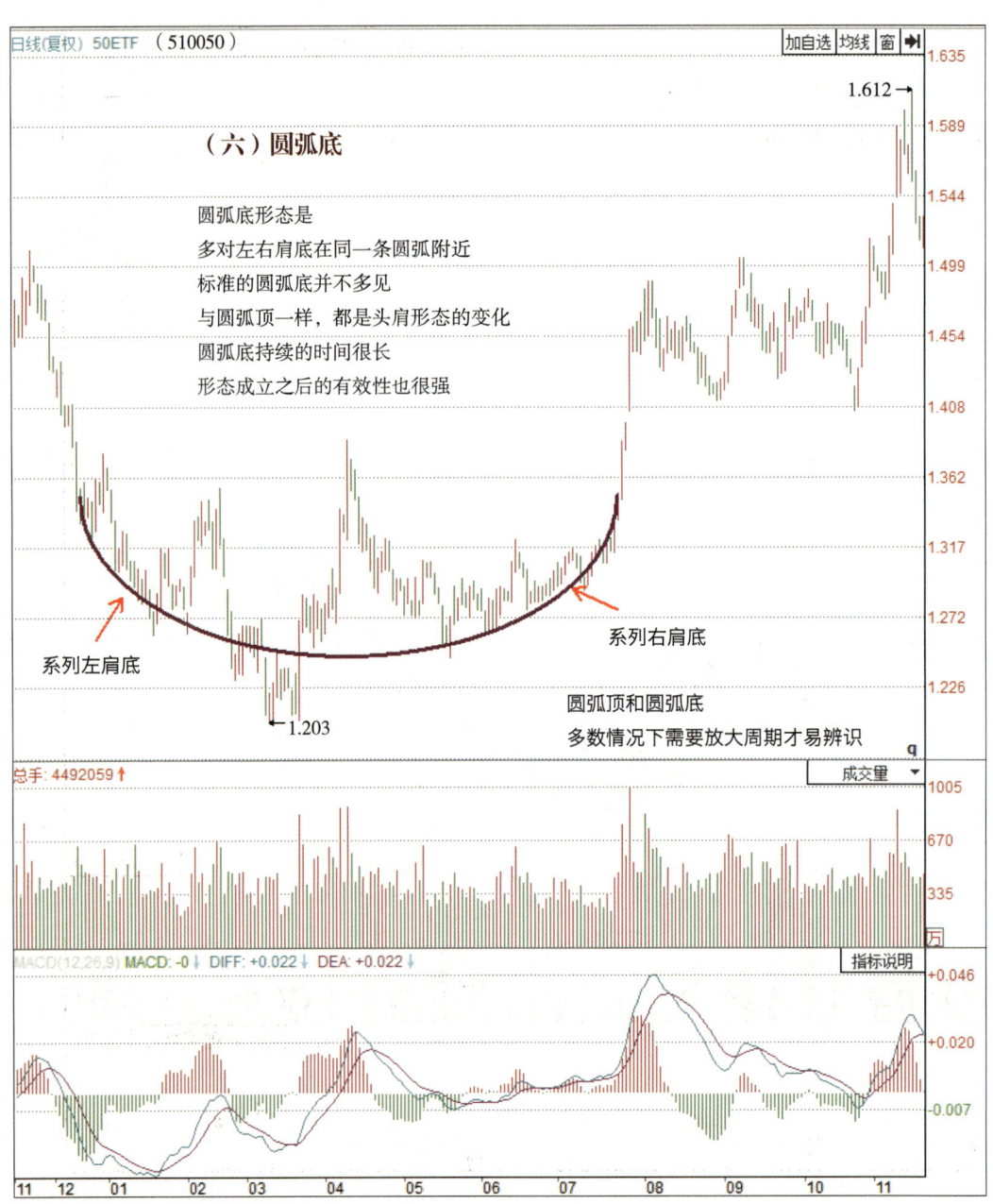

Chapter Four

第四章 形态分析法

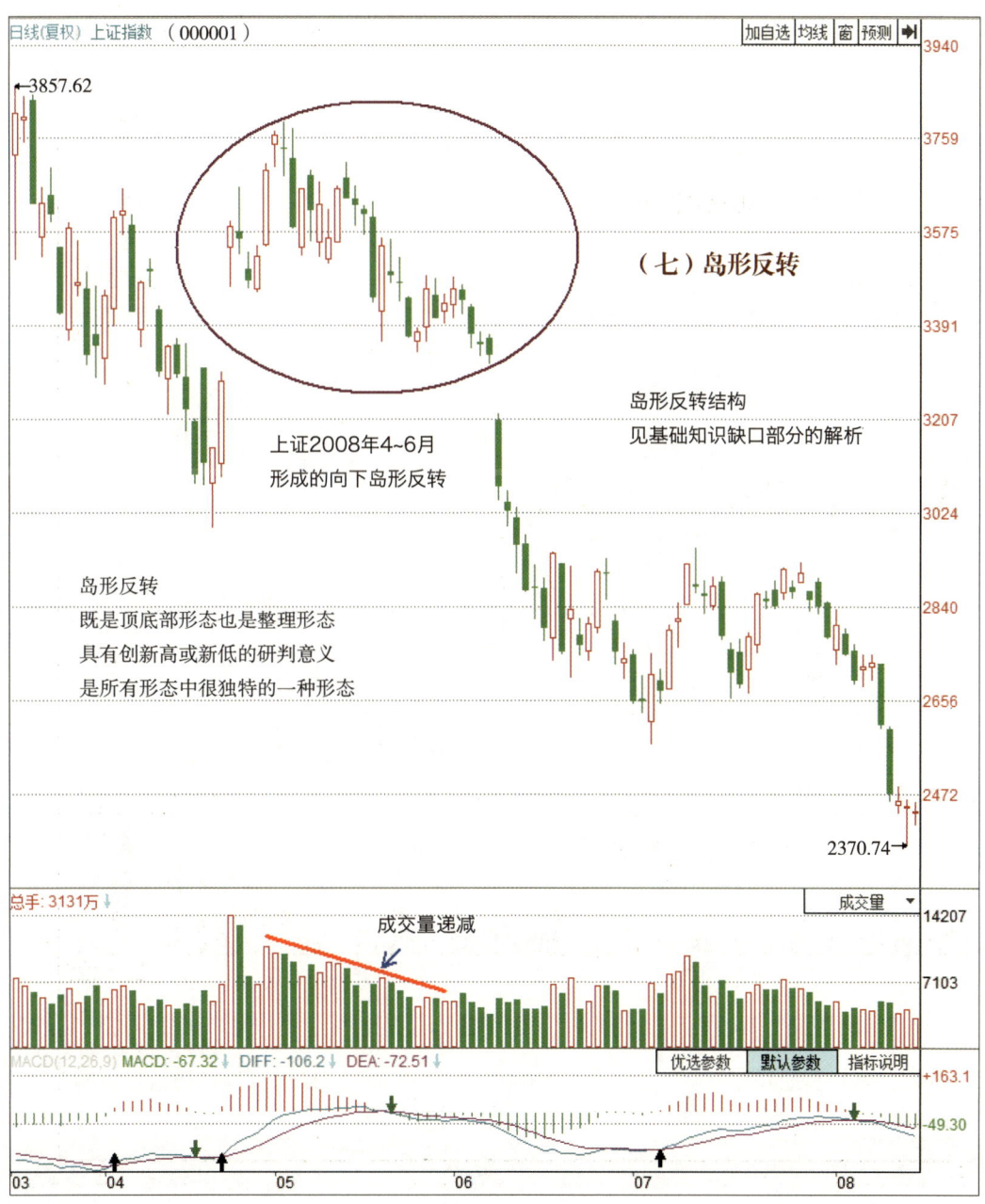

（七）岛形反转

岛形反转结构
见基础知识缺口部分的解析

上证2008年4~6月
形成的向下岛形反转

岛形反转
既是顶底部形态也是整理形态
具有创新高或新低的研判意义
是所有形态中很独特的一种形态

成交量递减

四 形态分析法

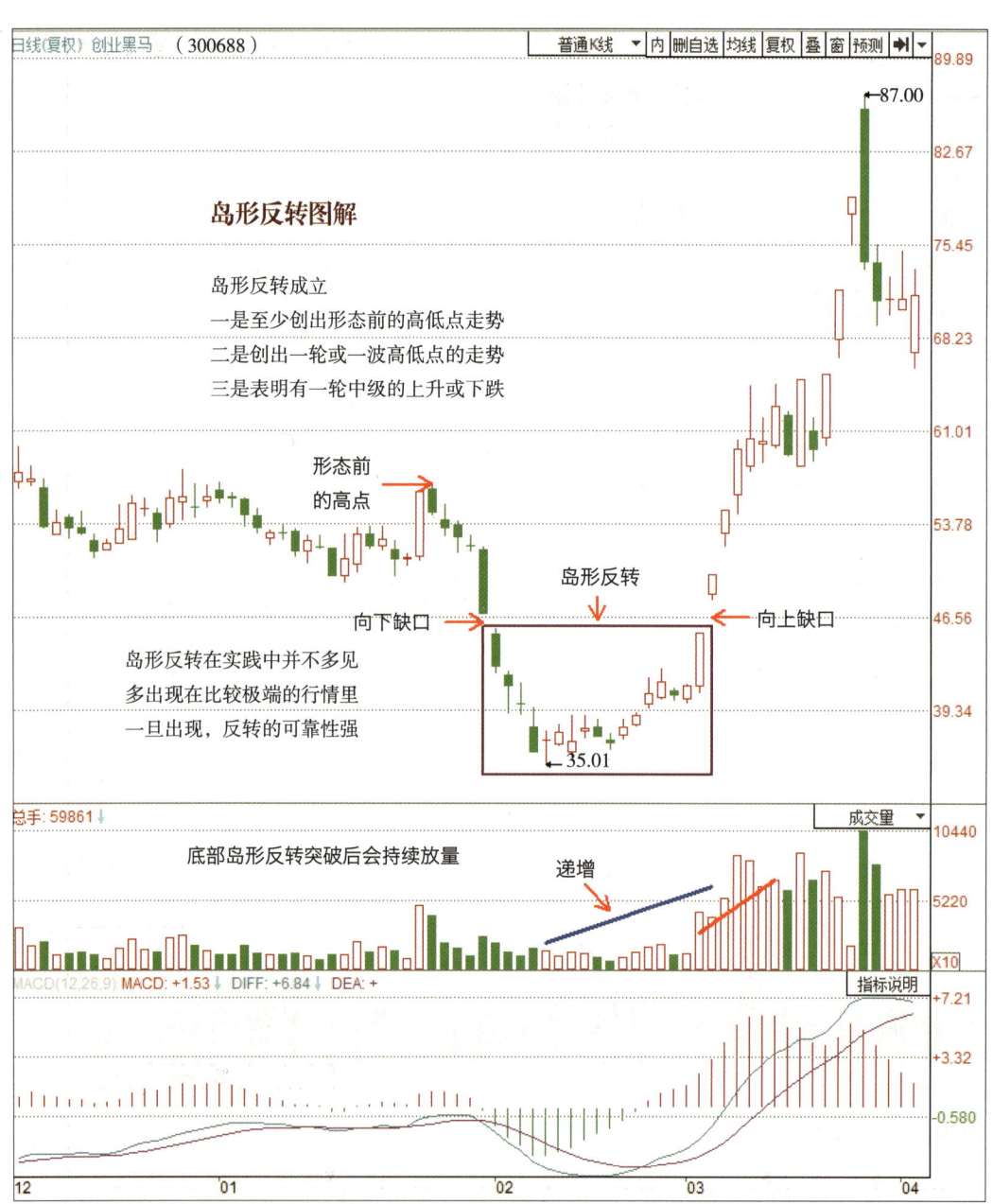

Chapter Four 第四章 形态分析法

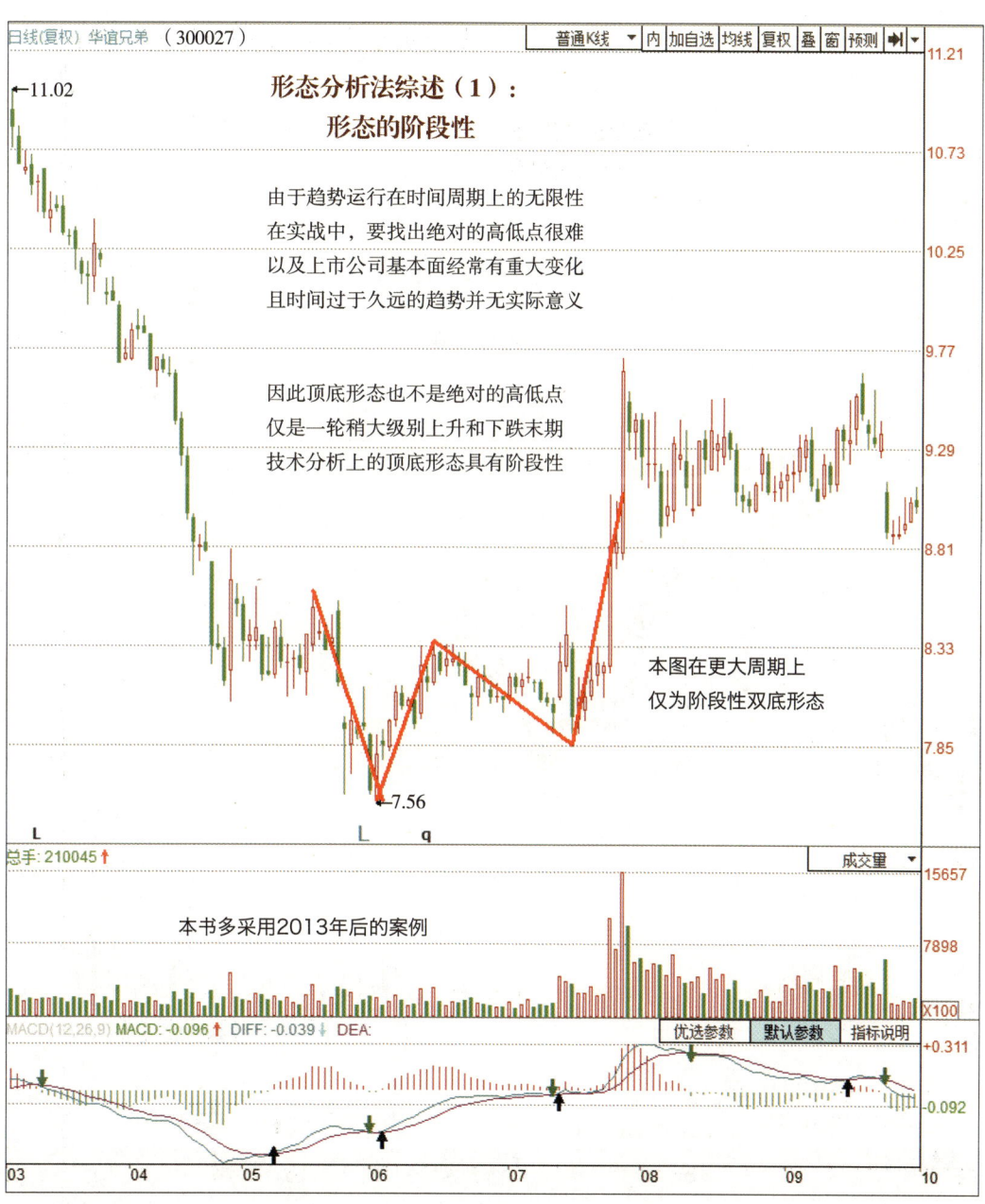

形态分析法综述（1）：
形态的阶段性

由于趋势运行在时间周期上的无限性
在实战中，要找出绝对的高低点很难
以及上市公司基本面经常有重大变化
且时间过于久远的趋势并无实际意义

因此顶底形态也不是绝对的高低点
仅是一轮稍大级别上升和下跌末期
技术分析上的顶底形态具有阶段性

本图在更大周期上
仅为阶段性双底形态

本书多采用2013年后的案例

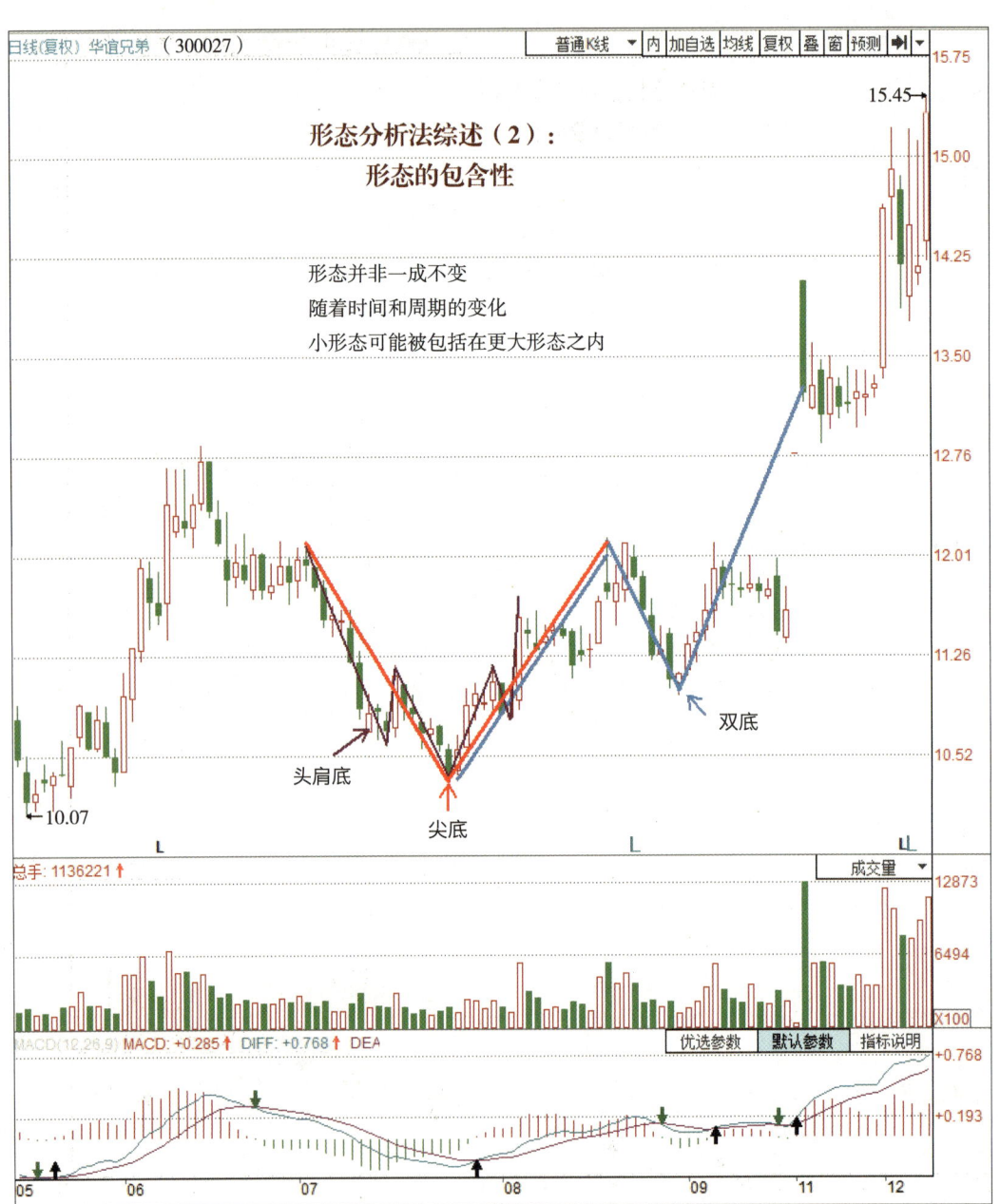

Chapter Four 第四章 形态分析法

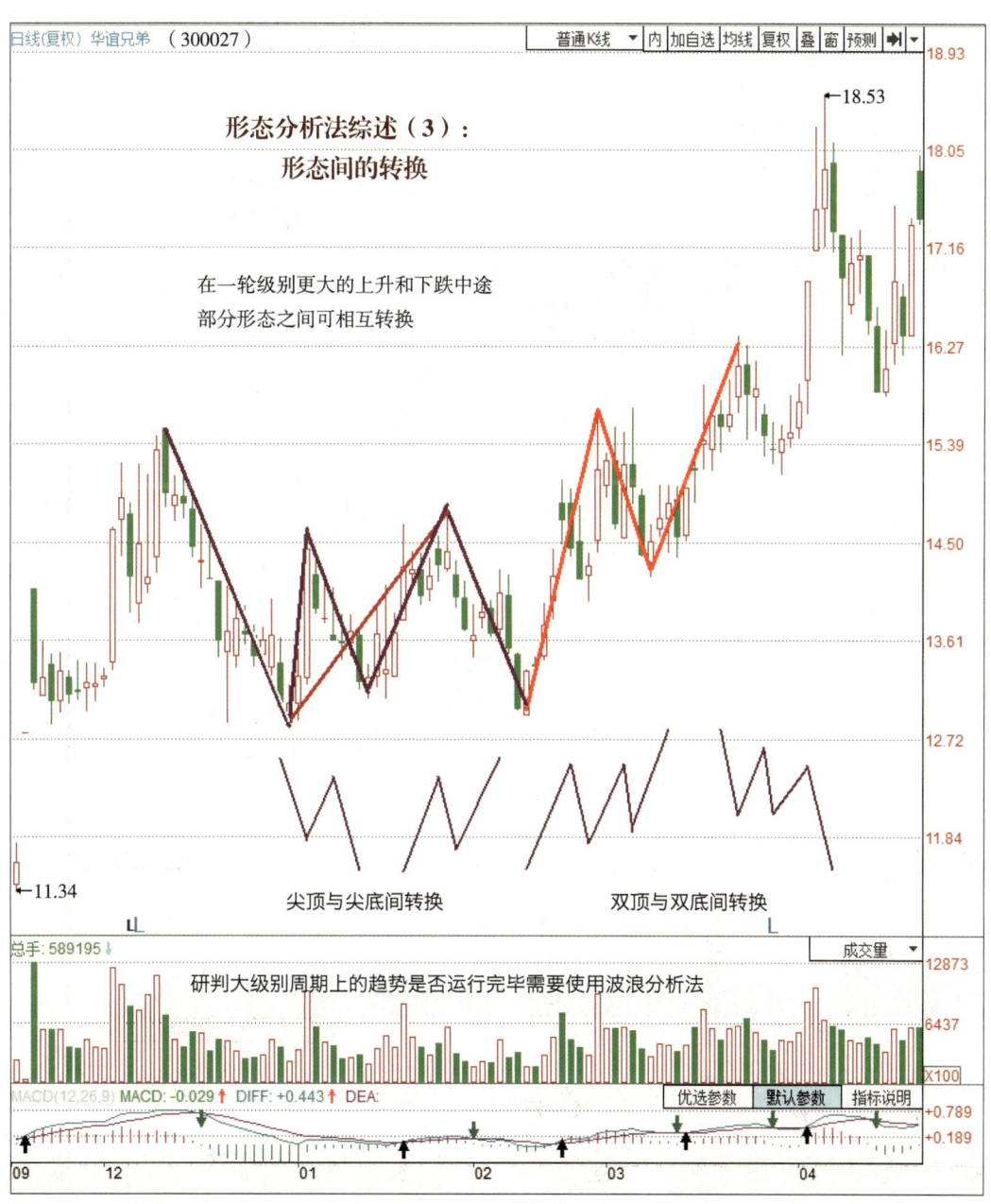

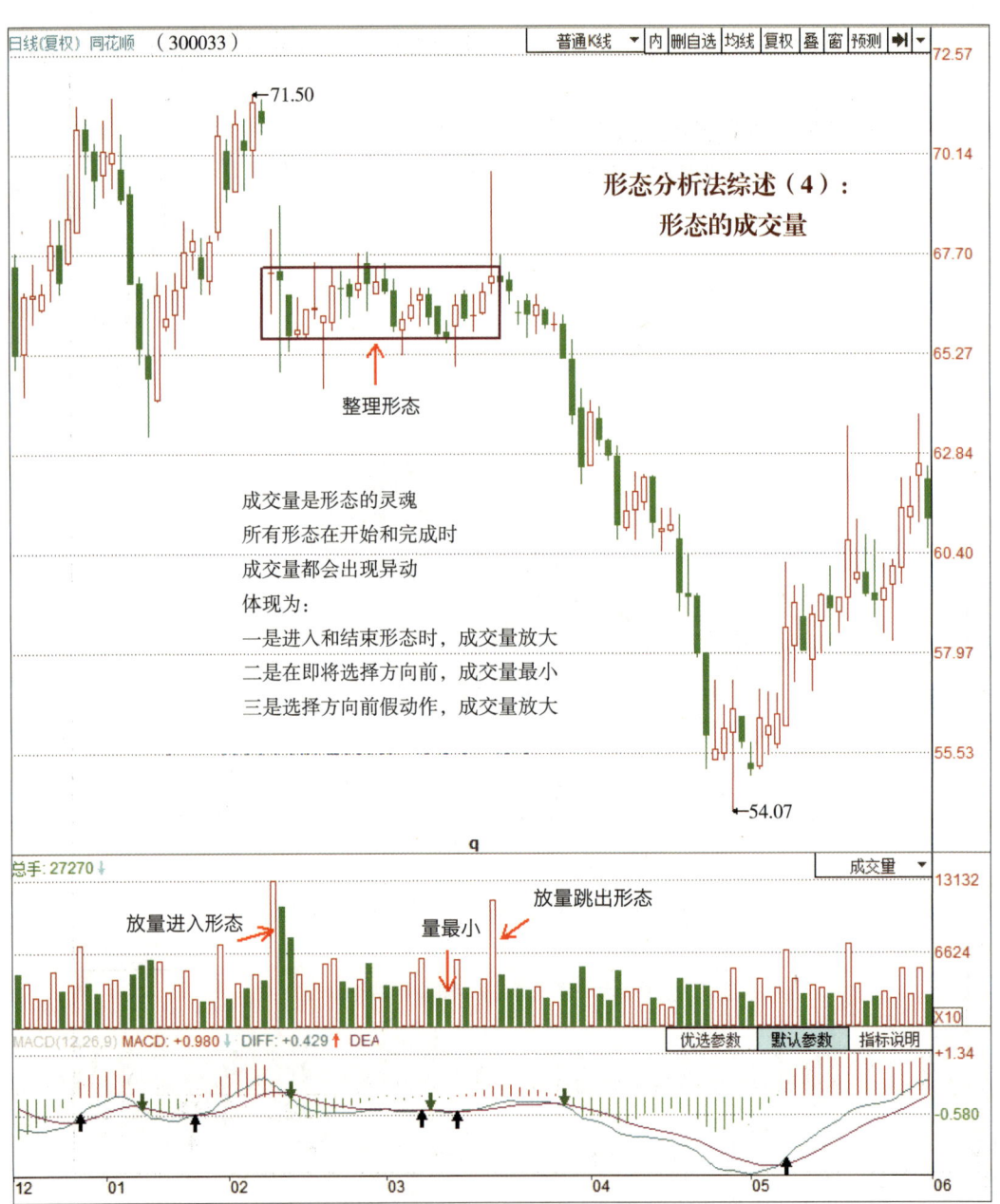

Chapter Four 第四章 形态分析法

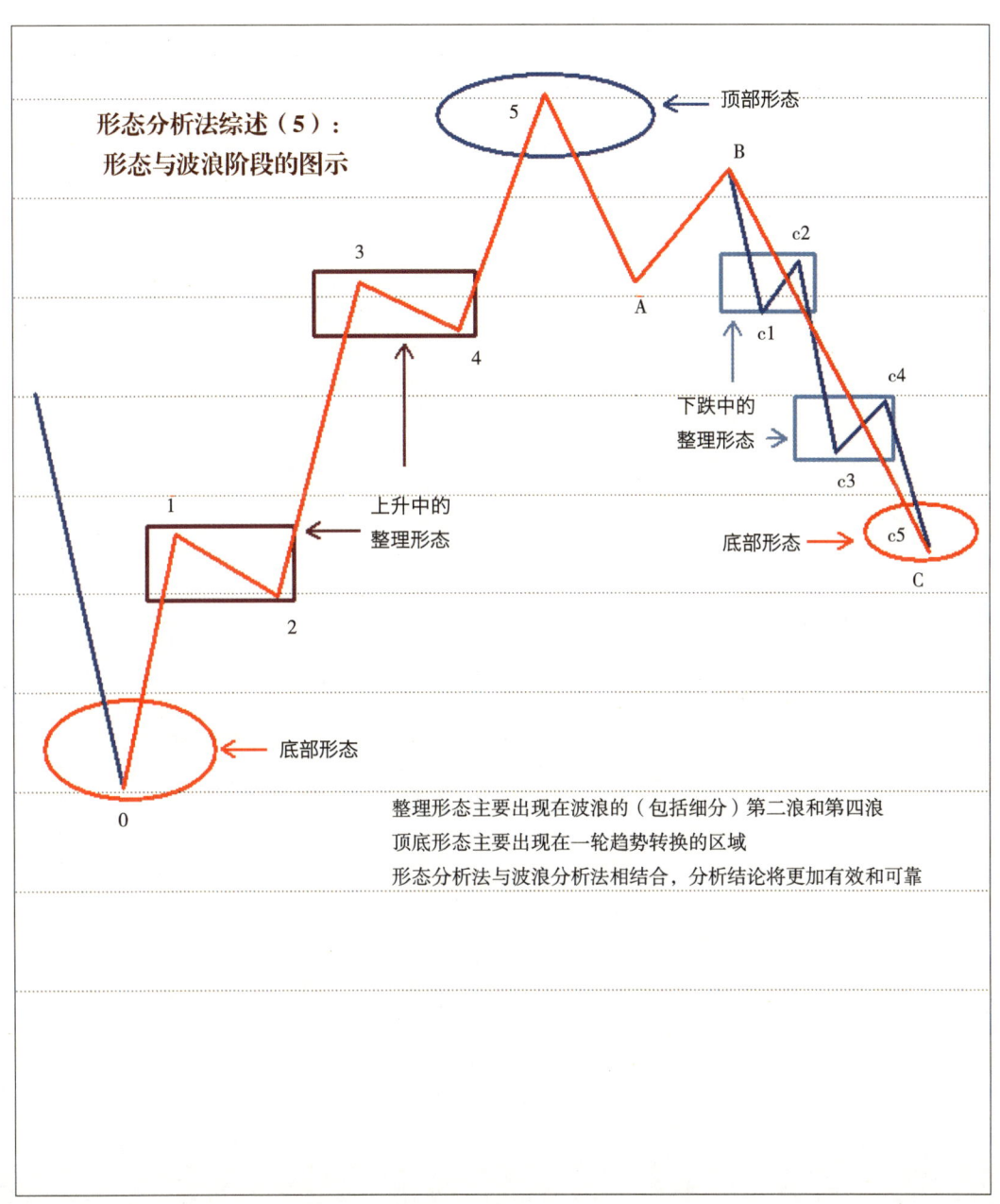

第五章
波浪分析法

Chapter Five

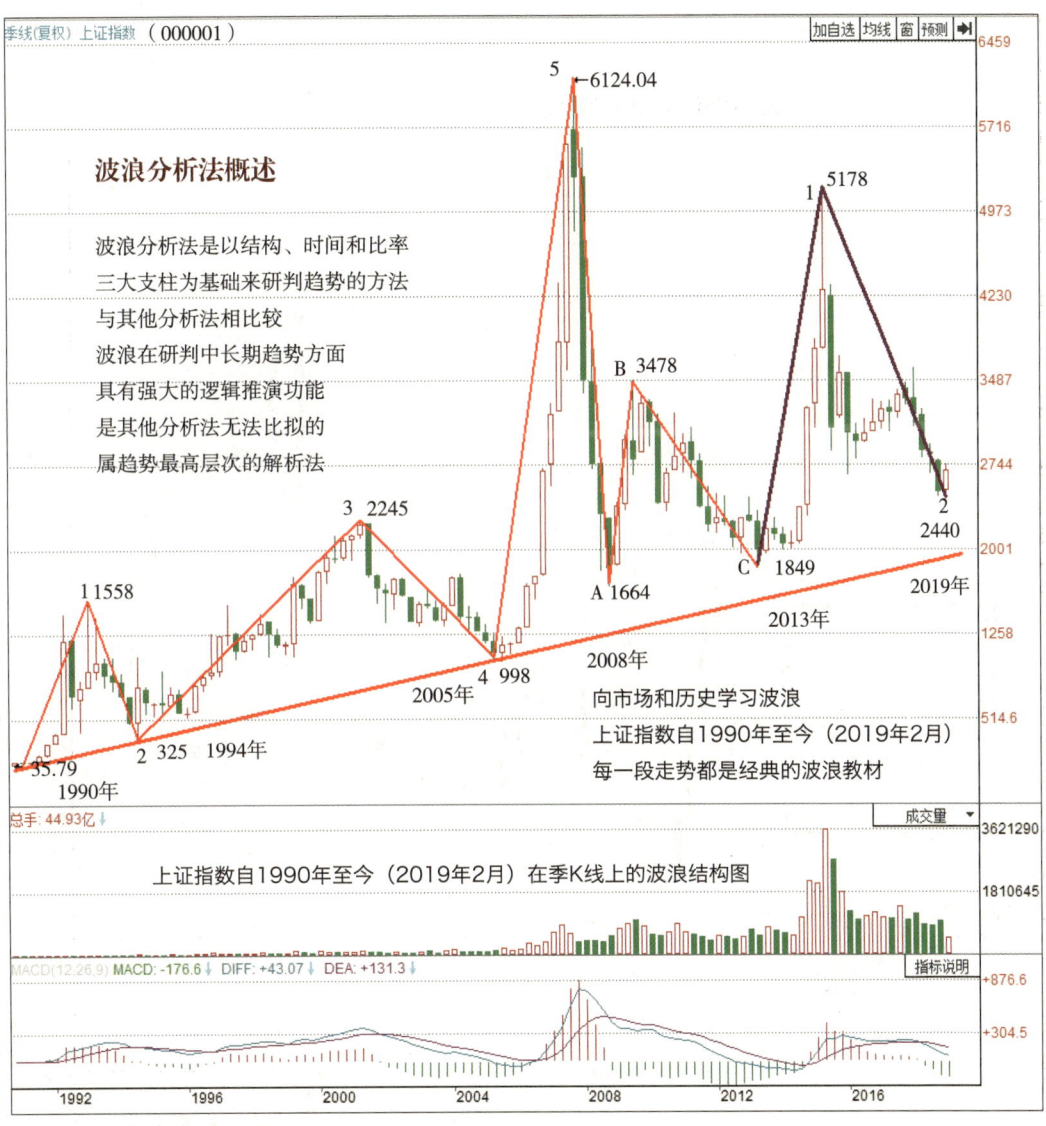

波浪分析法

237

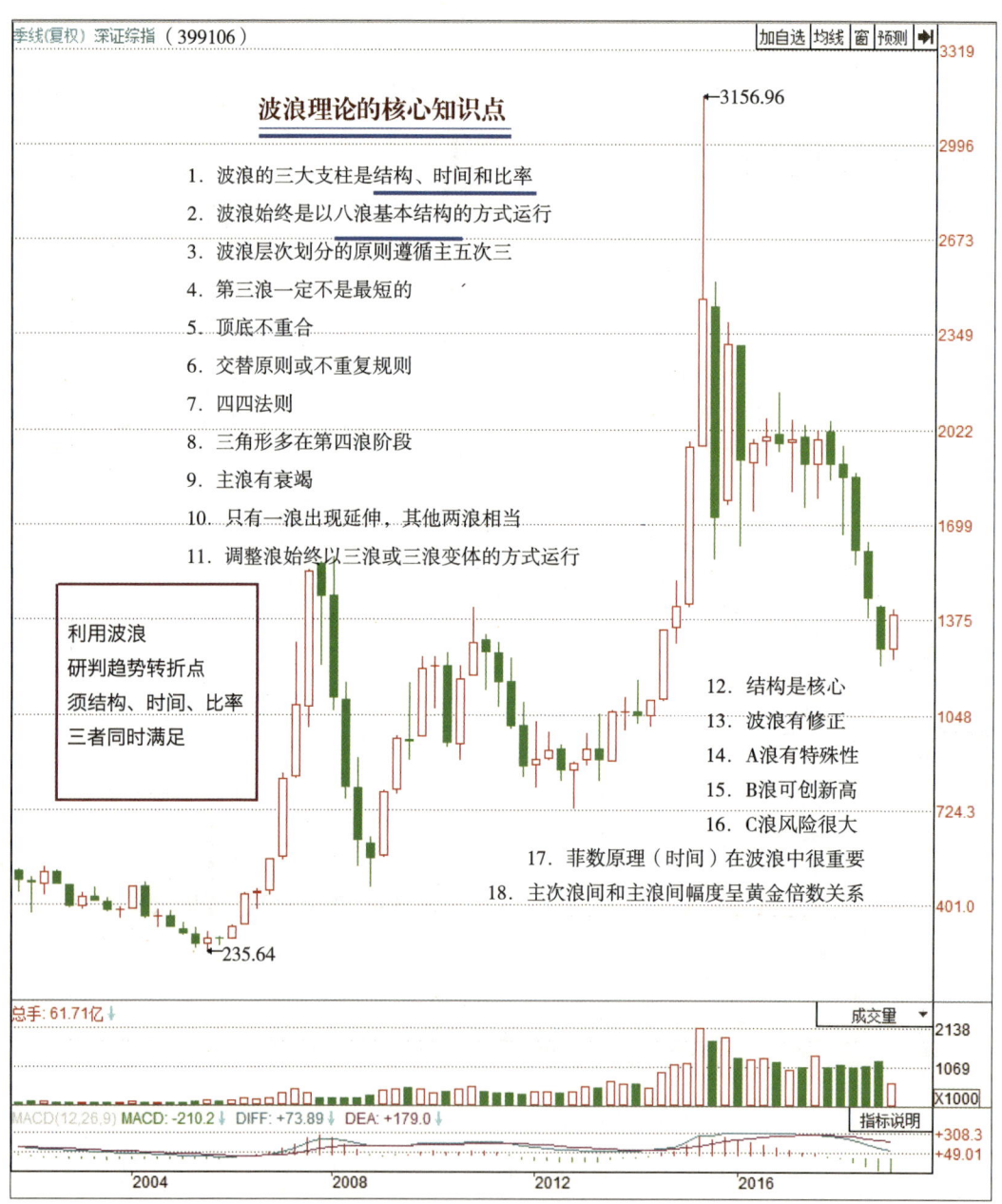

第五章 波浪分析法

第一节 基本概念

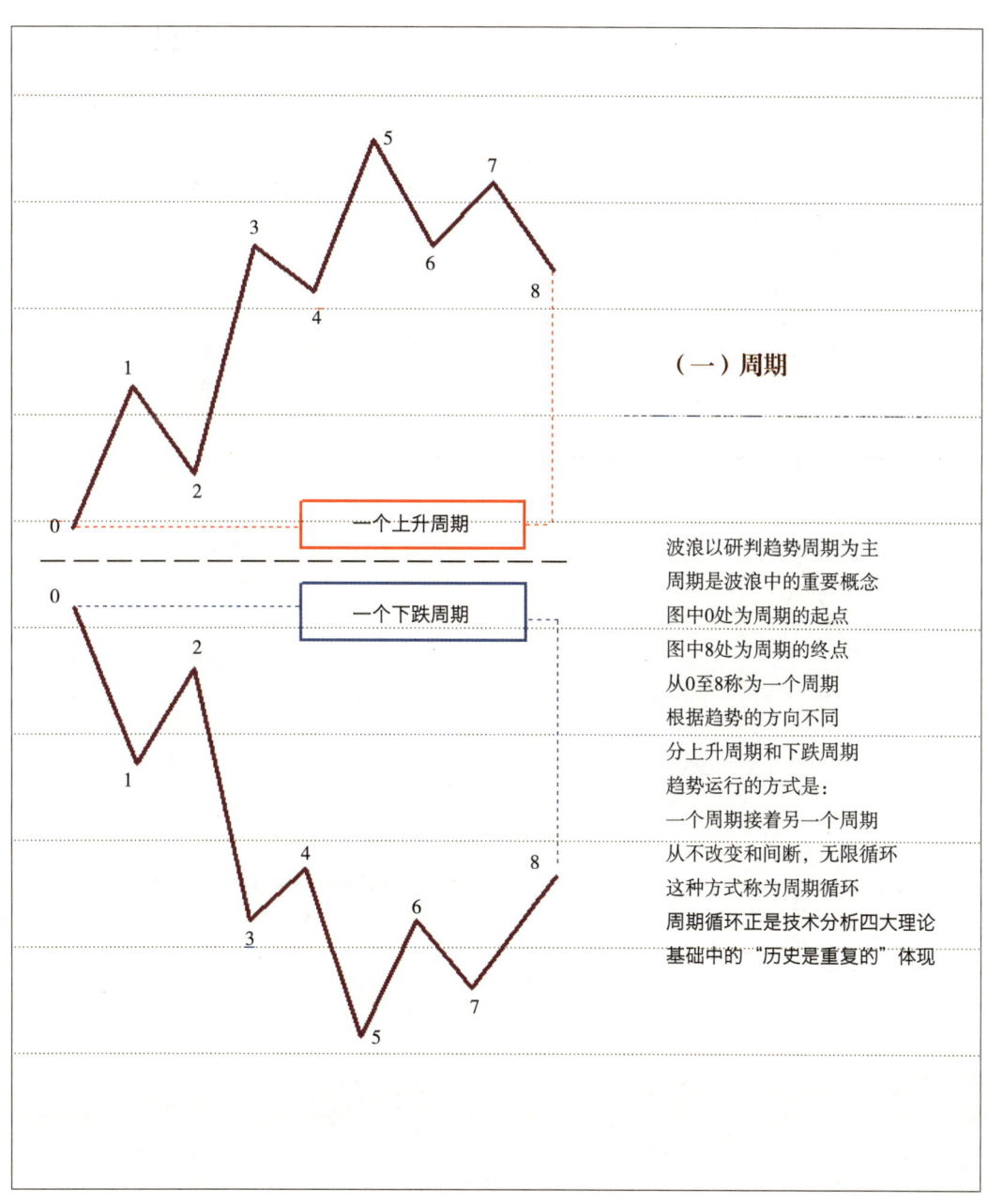

（一）周期

波浪以研判趋势周期为主
周期是波浪中的重要概念
图中0处为周期的起点
图中8处为周期的终点
从0至8称为一个周期
根据趋势的方向不同
分上升周期和下跌周期
趋势运行的方式是：
一个周期接着另一个周期
从不改变和间断，无限循环
这种方式称为周期循环
周期循环正是技术分析四大理论
基础中的"历史是重复的"体现

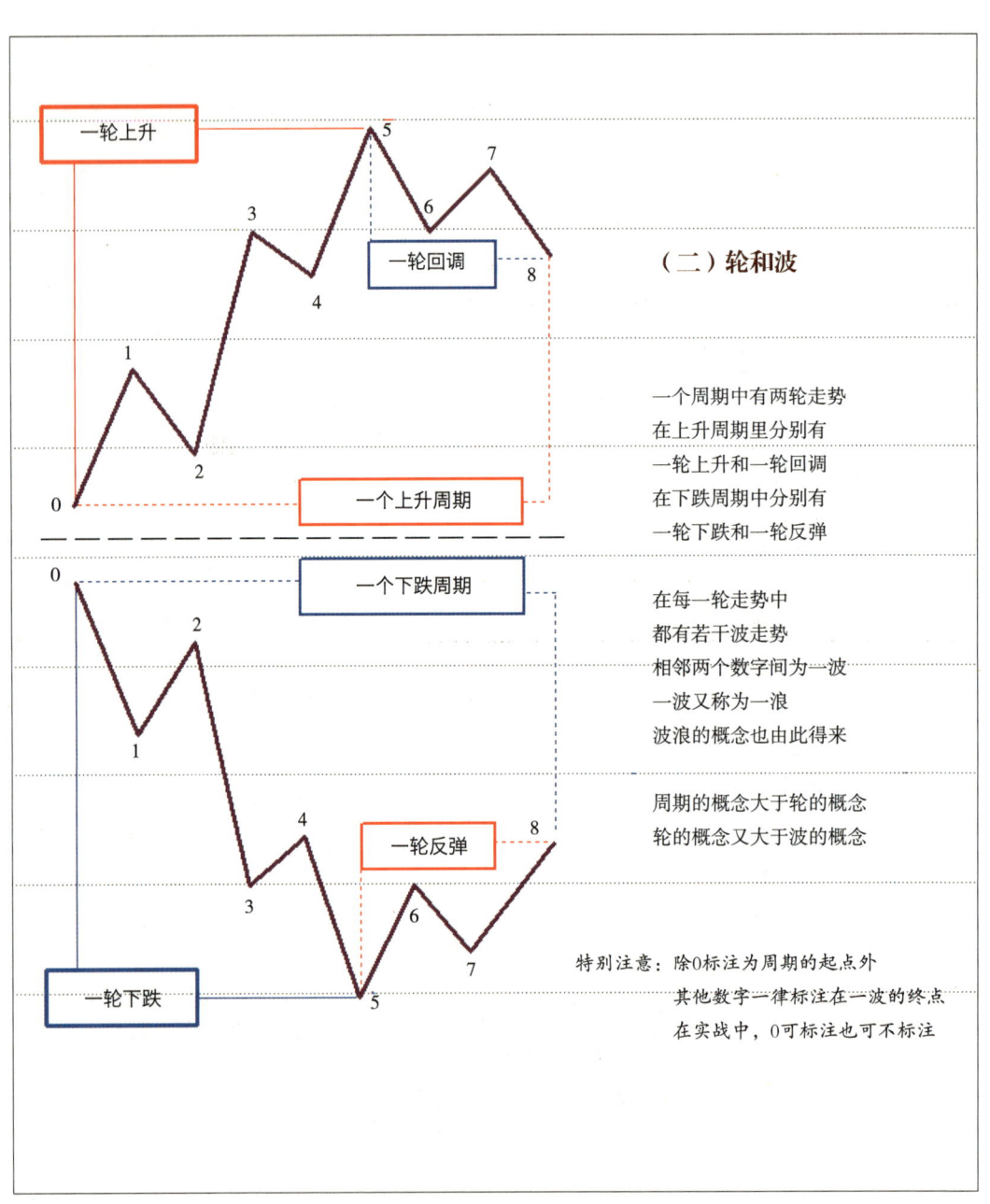

（二）轮和波

一个周期中有两轮走势
在上升周期里分别有
一轮上升和一轮回调
在下跌周期中分别有
一轮下跌和一轮反弹

在每一轮走势中
都有若干波走势
相邻两个数字间为一波
一波又称为一浪
波浪的概念也由此得来

周期的概念大于轮的概念
轮的概念又大于波的概念

特别注意：除0标注为周期的起点外
其他数字一律标注在一波的终点
在实战中，0可标注也可不标注

第五章 波浪分析法

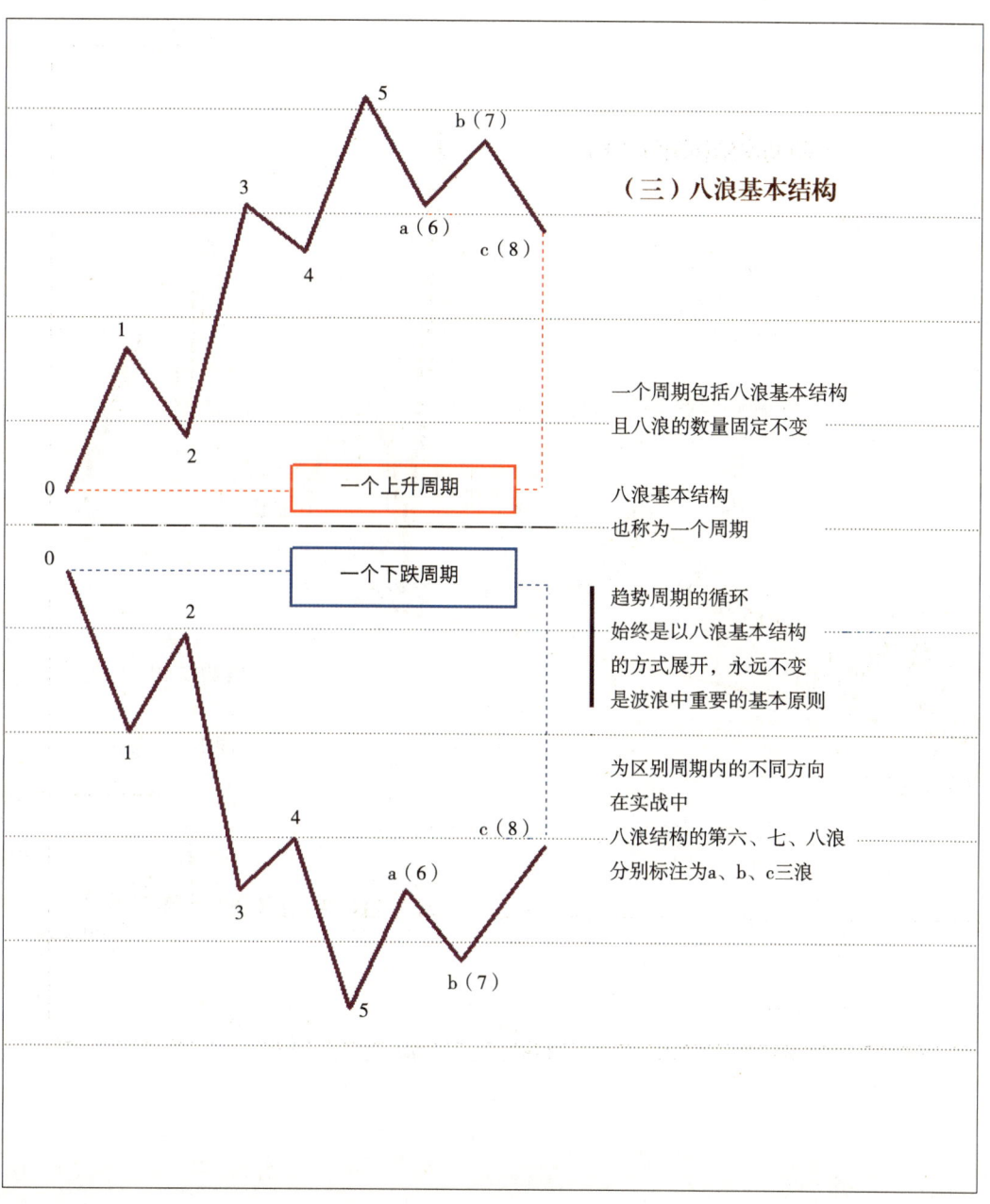

（三）八浪基本结构

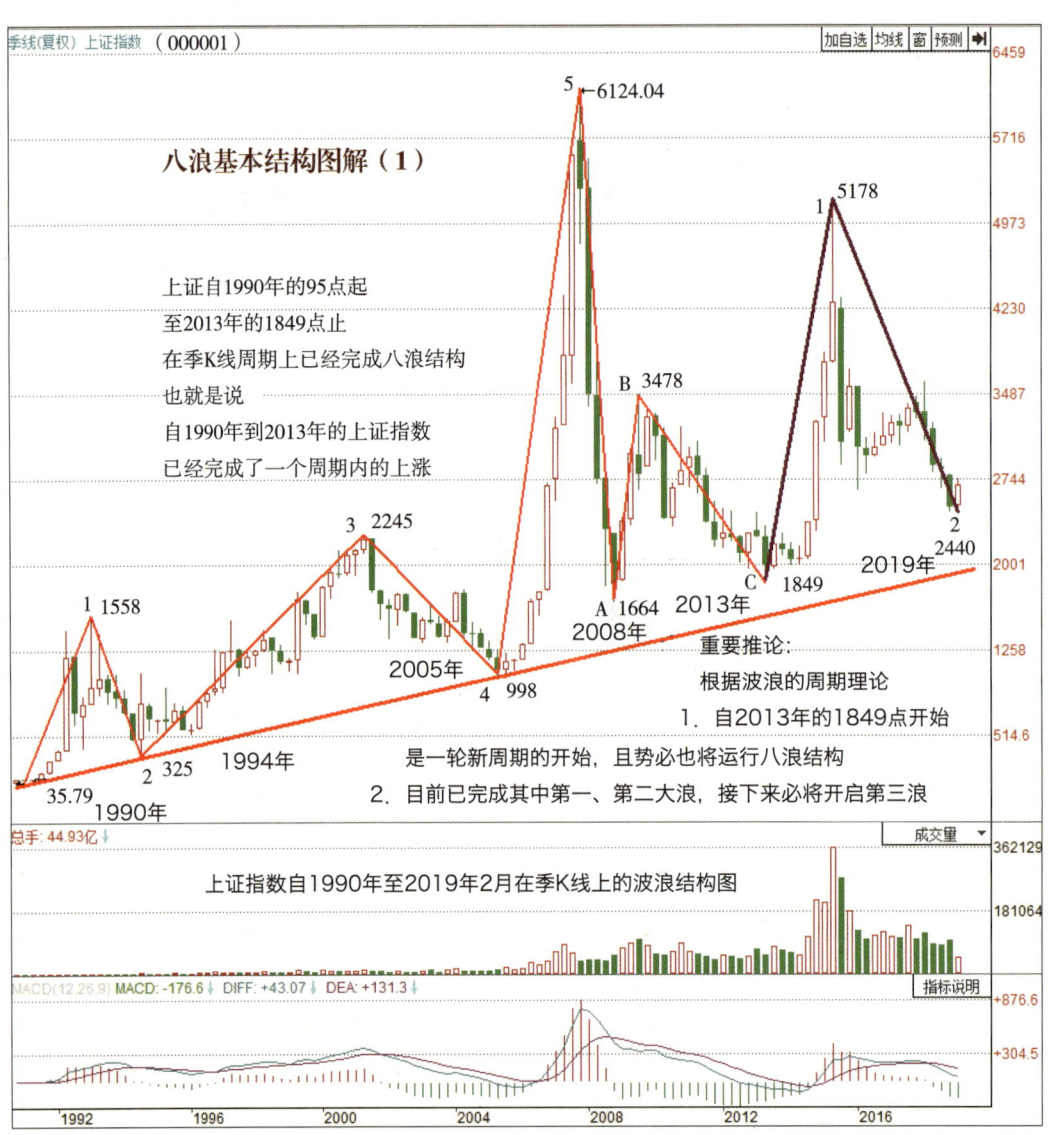

Chapter Five

第五章
波浪分析法

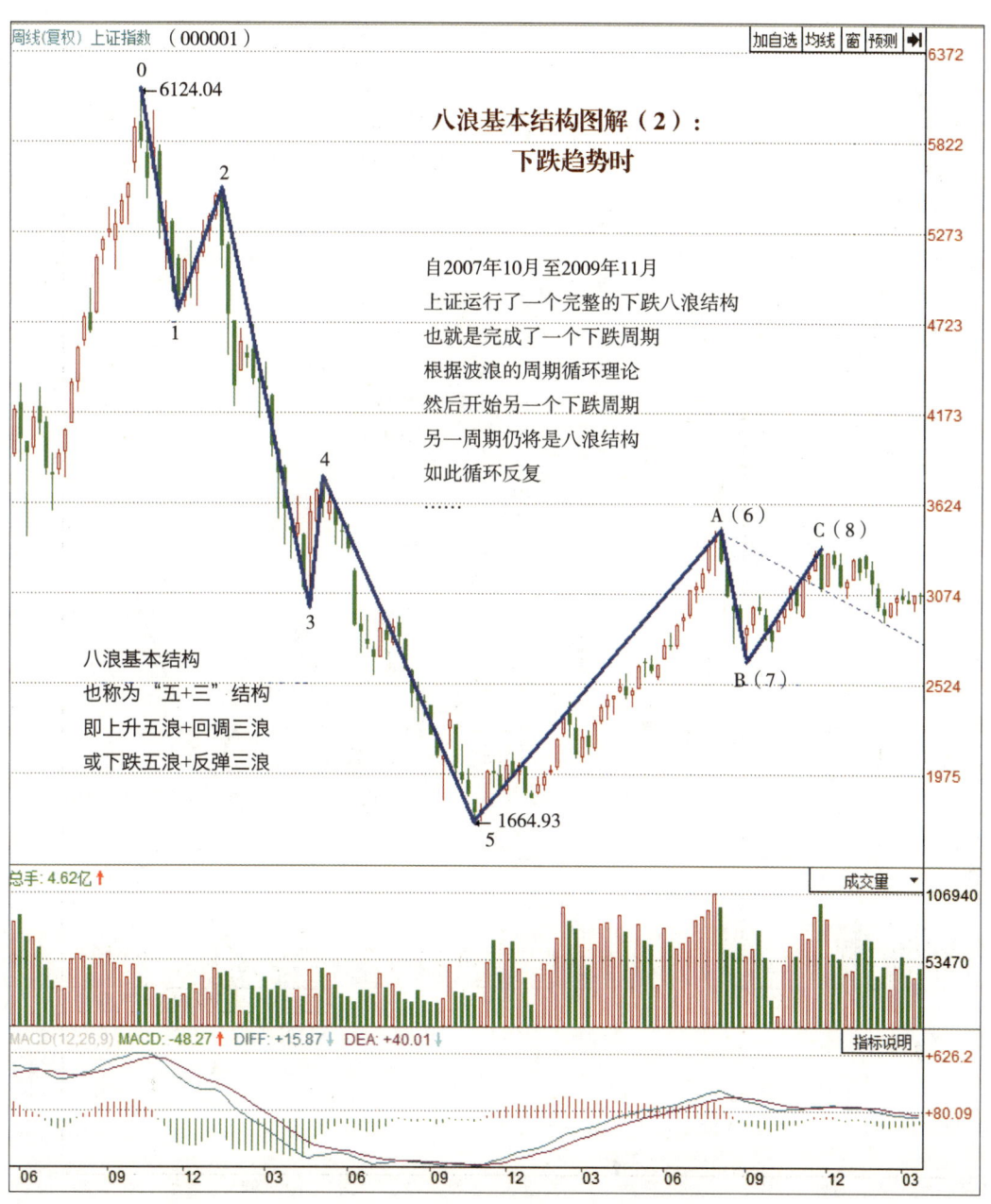

波浪分析法

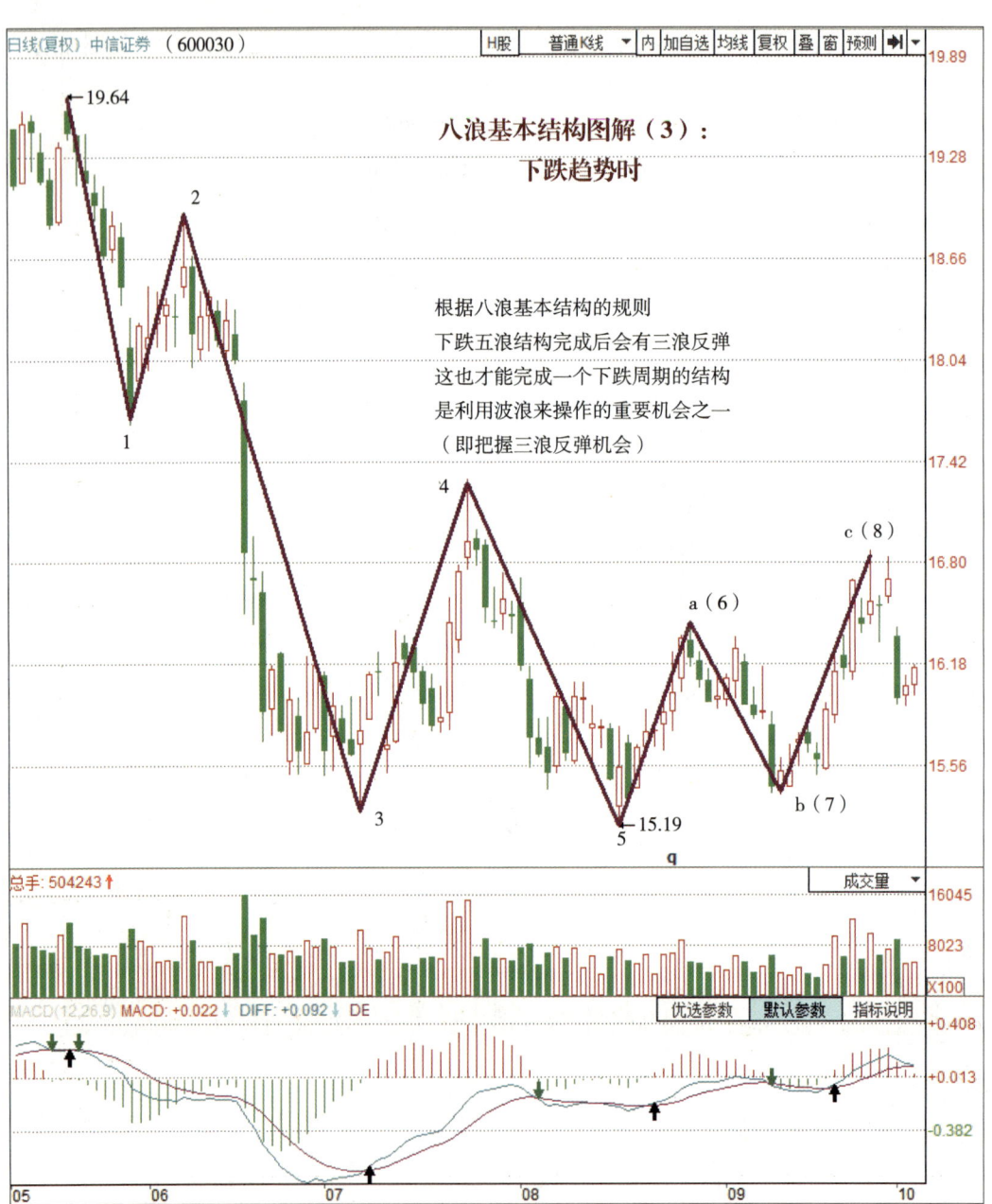

Chapter Five

第五章 波浪分析法

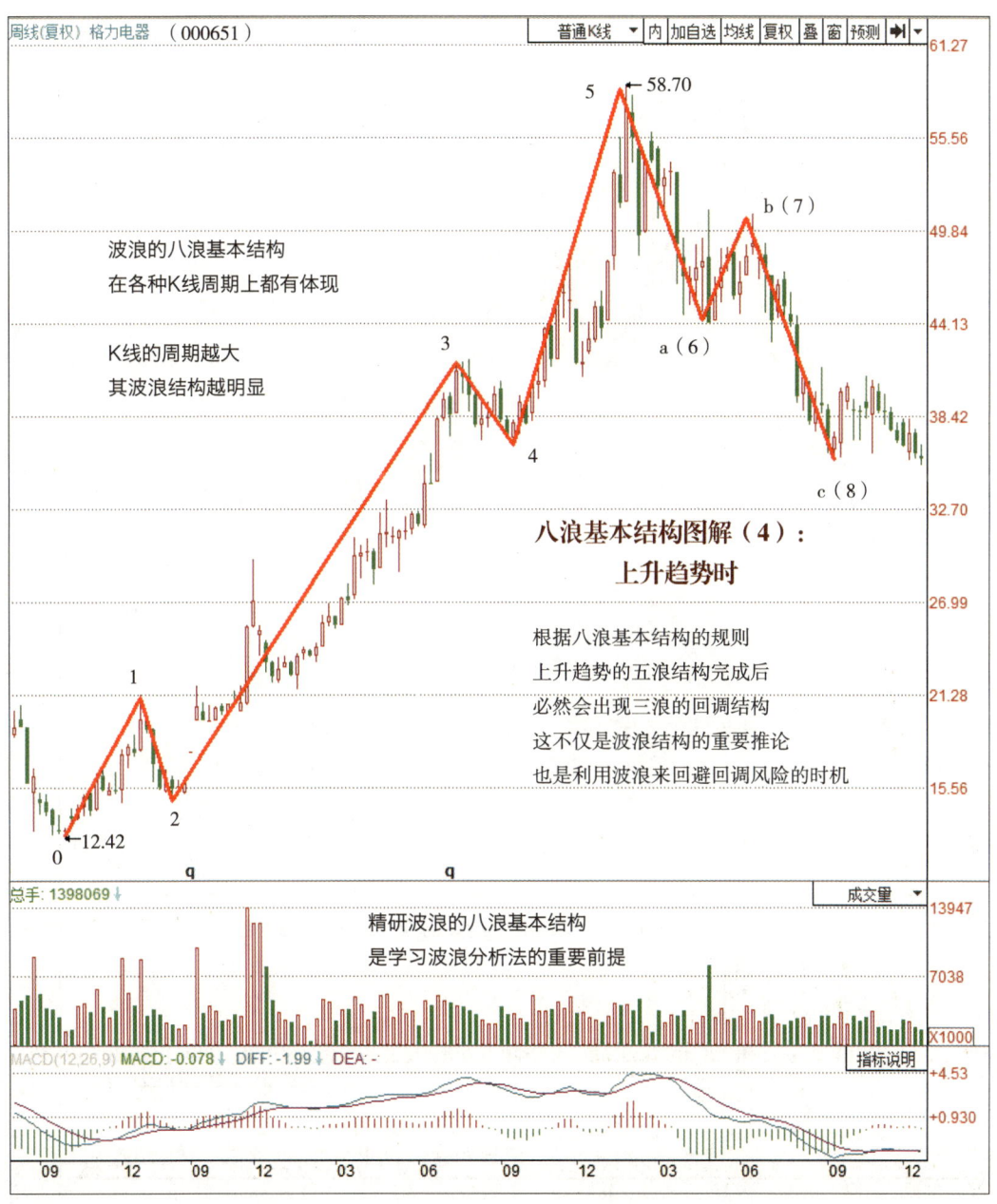

Chapter Five
第五章
波浪分析法

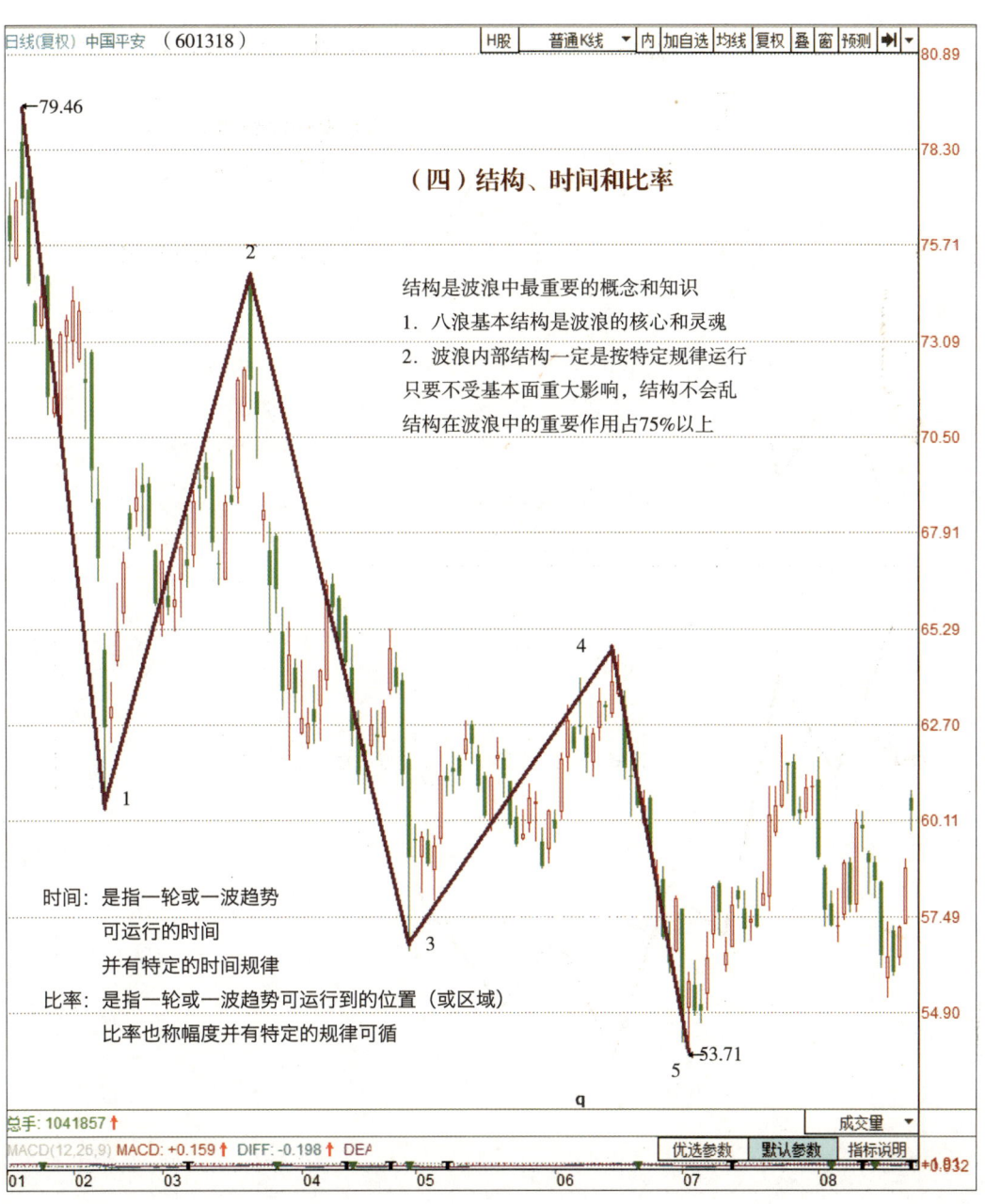

（四）结构、时间和比率

结构是波浪中最重要的概念和知识
1. 八浪基本结构是波浪的核心和灵魂
2. 波浪内部结构一定是按特定规律运行
只要不受基本面重大影响，结构不会乱
结构在波浪中的重要作用占75%以上

时间：是指一轮或一波趋势
　　　可运行的时间
　　　并有特定的时间规律
比率：是指一轮或一波趋势可运行到的位置（或区域）
　　　比率也称幅度并有特定的规律可循

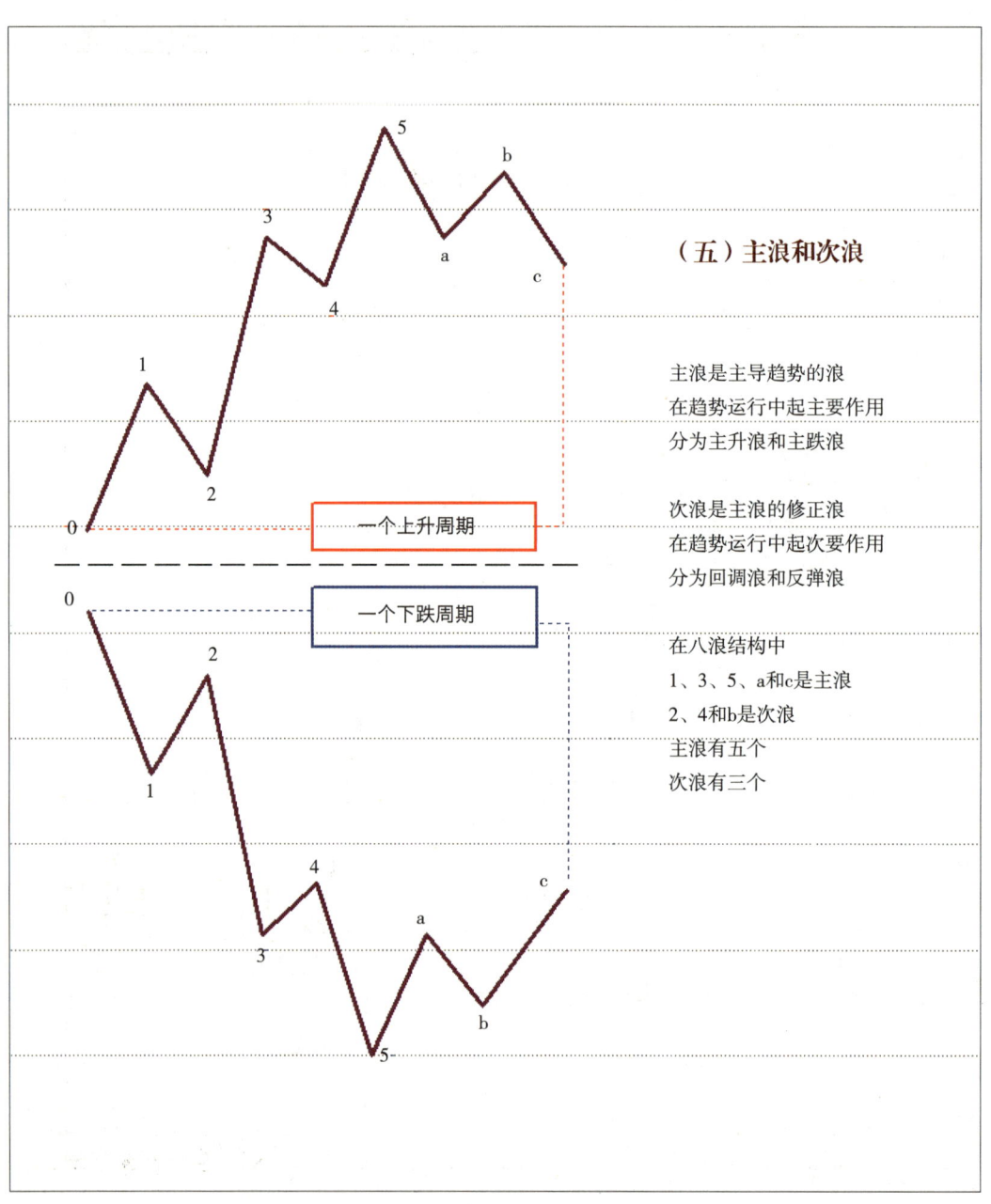

（五）主浪和次浪

主浪是主导趋势的浪
在趋势运行中起主要作用
分为主升浪和主跌浪

次浪是主浪的修正浪
在趋势运行中起次要作用
分为回调浪和反弹浪

在八浪结构中
1、3、5、a和c是主浪
2、4和b是次浪
主浪有五个
次浪有三个

Chapter Five 第五章 波浪分析法

（六）周期的起点和终点

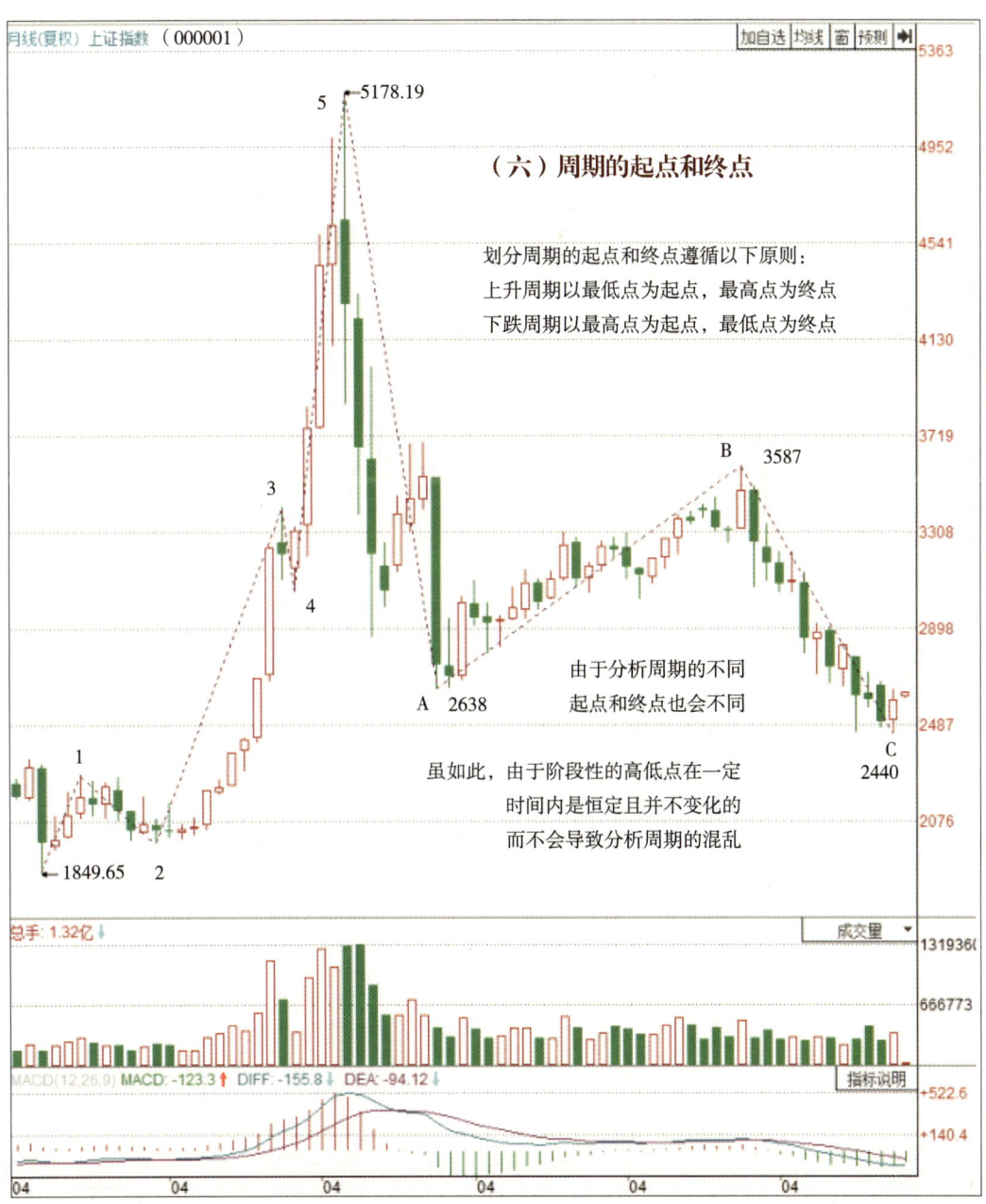

划分周期的起点和终点遵循以下原则：
上升周期以最低点为起点，最高点为终点
下跌周期以最高点为起点，最低点为终点

由于分析周期的不同
起点和终点也会不同

虽如此，由于阶段性的高低点在一定
时间内是恒定且并不变化的
而不会导致分析周期的混乱

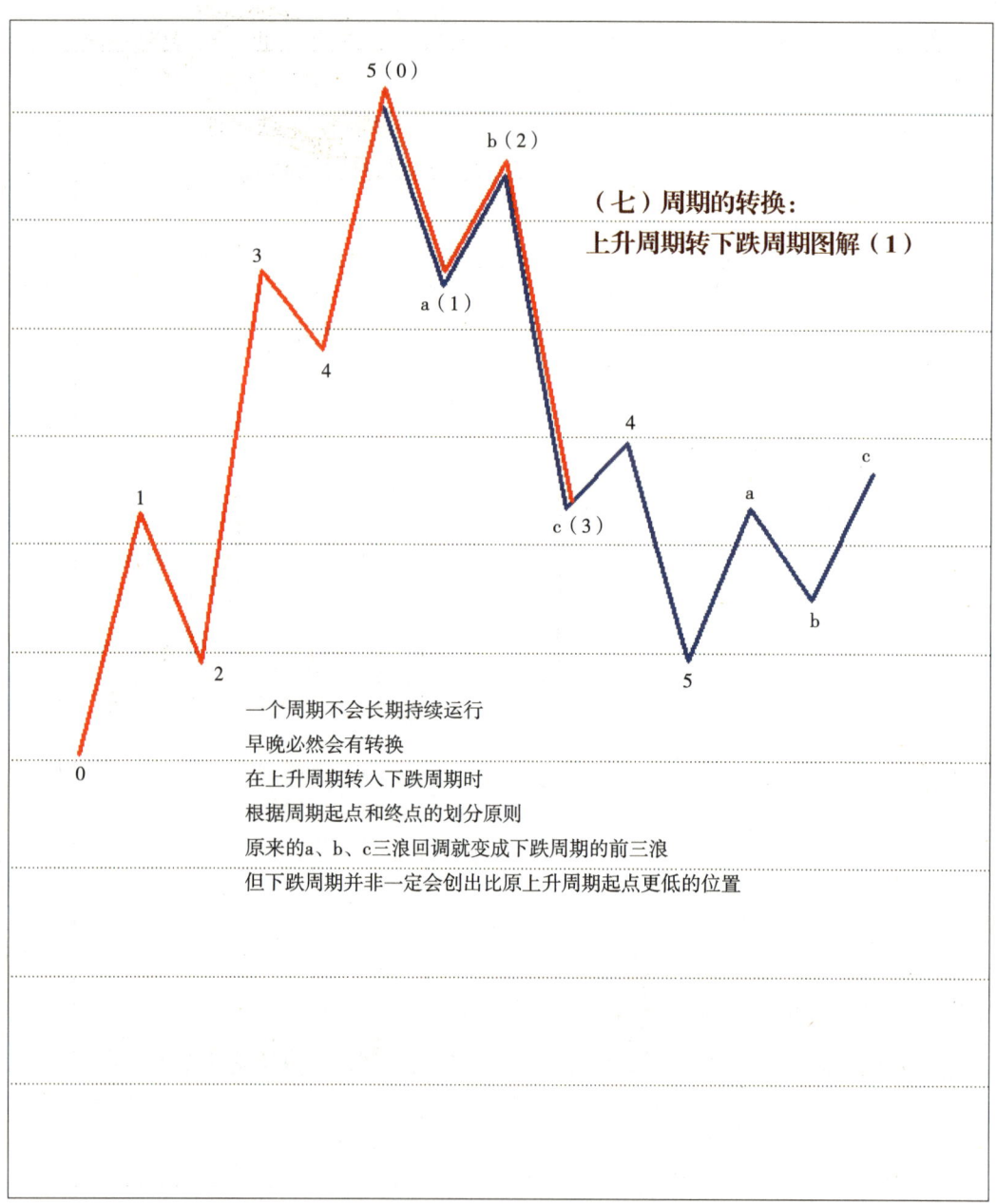

（七）周期的转换：
上升周期转下跌周期图解（1）

一个周期不会长期持续运行
早晚必然会有转换
在上升周期转入下跌周期时
根据周期起点和终点的划分原则
原来的a、b、c三浪回调就变成下跌周期的前三浪
但下跌周期并非一定会创出比原上升周期起点更低的位置

Chapter Five

第五章 波浪分析法

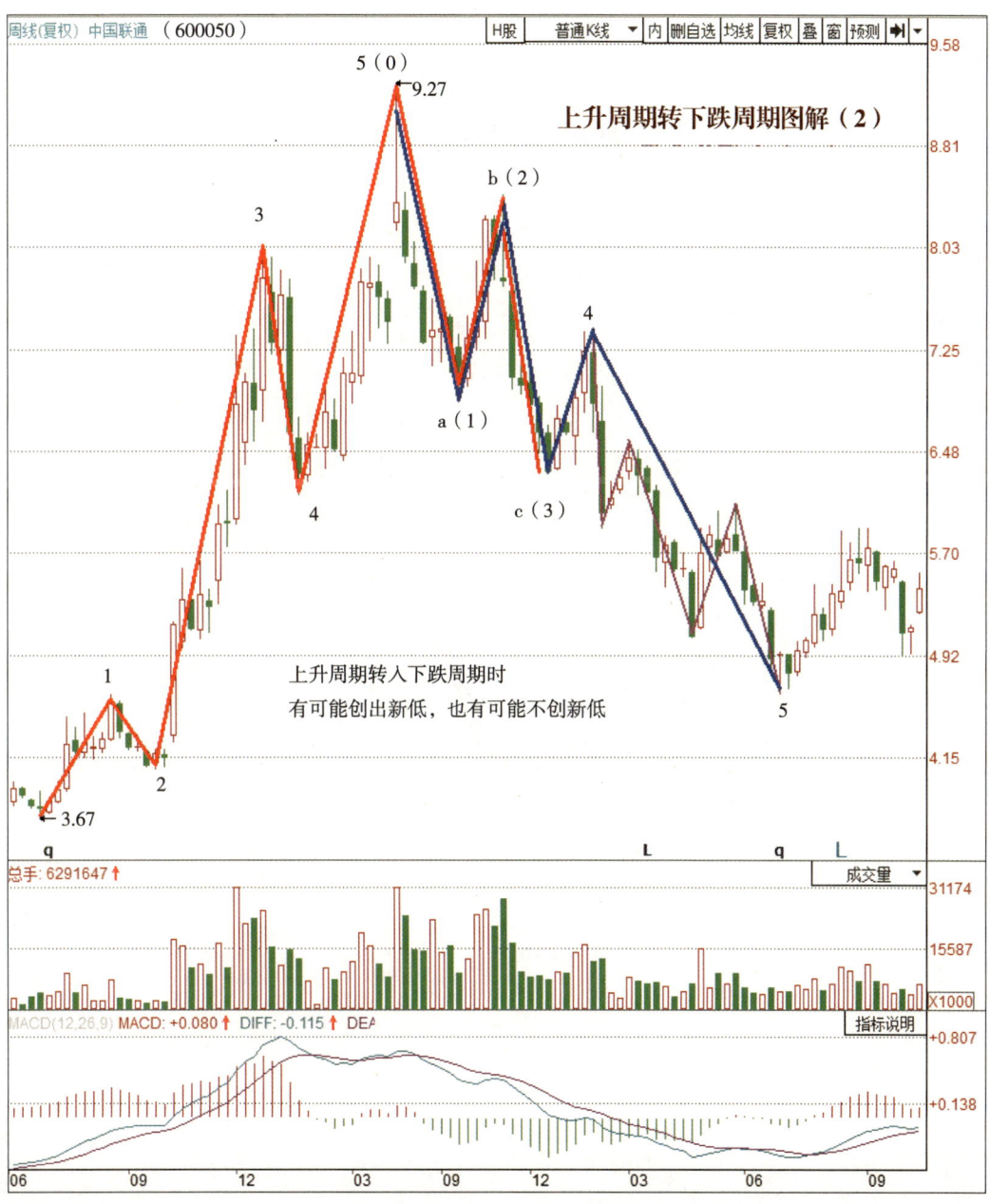

波浪分析法

· 251 ·

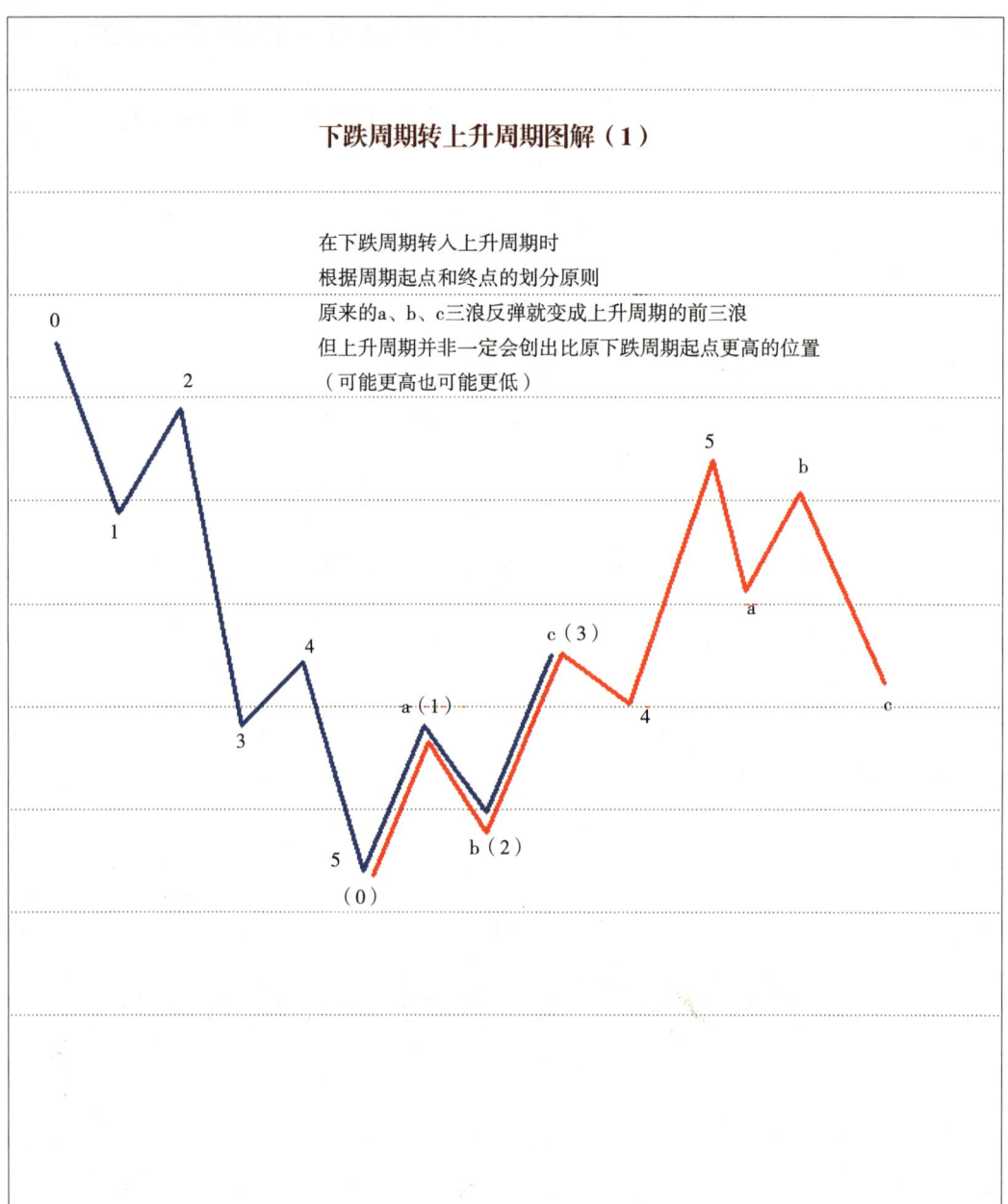

Chapter Five

第五章
波浪分析法

下跌周期转上升周期图解（2）

标注如前图示
下跌周期转入上升周期时
以创新高走势的情况居多

第二节 波浪的层次

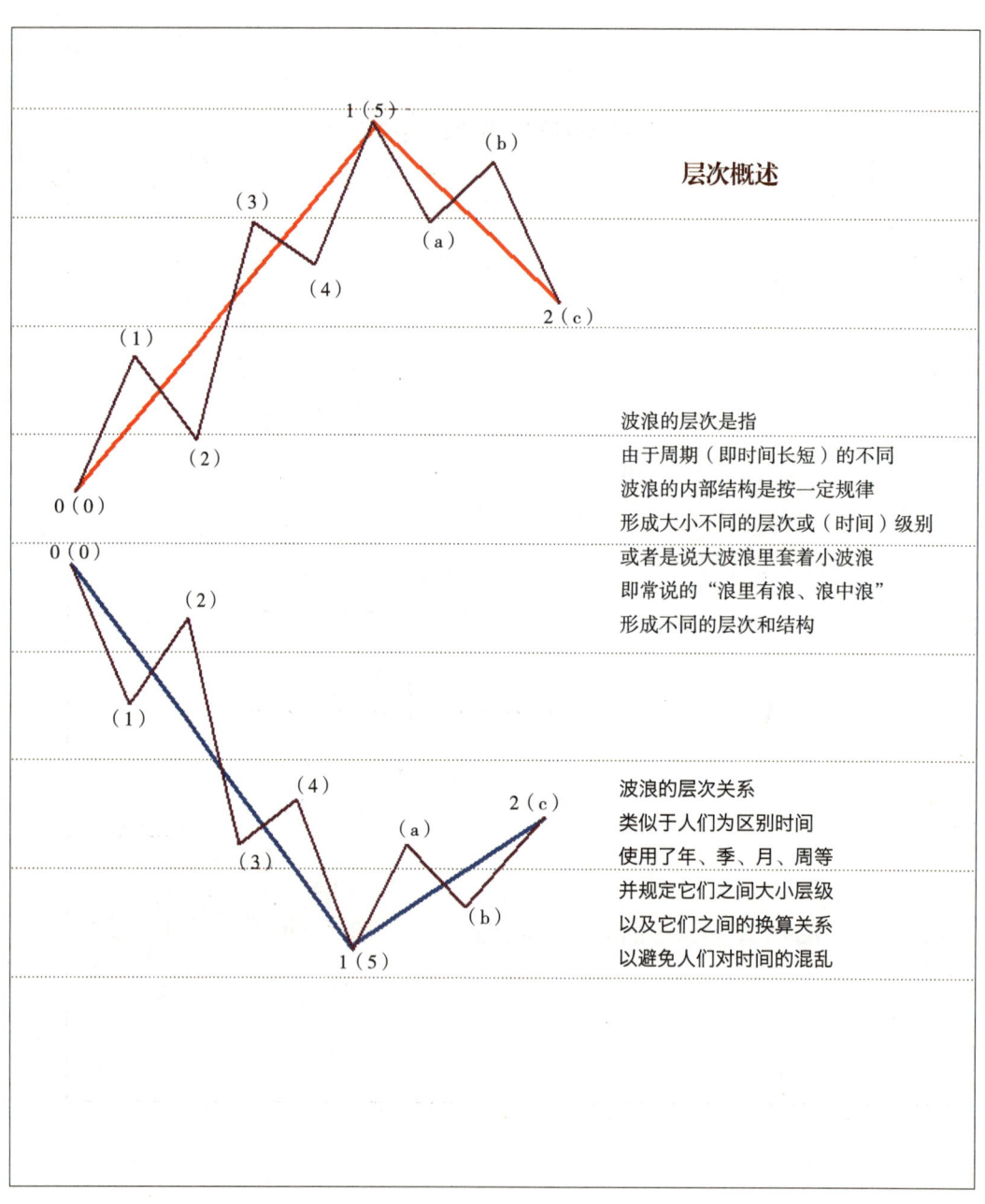

Chapter Five

第五章
波浪分析法

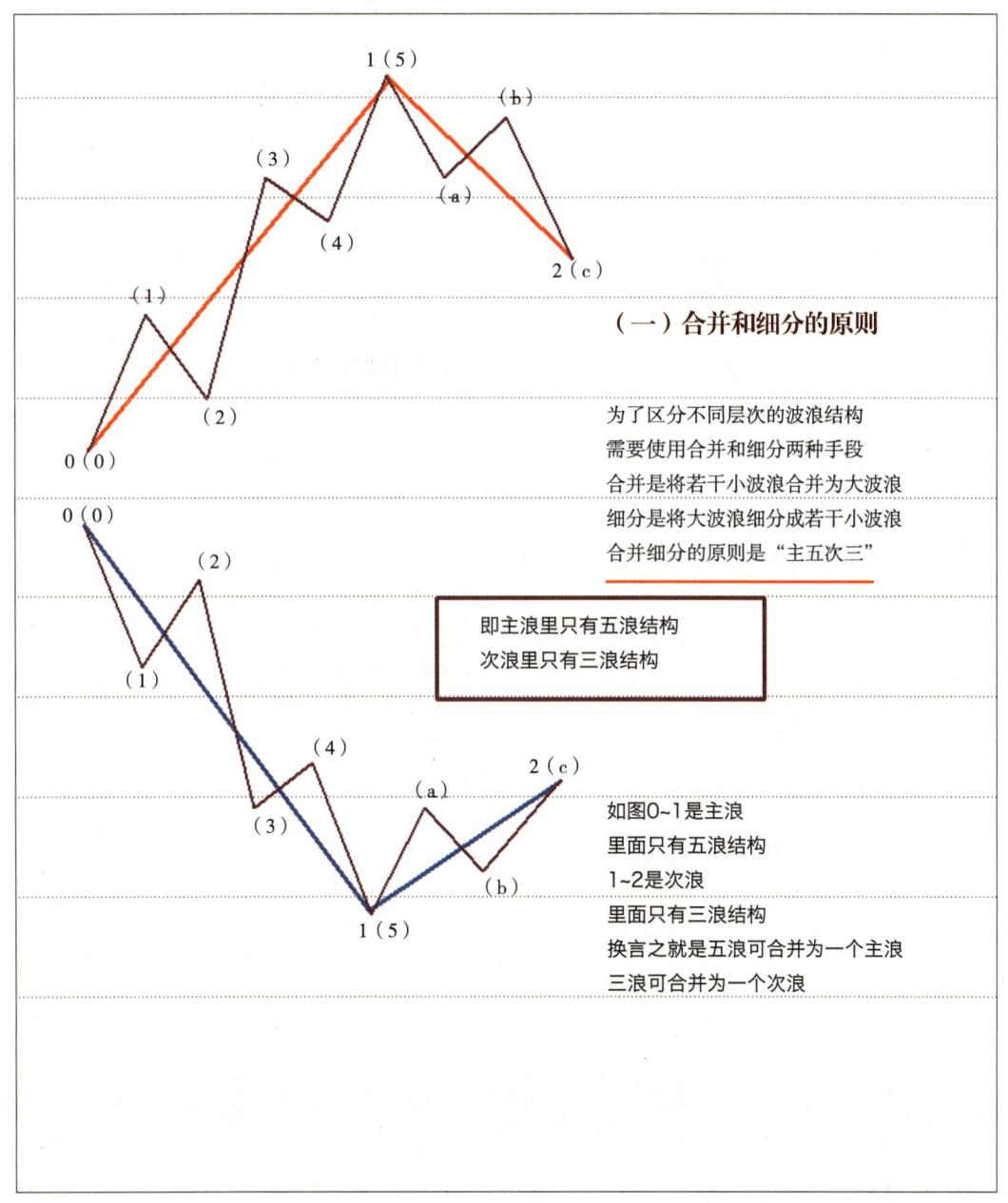

（一）合并和细分的原则

为了区分不同层次的波浪结构
需要使用合并和细分两种手段
合并是将若干小波浪合并为大波浪
细分是将大波浪细分成若干小波浪
合并细分的原则是"主五次三"

即主浪里只有五浪结构
次浪里只有三浪结构

如图0~1是主浪
里面只有五浪结构
1~2是次浪
里面只有三浪结构
换言之就是五浪可合并为一个主浪
三浪可合并为一个次浪

波浪分析法

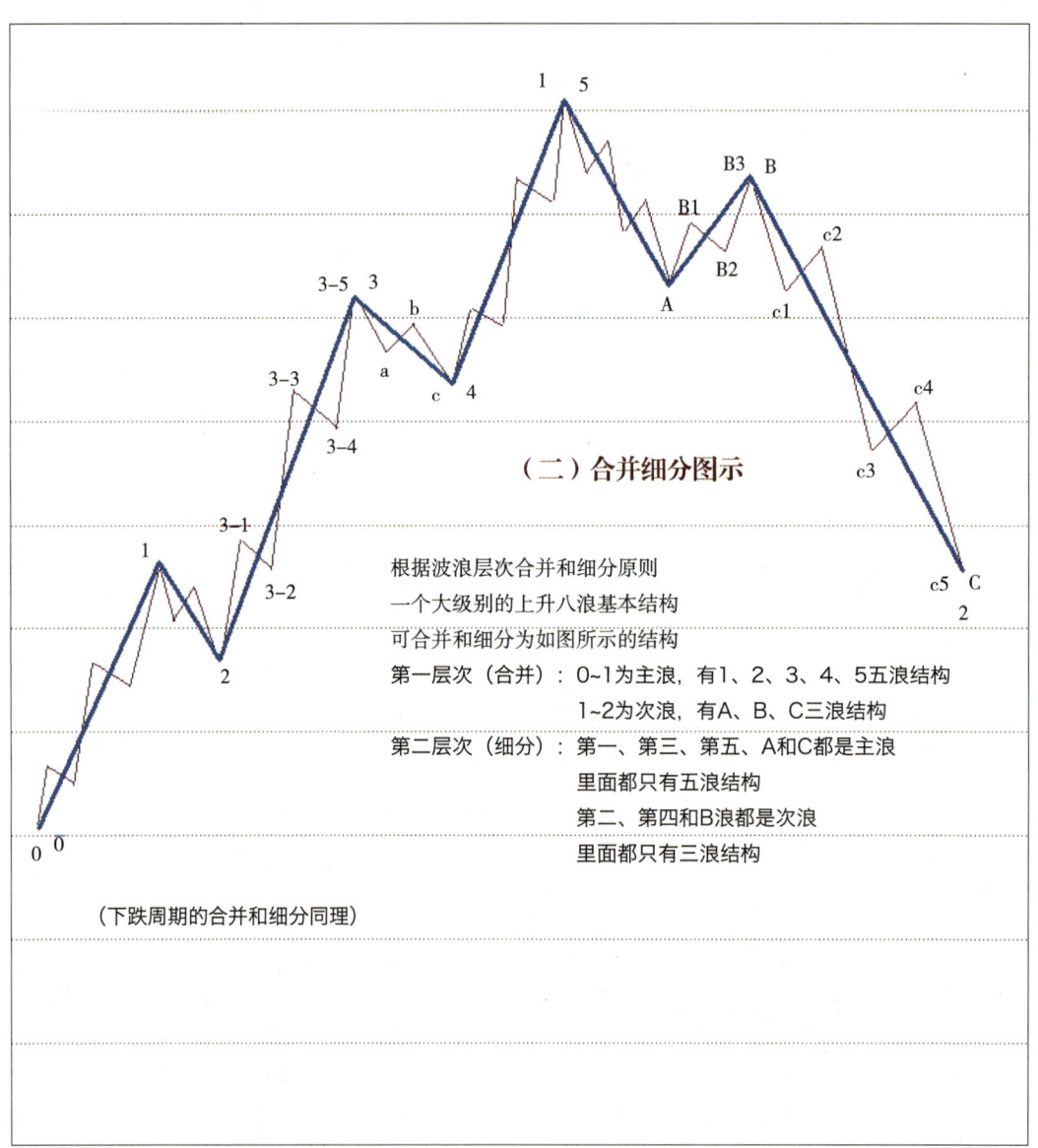

（二）合并细分图示

根据波浪层次合并和细分原则
一个大级别的上升八浪基本结构
可合并和细分为如图所示的结构
第一层次（合并）：0~1为主浪，有1、2、3、4、5五浪结构
　　　　　　　　　1~2为次浪，有A、B、C三浪结构
第二层次（细分）：第一、第三、第五、A和C都是主浪
　　　　　　　　　里面都只有五浪结构
　　　　　　　　　第二、第四和B浪都是次浪
　　　　　　　　　里面都只有三浪结构

（下跌周期的合并和细分同理）

Chapter Five
第五章 波浪分析法

（三）合并细分的方法

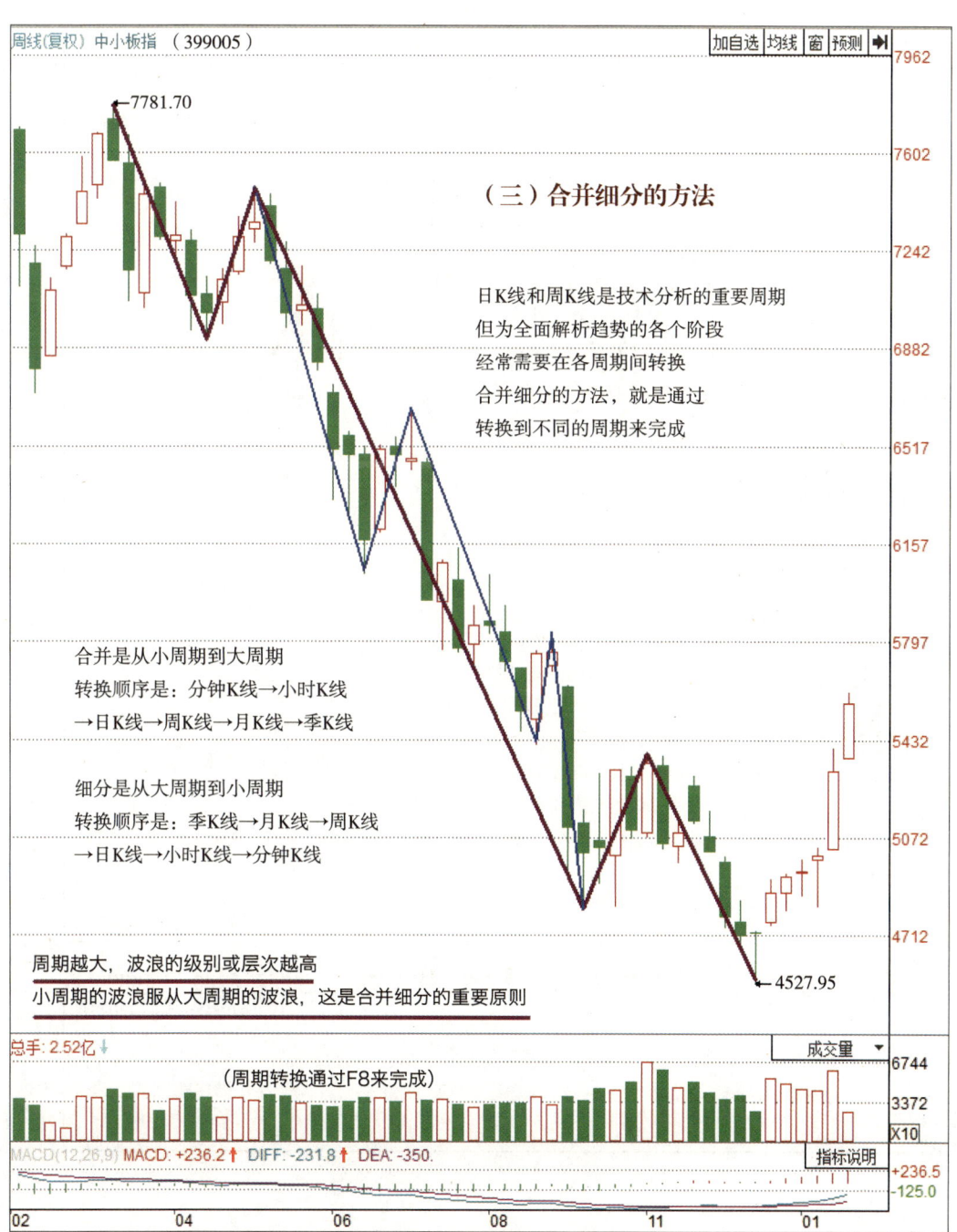

日K线和周K线是技术分析的重要周期
但为全面解析趋势的各个阶段
经常需要在各周期间转换
合并细分的方法，就是通过
转换到不同的周期来完成

合并是从小周期到大周期
转换顺序是：分钟K线→小时K线
→日K线→周K线→月K线→季K线

细分是从大周期到小周期
转换顺序是：季K线→月K线→周K线
→日K线→小时K线→分钟K线

周期越大，波浪的级别或层次越高
小周期的波浪服从大周期的波浪，这是合并细分的重要原则

（周期转换通过F8来完成）

Chapter Five

第五章 波浪分析法

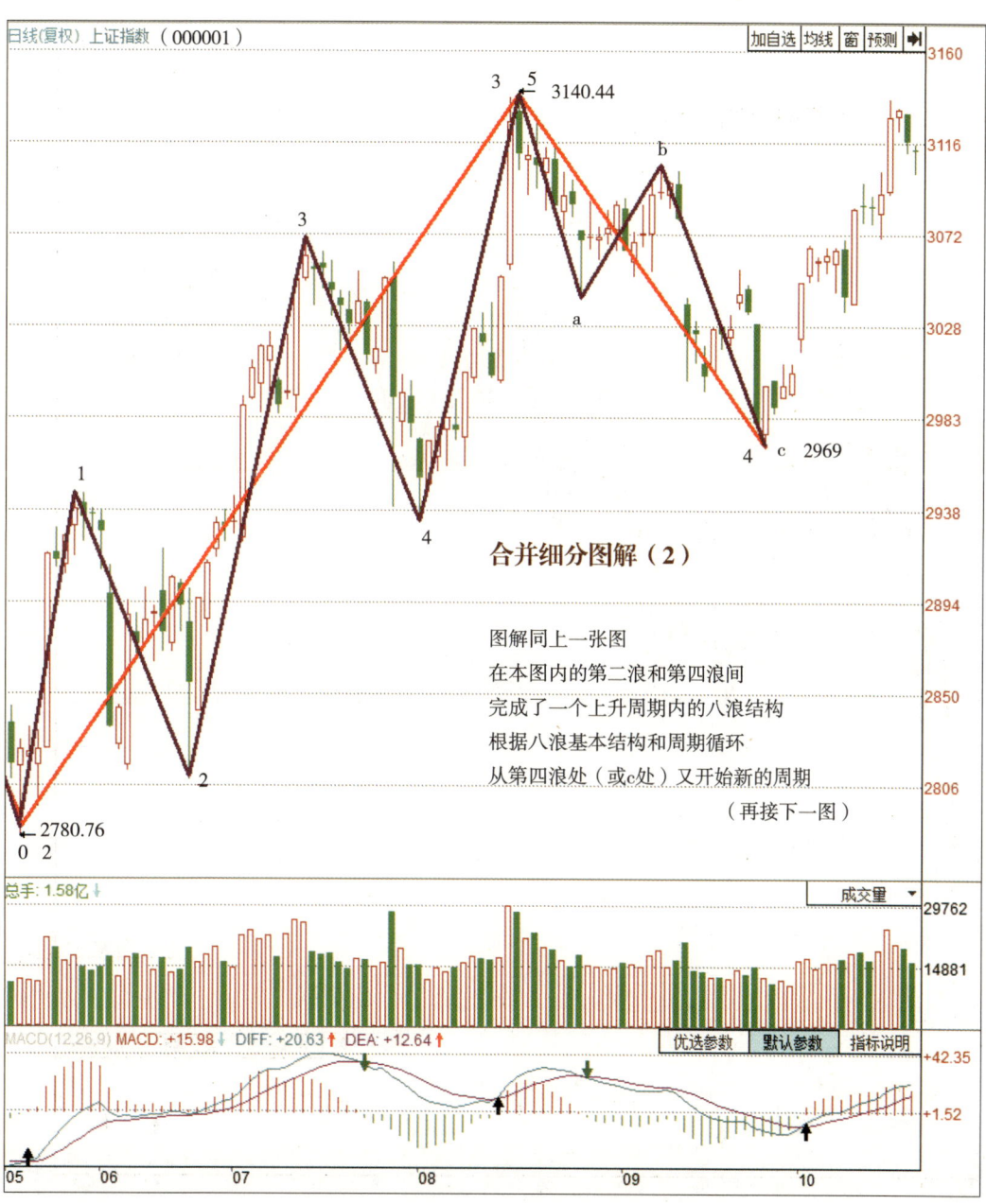

合并细分图解（2）

图解同上一张图
在本图内的第二浪和第四浪间
完成了一个上升周期内的八浪结构
根据八浪基本结构和周期循环
从第四浪处（或c处）又开始新的周期
（再接下一图）

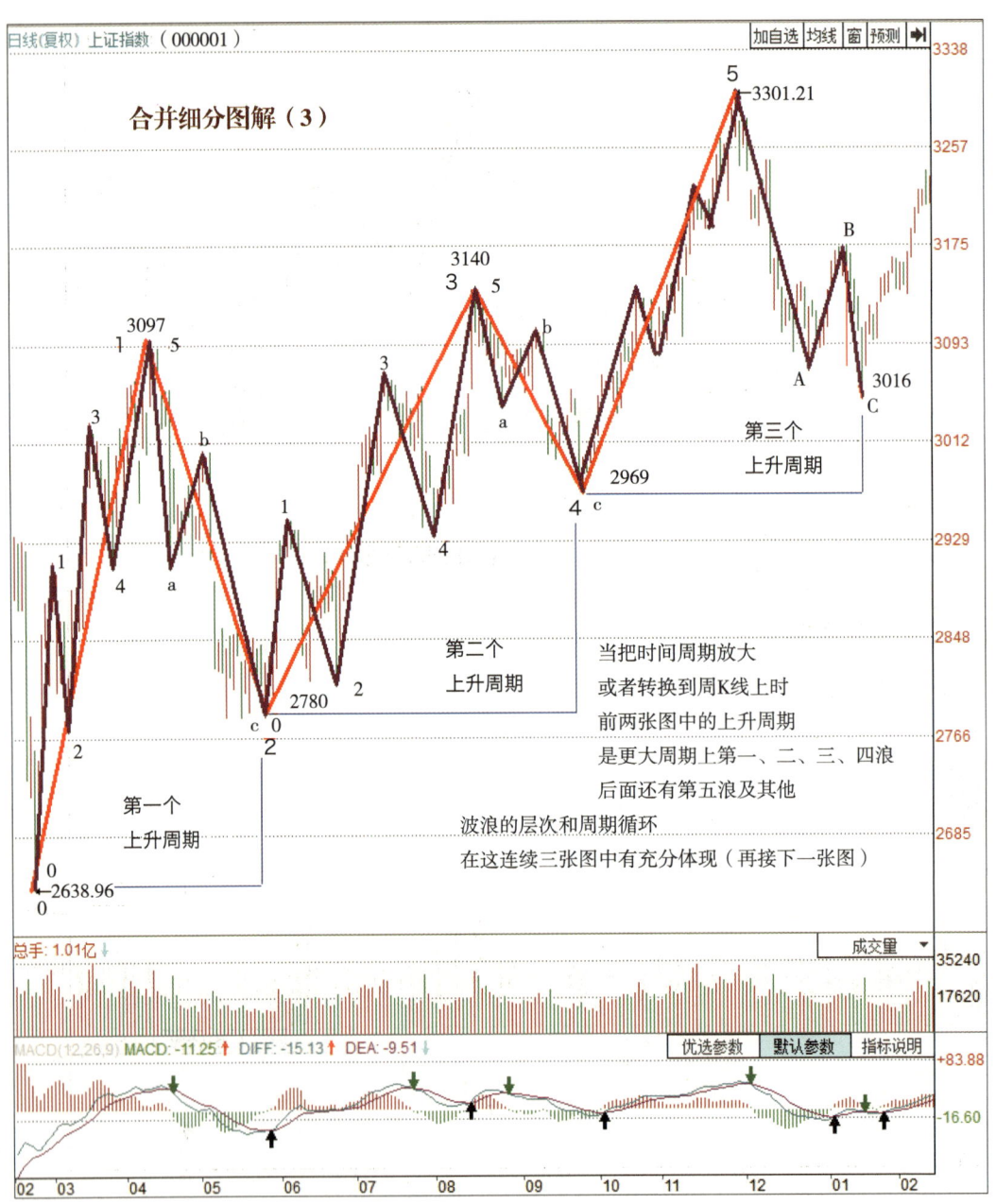

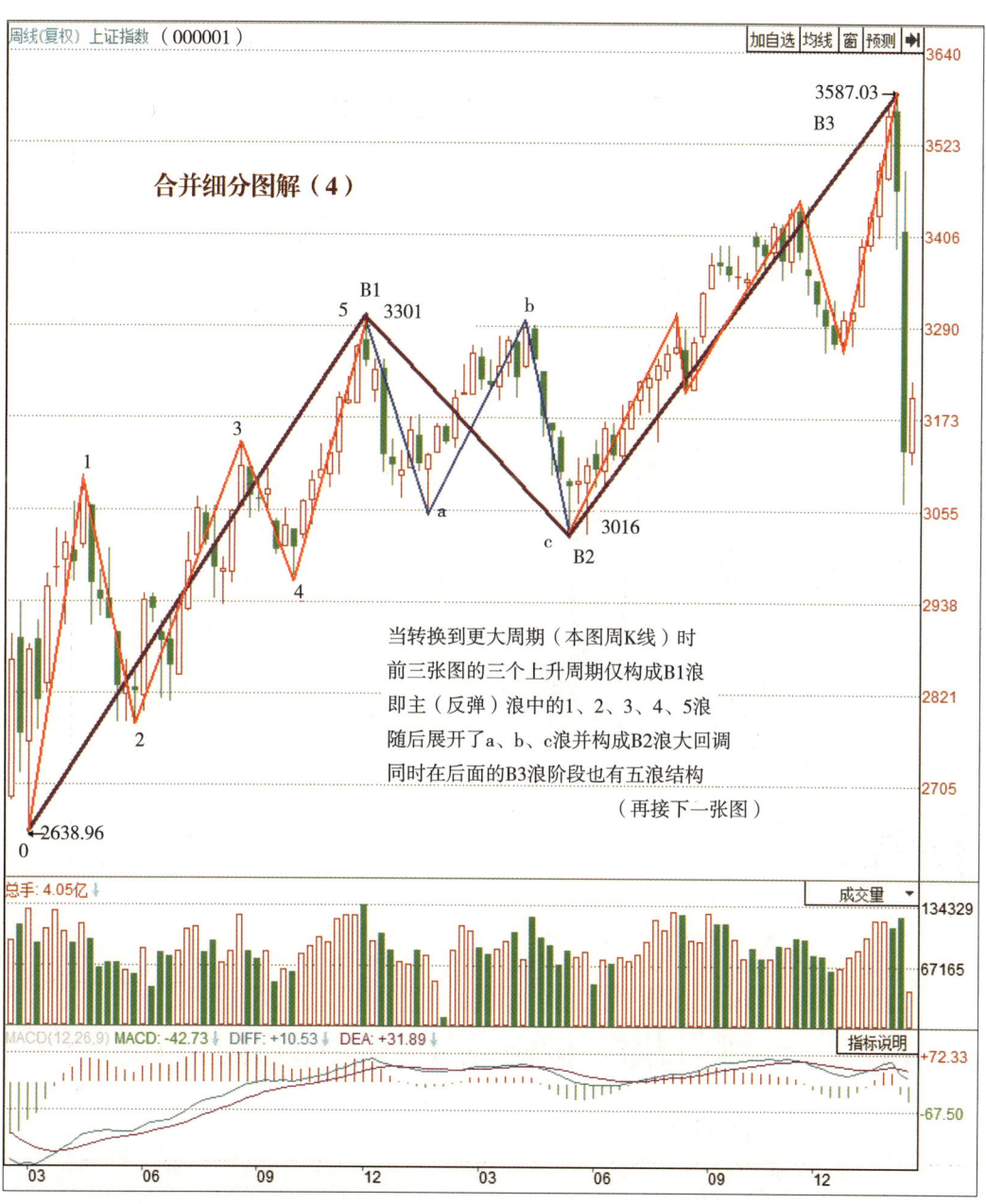

Chapter Five
第五章
波浪分析法

合并细分图解（6）

根据合并细分的原则
前五浪下跌可合并为一浪
后三浪反弹可合并为一浪
形成更大下跌周期的第1浪和第2浪
根据周期的循环
在完成一个下跌周期后，会开始新的
下跌周期，一直持续到更大周期上的
下跌趋势完全结束为止（见下一图）

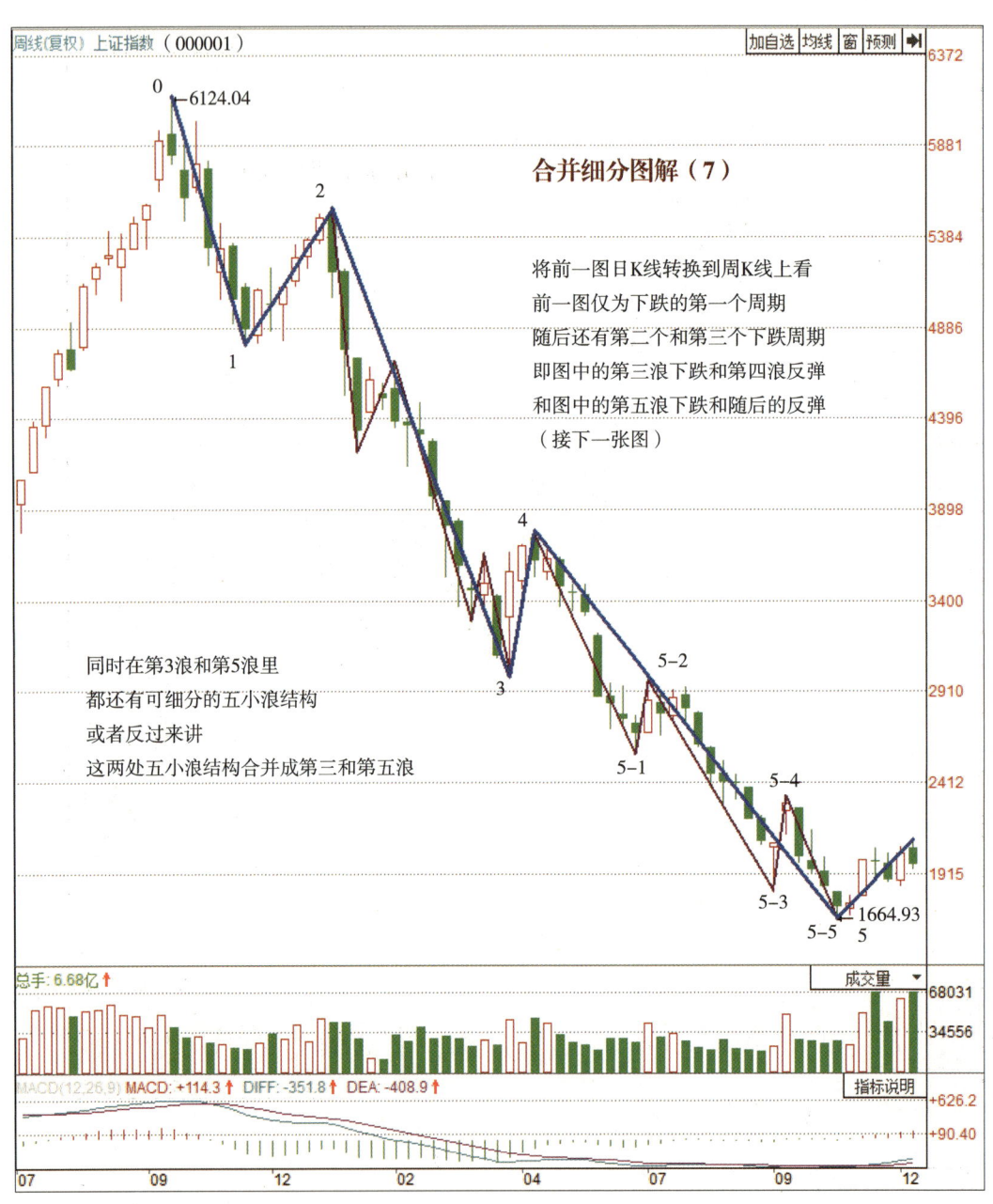

第五章 波浪分析法

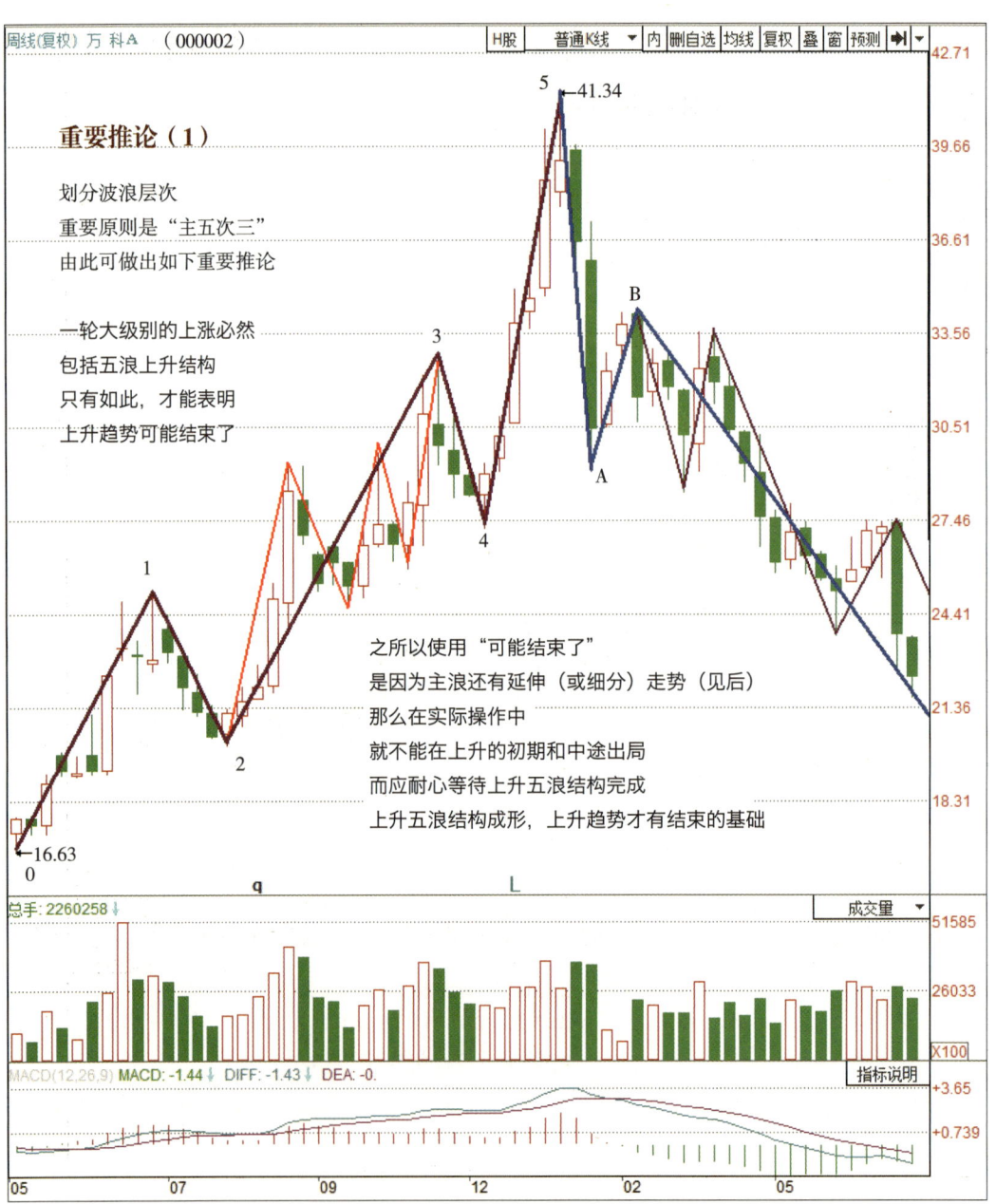

Chapter Five 第五章 波浪分析法

重要推论（2）

和上一图相反的是
一轮大级别的下跌趋势中
也必然包括五浪下跌结构
所以在实际操作中
不宜在下跌的初期和中途就买入
而应耐心等五浪下跌结构完成后

下跌五浪结构成形
下跌趋势才有结束的基础

特别注意：
大级别的上升或下跌趋势中
哪怕第五浪是衰竭、诱多或诱空
也必然会运行出来
这不仅是重要推论
也是趋势运行的普遍规律和大概率走势

第三节 波浪的结构

概 述

前述八浪基本结构和波浪的层次
是波浪结构的基本原则
除此之外
还有一系列研究波浪内部结构的知识
它们对划分波浪内部结构
以及研判未来趋势运行
也起着十分重要的作用

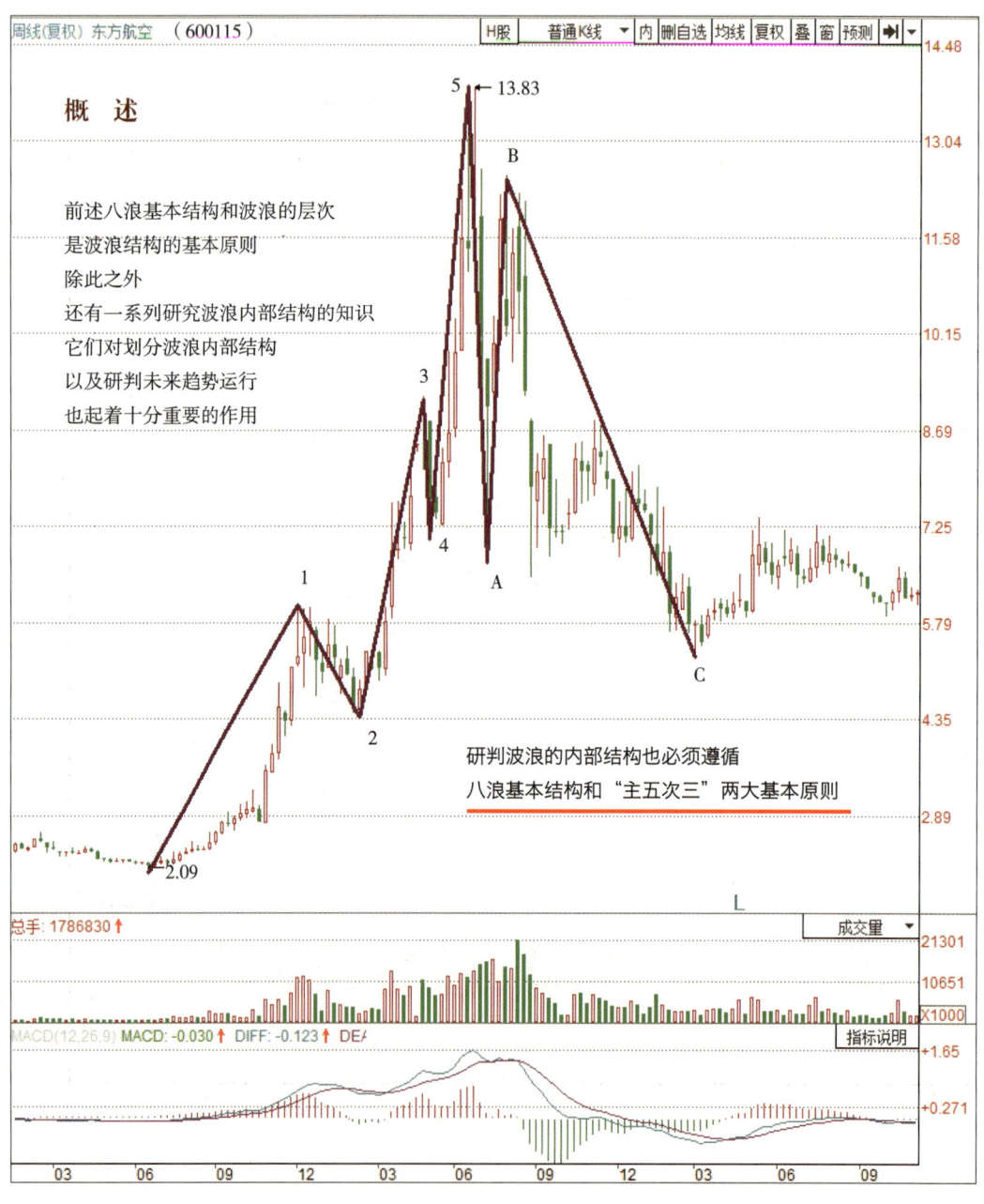

研判波浪的内部结构也必须遵循
八浪基本结构和"主五次三"两大基本原则

Chapter Five
第五章
波浪分析法

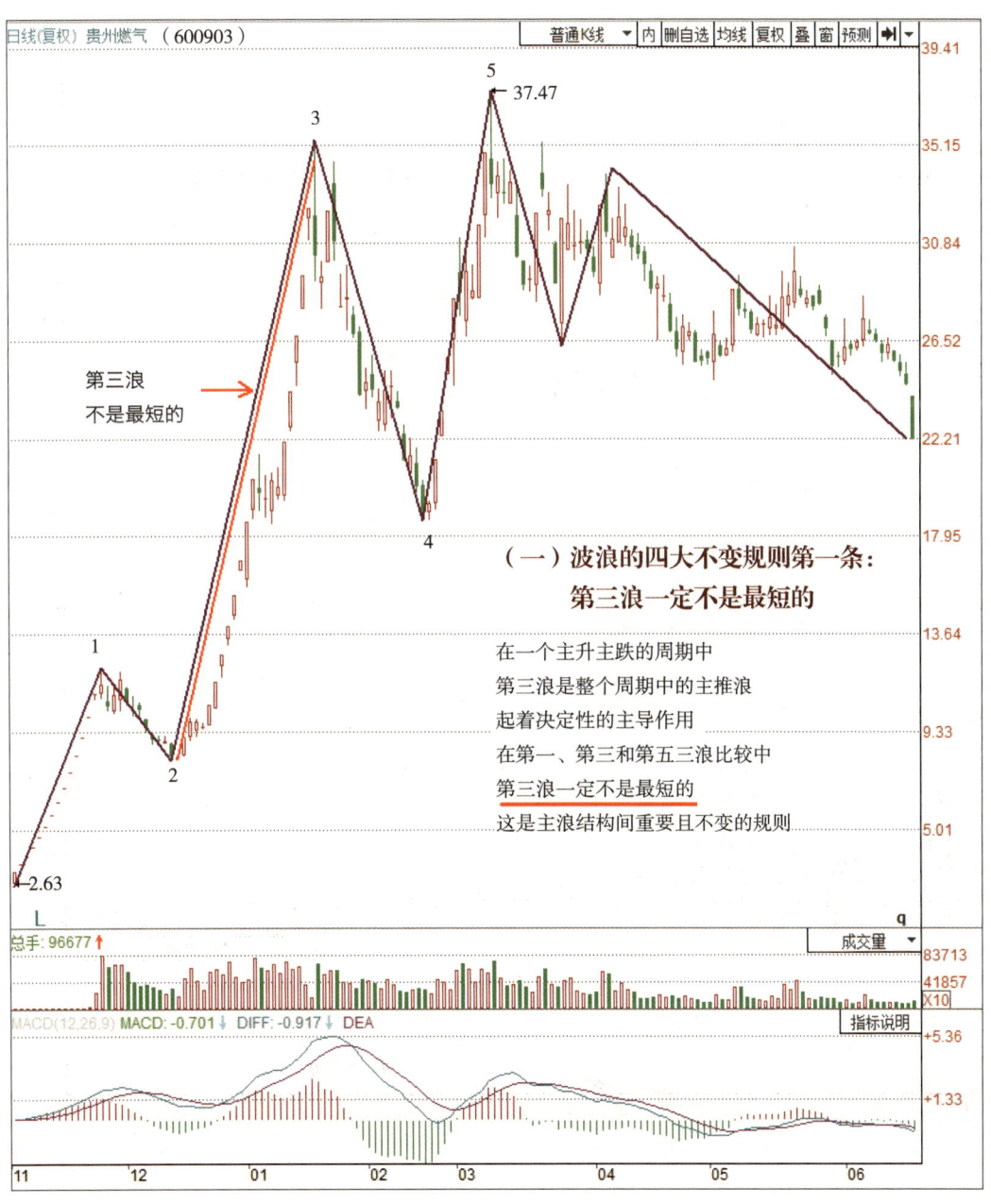

（一）波浪的四大不变规则第一条：
第三浪一定不是最短的

在一个主升主跌的周期中
第三浪是整个周期中的主推浪
起着决定性的主导作用
在第一、第三和第五三浪比较中
第三浪一定不是最短的
这是主浪结构间重要且不变的规则

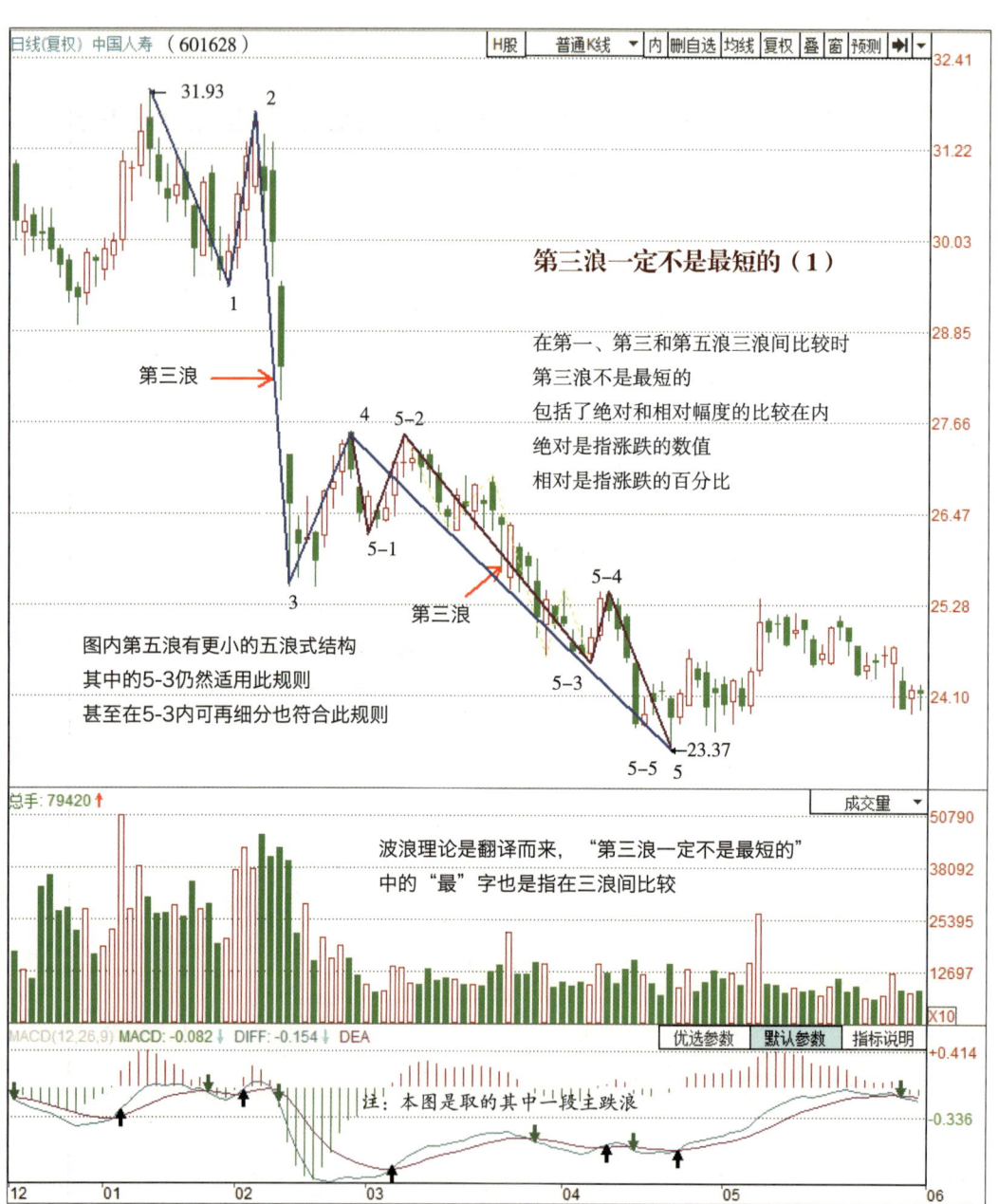

Chapter Five
第五章
波浪分析法

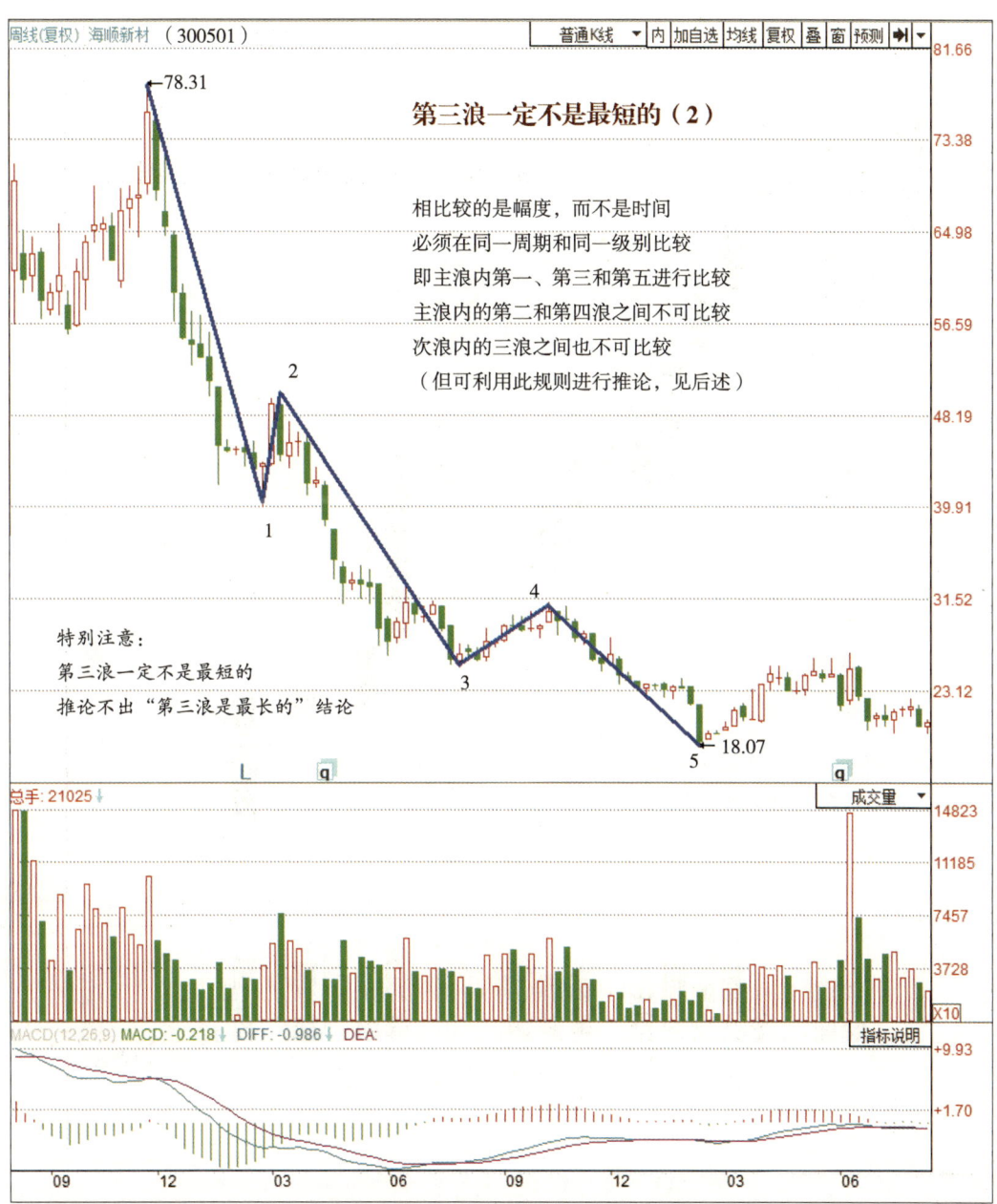

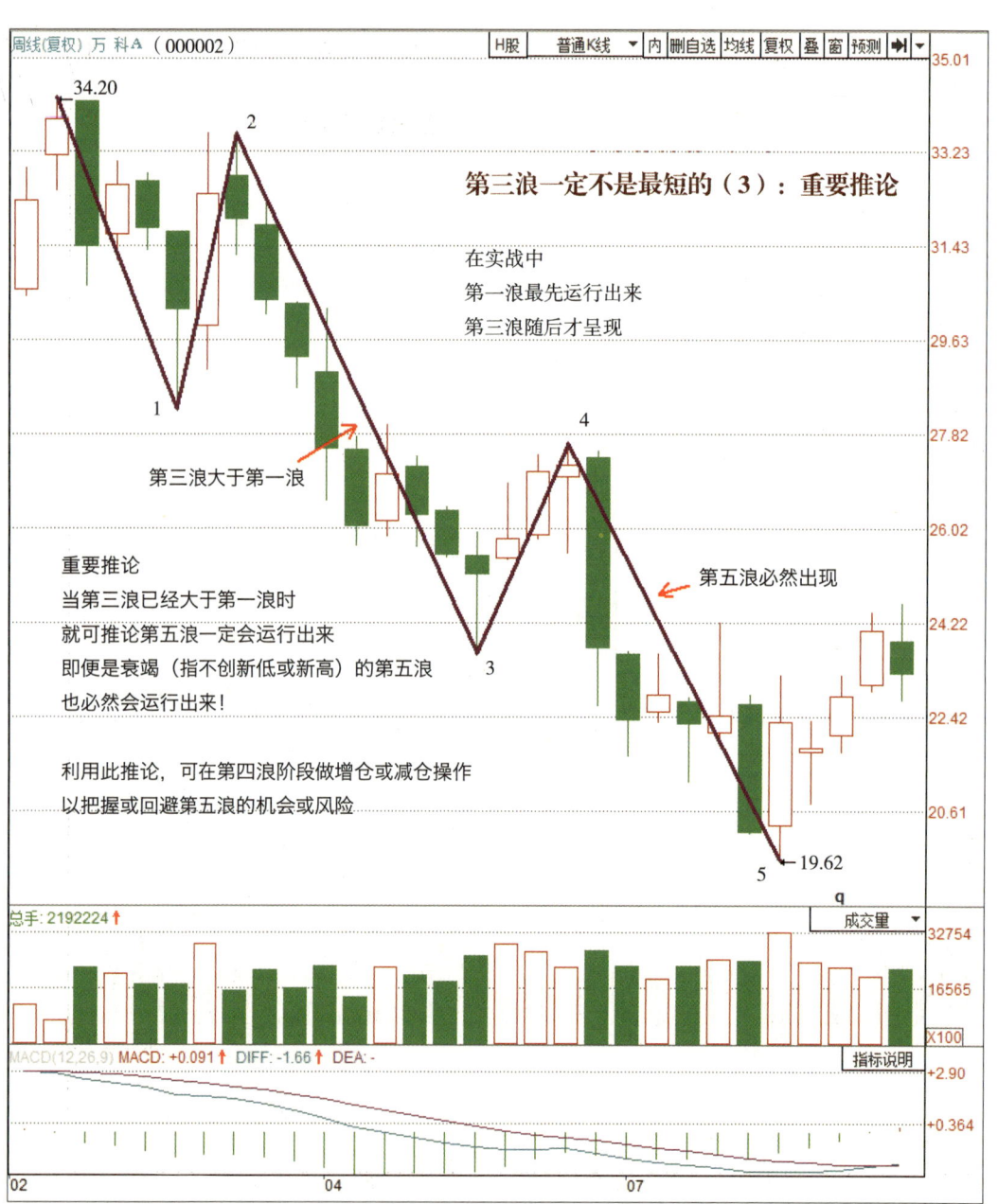

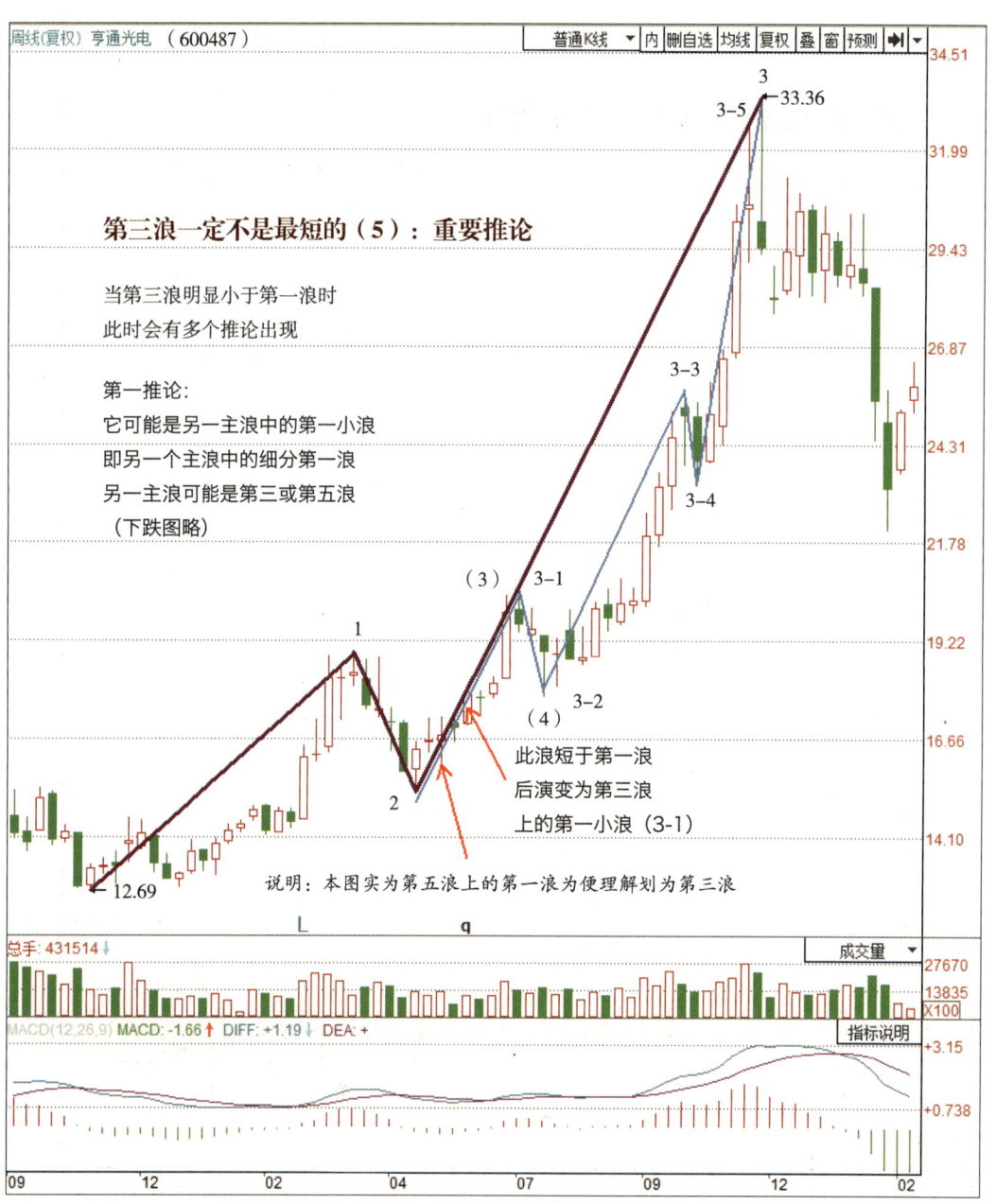

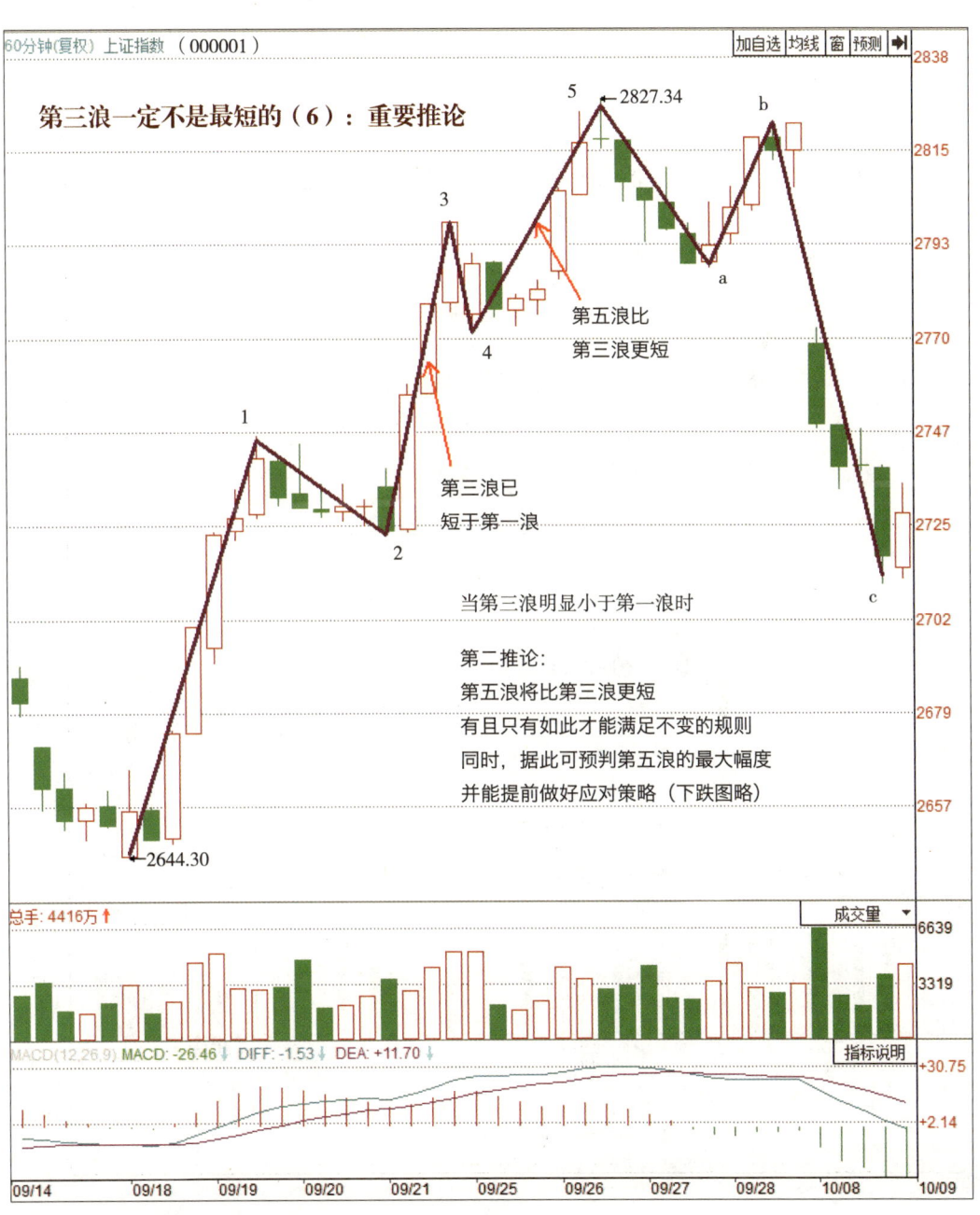

Chapter Five

第五章 波浪分析法

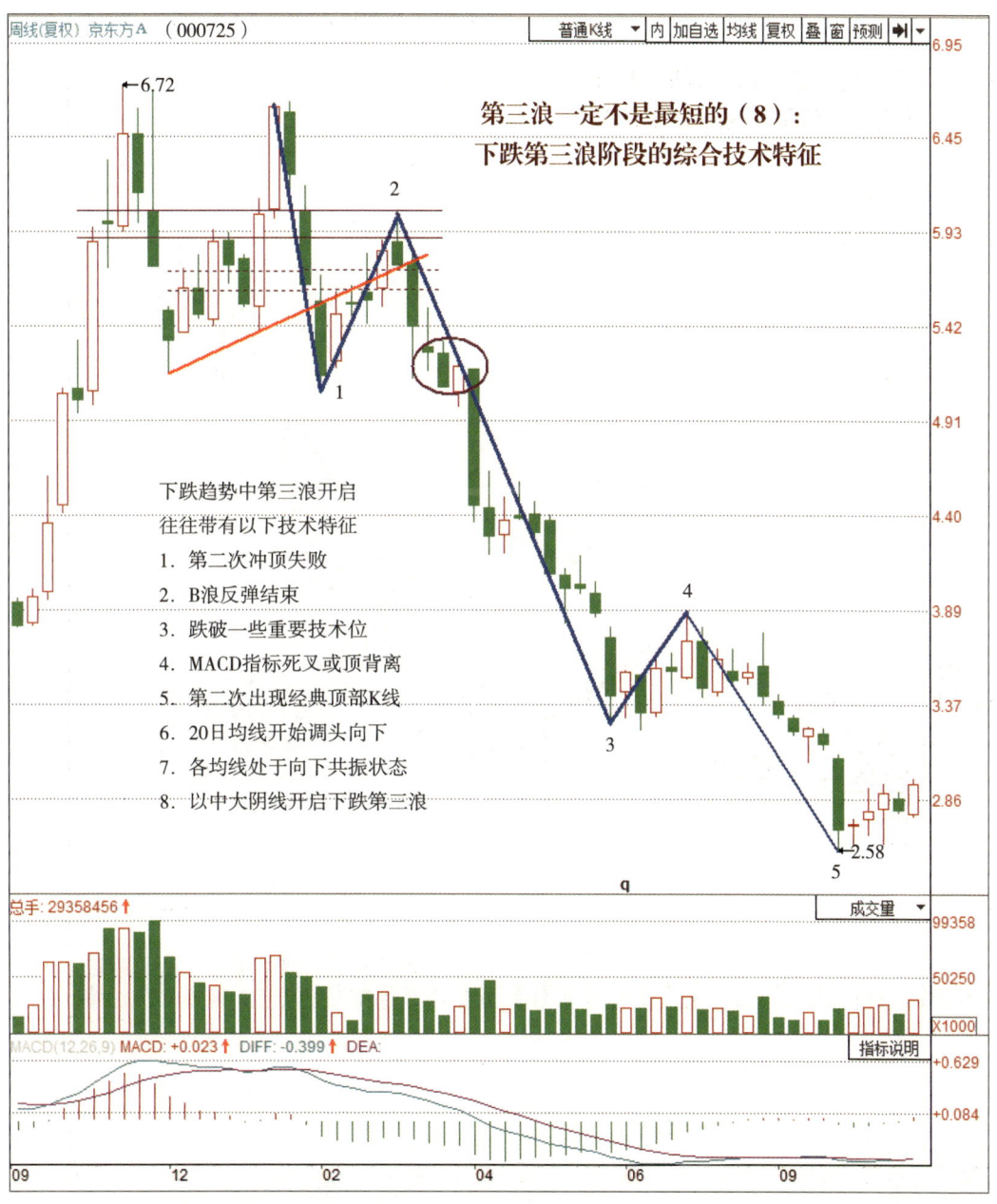

波浪分析法

· 277 ·

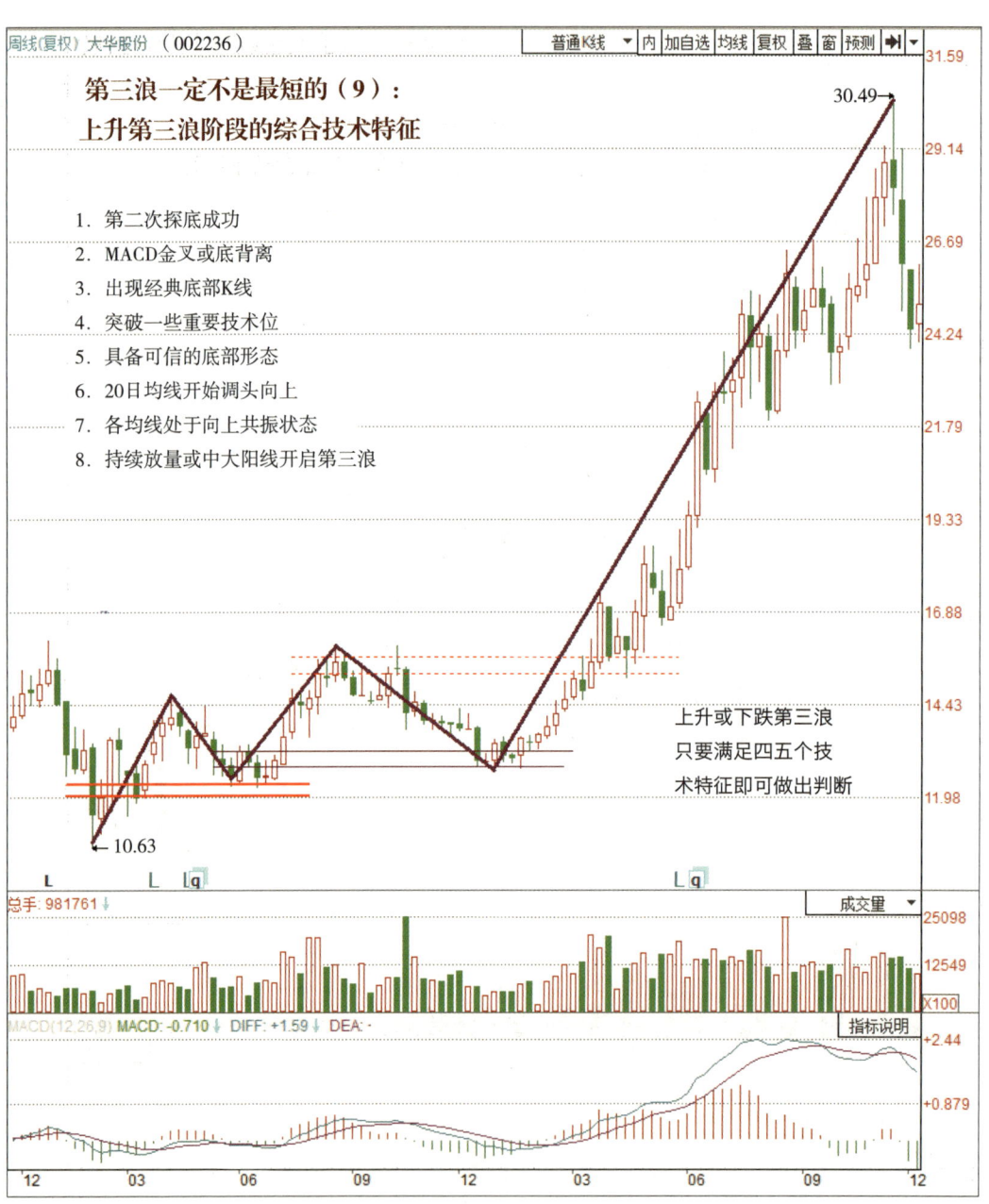

Chapter Five
第五章
波浪分析法

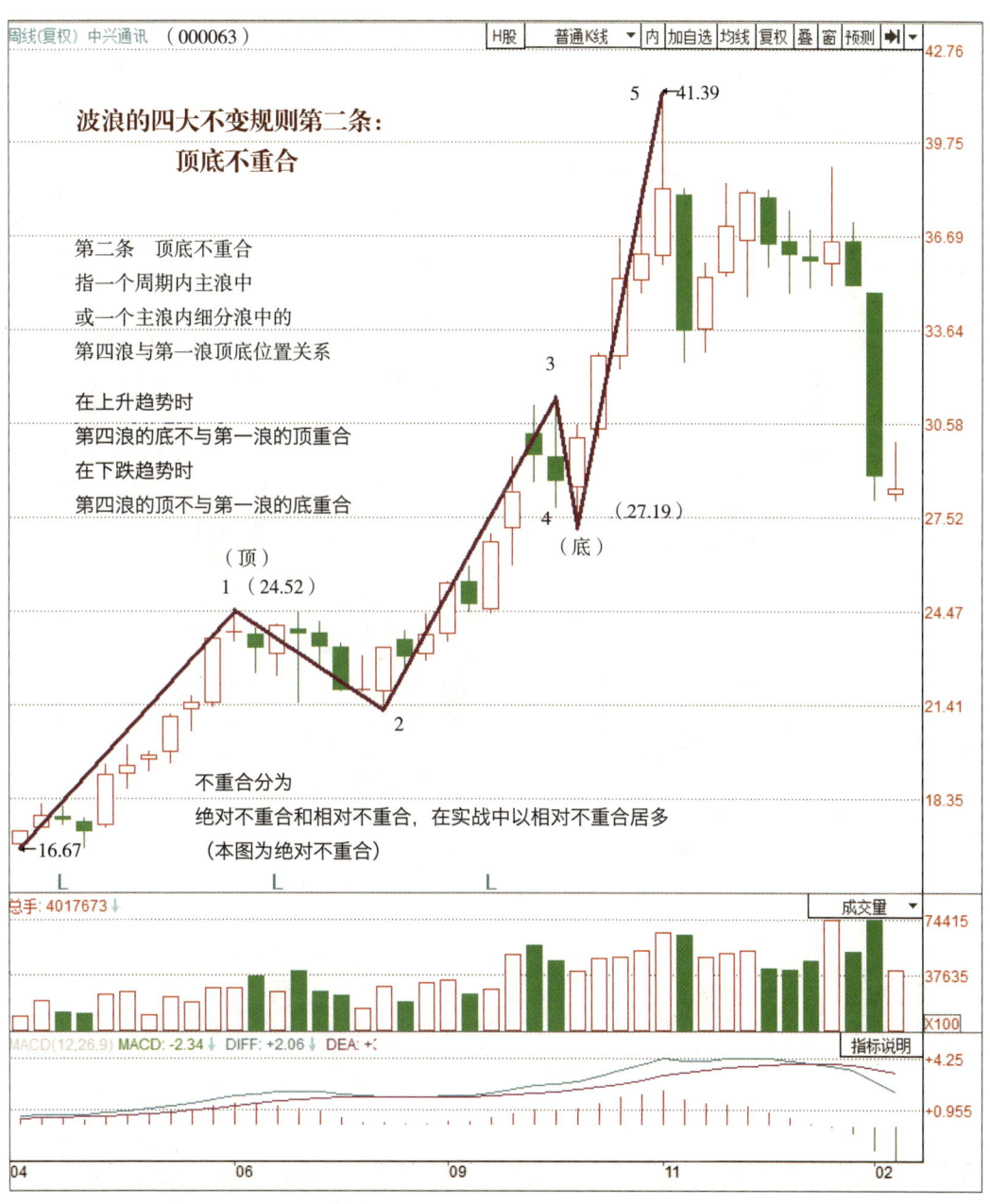

· 279 ·

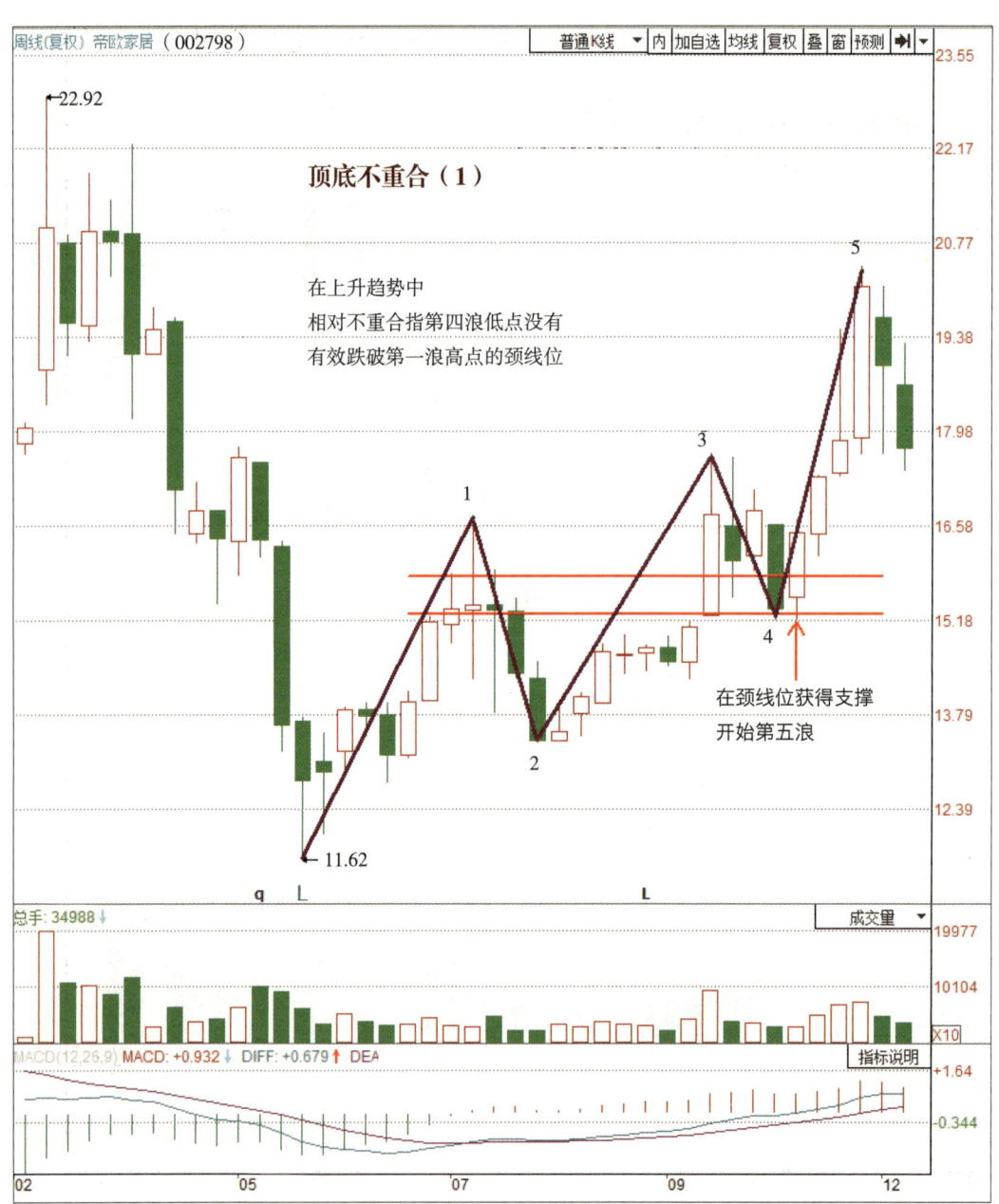

Chapter Five
第五章
波浪分析法

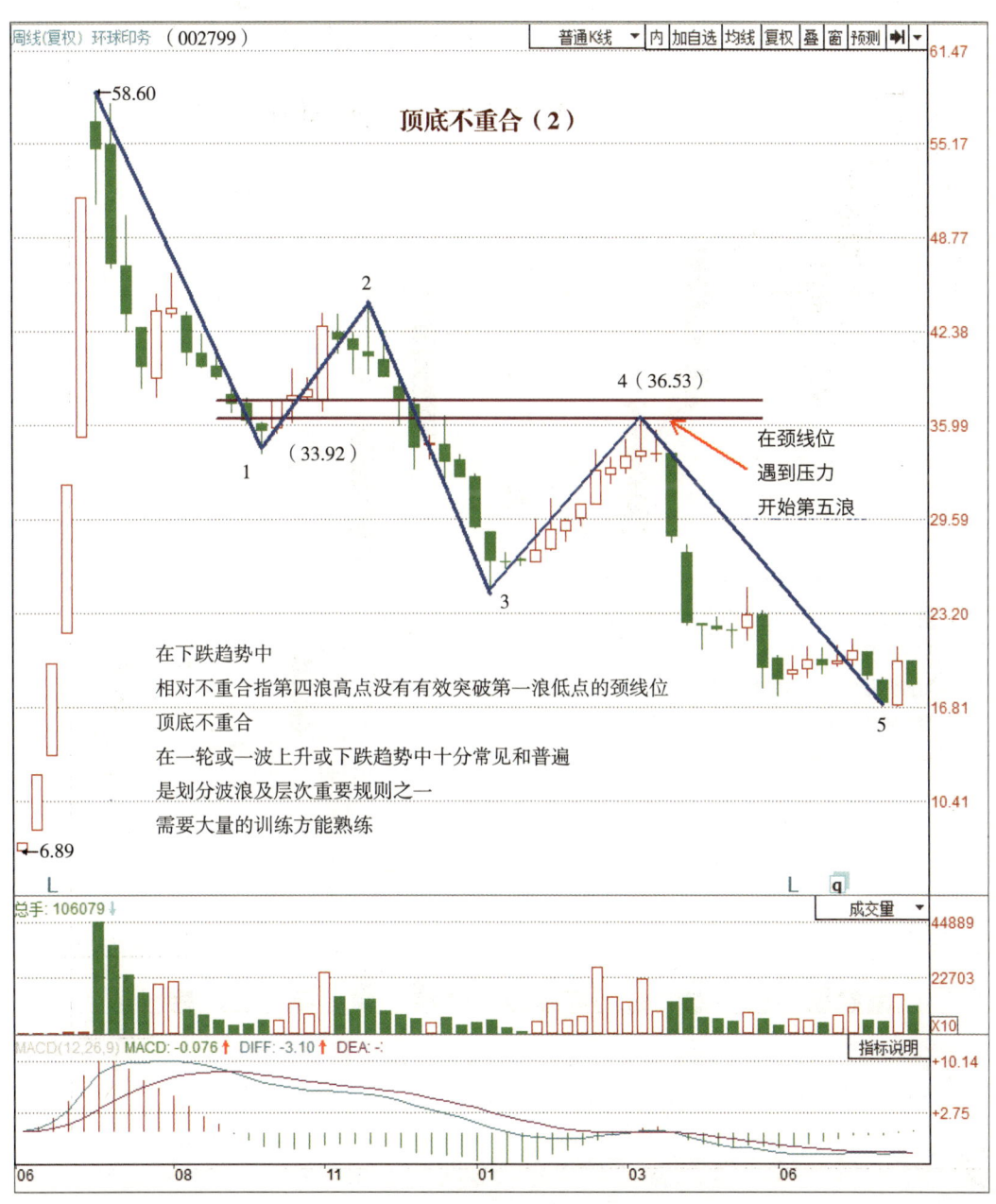

顶底不重合（2）

在下跌趋势中
相对不重合指第四浪高点没有有效突破第一浪低点的颈线位
顶底不重合
在一轮或一波上升或下跌趋势中十分常见和普遍
是划分波浪及层次重要规则之一
需要大量的训练方能熟练

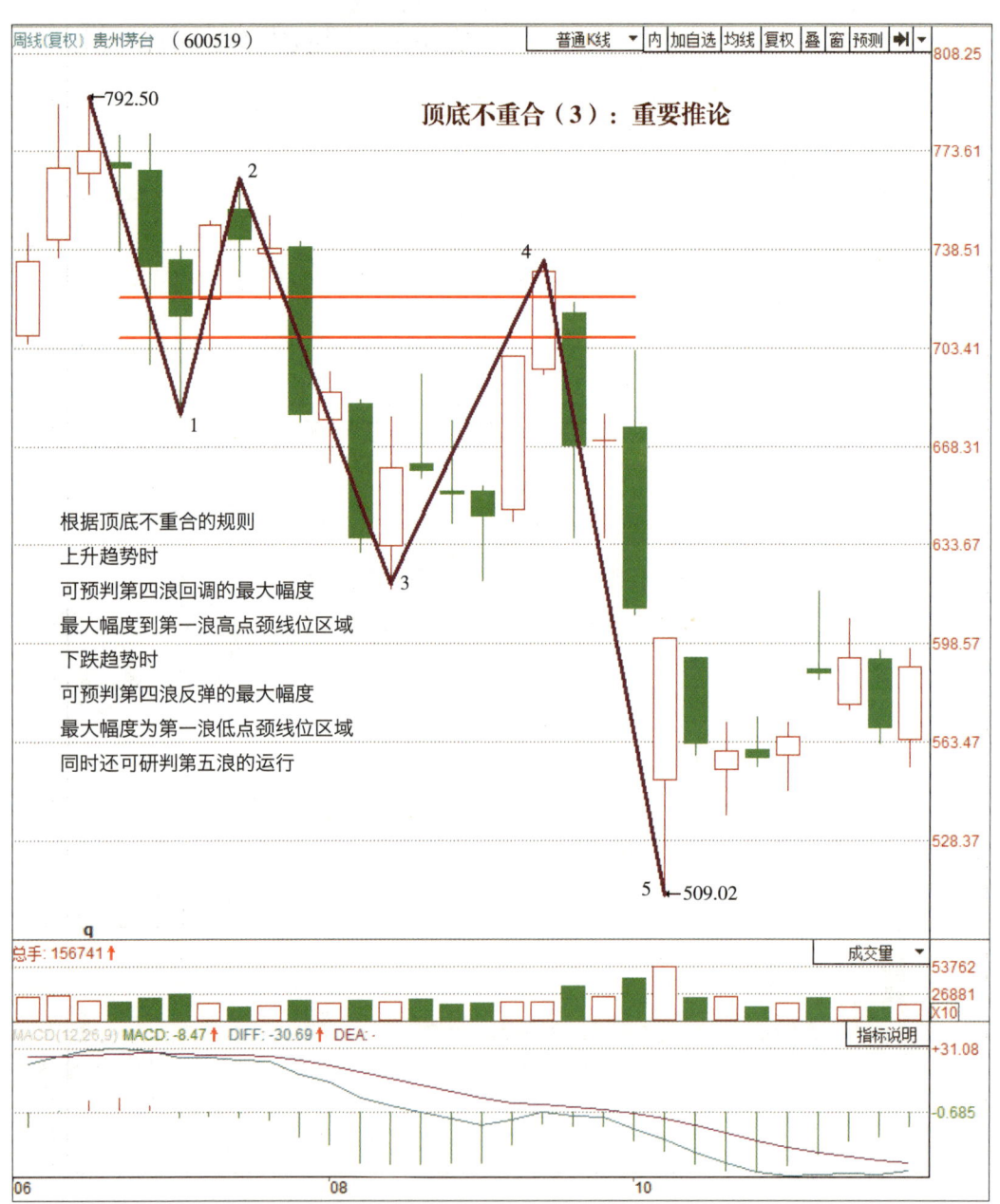

Chapter Five

第五章
波浪分析法

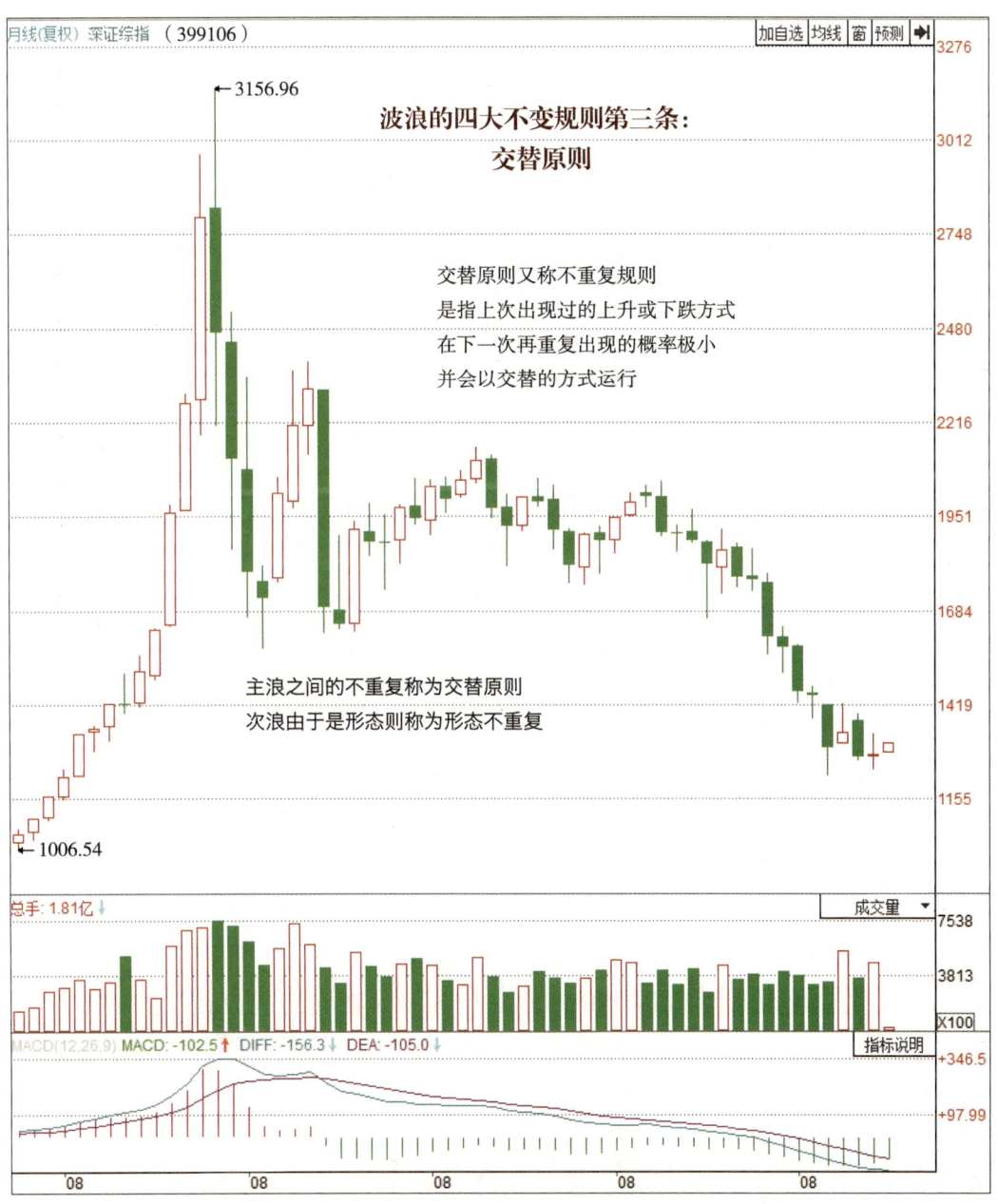

波浪分析法

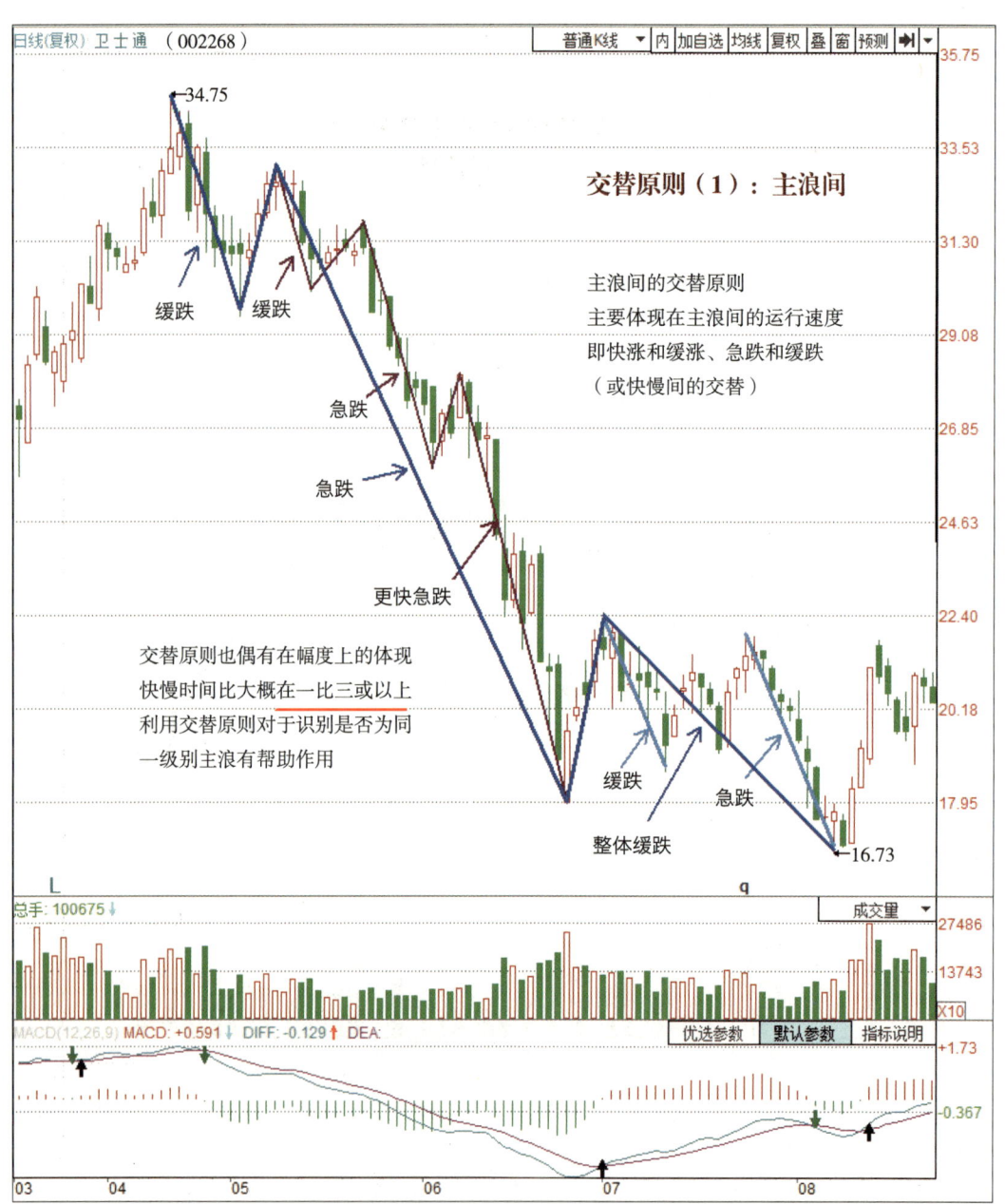

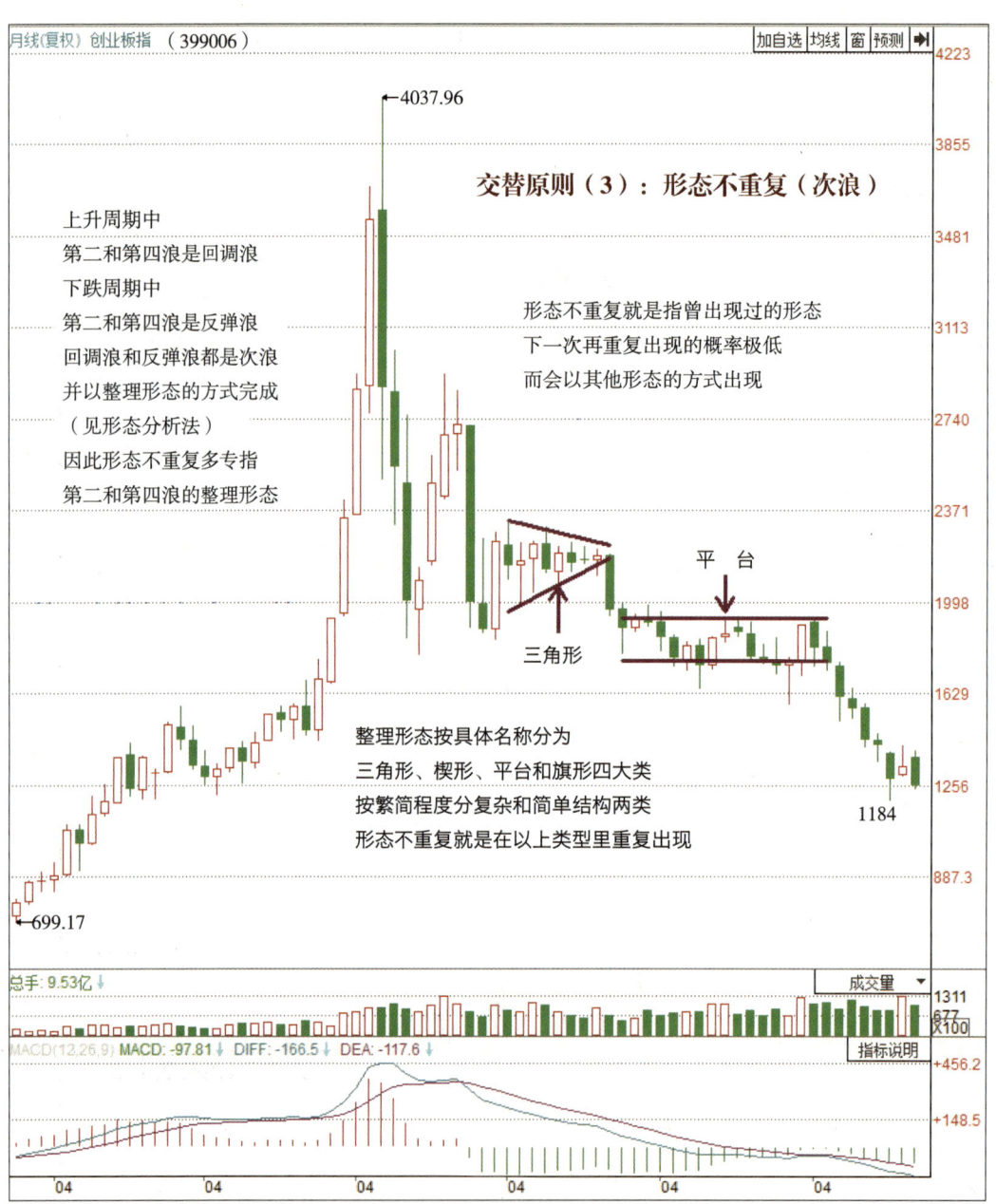

Chapter Five

第五章 波浪分析法

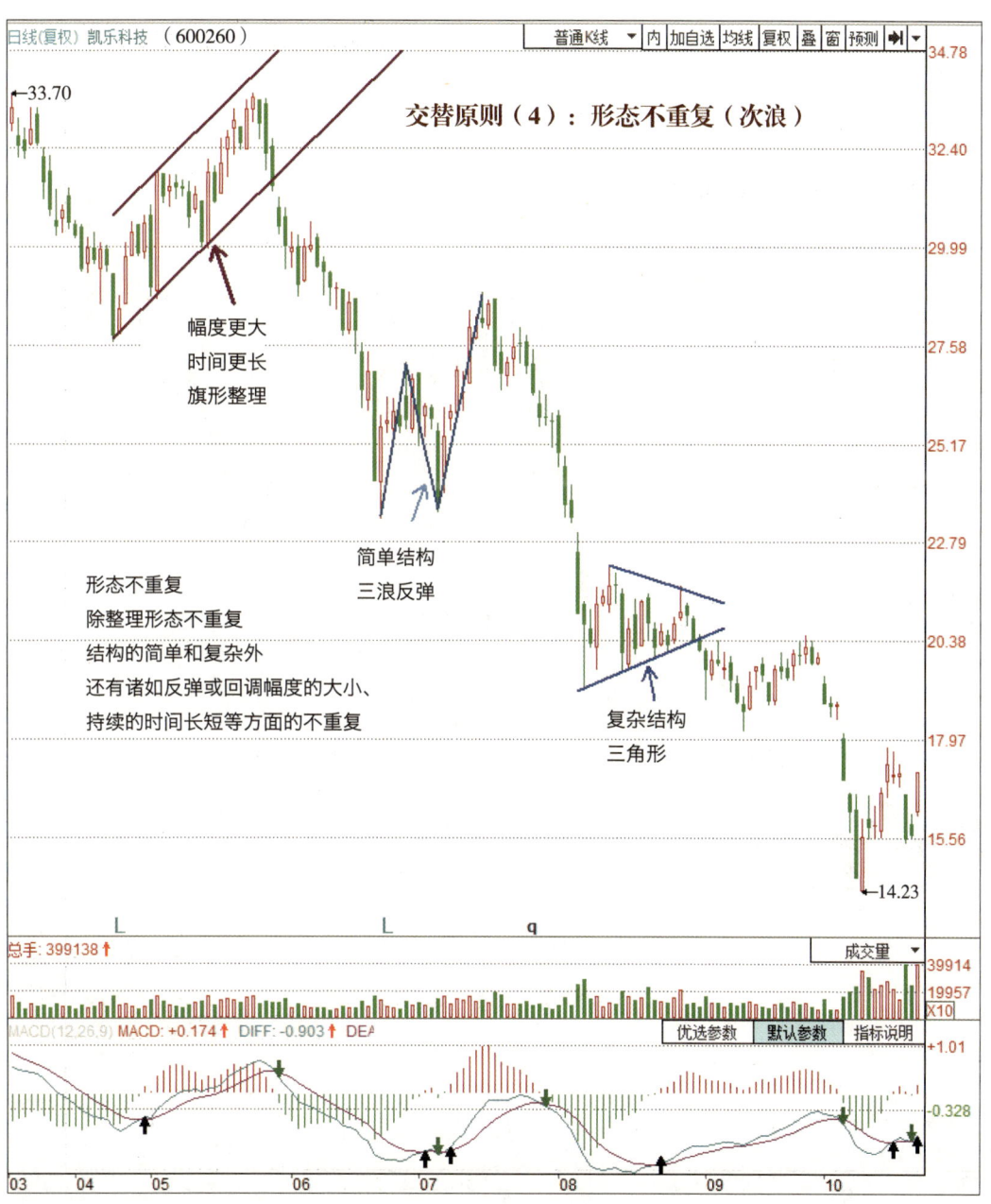

波浪分析法

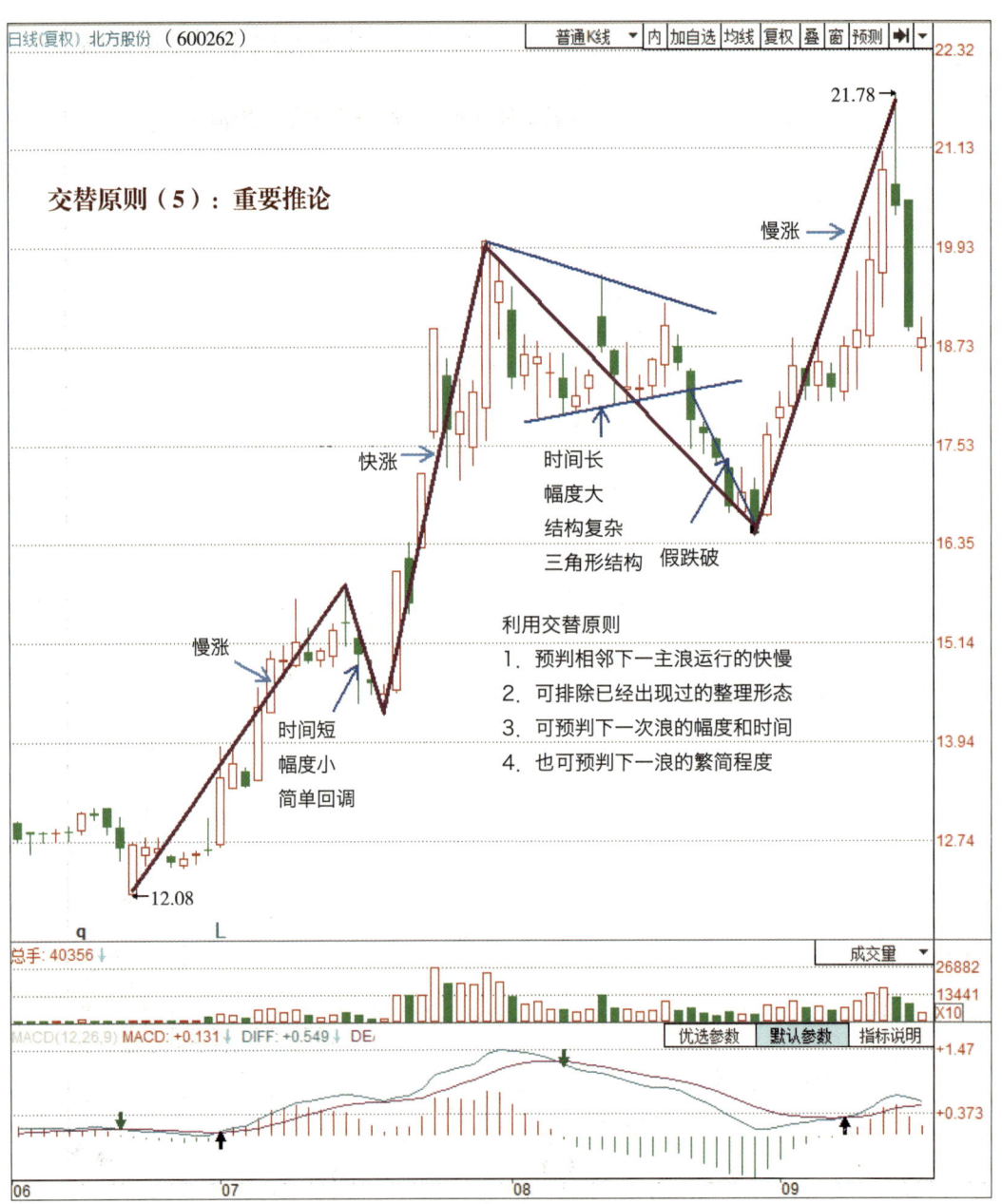

Chapter Five

第五章 波浪分析法

· 289 ·

Chapter Five
第五章
波浪分析法

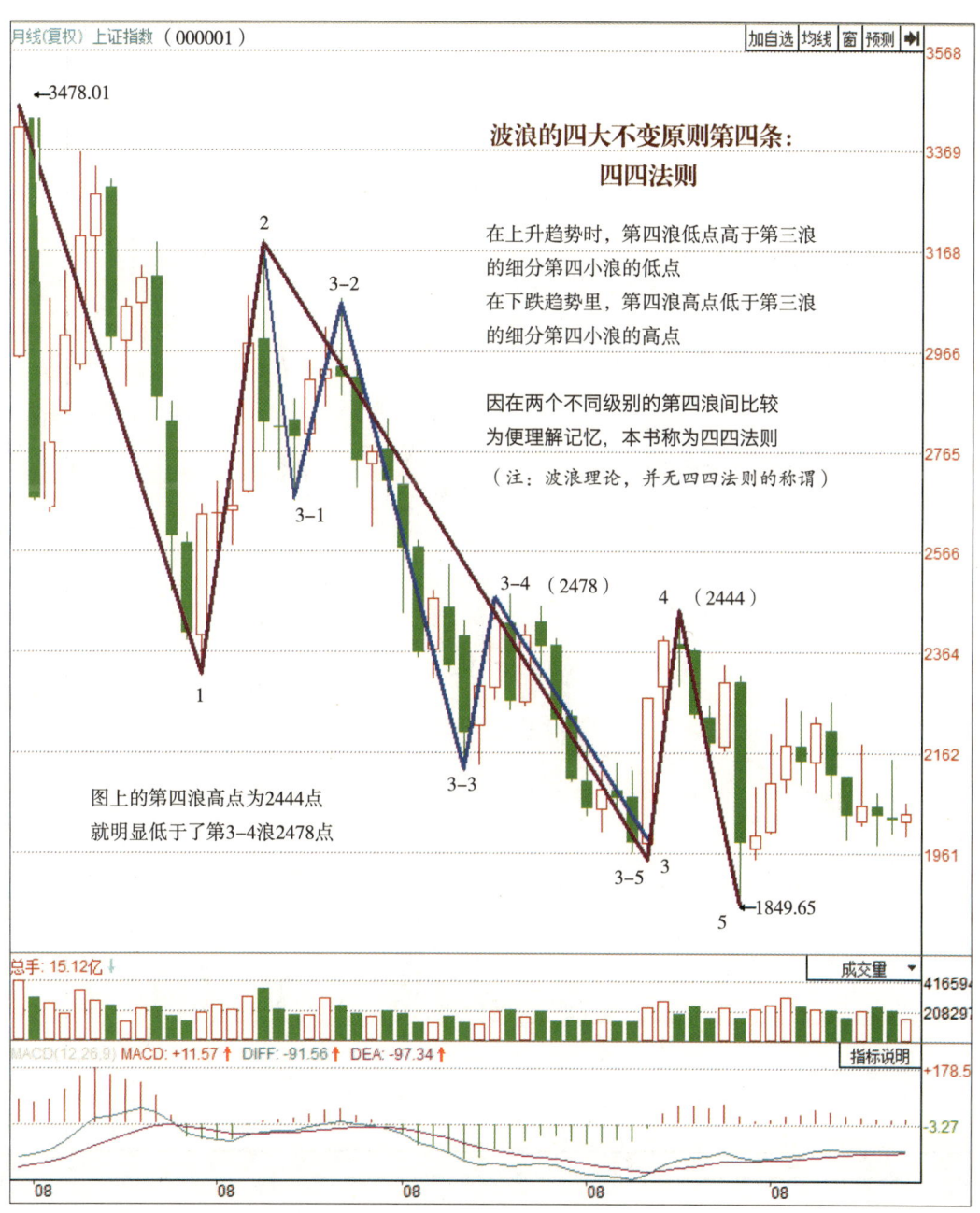

波浪分析法

Chapter Five

第五章
波浪分析法

· 波浪分析法 ·

Chapter Five
第五章
波浪分析法

（二）波浪的衰竭和延伸：
衰竭（1）

衰竭是指第五浪的终点
没有超过第三浪的终点
即第五浪没有创出新高
或新低的情况
衰竭只发生在第五浪上
也包括细分第五浪

2014年3月上证在1974点的经典衰竭
就此完成了更大周期上的C5大浪结构
并开启了上升至5178点的第一大浪

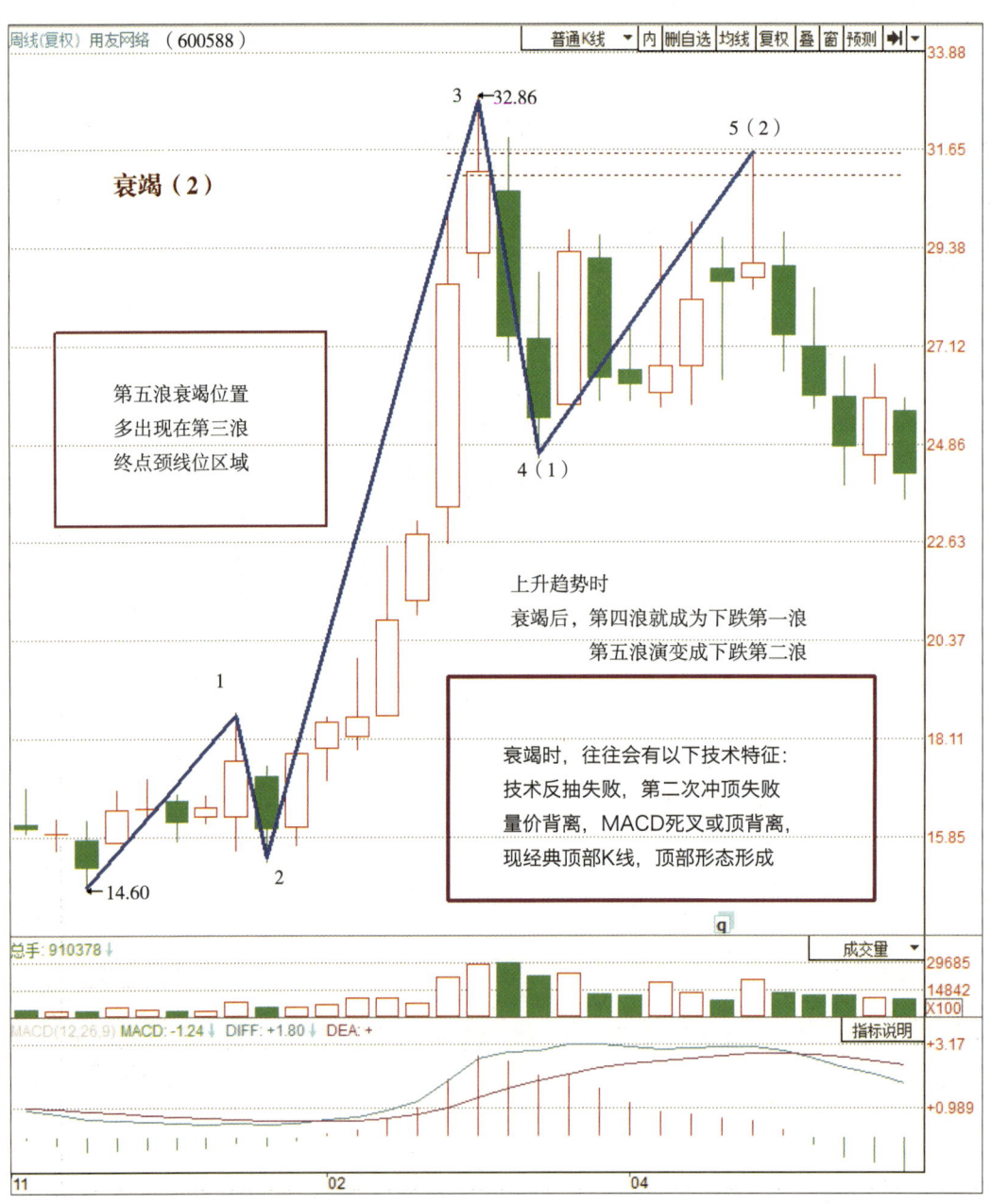

Chapter Five 第五章 波浪分析法

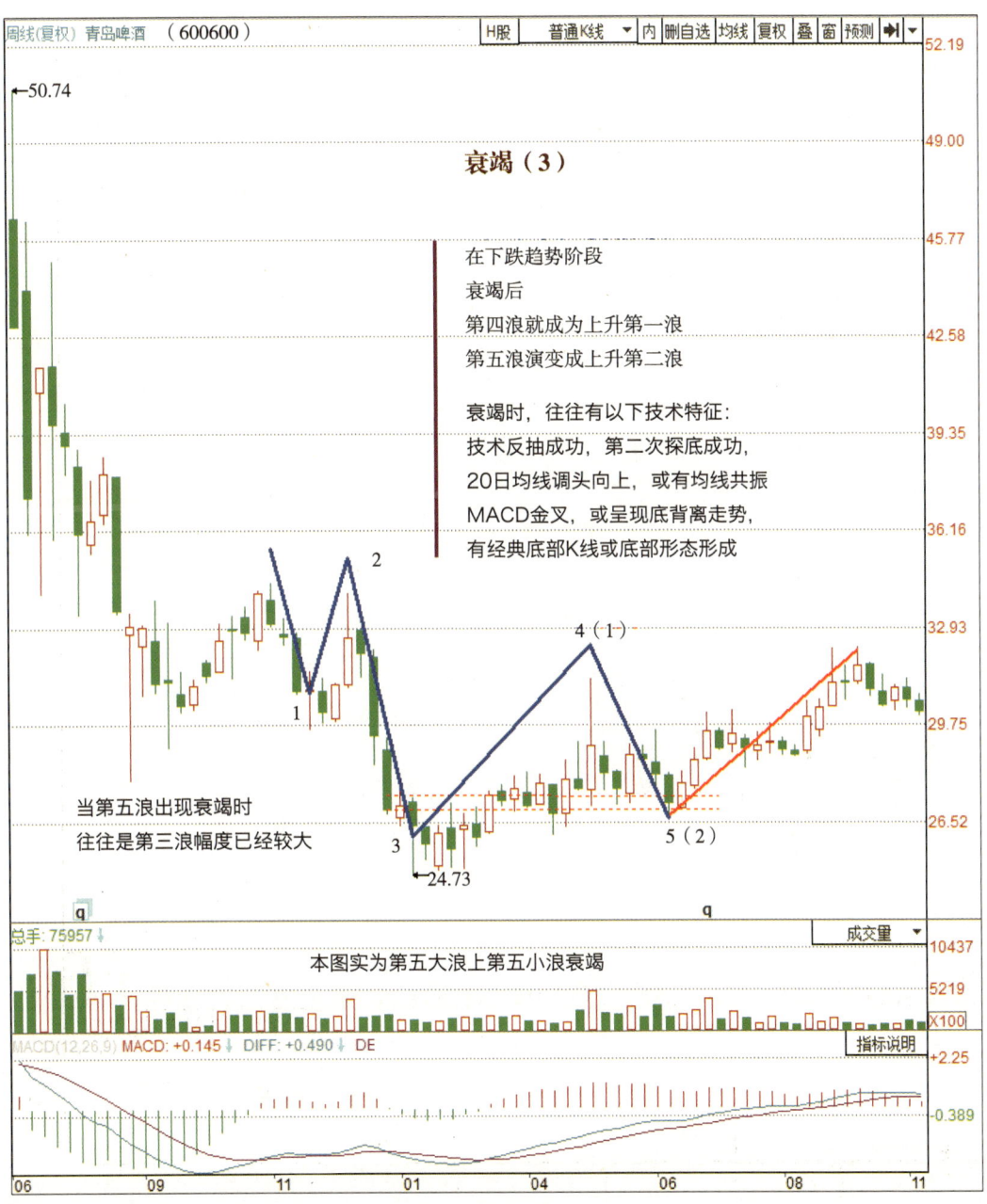

Chapter Five

第五章 波浪分析法

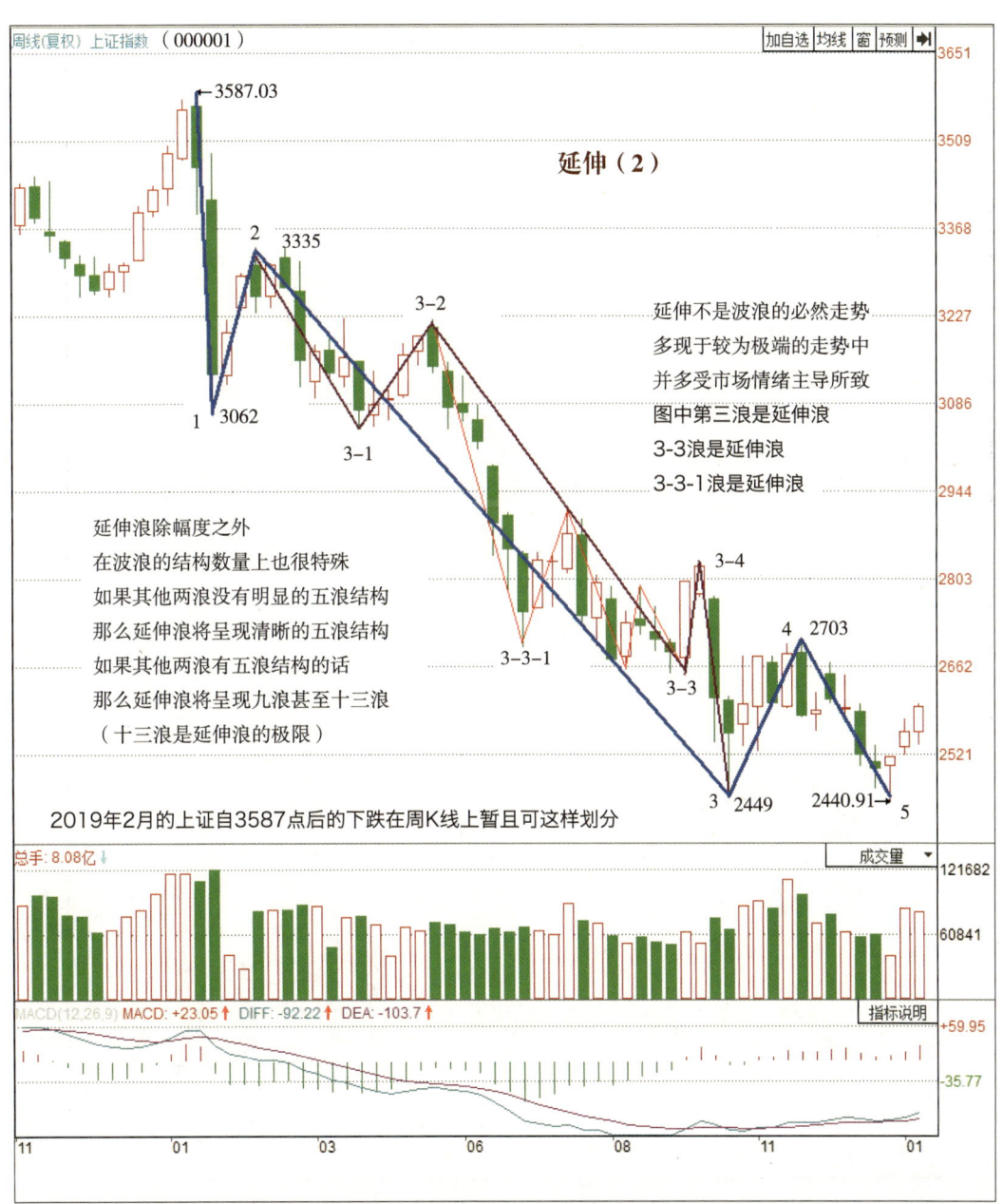

延伸（2）

延伸不是波浪的必然走势
多现于较为极端的走势中
并多受市场情绪主导所致
图中第三浪是延伸浪
3-3浪是延伸浪
3-3-1浪是延伸浪

延伸浪除幅度之外
在波浪的结构数量上也很特殊
如果其他两浪没有明显的五浪结构
那么延伸浪将呈现清晰的五浪结构
如果其他两浪有五浪结构的话
那么延伸浪将呈现九浪甚至十三浪
（十三浪是延伸浪的极限）

2019年2月的上证自3587点后的下跌在周K线上暂且可这样划分

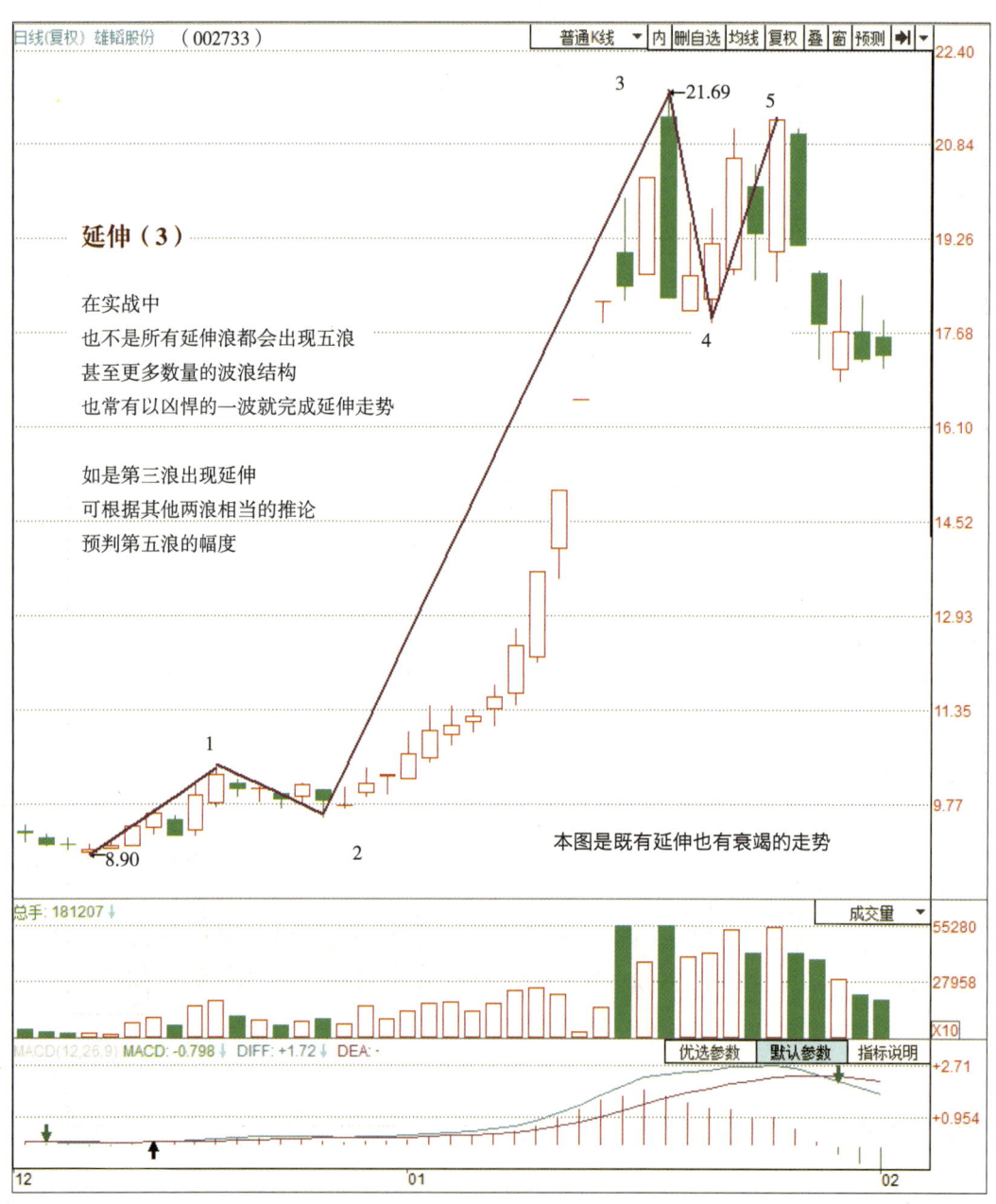

Chapter Five
第五章 波浪分析法

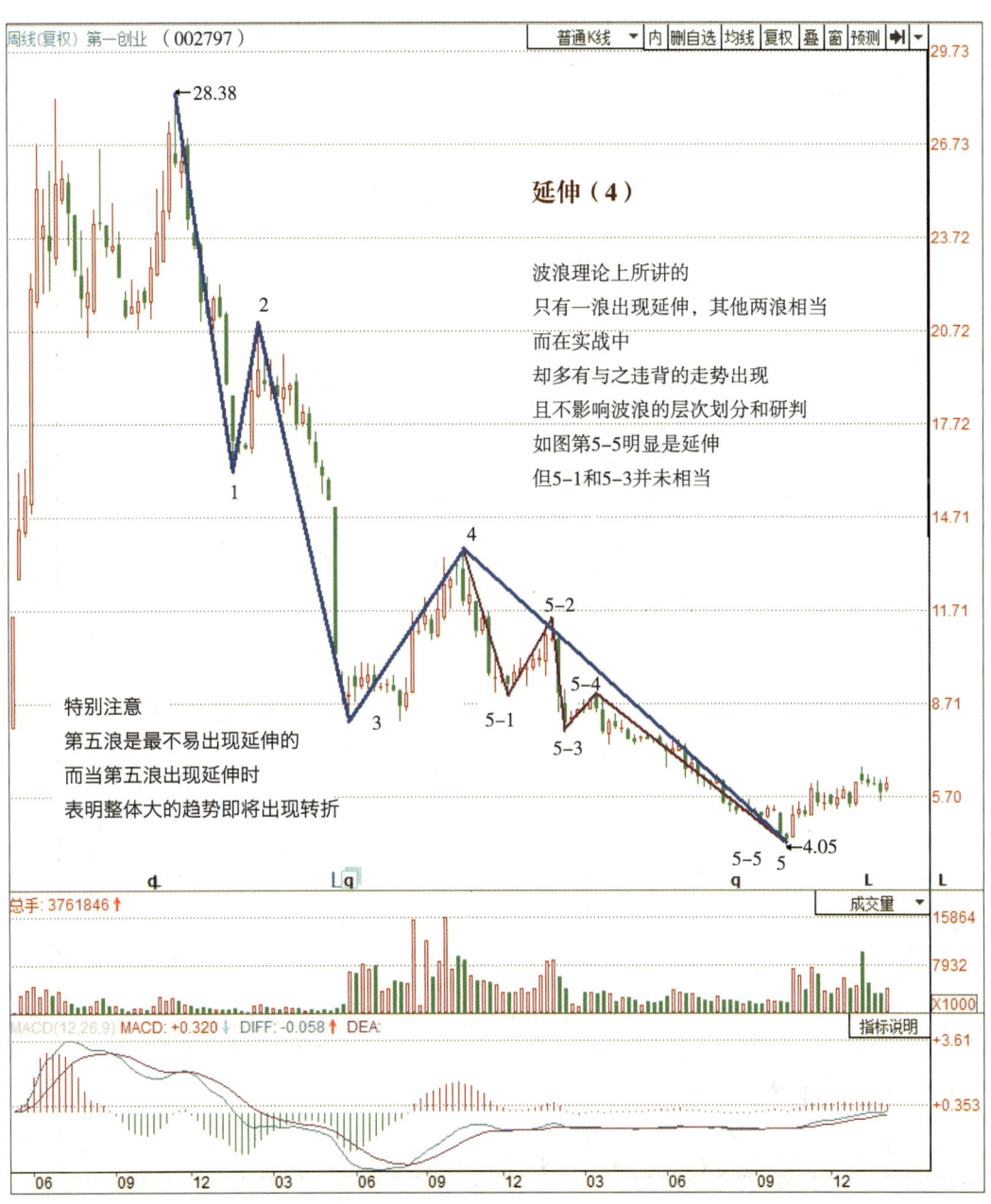

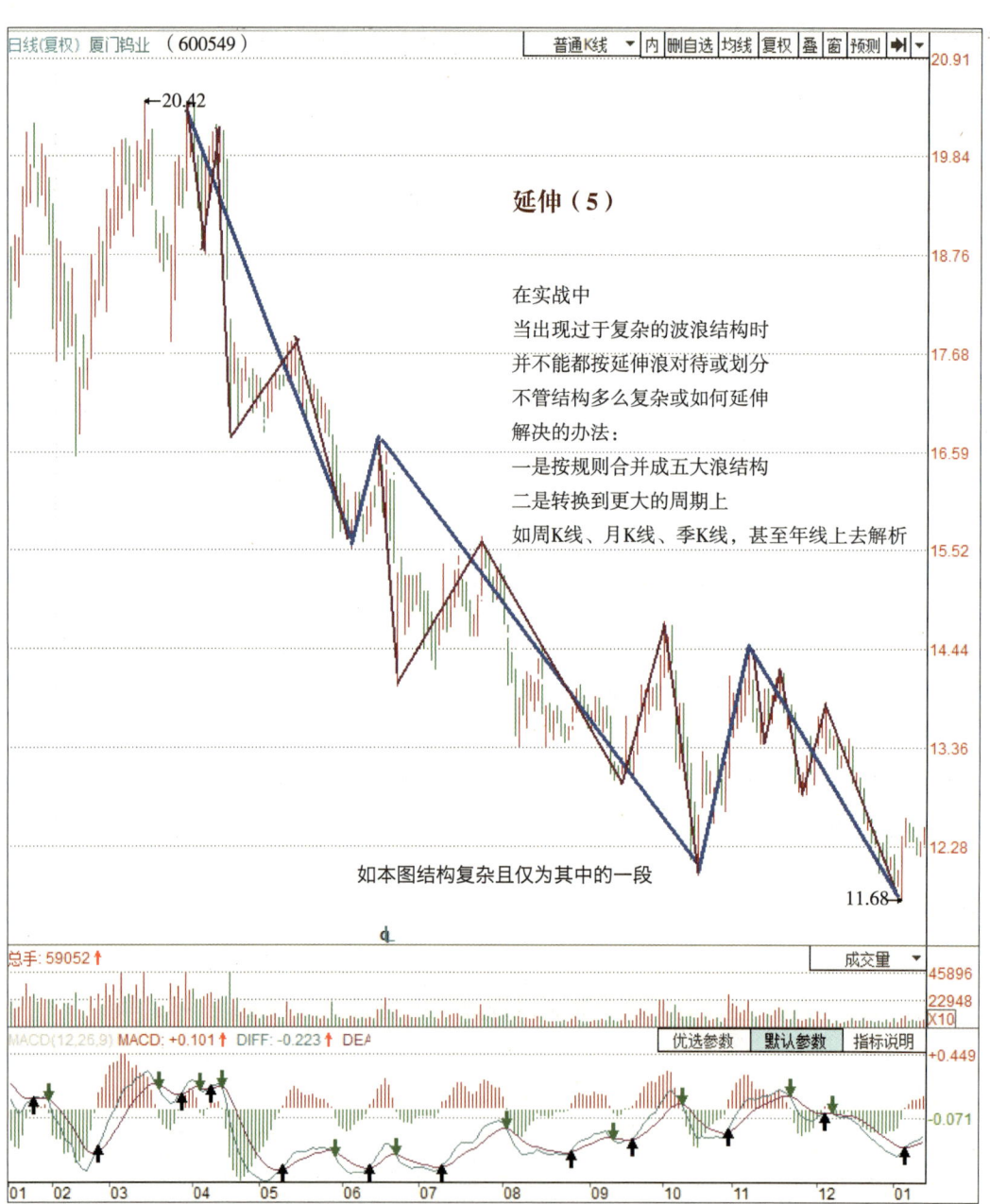

延伸（5）

在实战中
当出现过于复杂的波浪结构时
并不能都按延伸浪对待或划分
不管结构多么复杂或如何延伸
解决的办法：
一是按规则合并成五大浪结构
二是转换到更大的周期上
如周K线、月K线、季K线，甚至年线上去解析

如本图结构复杂且仅为其中的一段

Chapter Five
第五章 波浪分析法

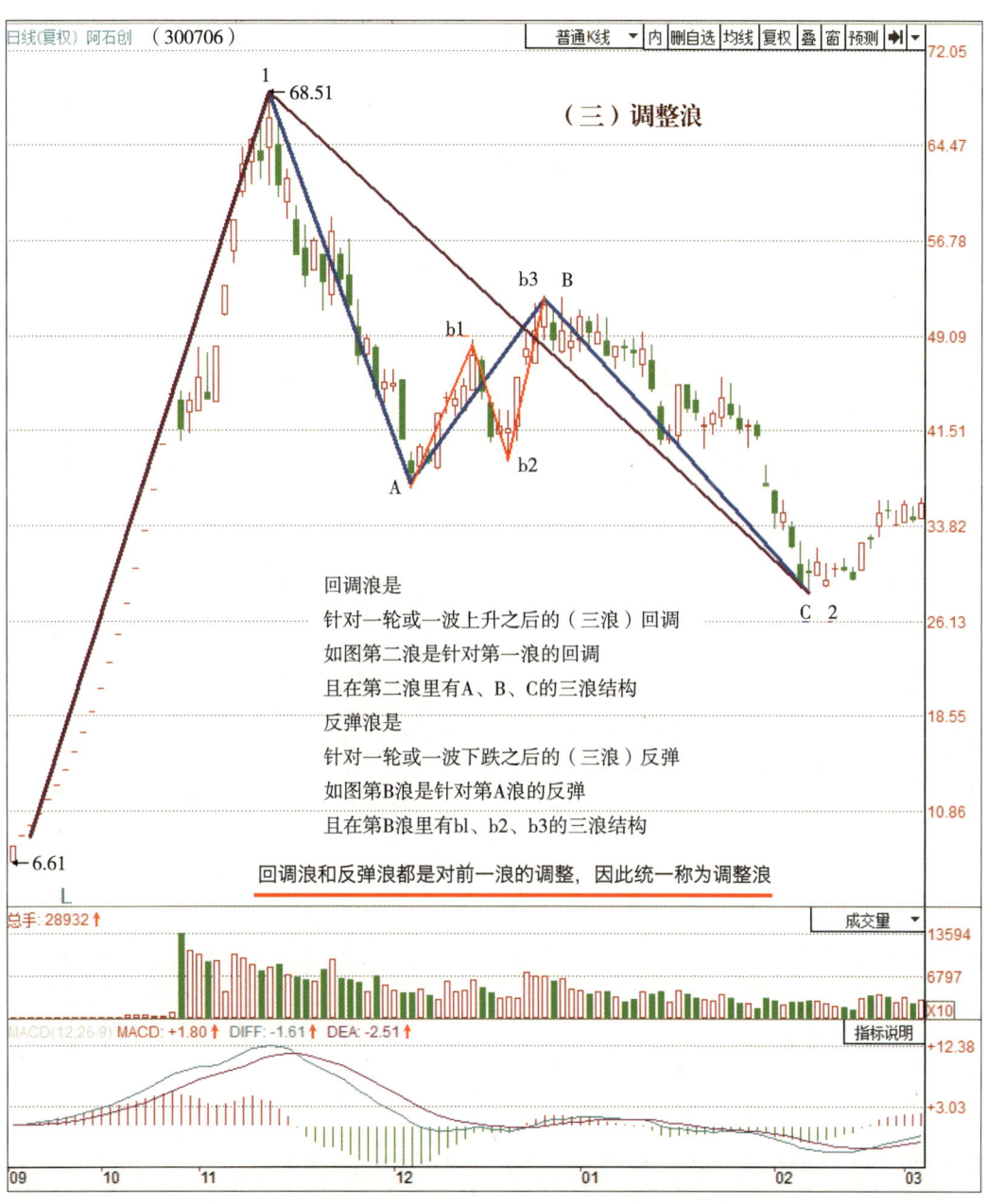

波浪分析法

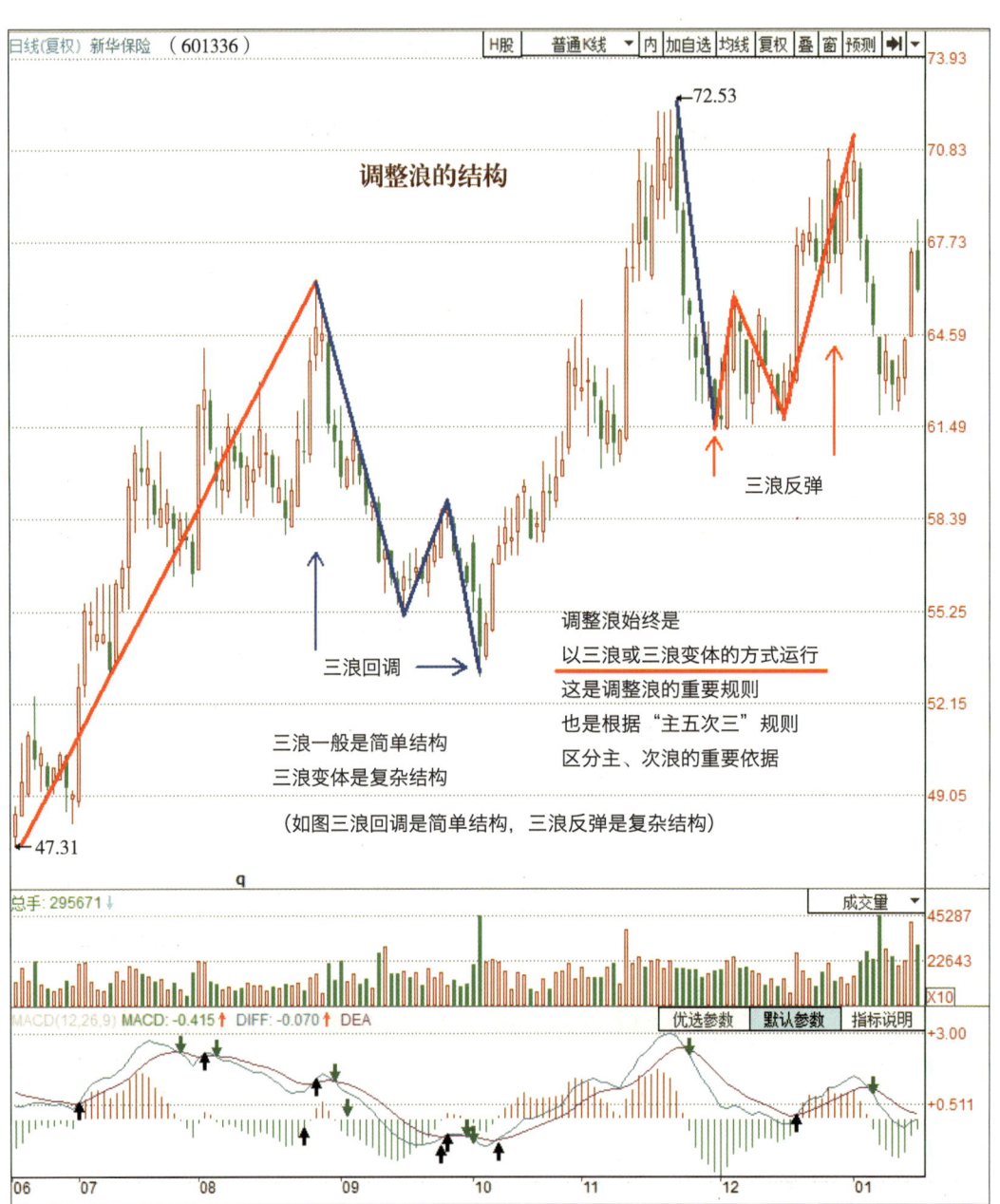

Chapter Five

第五章 波浪分析法

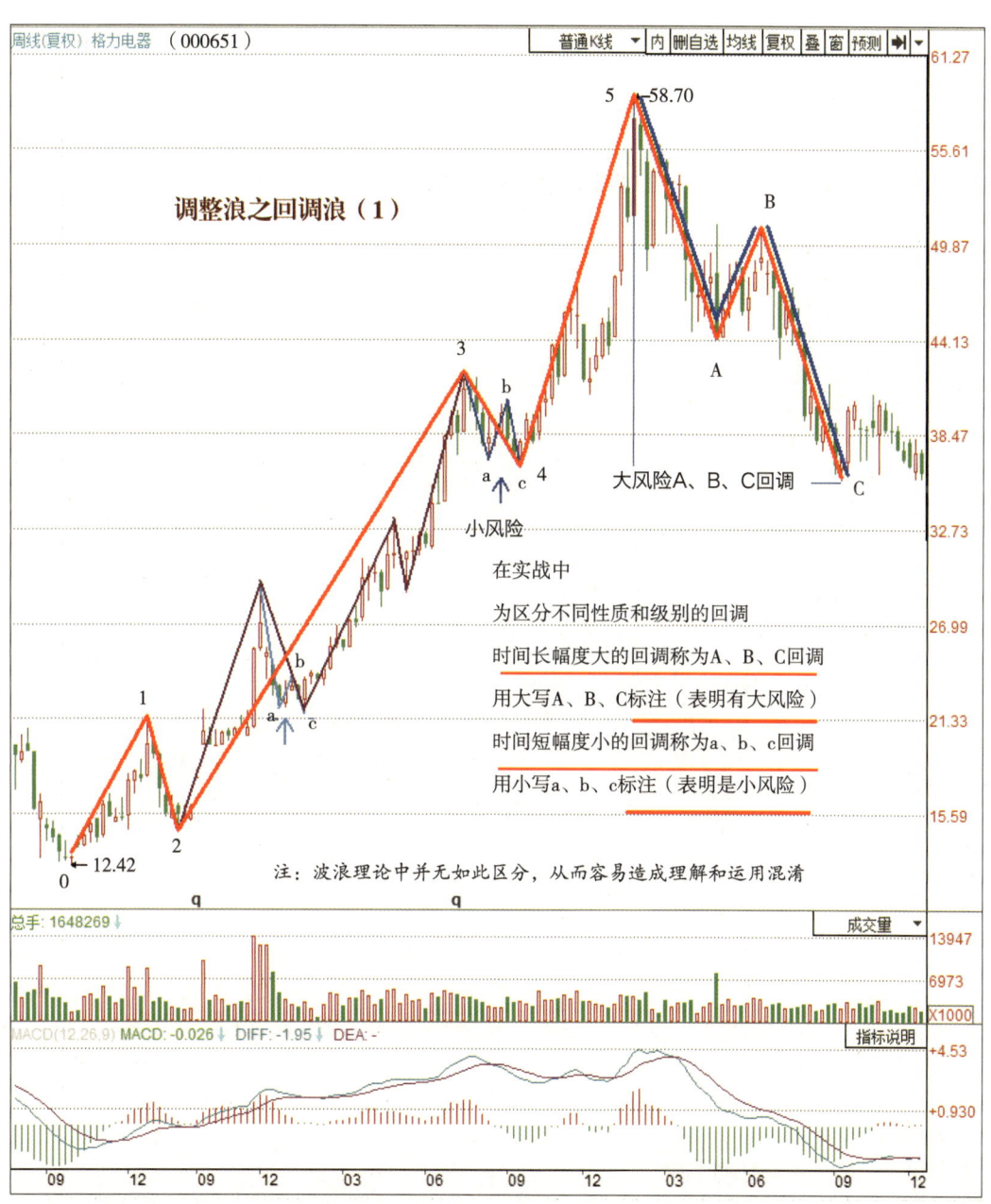

· 305 ·

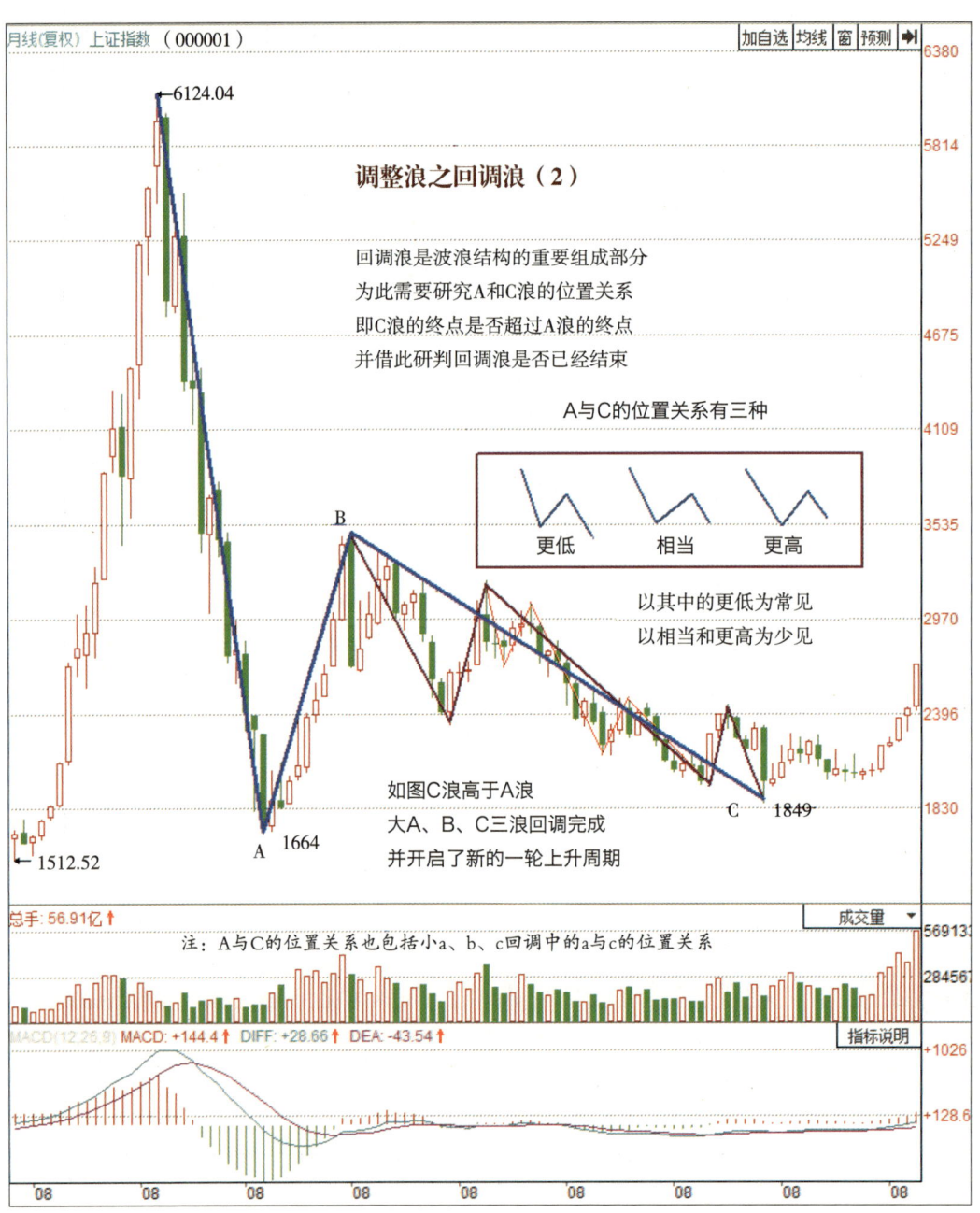

Chapter Five
第五章
波浪分析法

调整浪之反弹浪（1）

反弹浪是对一轮或一波下跌的反弹
反弹浪结束之后还会重新步入下跌
为此，本书为区别和防范风险之需
特将反弹三浪称为"B浪式反弹"
并泛指反弹结束后
新的下跌风险将来临

在波浪理论中
不管是反弹三浪还是回调三浪
都一律称为a、b、c且并无大小写之分
因反弹三浪是机会、回调三浪是风险
不加区分的称谓不仅理解上容易混淆
在操作上更不利把握机会和回避风险
因此适当区分和修正实属必要
实质上也不改变波浪理论内容

波浪分析法

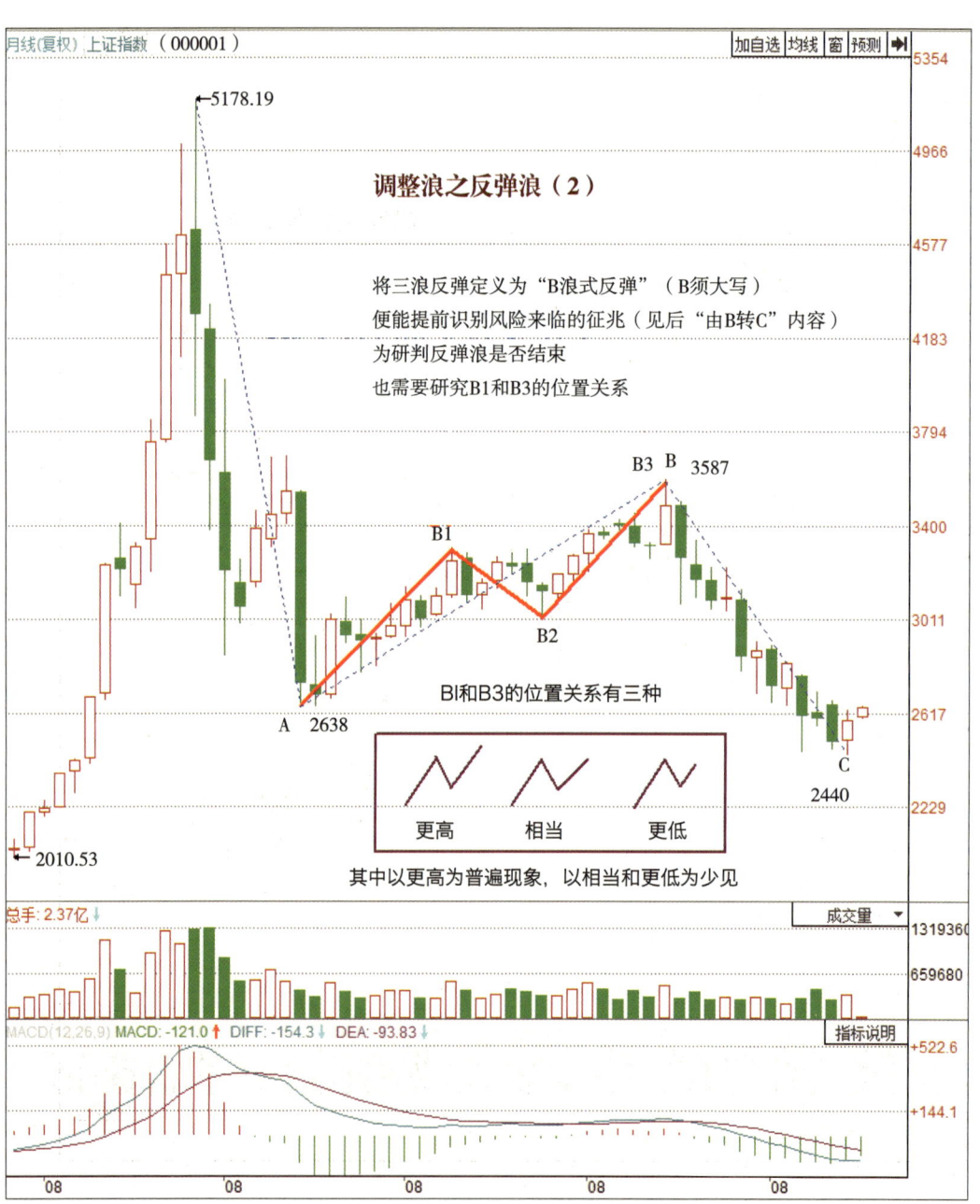

Chapter Five
第 五 章
波浪分析法

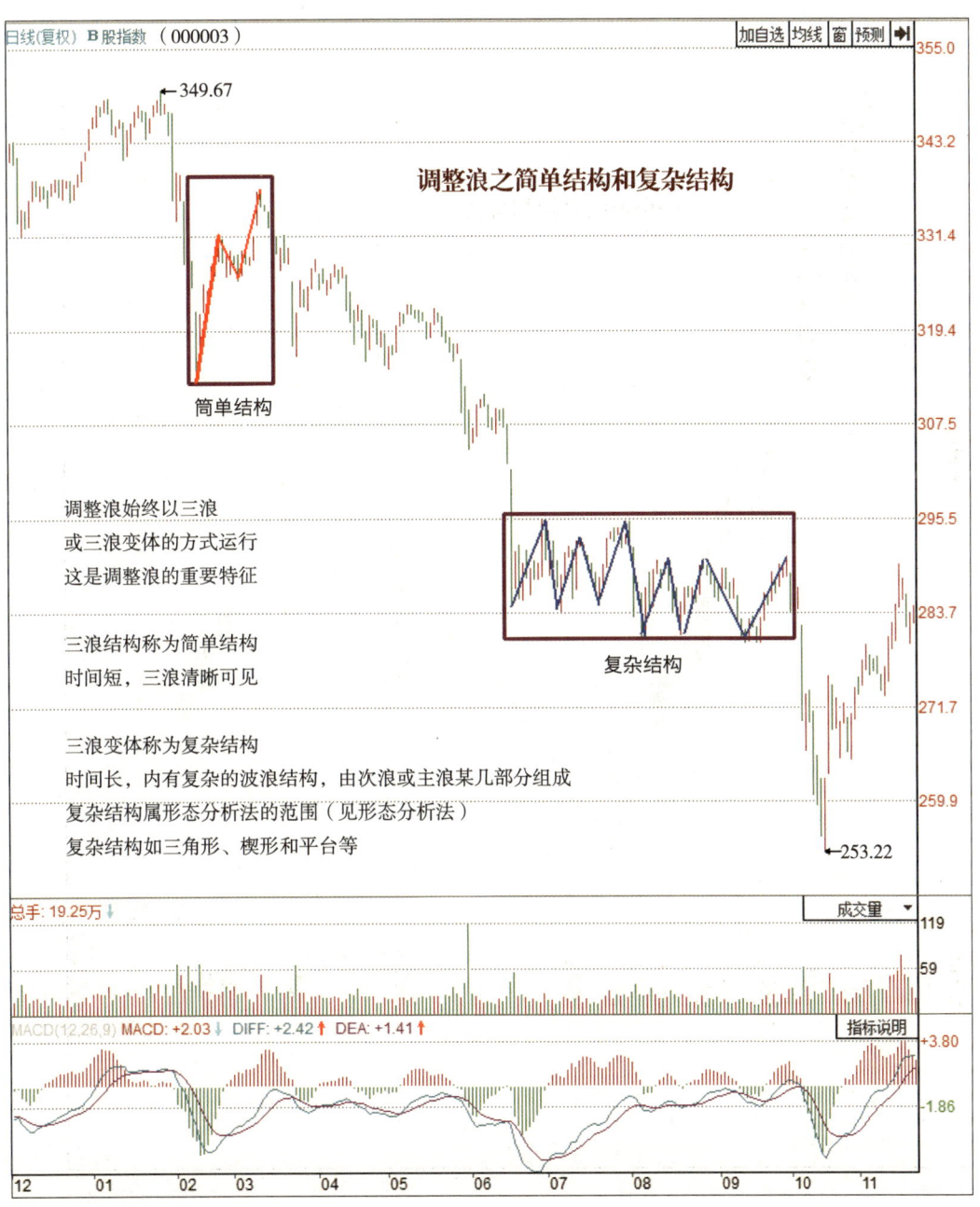

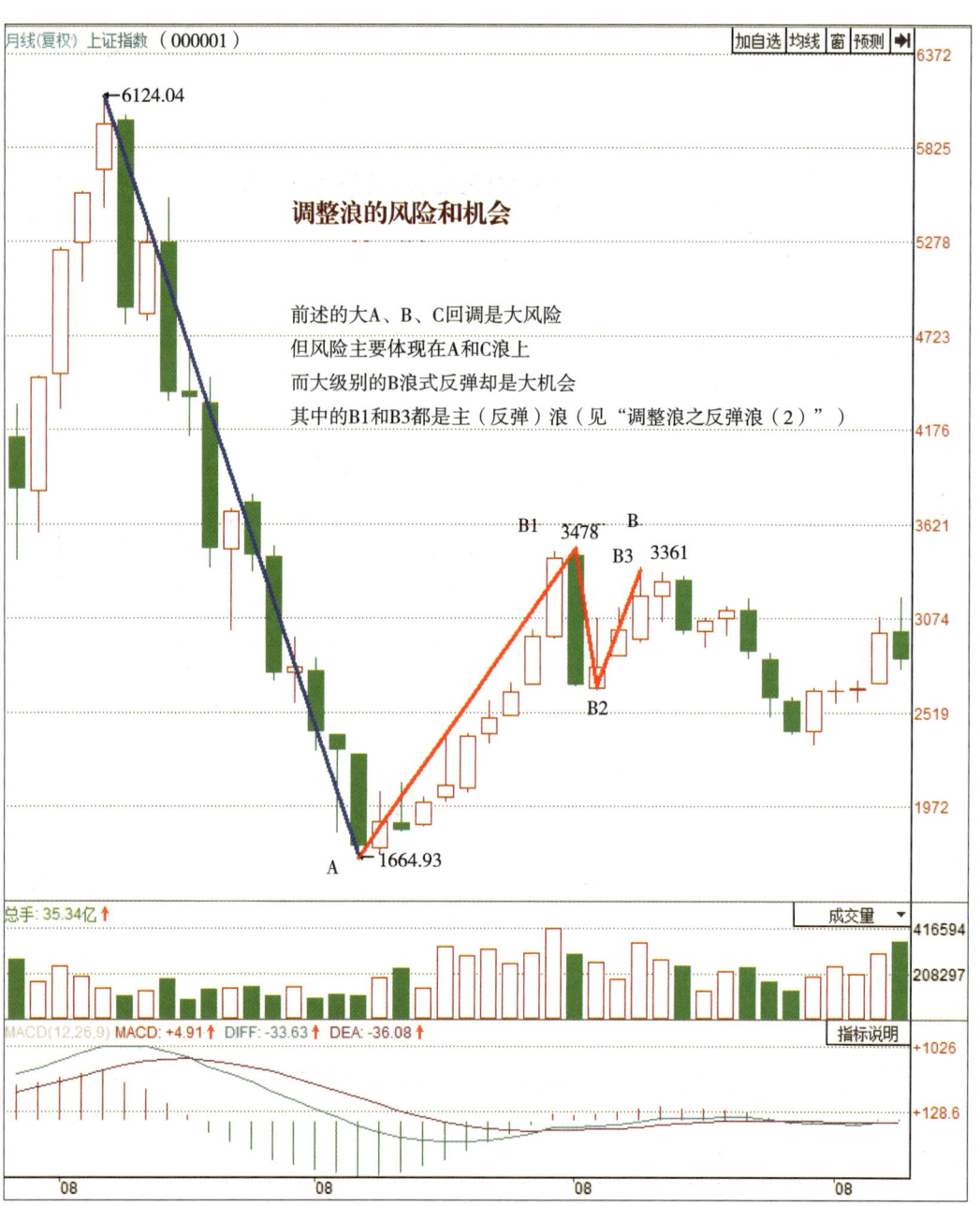

· 311 ·

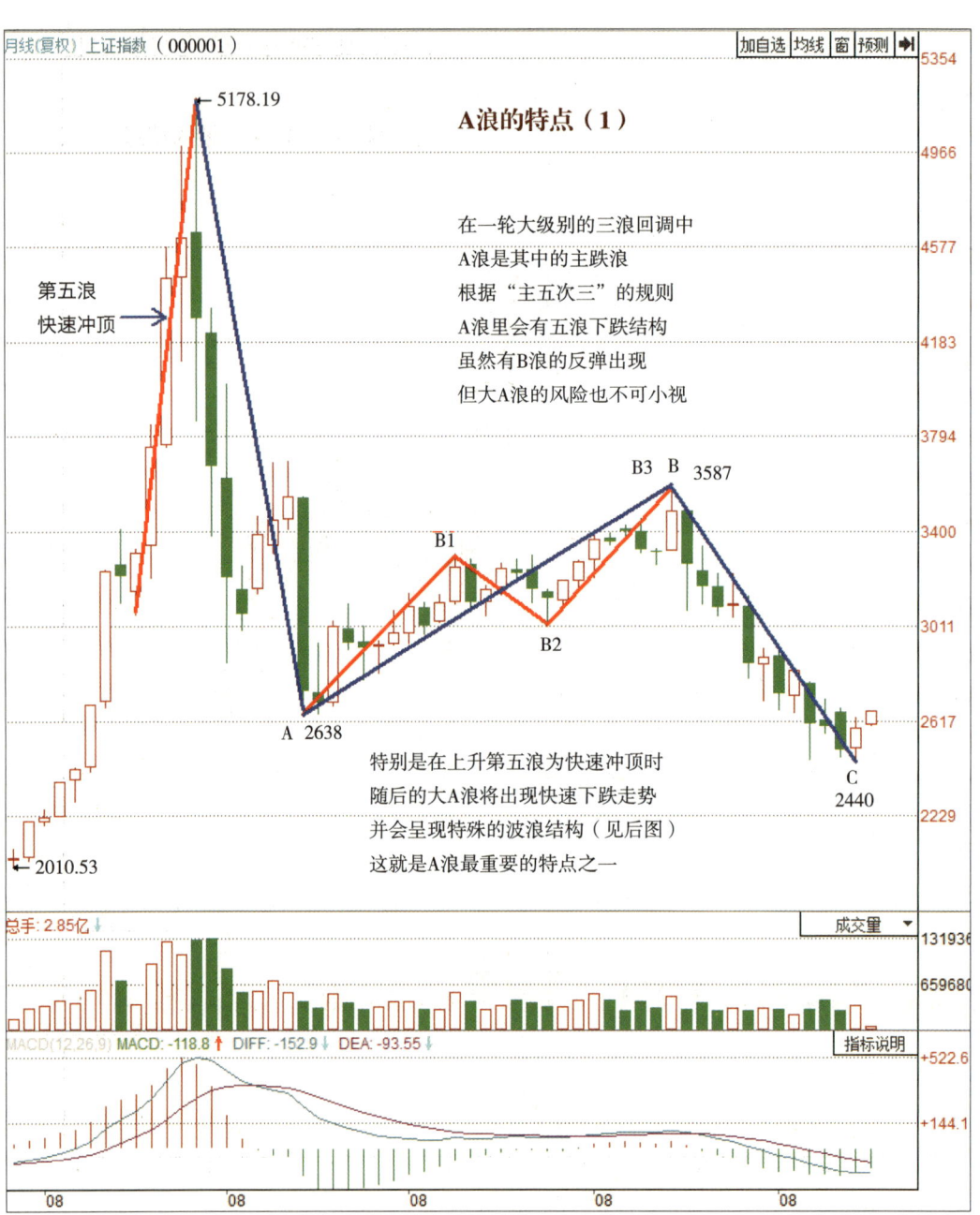

第五章 波浪分析法

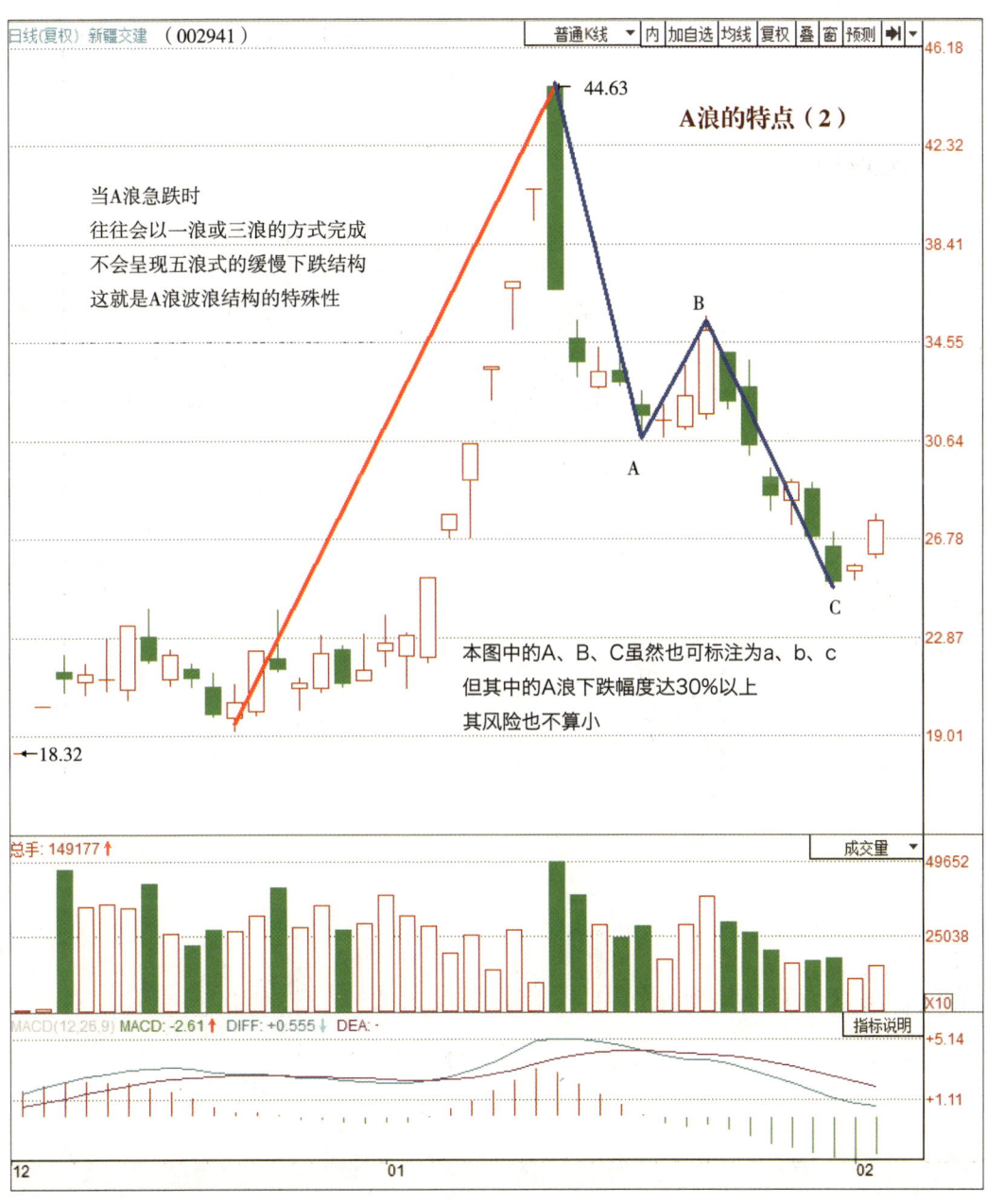

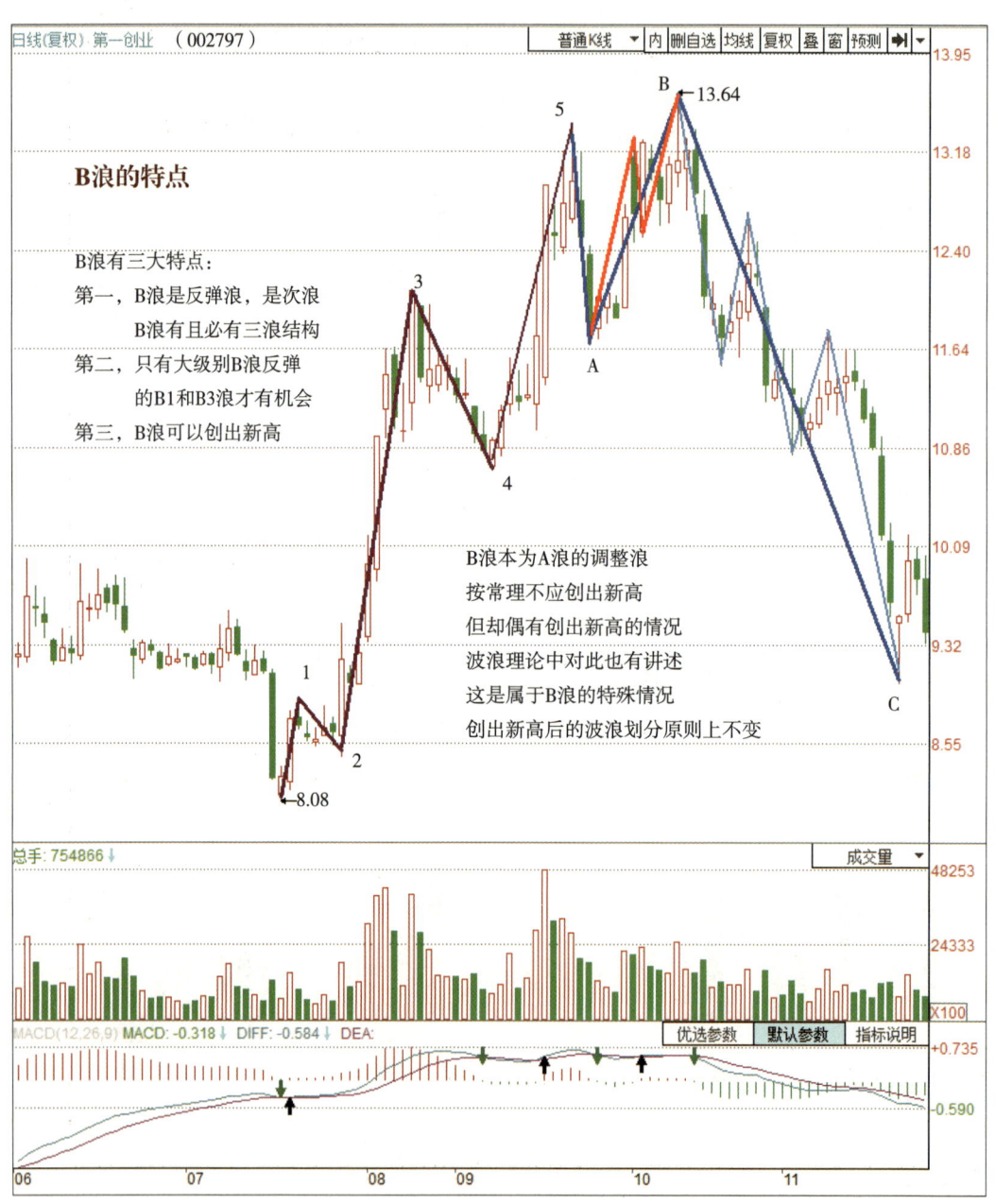

Chapter Five
第五章
波浪分析法

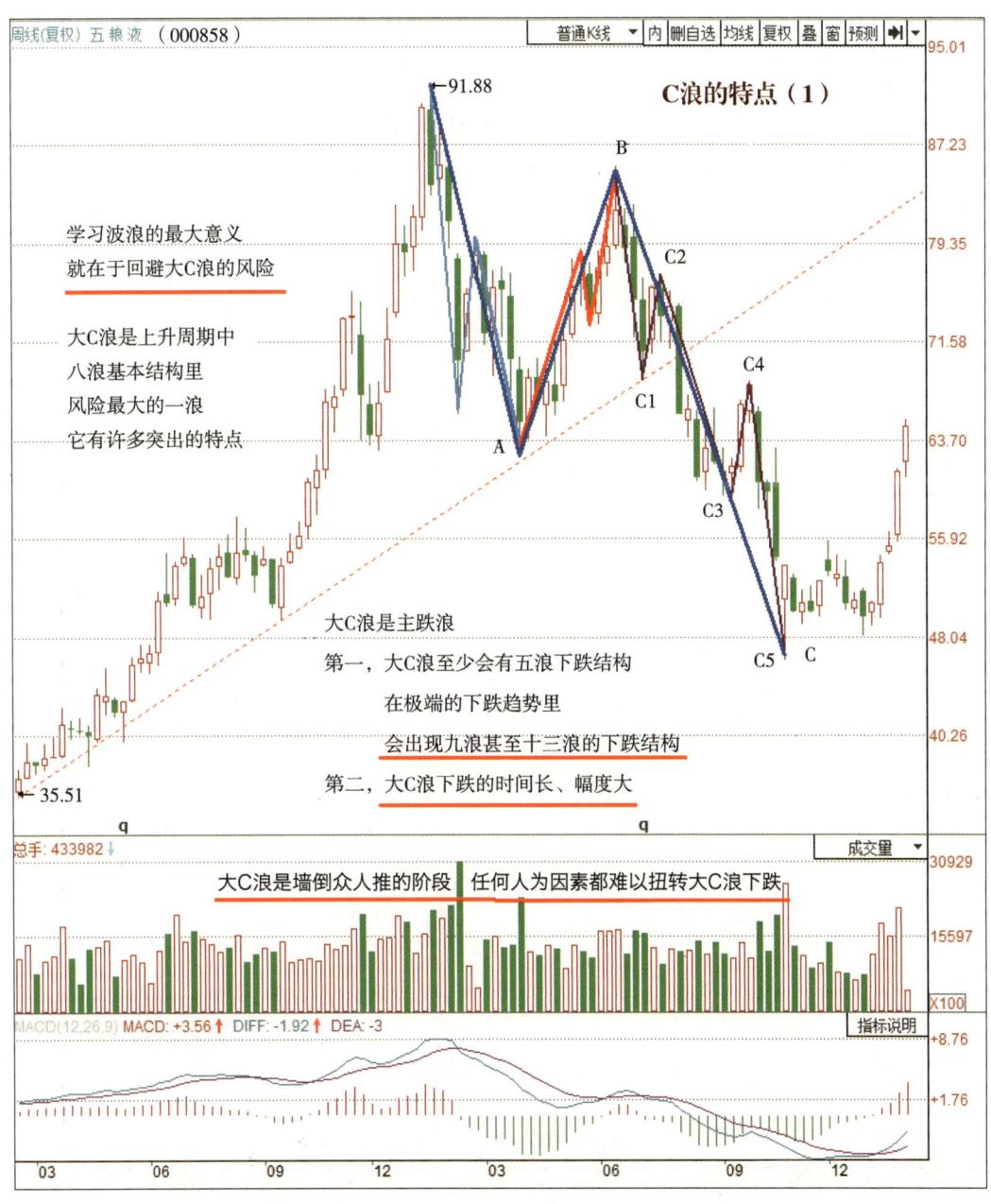

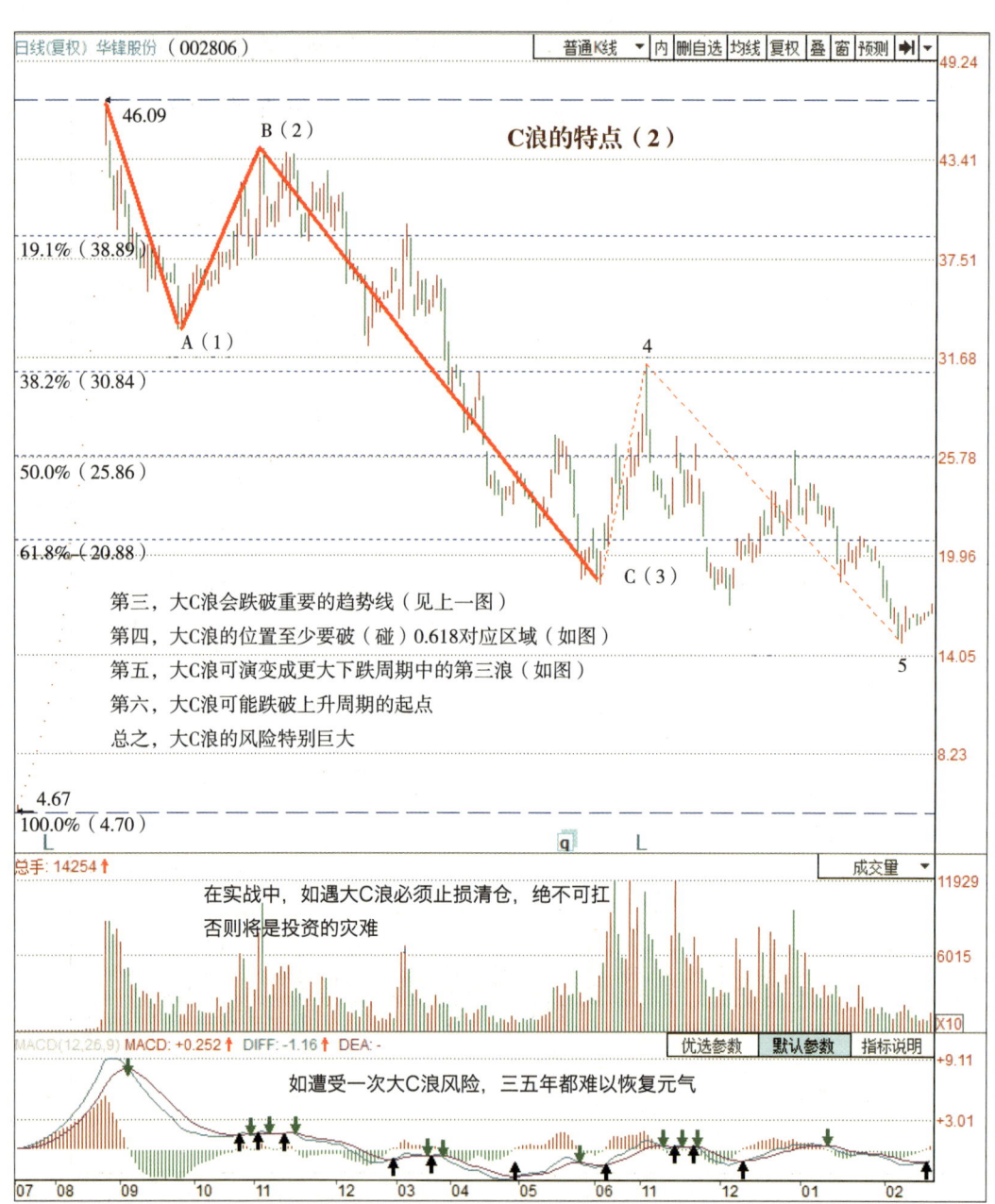

Chapter Five
第五章
波浪分析法

（五）由B转C的风险

在第307页的"调整浪之反弹浪（1）"图中
将三浪反弹定义为B浪式反弹
就是为提前识别由B转C的风险

B浪式反弹泛指三浪反弹
也包括了A、B、C三浪
回调中的B浪反弹在内
既有区别也有联系

前两张图描述了大C浪的风险
根据波浪标注顺序，先有B浪后有C浪
由B转C的（风险）概念也由此产生
但也不仅限于由B转C的阶段
同时包括了某主跌浪内的细分第二和第四浪
除大A浪的风险以及突发重大利空外

所有的风险来临前，在技术上
都必须经历由B转C的走势（过程）
这类风险在技术上是可提前识别和防范的

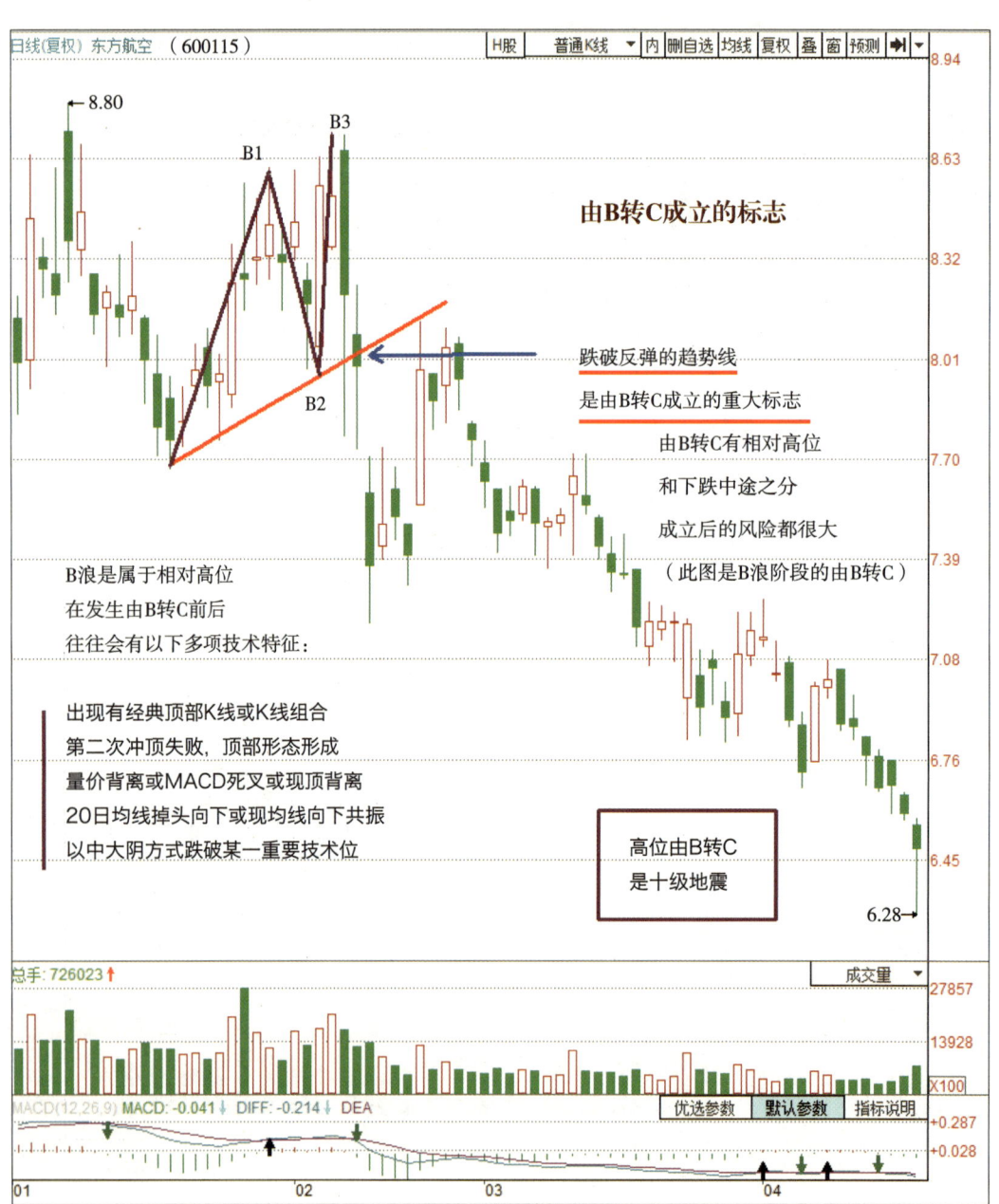

Chapter Five
第五章
波浪分析法

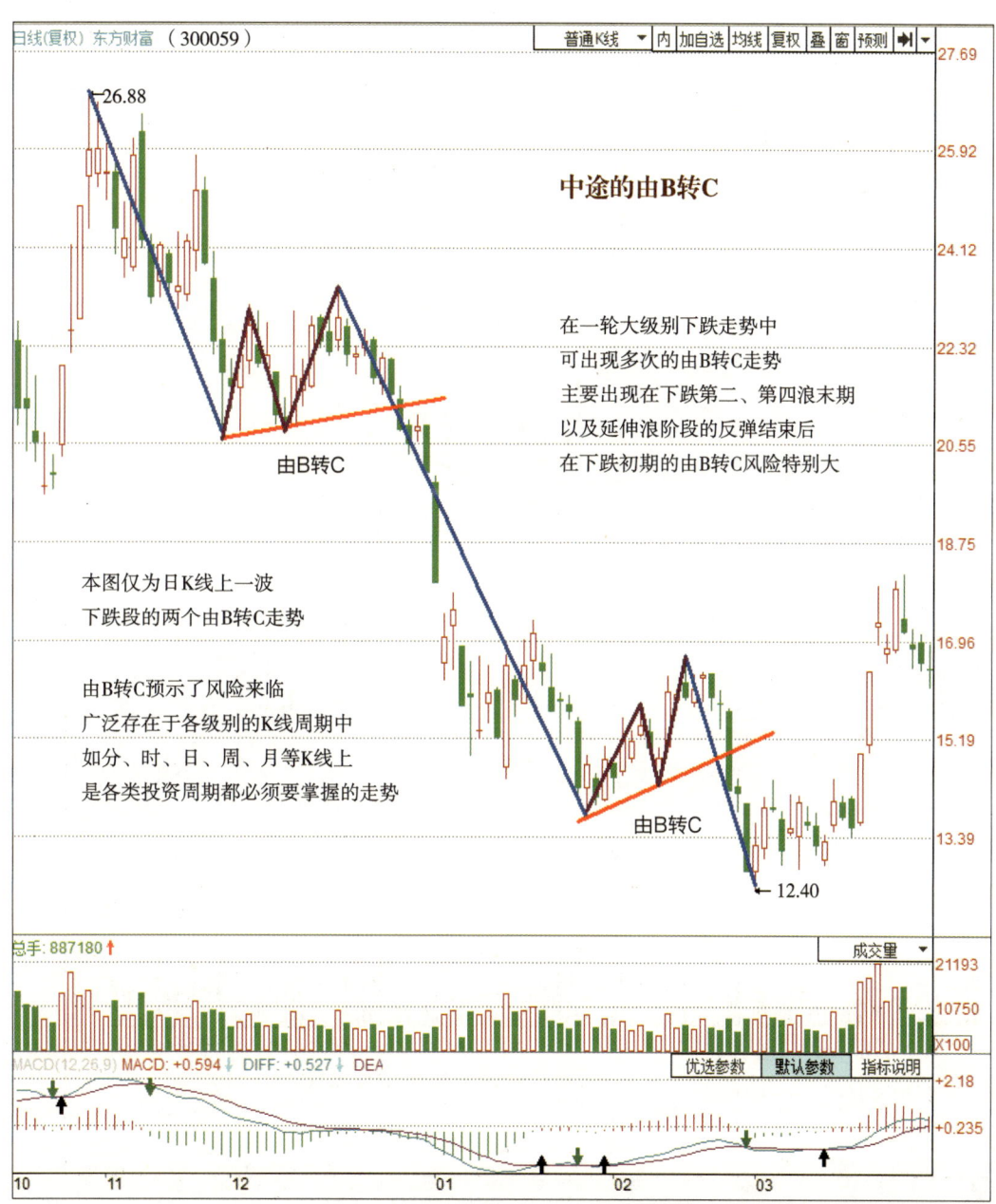

· 319 ·

Chapter Five

第五章 波浪分析法

（六）三角形多出现在第四浪

三角形多出现在第四浪上

这是波浪的一个单独知识点

由此可识别出相邻的第三和第五浪

<u>当第四浪出现三角形后</u>

<u>第五浪会快速地完成（冲顶或冲底）</u>

因而可提前研判第五浪的出现方式和顶底的形成

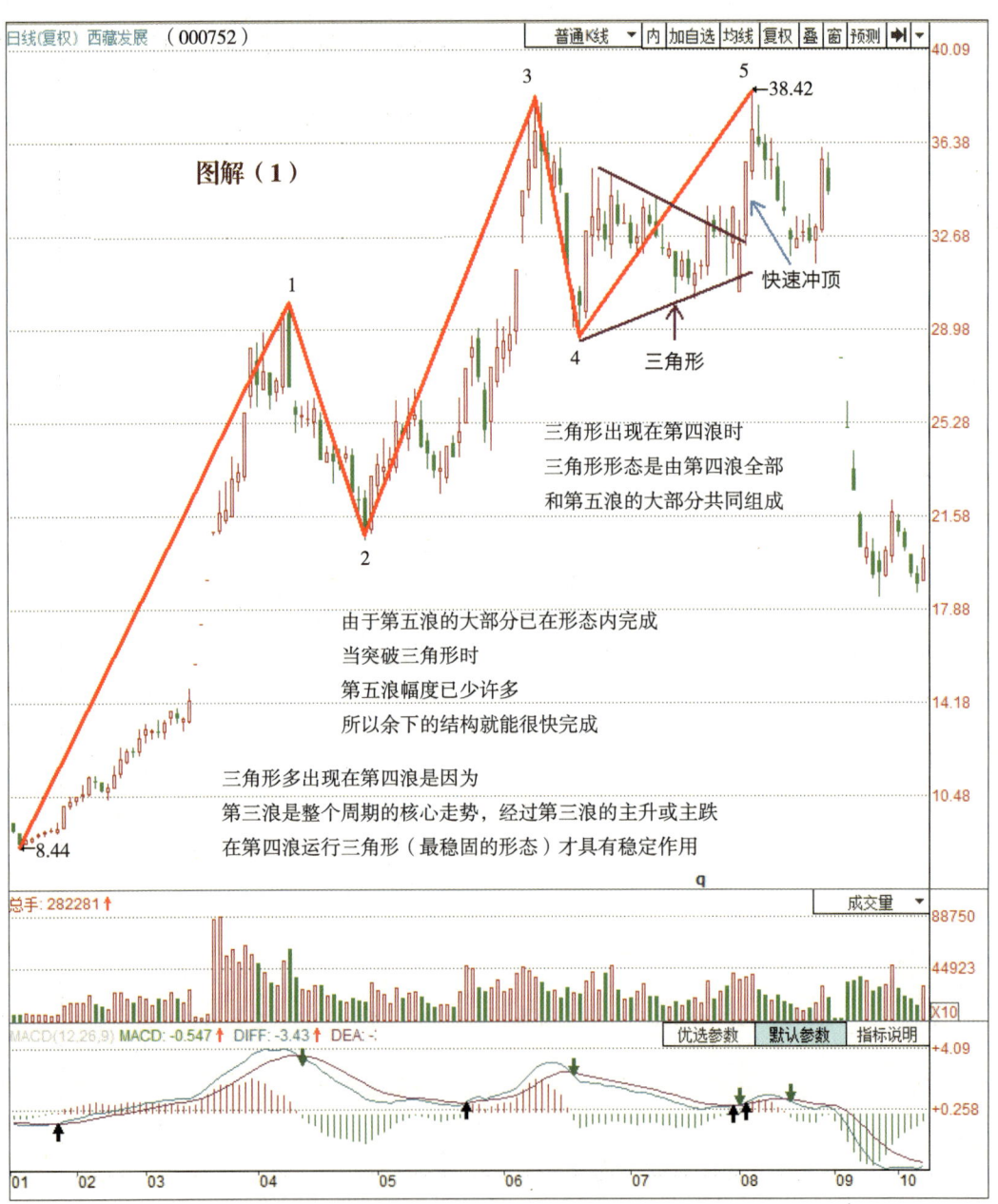

Chapter Five
第 五 章
波浪分析法

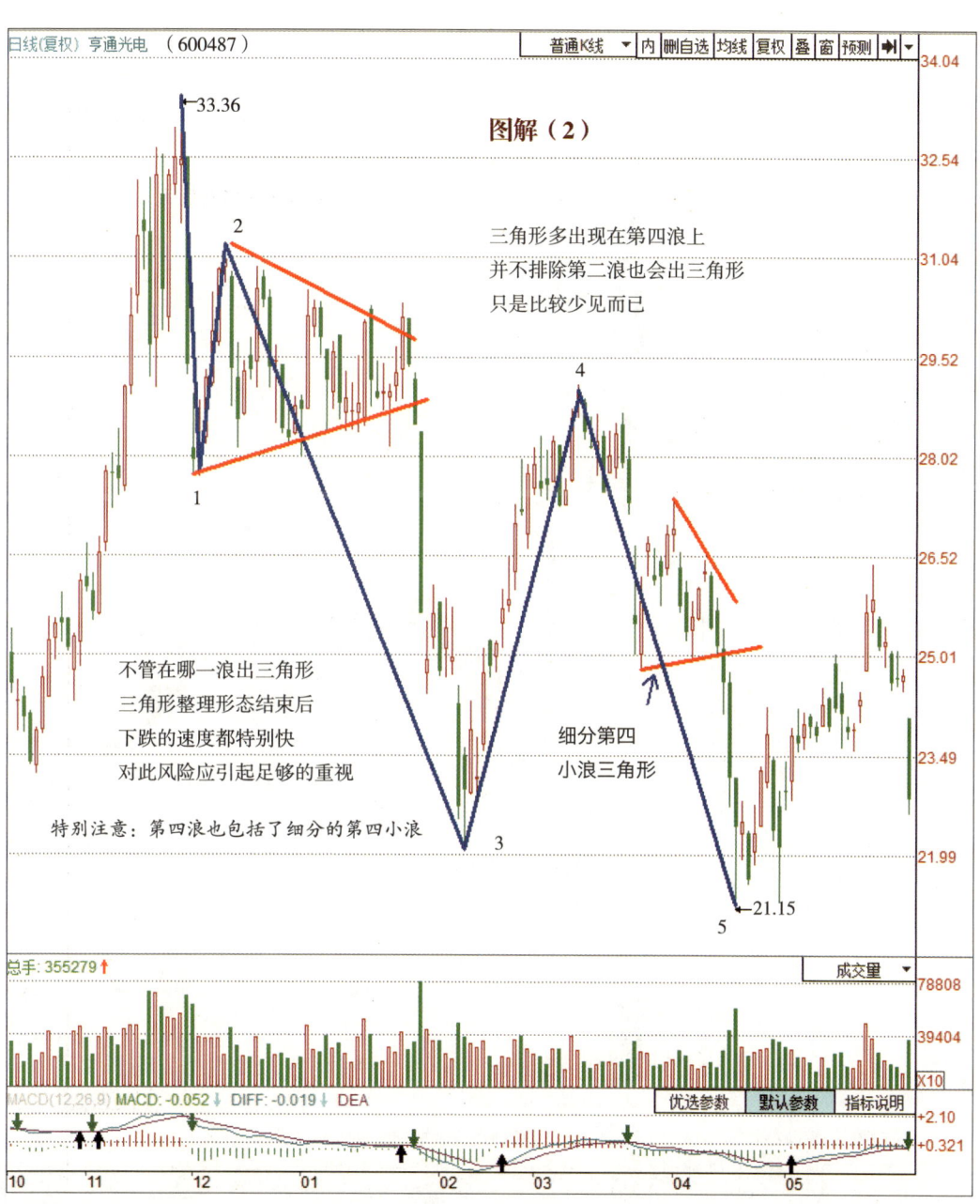

波浪分析法

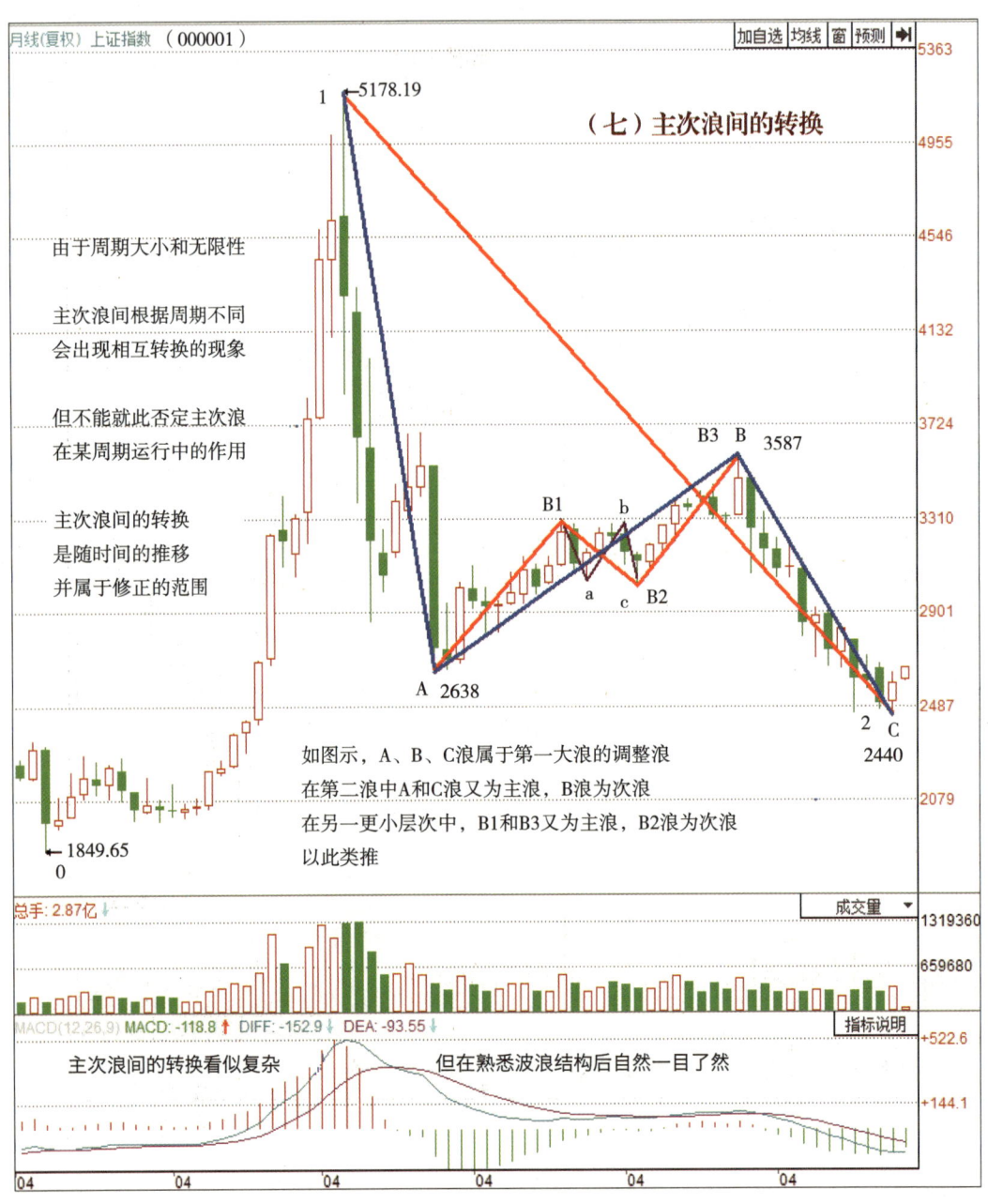

第四节 波浪的时间

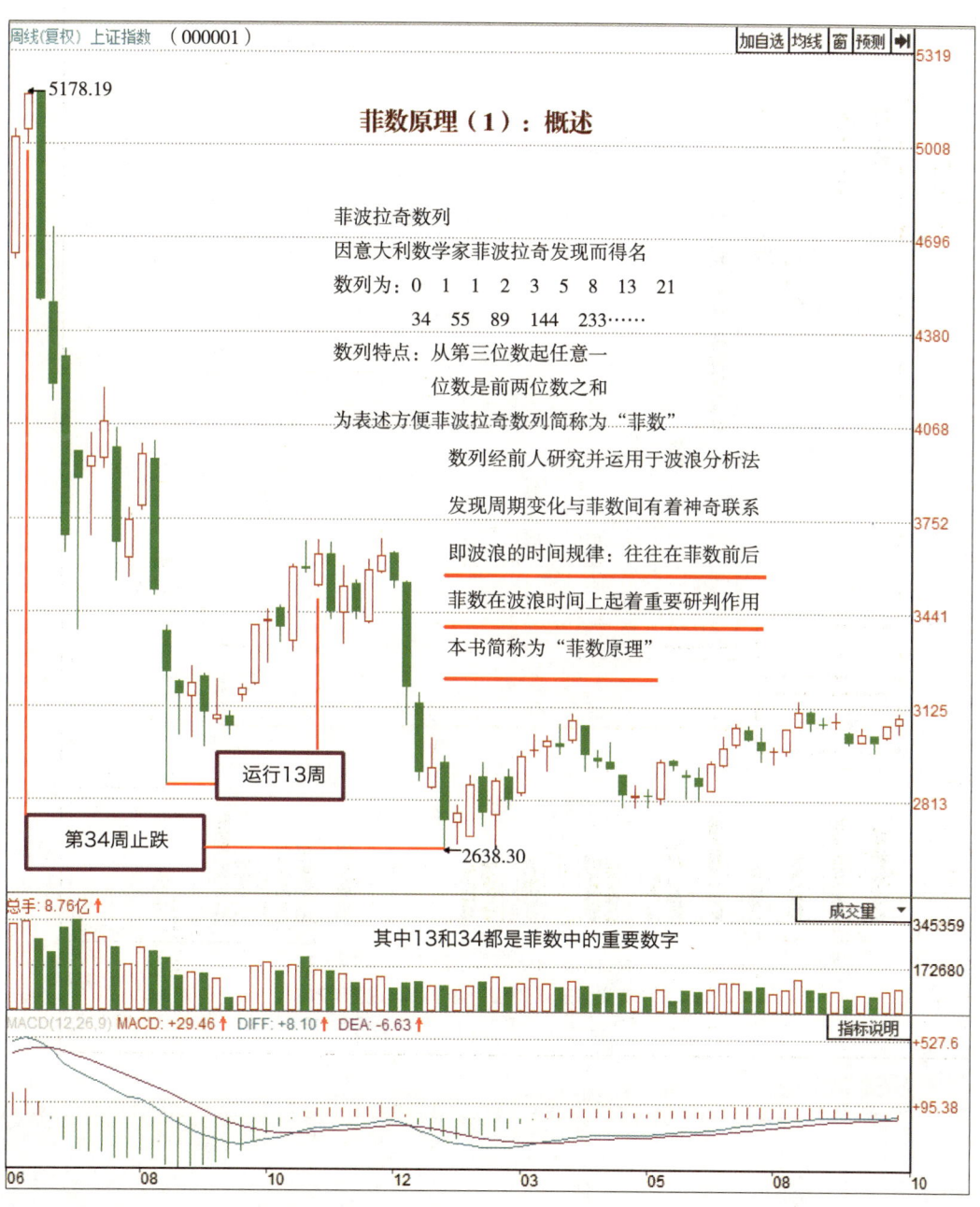

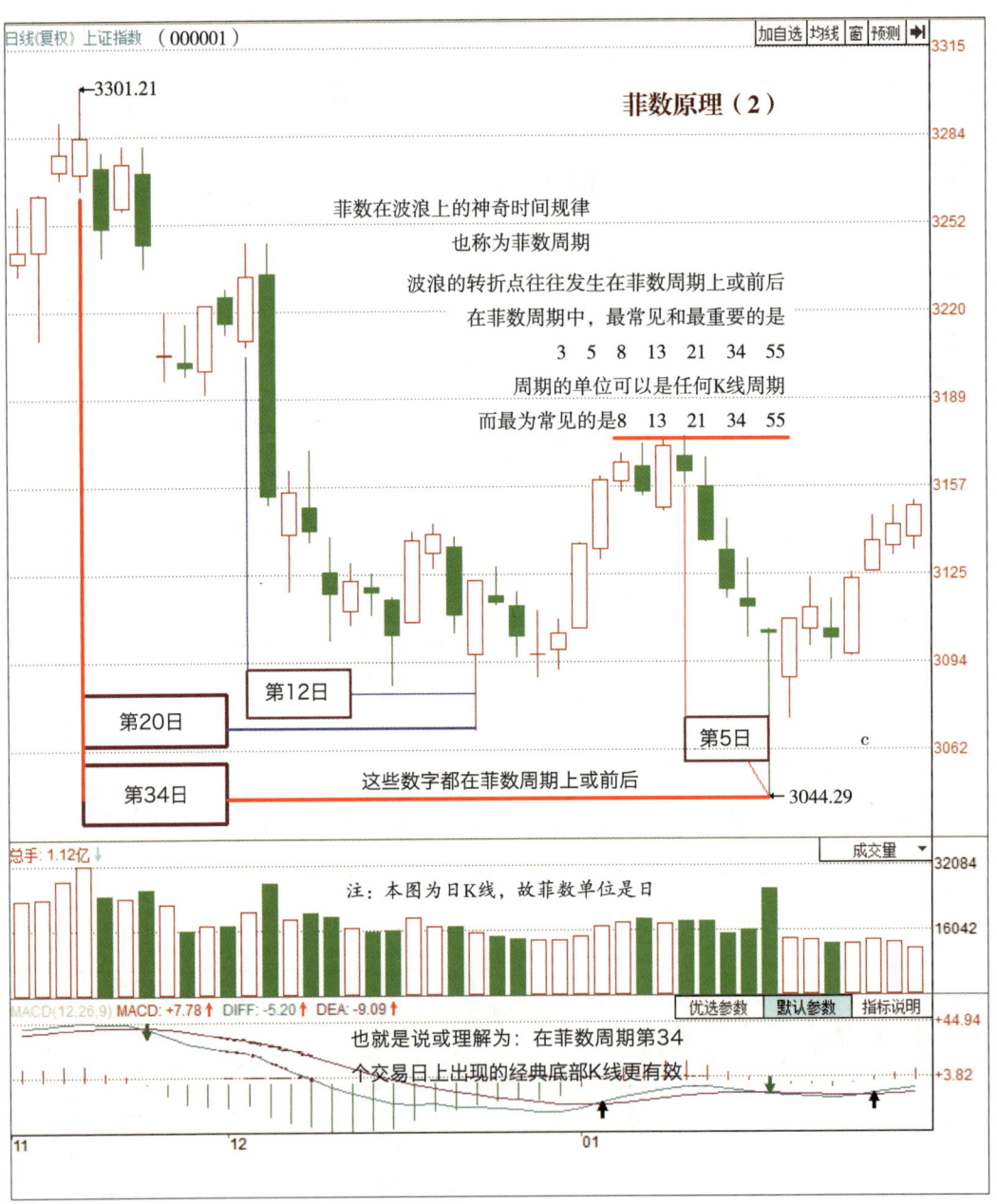

Chapter Five
第五章 波浪分析法

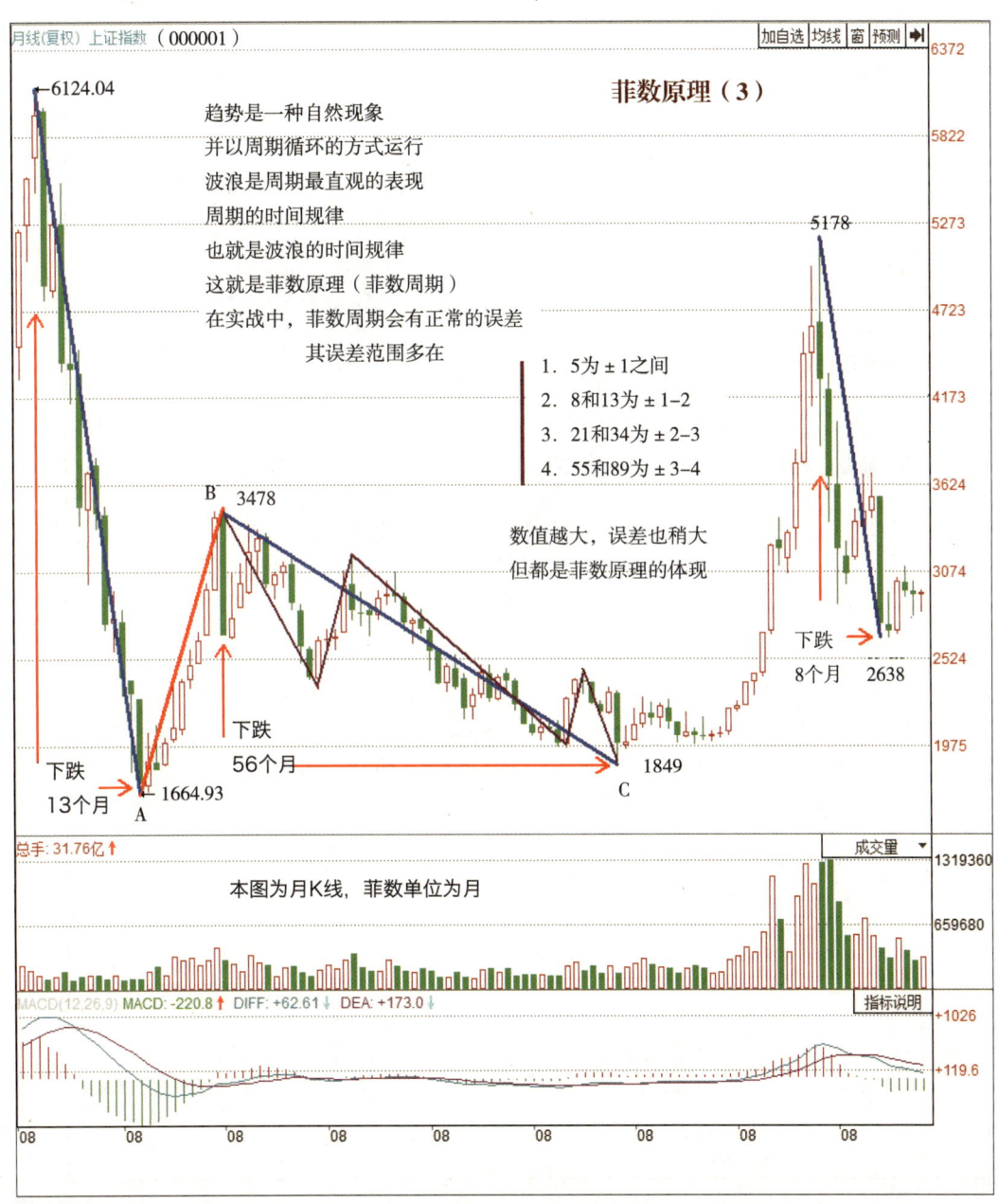

· 327 ·

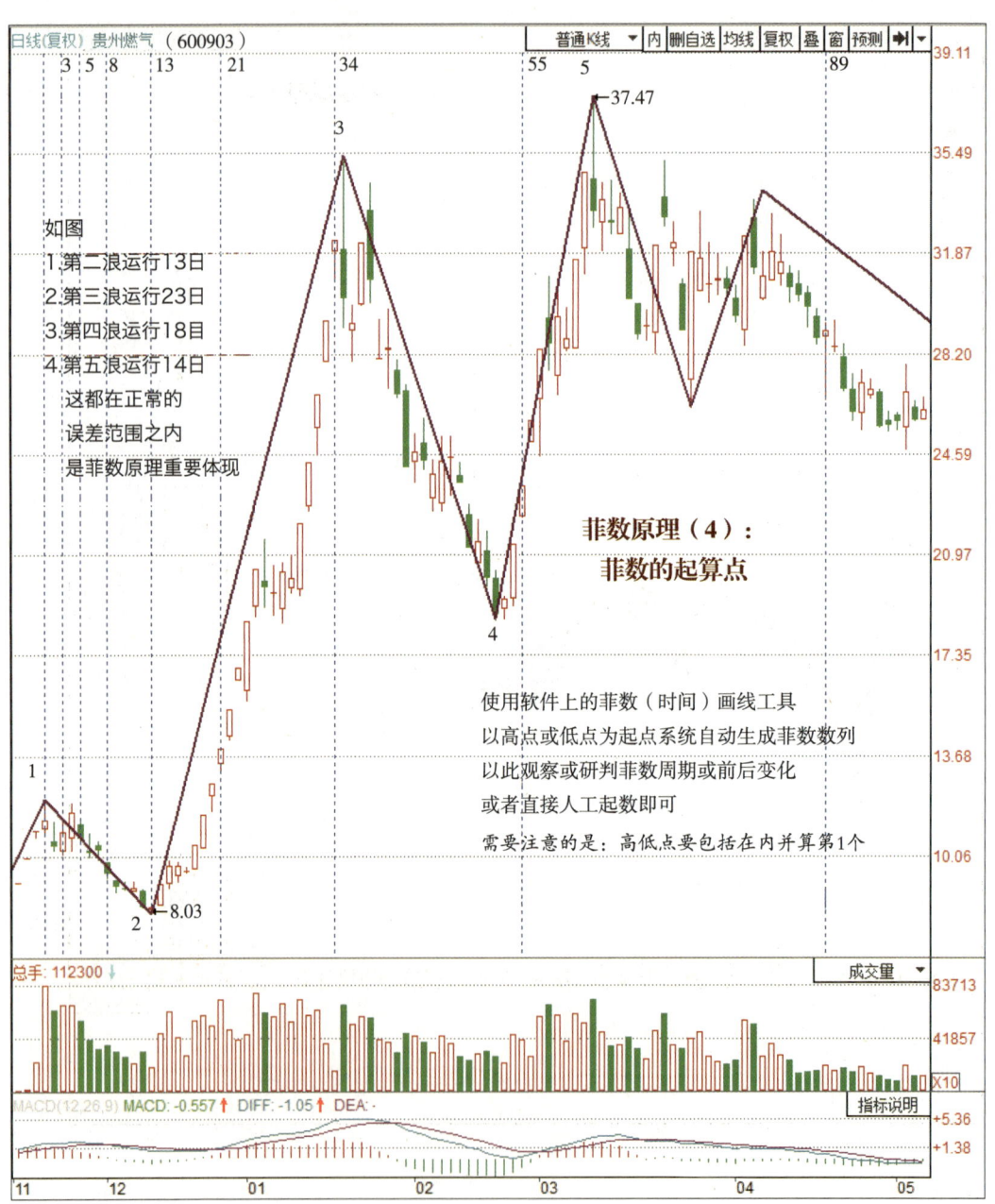

Chapter Five

第五章 波浪分析法

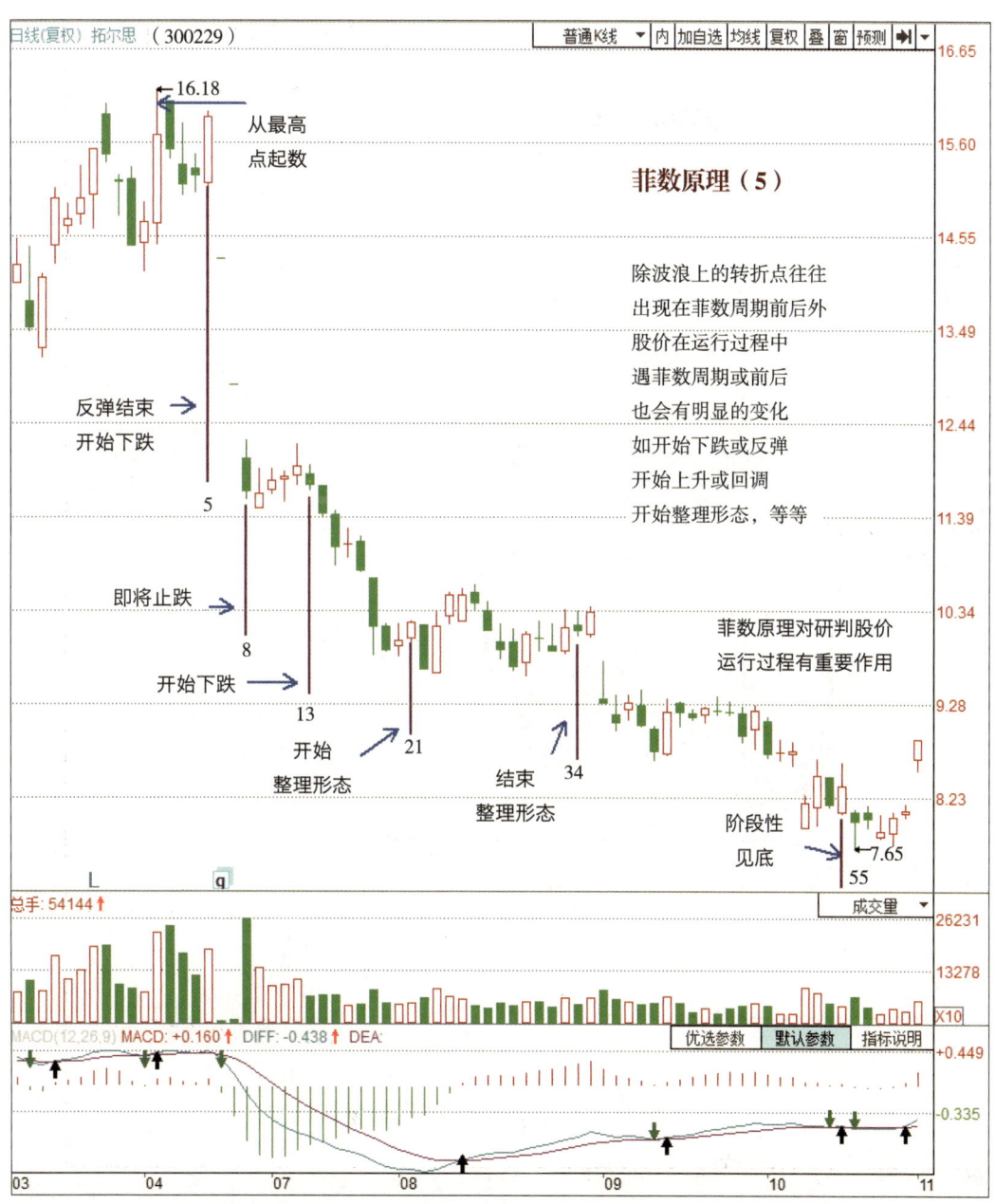

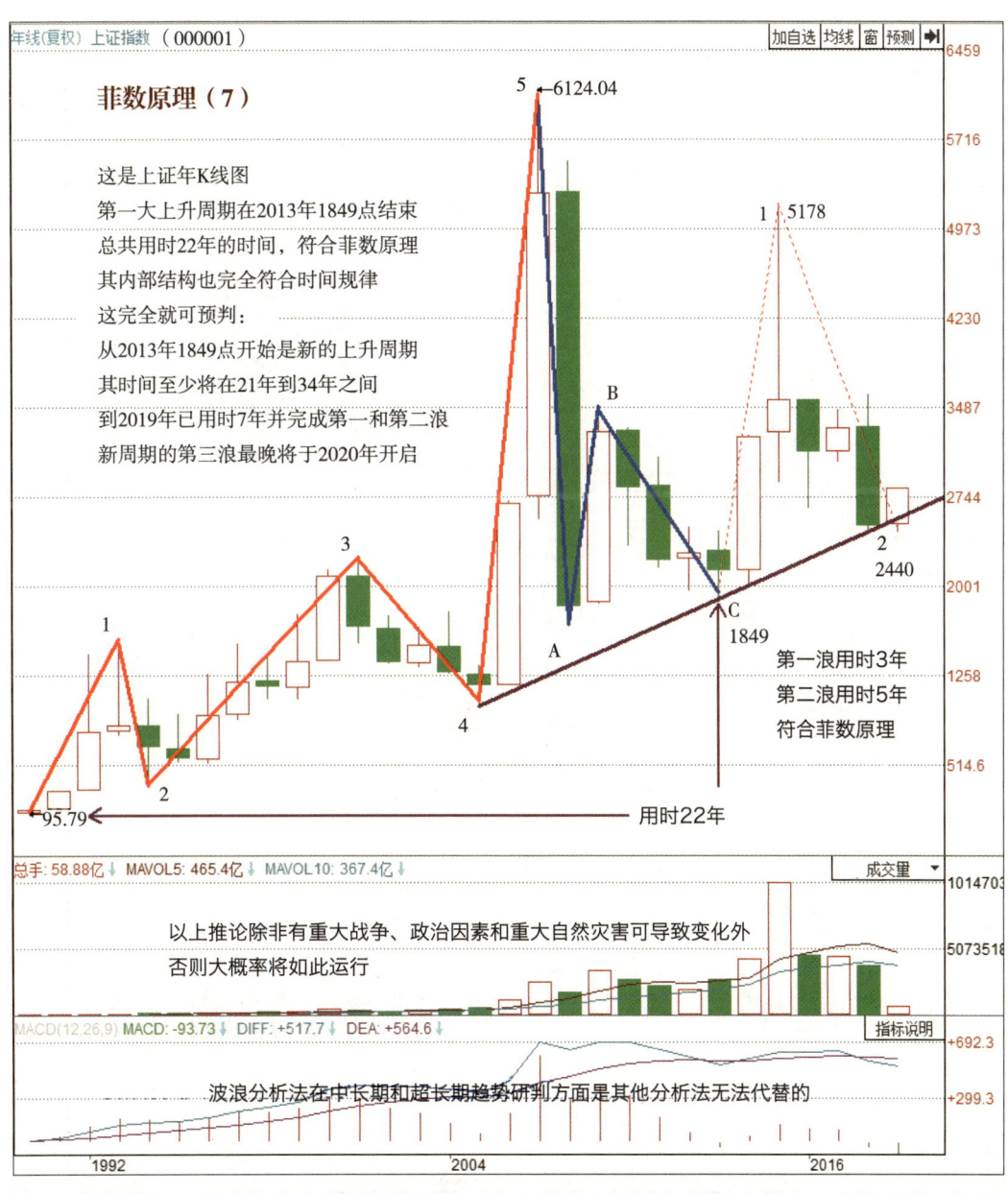

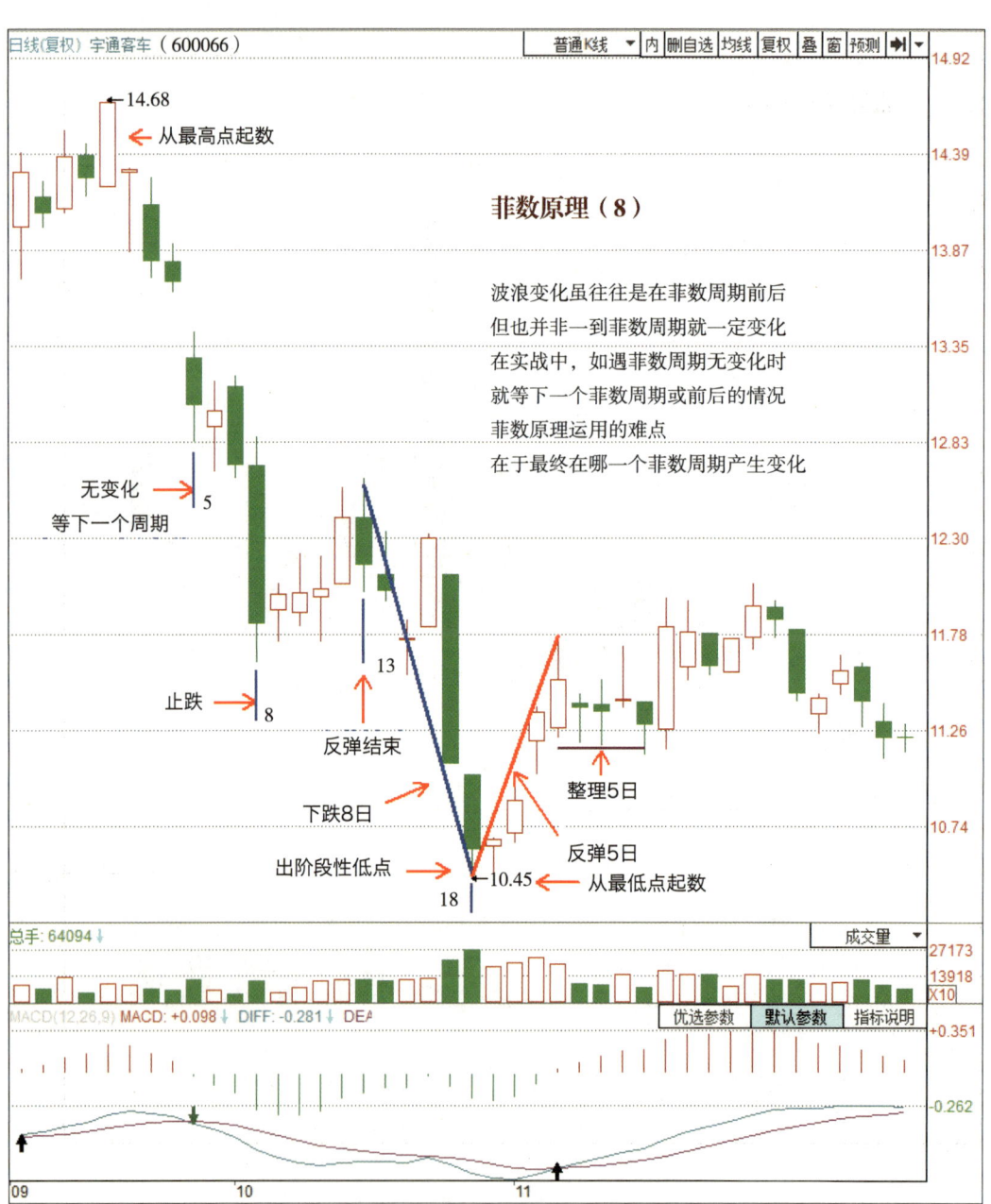

Chapter Five

第五章 波浪分析法

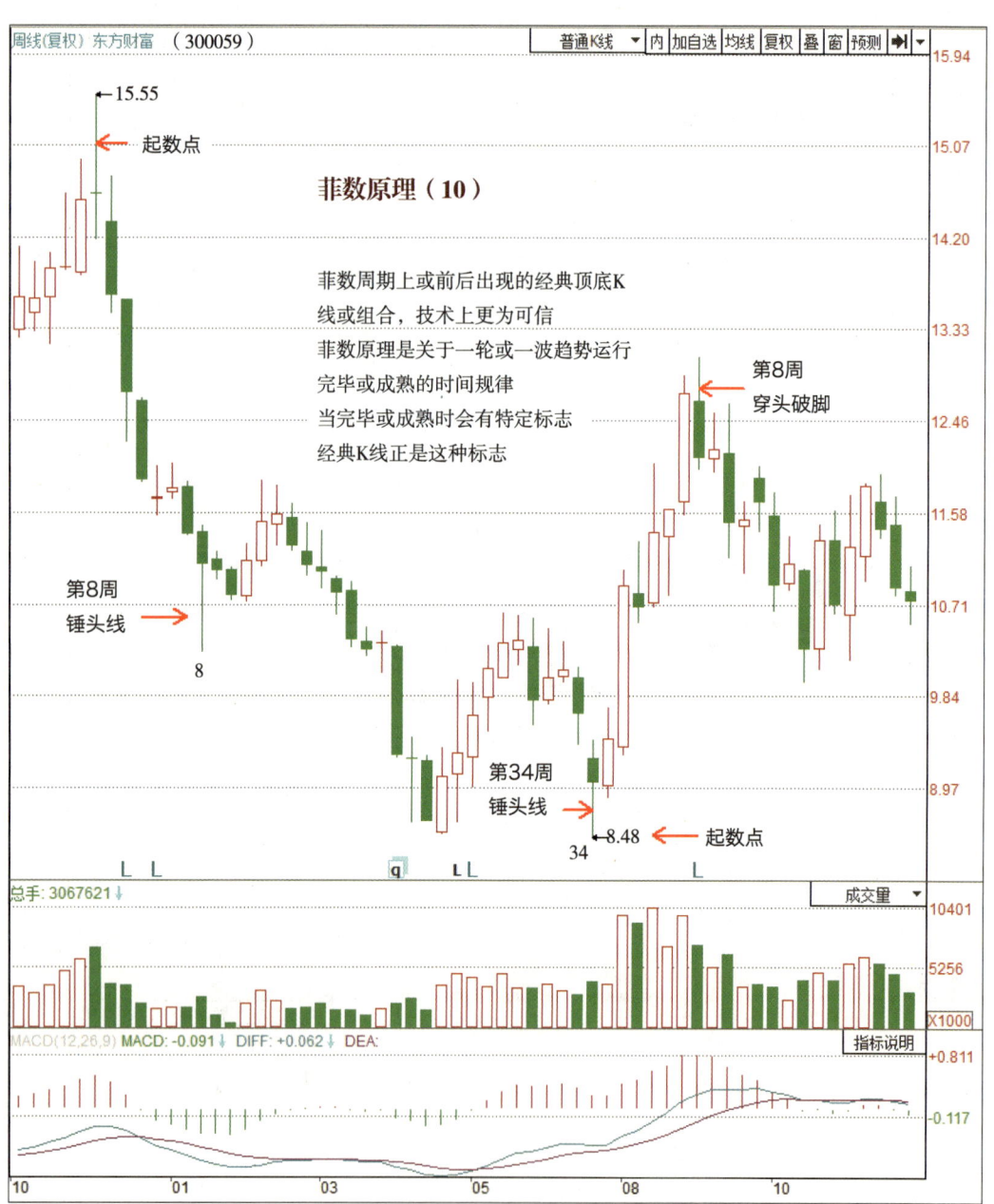

Chapter Five

第五章 波浪分析法

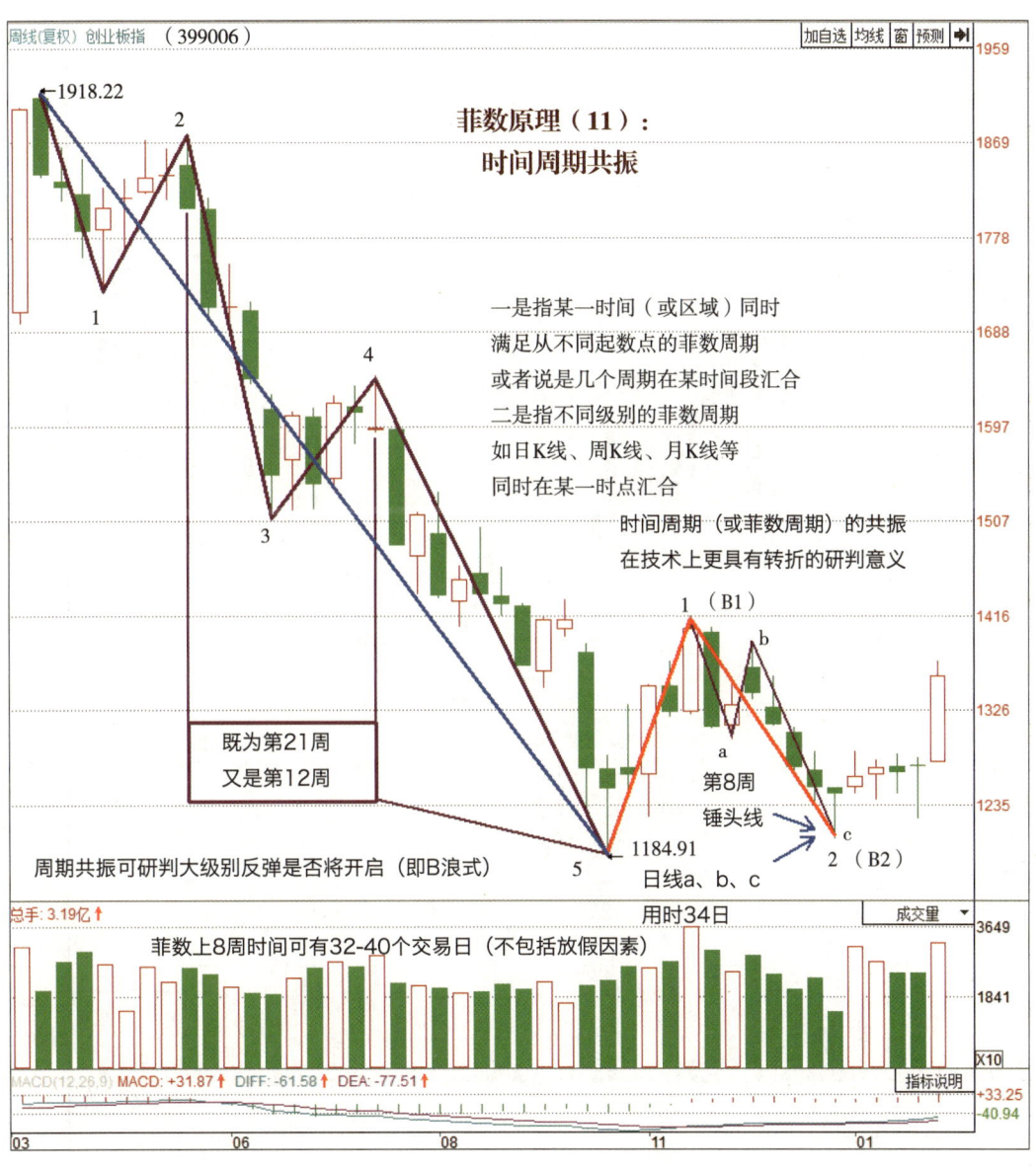

波浪分析法

· 335 ·

第五章 波浪分析法

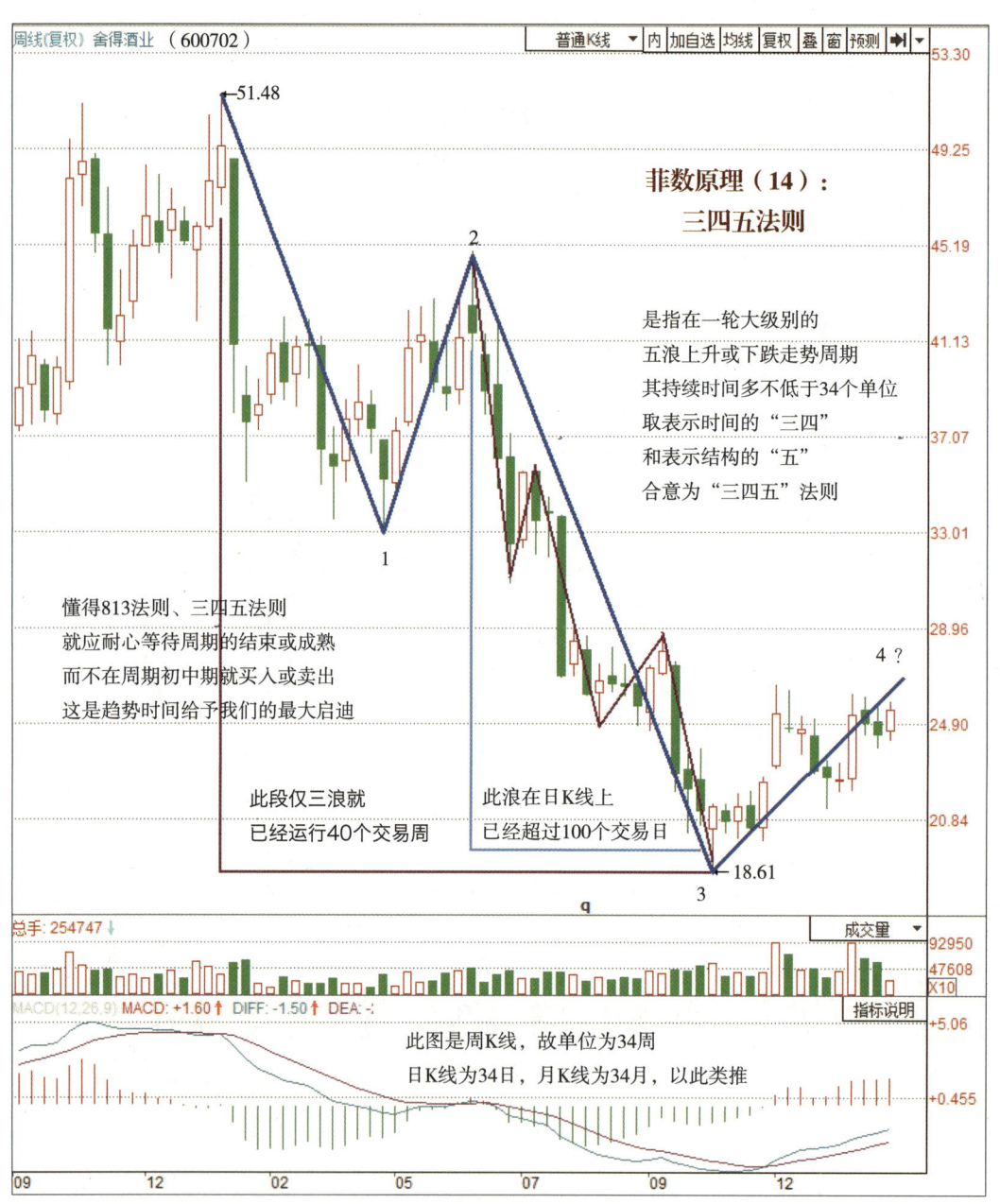

Chapter Five

第五章
波浪分析法

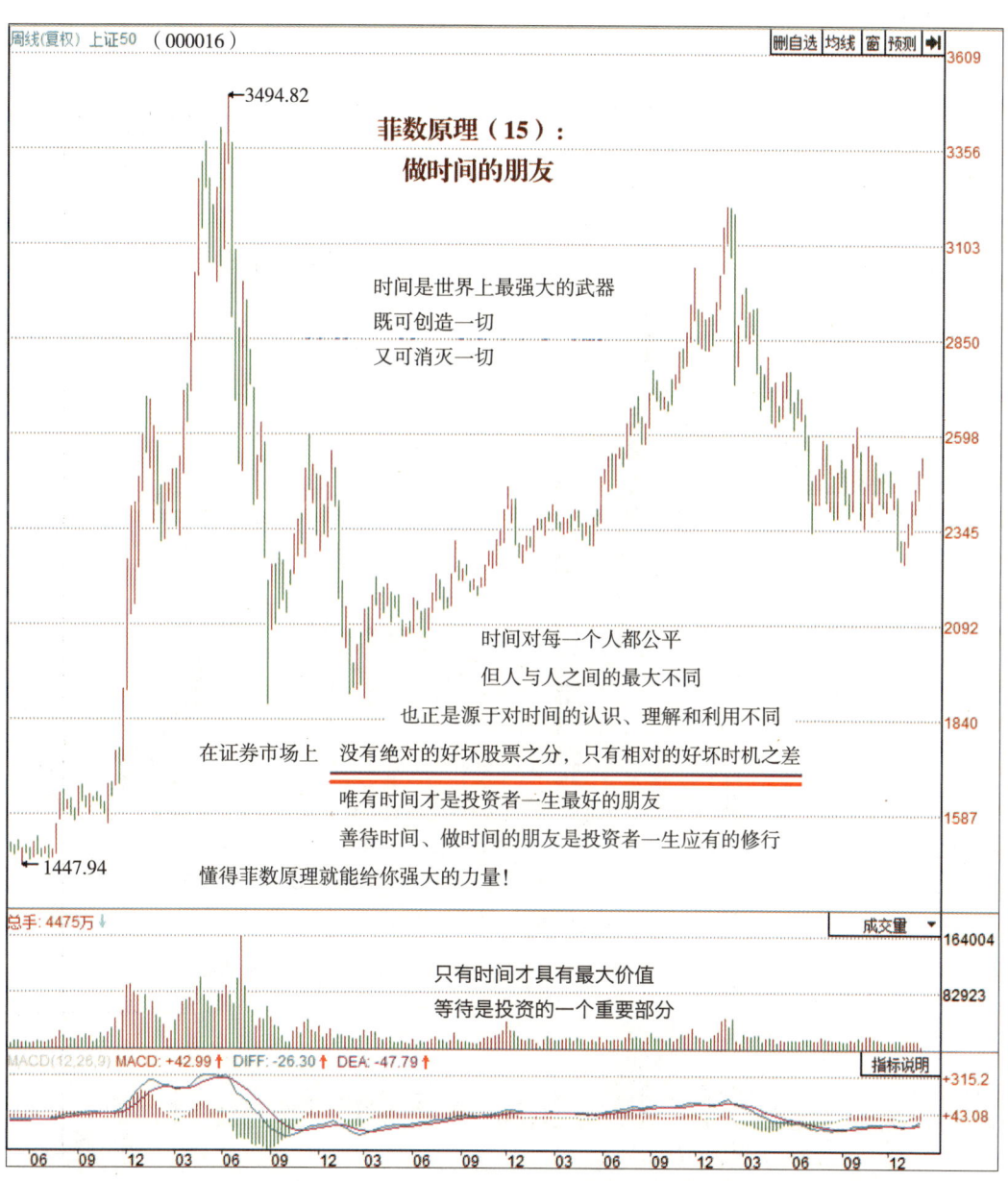

菲数原理（15）：
做时间的朋友

时间是世界上最强大的武器
既可创造一切
又可消灭一切

时间对每一个人都公平
但人与人之间的最大不同
也正是源于对时间的认识、理解和利用不同
在证券市场上 没有绝对的好坏股票之分，只有相对的好坏时机之差
唯有时间才是投资者一生最好的朋友
善待时间、做时间的朋友是投资者一生应有的修行
懂得菲数原理就能给你强大的力量！

只有时间才具有最大价值
等待是投资的一个重要部分

第五节　波浪的幅度

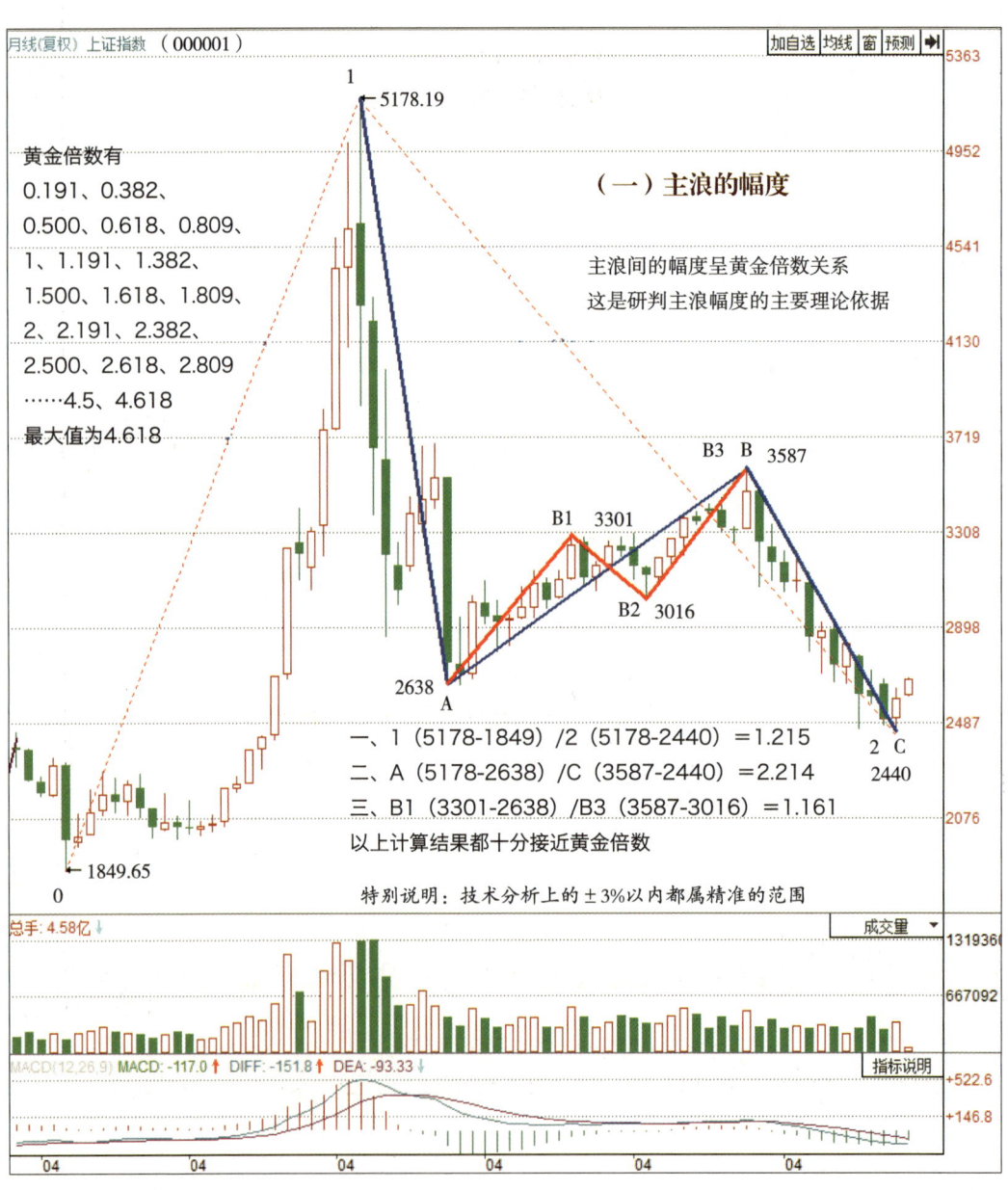

Chapter Five
第 五 章
波浪分析法

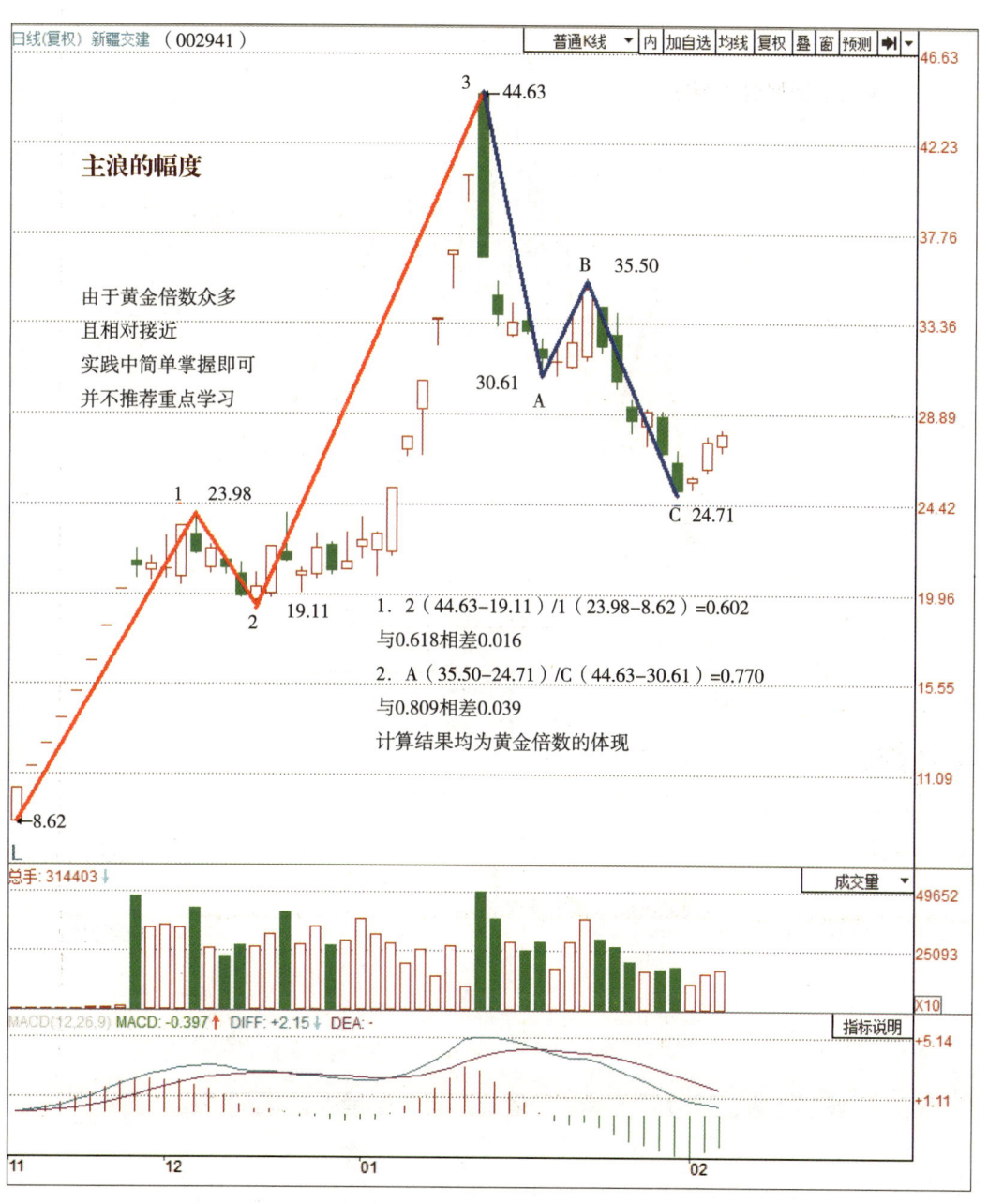

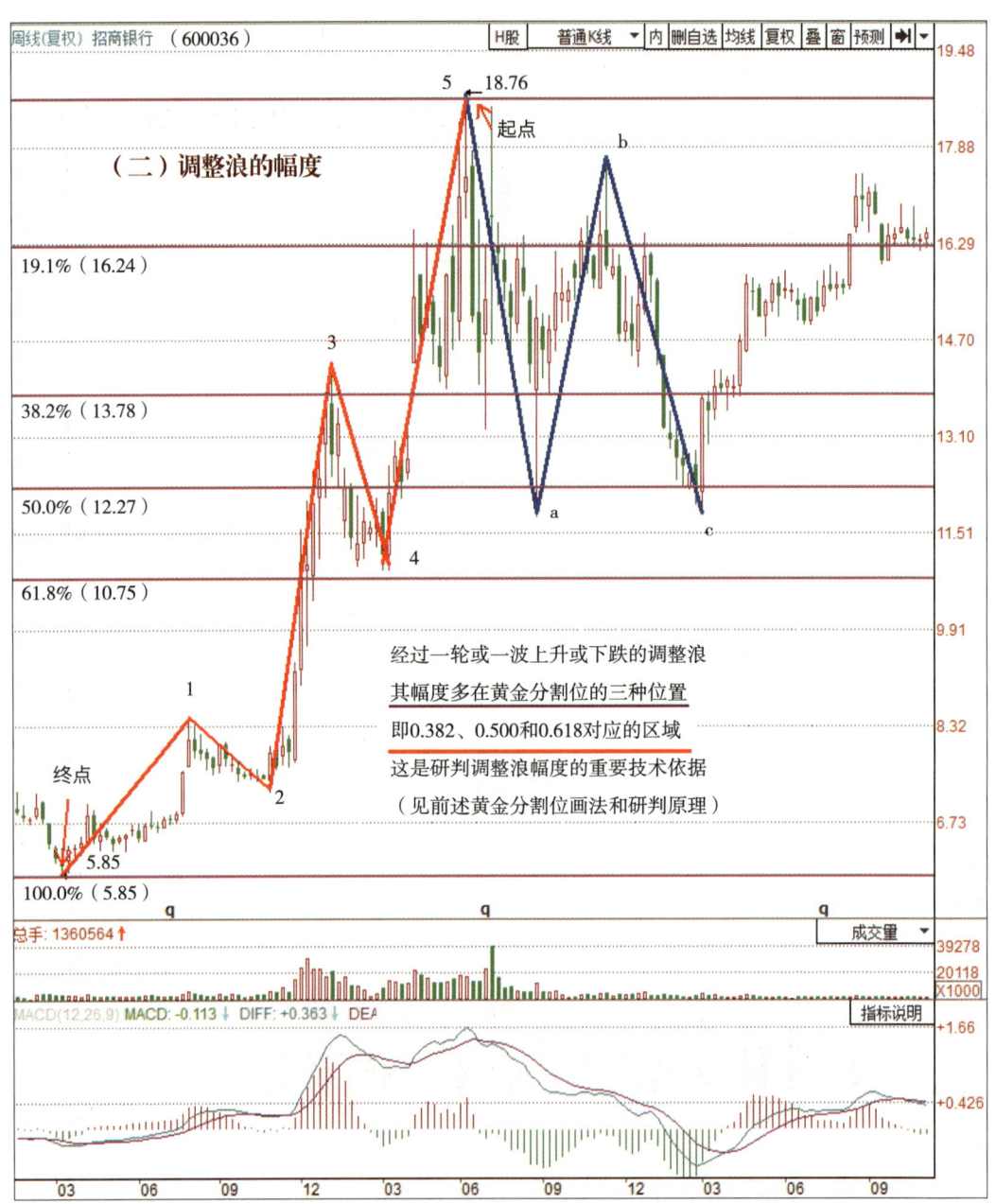

Chapter Five 第五章 波浪分析法

Chapter Five

第五章 波浪分析法

Chapter Five 第五章 波浪分析法

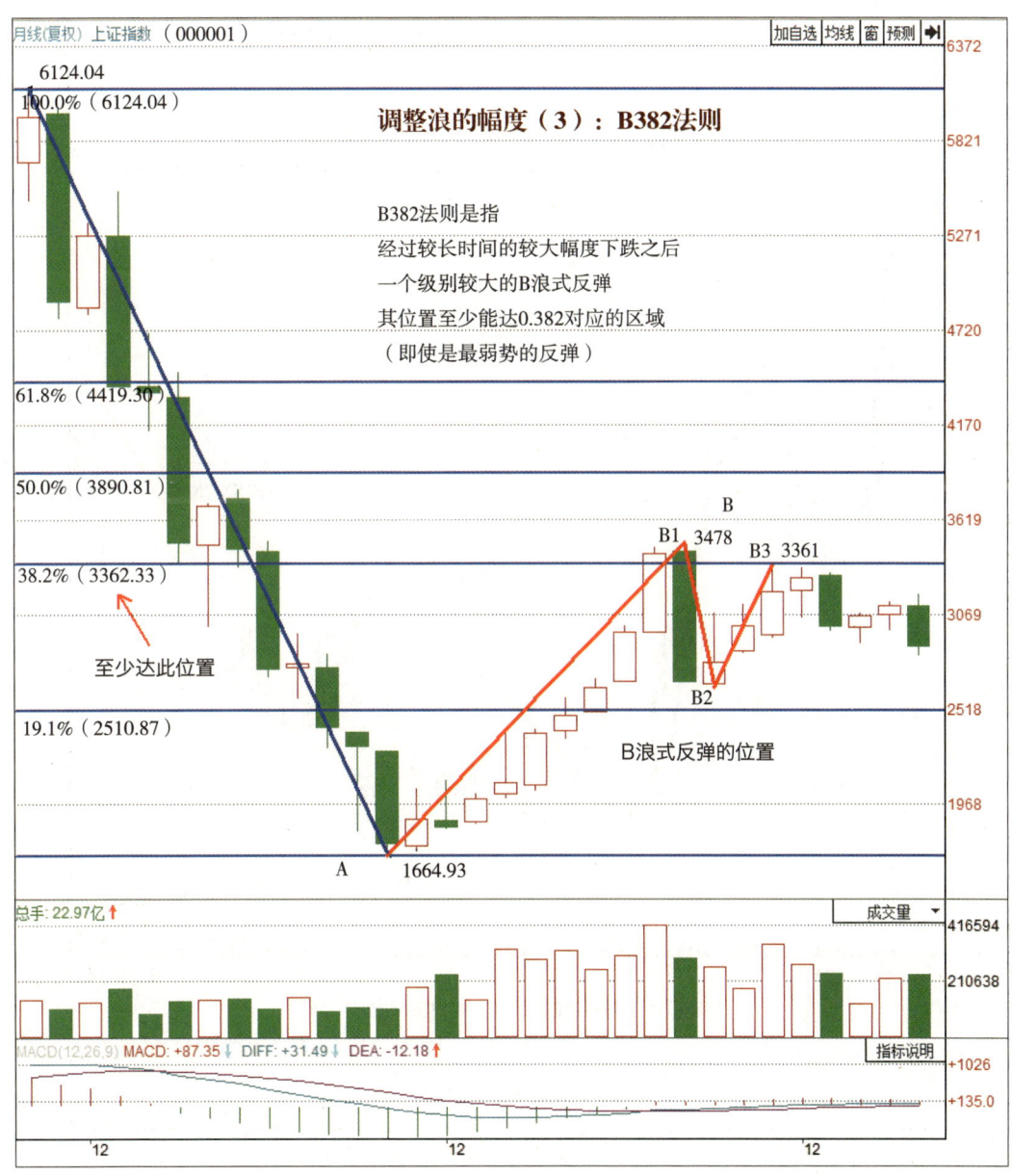

Chapter Five

第五章 波浪分析法

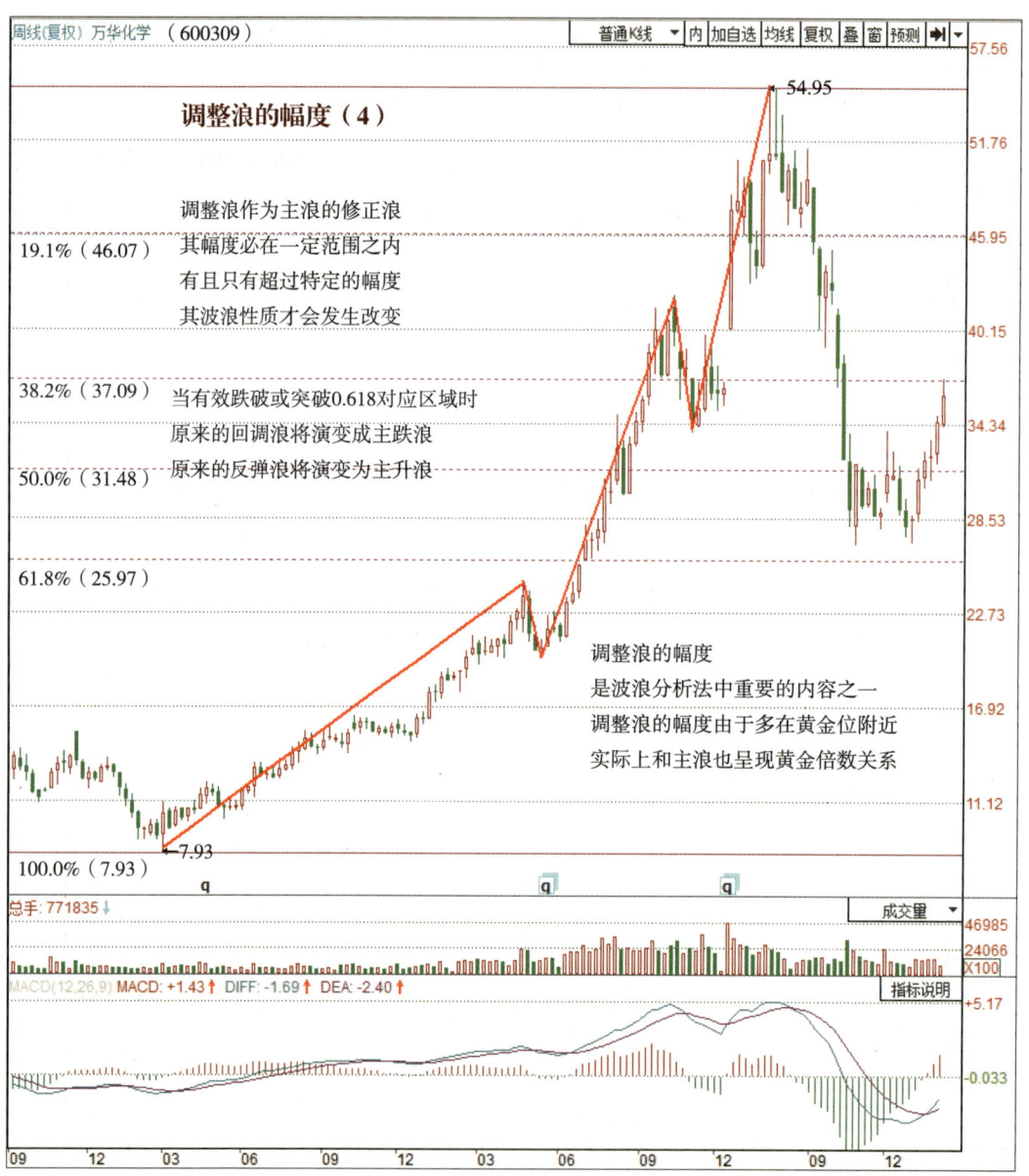

Chapter Five
第五章
波浪分析法

根据主浪间和主次浪间的黄金倍数关系
可制作如下波浪计算器

波浪计算器（上升趋势）				波浪计算器（下降趋势）			
浪　数	起　点	终　点	数　值	浪　数	起　点	终　点	数　值
第X浪			0	X浪			0
第Y浪				Y浪			
相比段	黄金比率	数值	可到位置	相比段	黄金比率	数值	可到位置
第X：第Y	0.382	0.000	0.000	X：Y	0.382	0.00	0.00
	0.500	0.000	0.000		0.500	0.00	0.00
	0.618	0.000	0.000		0.618	0.00	0.00
	0.809	0.000	0.000		0.809	0.00	0.00
	1.000	0.000	0.000		1.000	0.00	0.00
	1.191	0.000	0.000		1.191	0.00	0.00
	1.382	0.000	0.000		1.382	0.00	0.00
	1.500	0.000	0.000		1.500	0.00	0.00
	1.618	0.000	0.000		1.618	0.00	0.00
	1.809	0.000	0.000		1.809	0.00	0.00
	2.000	0.000	0.000		2.000	0.00	0.00
以上适合波浪的主浪间幅度关系计算和主浪与调整浪间的计算							

第六节 其他

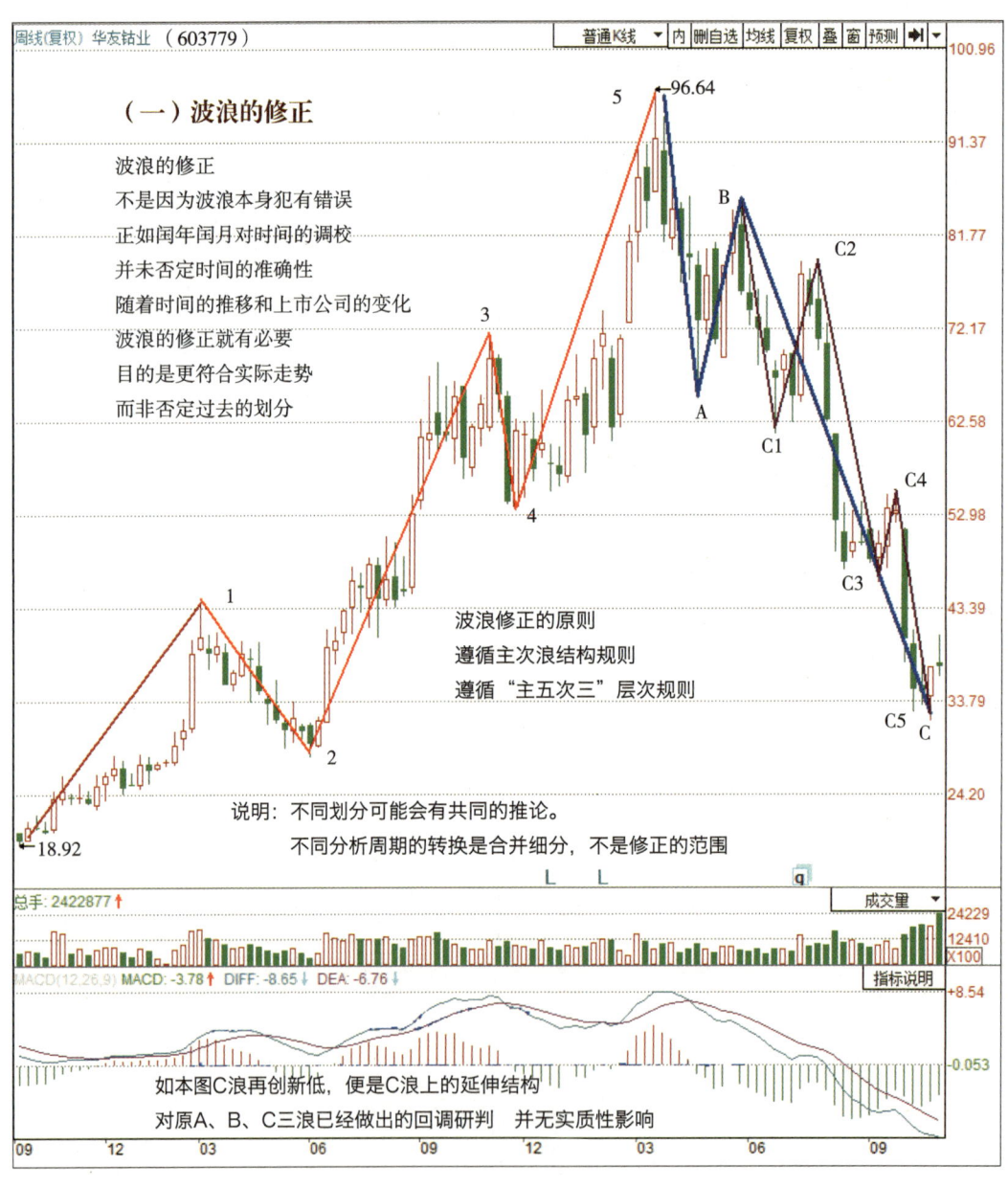

Chapter Five 第五章 波浪分析法

（二）共同推论

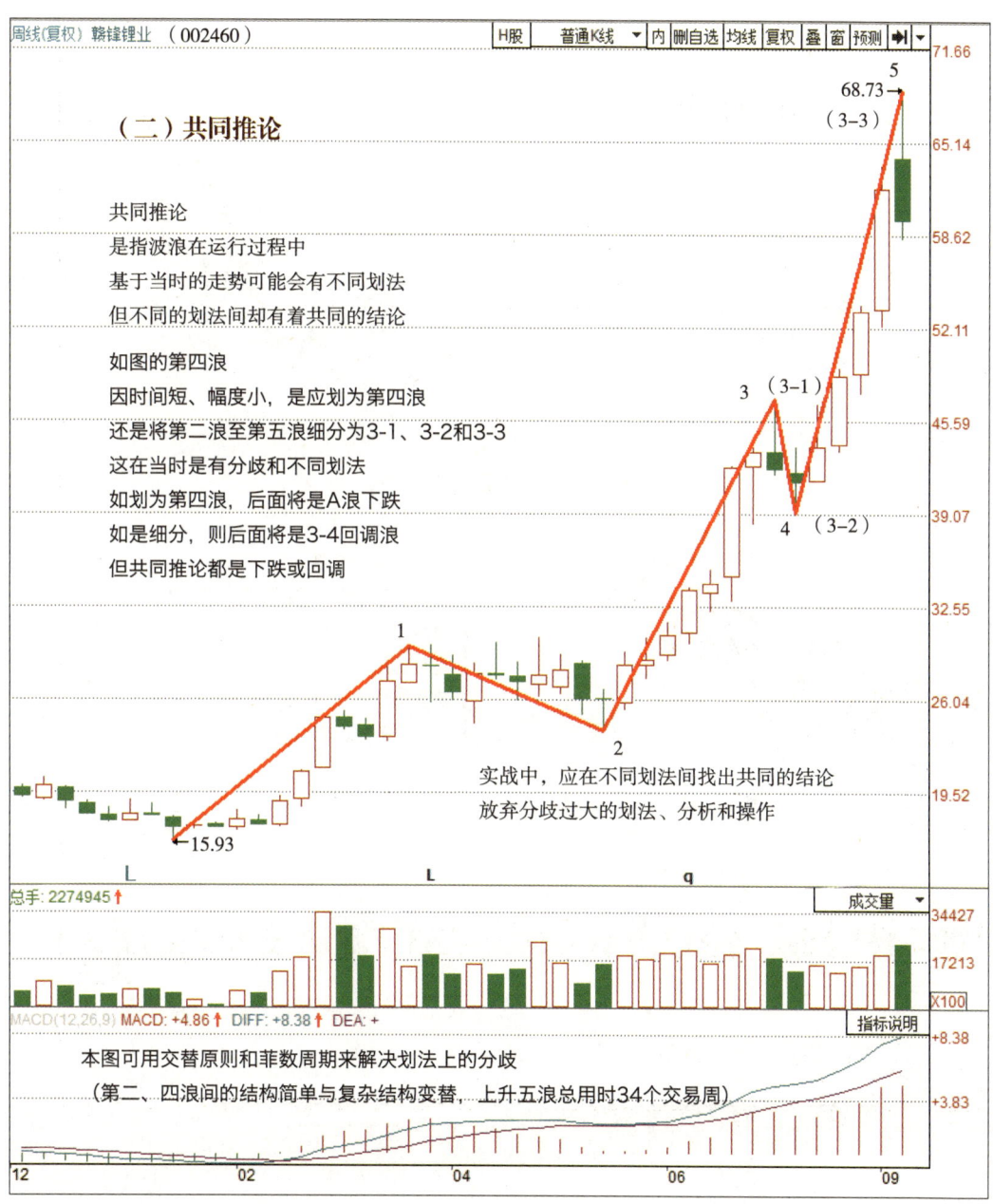

共同推论
是指波浪在运行过程中
基于当时的走势可能会有不同划法
但不同的划法间却有着共同的结论

如图的第四浪
因时间短、幅度小，是应划为第四浪
还是将第二浪至第五浪细分为3-1、3-2和3-3
这在当时是有分歧和不同划法
如划为第四浪，后面将是A浪下跌
如是细分，则后面将是3-4回调浪
但共同推论都是下跌或回调

实战中，应在不同划法间找出共同的结论
放弃分歧过大的划法、分析和操作

本图可用交替原则和菲数周期来解决划法上的分歧
（第二、四浪间的结构简单与复杂结构变替，上升五浪总用时34个交易周）

（三）波浪中的杂波

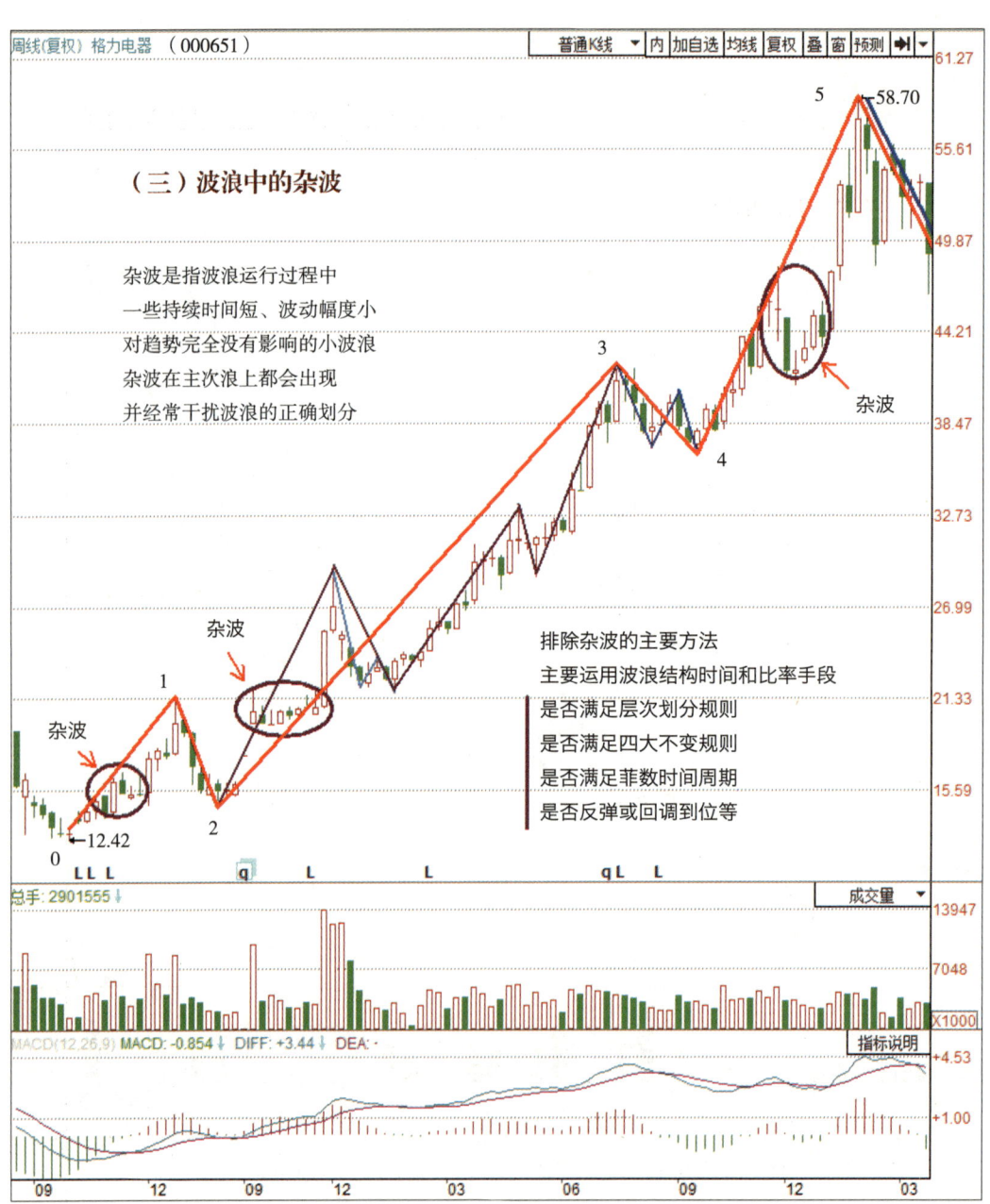

Chapter Five

第五章 波浪分析法

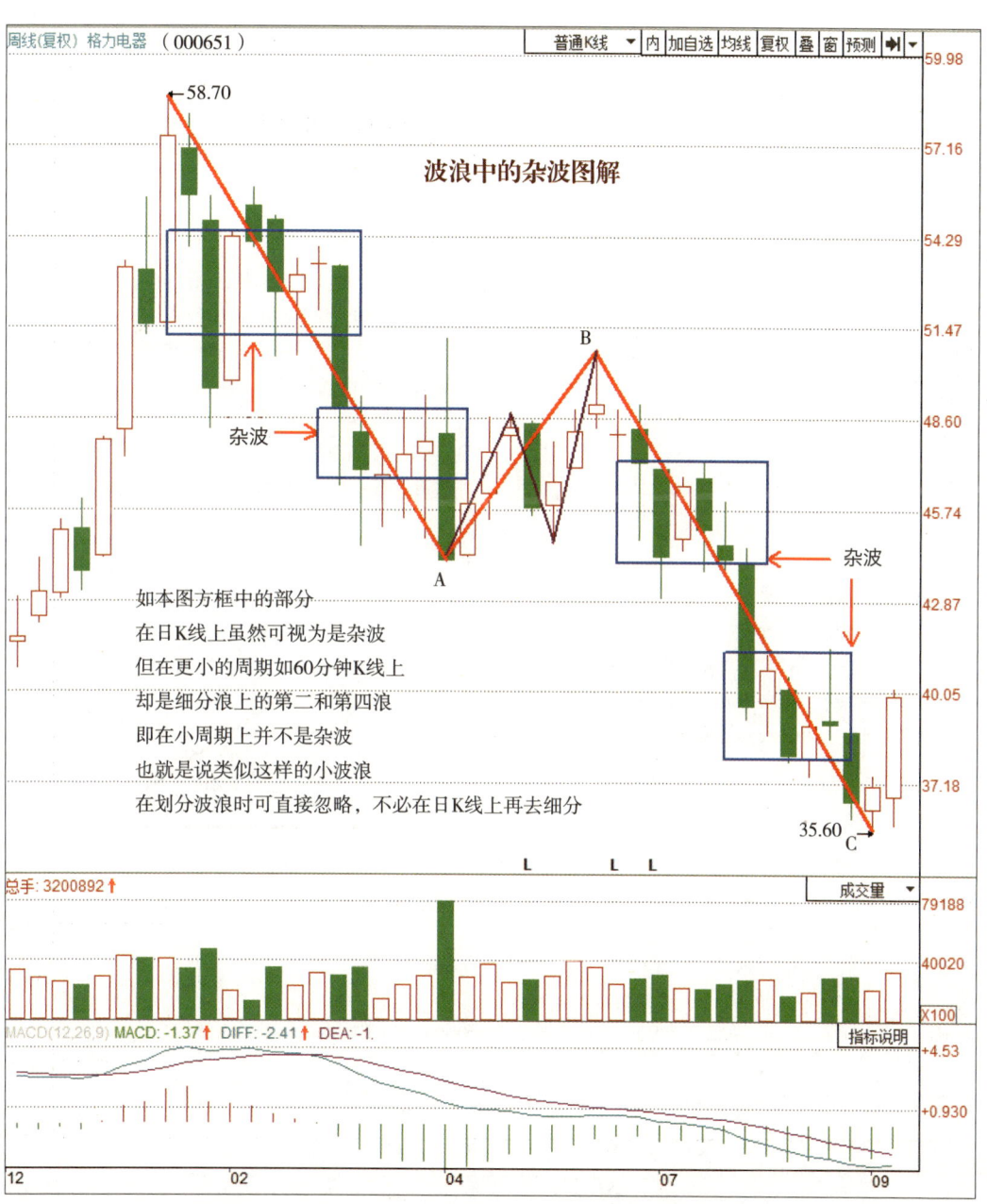

·355·

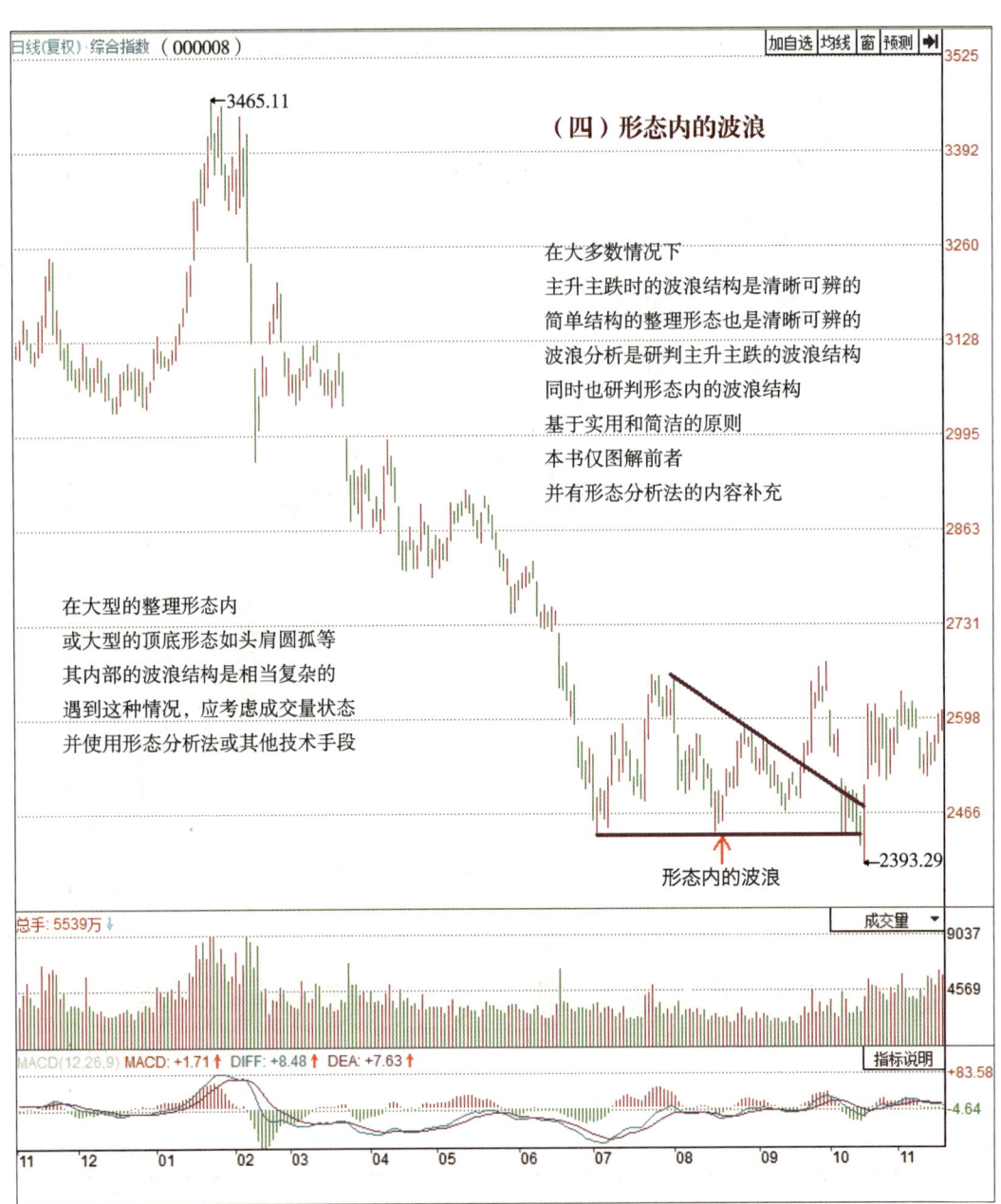

第五章 波浪分析法

（五）波浪的不足之处

1. 波浪理论着重对趋势的结构、时间和比率的研判
   但忽略了成交量的研究
   这是它的最大不足之处
   实战中应多多考虑成交量的因素

2. 波浪变化有时过于复杂，很难得出明确的结论
   当然，波浪变化太复杂本身就表明处于趋势不明阶段

每一种分析都有其局限性
不能因此否定
波浪在实战中的重要作用

特别说明：
虽波浪是趋势最高层次的解析法
但也不能忽视其他技术分析手段的重要补充作用

从另一角度看，波浪的变化本身是波浪不可或缺的
不变的是它的基本原则和规则

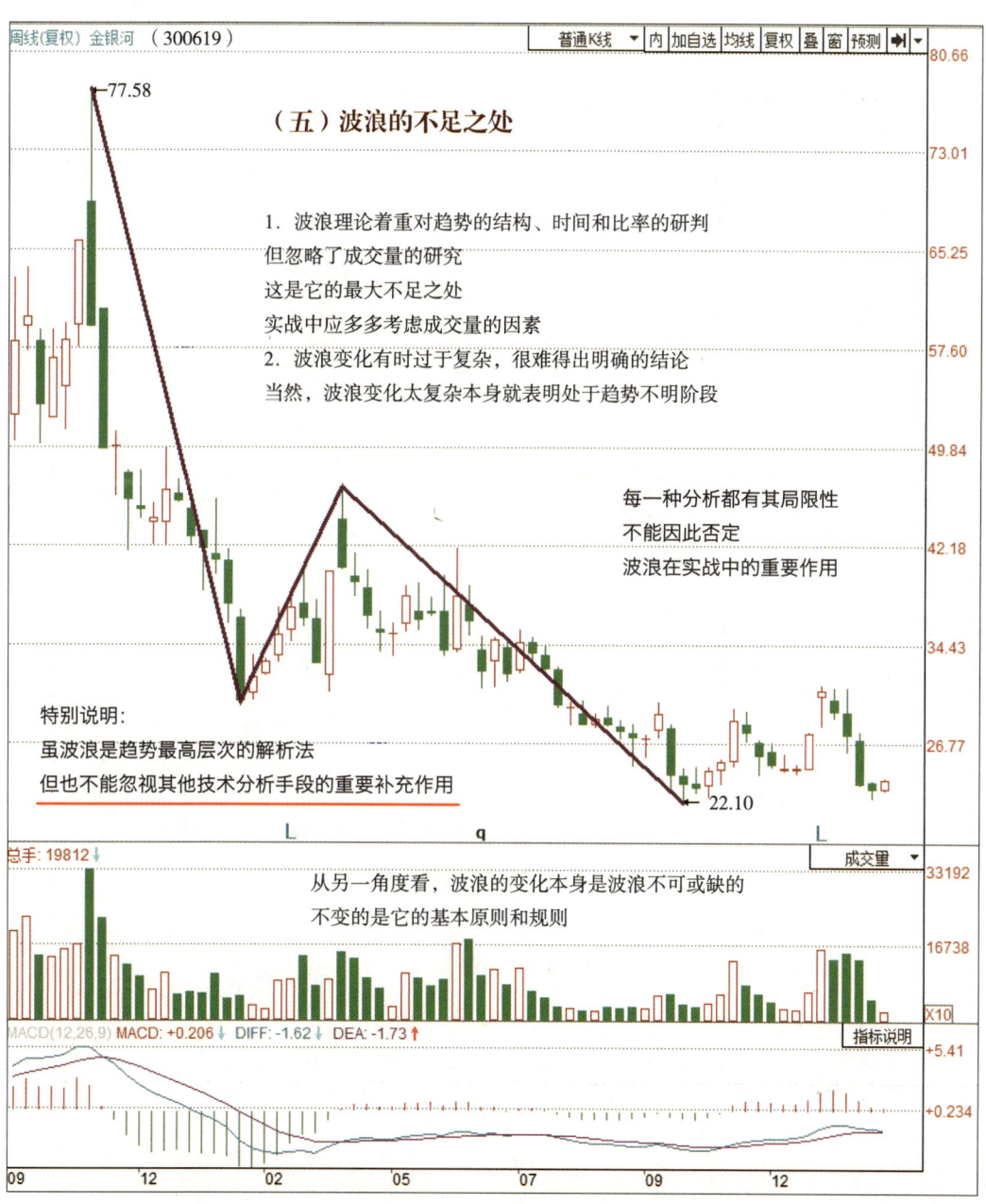

（六）"千人千浪"

"千人千浪"说在社会上十分普遍
这是对波浪分析法普遍的误解
是没有真正领悟波浪分析法的表现

不管你是否认识和了解波浪
波浪作为趋势最直观的外在表现
一直客观地体现在每一只股票上

波浪理论是由西方人提出的
并经多代人补充完善，现已基本成熟
西方成熟市场上的投资大师
大多都精熟趋势更谙熟波浪
波浪正如足球和音乐一样，是不需要翻译也能懂的世界性语言

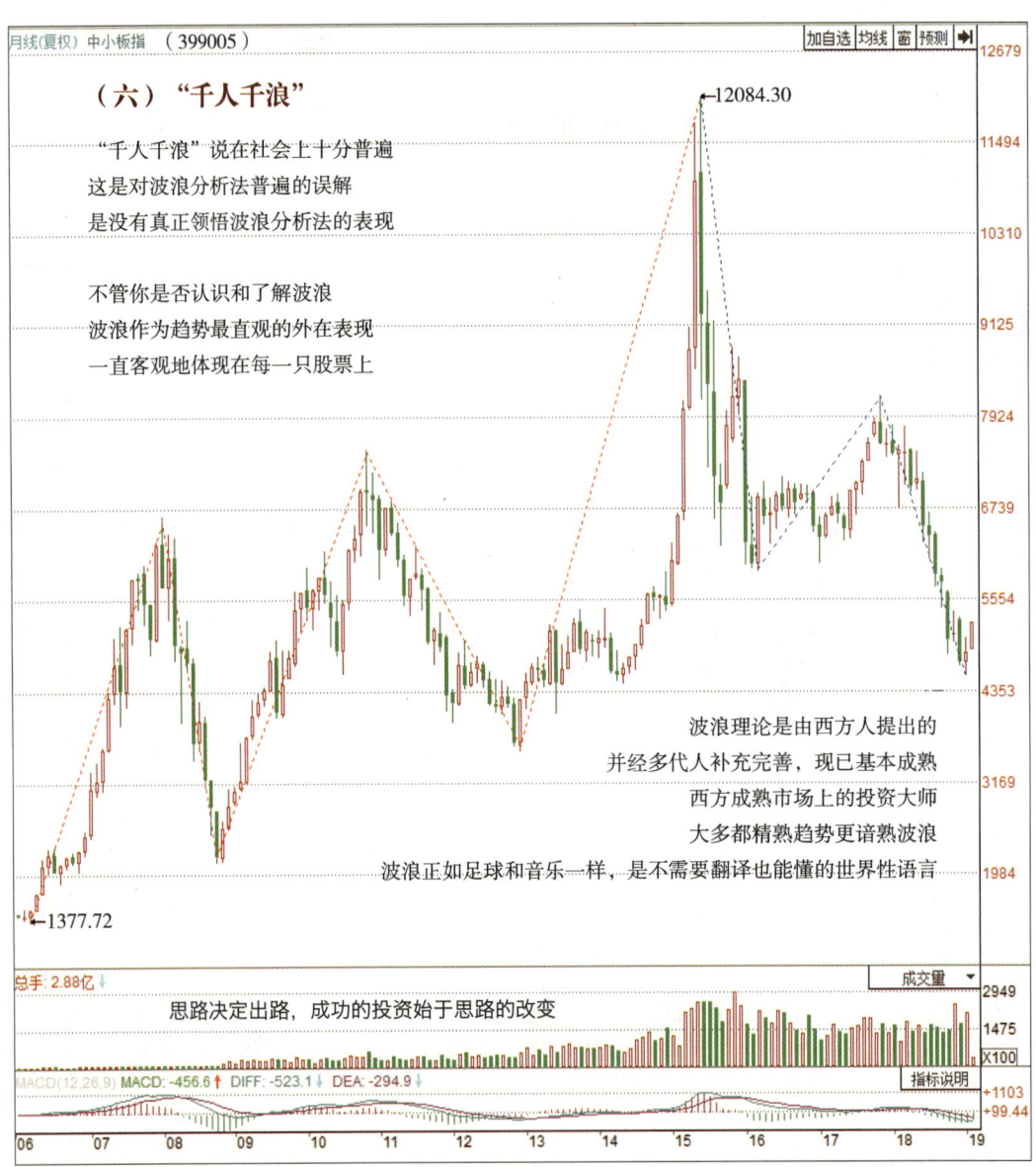

思路决定出路，成功的投资始于思路的改变

Chapter Five
第五章 波浪分析法

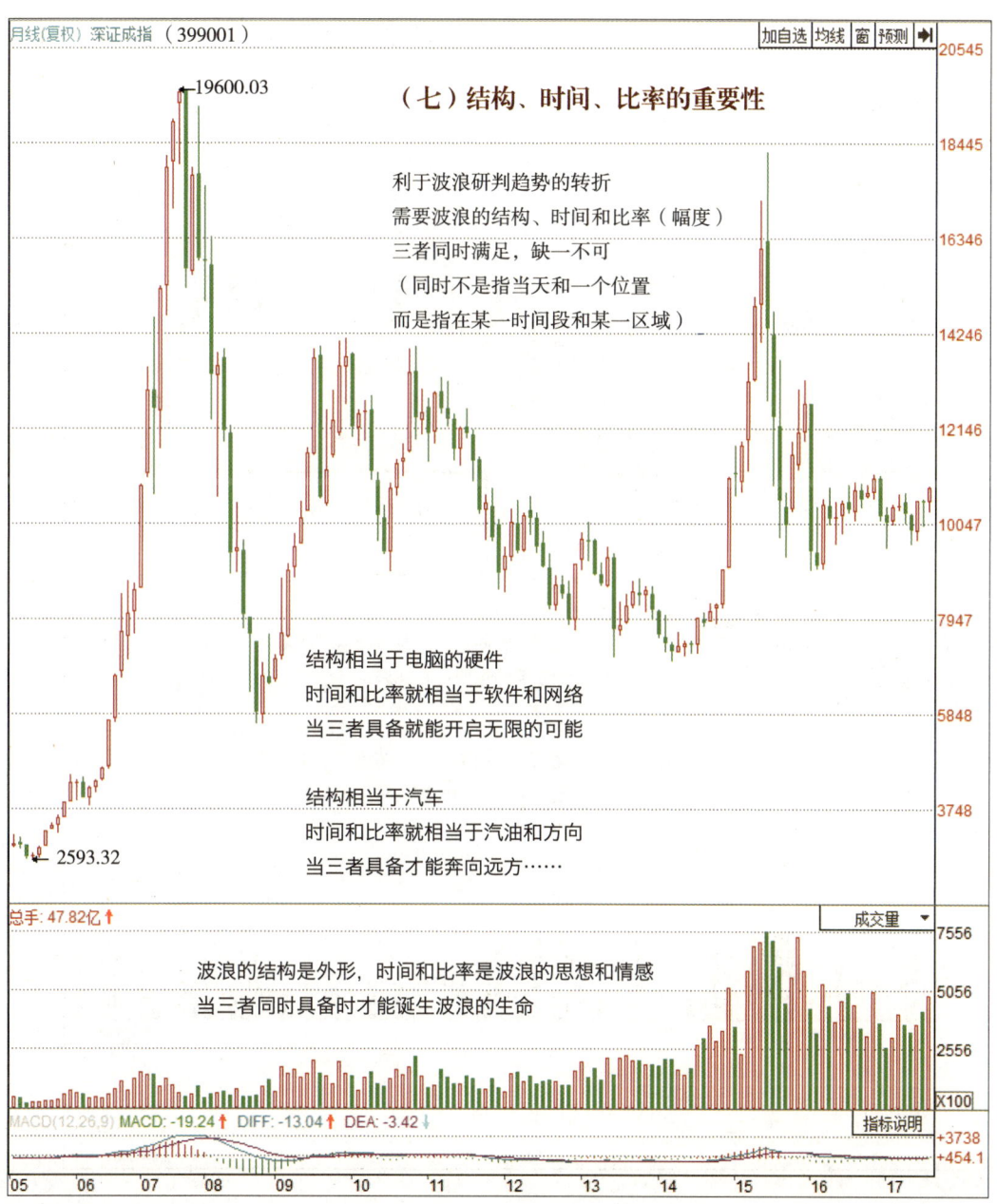

（七）结构、时间、比率的重要性

利于波浪研判趋势的转折
需要波浪的结构、时间和比率（幅度）
三者同时满足，缺一不可
（同时不是指当天和一个位置
而是指在某一时间段和某一区域）

结构相当于电脑的硬件
时间和比率就相当于软件和网络
当三者具备就能开启无限的可能

结构相当于汽车
时间和比率就相当于汽油和方向
当三者具备才能奔向远方……

波浪的结构是外形，时间和比率是波浪的思想和情感
当三者同时具备时才能诞生波浪的生命

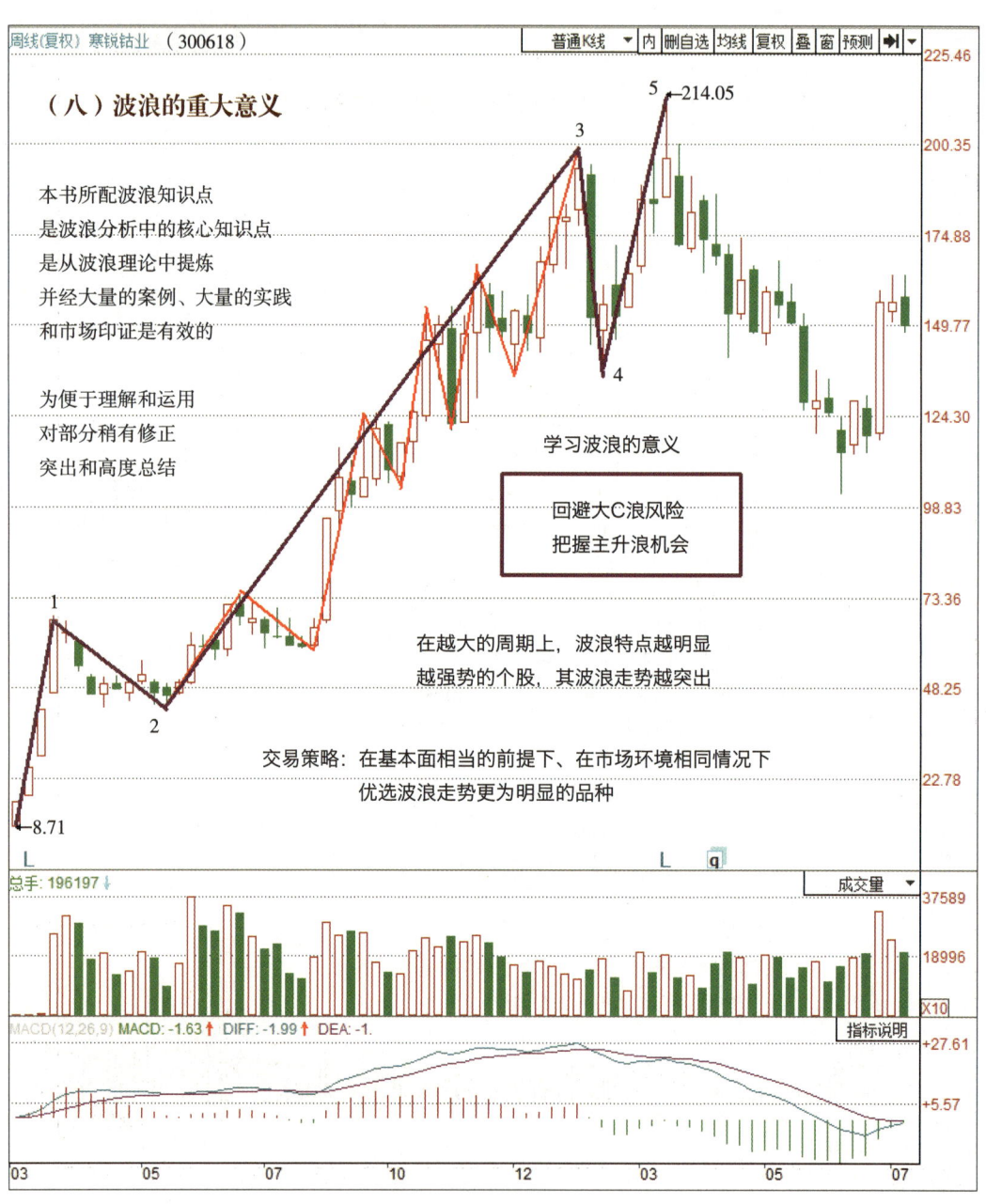

Chapter Five
第五章
波浪分析法

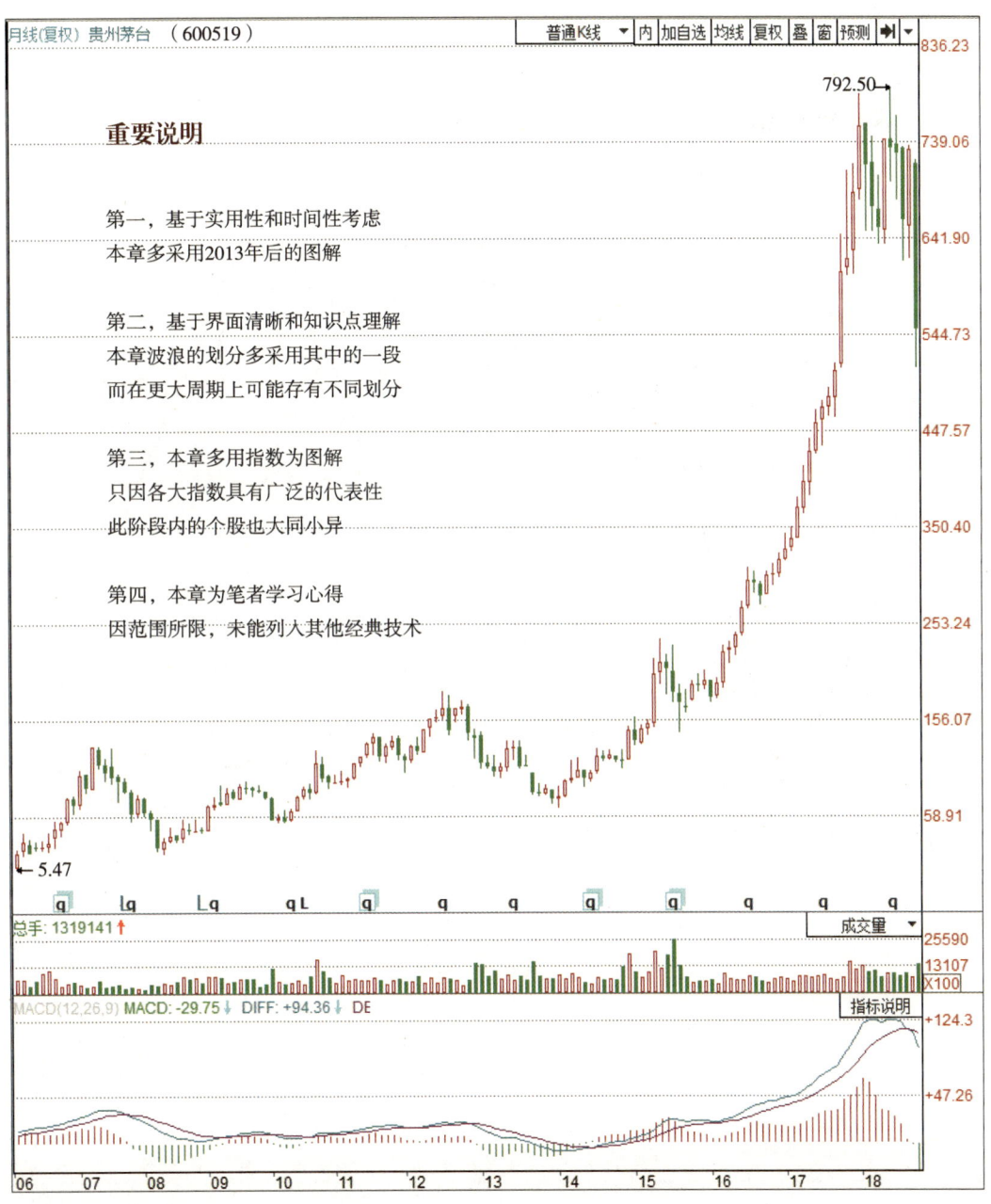

重要说明

第一，基于实用性和时间性考虑
本章多采用2013年后的图解

第二，基于界面清晰和知识点理解
本章波浪的划分多采用其中的一段
而在更大周期上可能存有不同划分

第三，本章多用指数为图解
只因各大指数具有广泛的代表性
此阶段内的个股也大同小异

第四，本章为笔者学习心得
因范围所限，未能列入其他经典技术

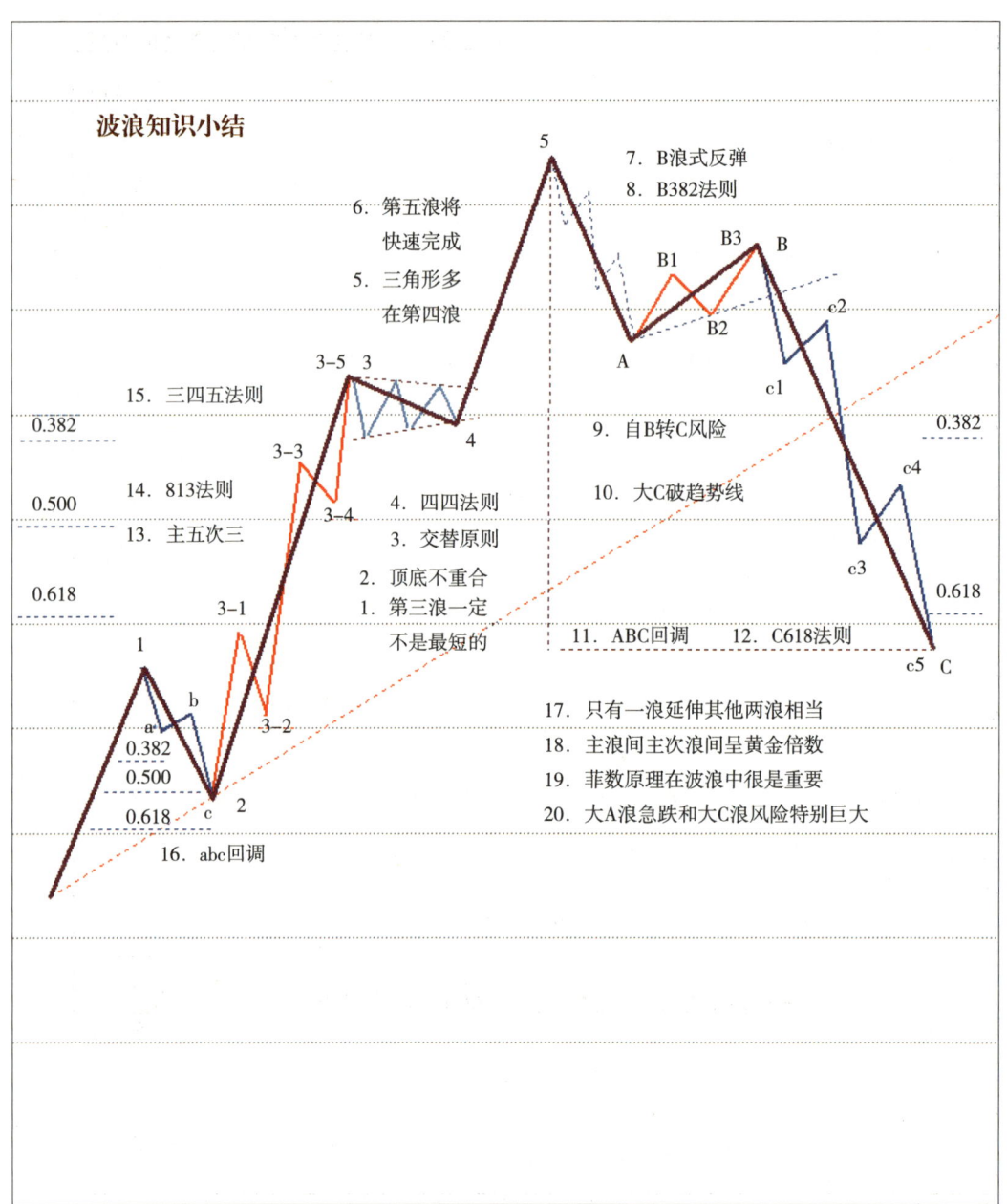

第六章 综合运用

（一）选强势龙头个股的方法

强势龙头个股在技术上有许多特征
1. 初期有持续3天以上的放量状态
   且对应的一定是3根以上中大阳线
2. 多数是在第三浪（或细分第三小浪）或快速冲底后的强势拉升阶段
3. 最重要的是强势突破前期密集区
   或前期第一浪高点的颈线位区域
4. 一根中大阳线常穿过多条均线
   或者是均线处于向上共振的状态

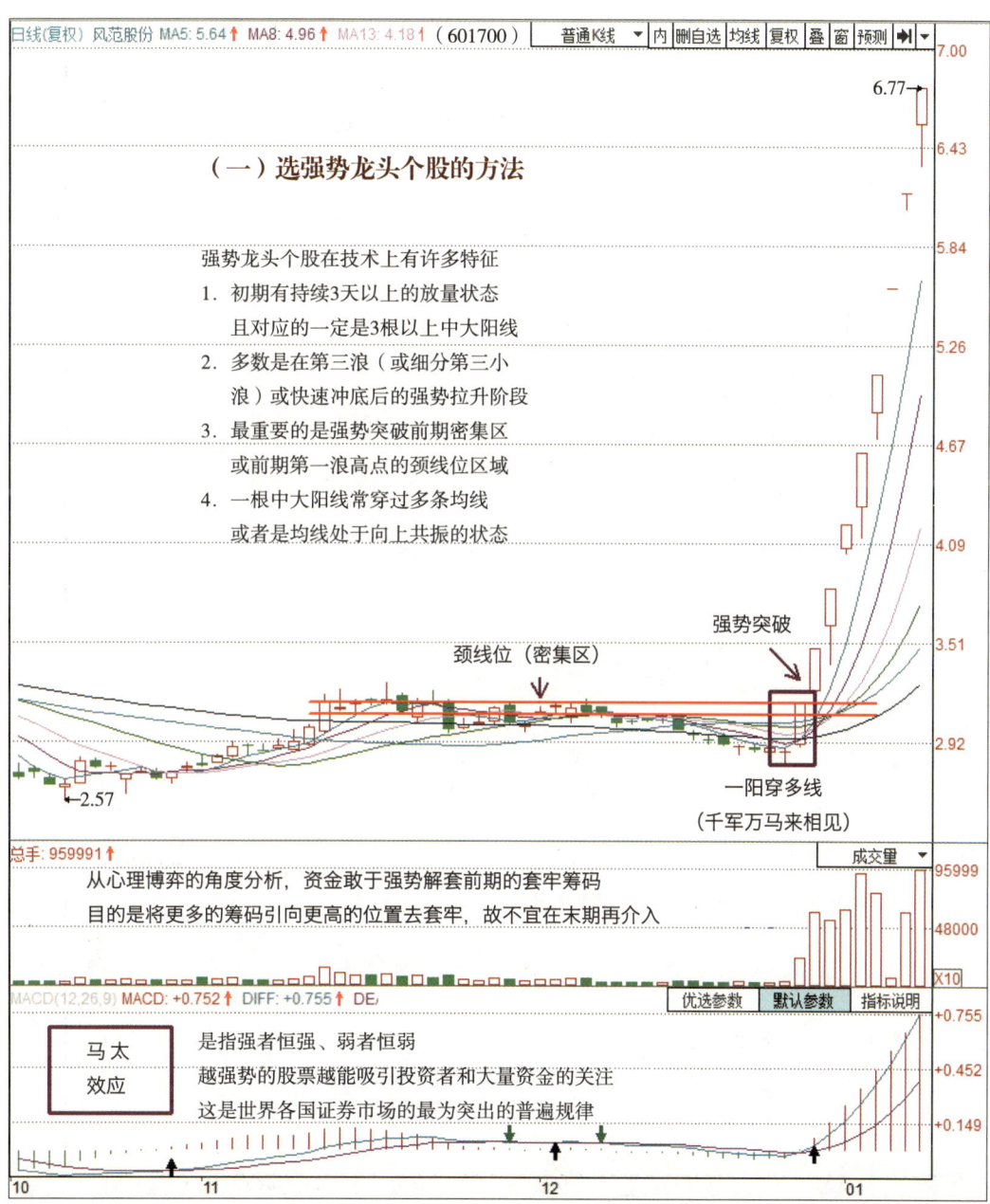

从心理博弈的角度分析，资金敢于强势解套前期的套牢筹码
目的是将更多的筹码引向更高的位置去套牢，故不宜在末期再介入

马太效应：是指强者恒强、弱者恒弱
越强势的股票越能吸引投资者和大量资金的关注
这是世界各国证券市场的最为突出的普遍规律

Chapter Six

第六章 综合运用

（三）研判上升趋势的结束

中期上升趋势结束的研判
主要参考周K线上五浪结构是否完成

1. K线分析法：经典顶部转势K线
2. 指标分析法：
   （1）MACD顶背离
   （2）MACD死叉
   （3）20日均线向下
3. 形态分析法：日K线上是尖顶
4. 波浪分析法：
   （1）第四浪是三角形，能研判第五浪
   （2）上升五浪结构成形，有结束基础
   （3）第五浪上有细分五小浪

综合结论：中期趋势大概率完成，将展开大ABC回调

成功投资是正确事情简单重复地做

六 综合运用

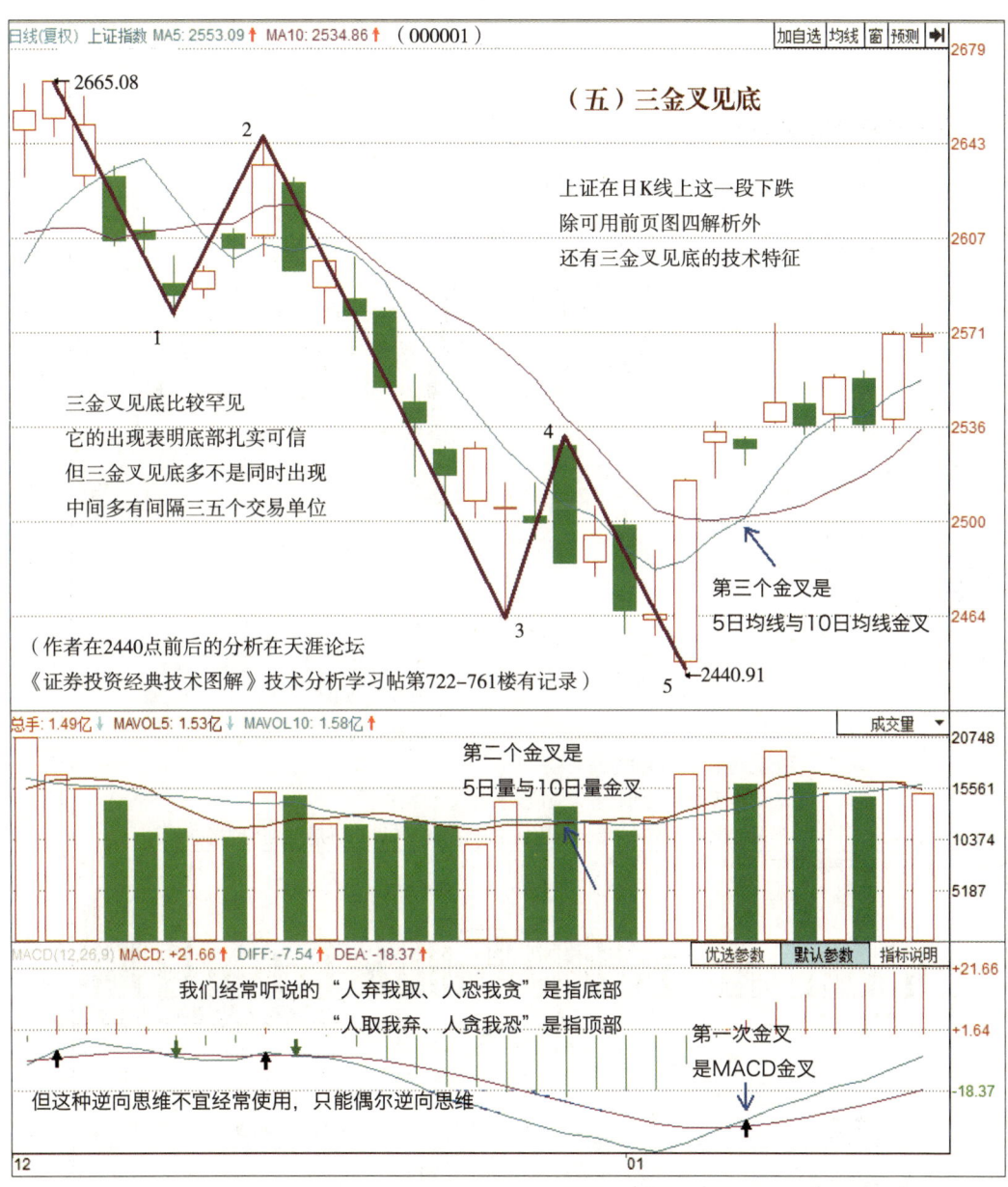

（五）三金叉见底

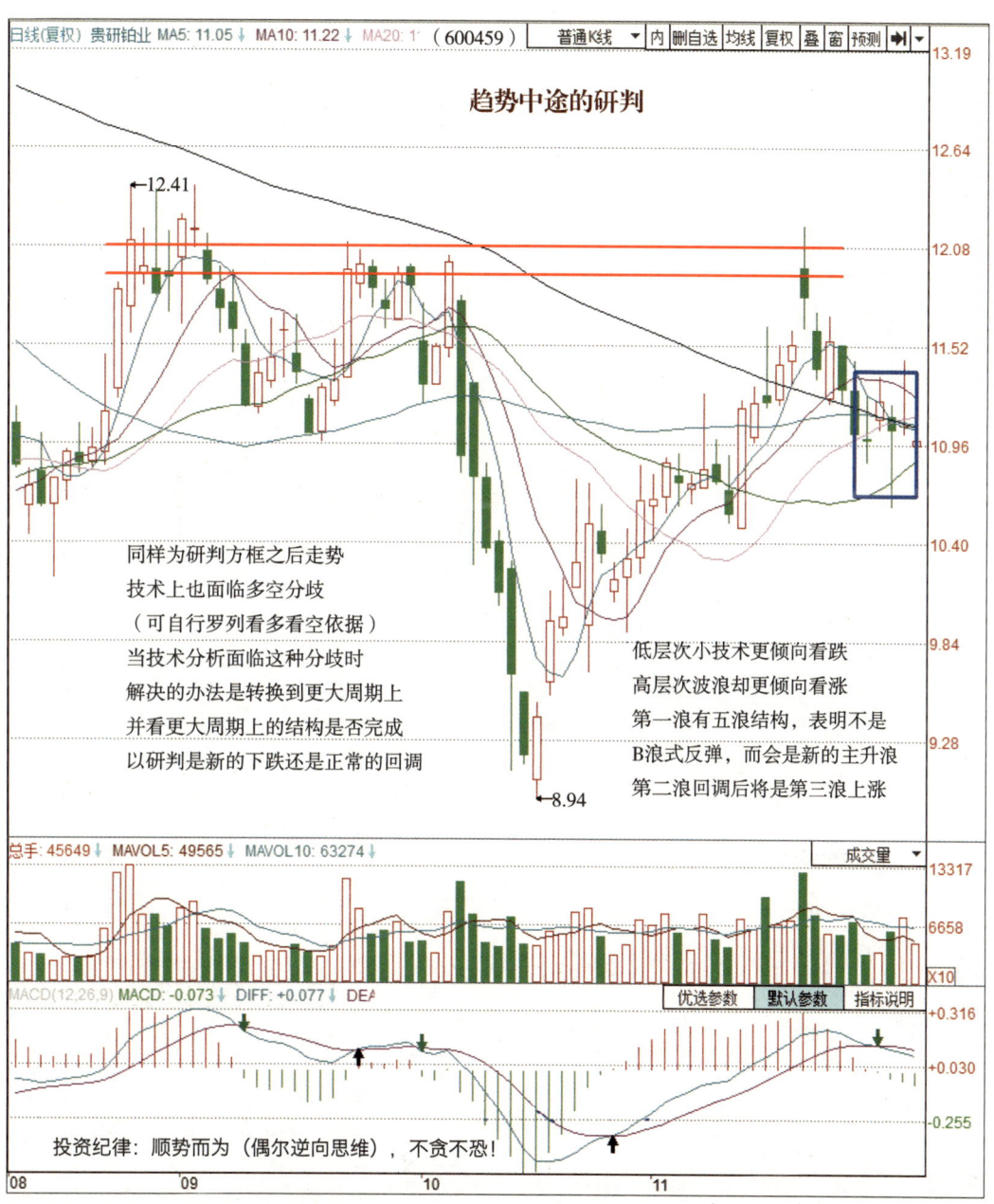

第六章
综合运用

Chapter Six

（七）技术分析的方法论

1. 所有技术分析的顶部技术比底部技术更有效
   顶部往往经一两次确认，就可成立
   底部则需多次反复，甚至会失败
   下跌中途的技术分析有效性最低

2. 技术分析中的单一分析法的有效性更弱
   多种分析法结合有效性更强

3. 在分析周期中的时间越长，周期越大的有效性更强
   实战中应多周期和多分析法相结合以减少分析和操作失误

4. 不迷信技术分析，更不贪多求全，选择并精熟三五类即可应对

多算则胜，少算不胜

证券市场大部分人更容易犯错

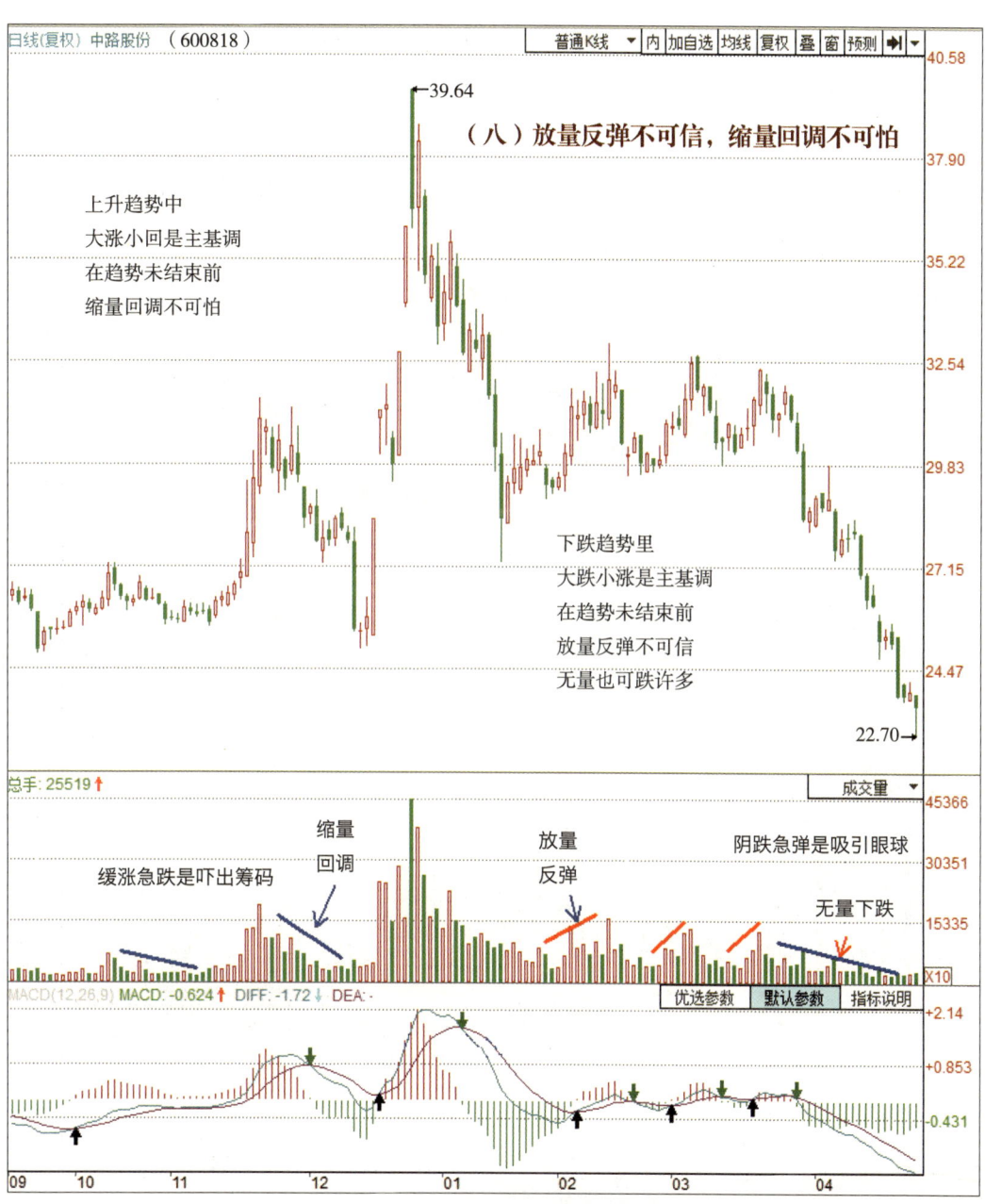

综合运用

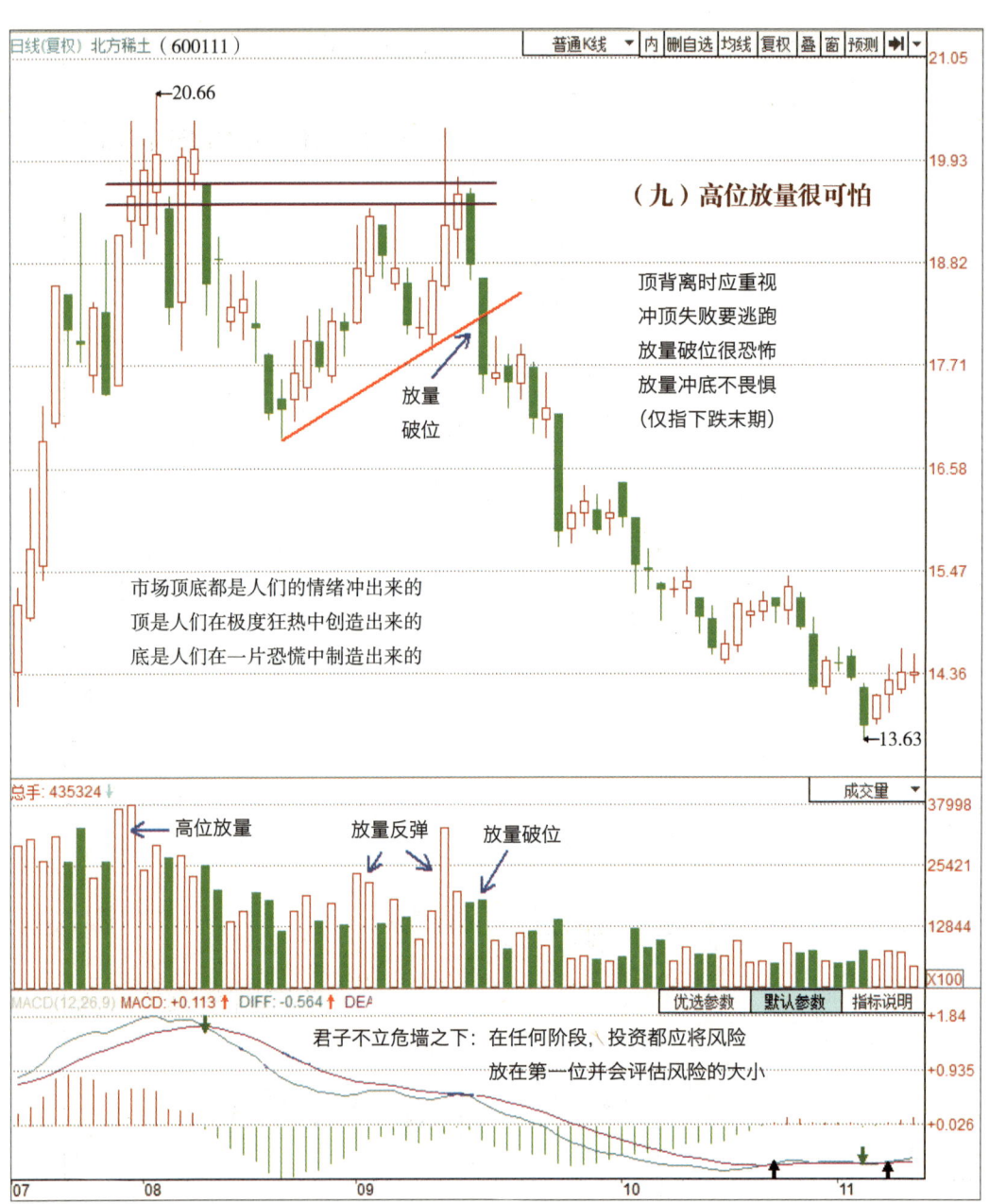

Chapter Six 第六章 综合运用

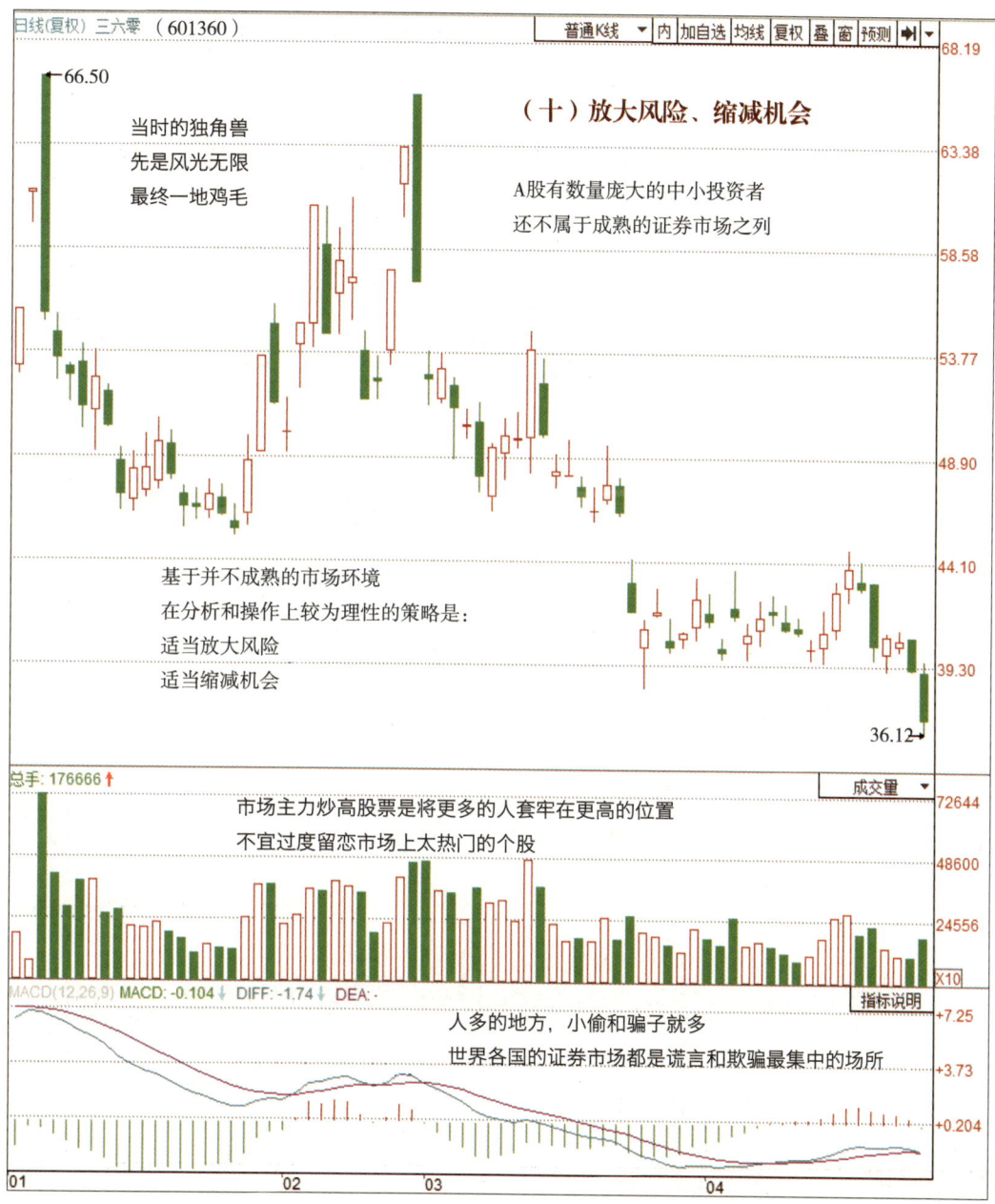

（十）放大风险、缩减机会

A股有数量庞大的中小投资者
还不属于成熟的证券市场之列

基于并不成熟的市场环境
在分析和操作上较为理性的策略是：
适当放大风险
适当缩减机会

当时的独角兽
先是风光无限
最终一地鸡毛

市场主力炒高股票是将更多的人套牢在更高的位置
不宜过度留恋市场上太热门的个股

人多的地方，小偷和骗子就多
世界各国的证券市场都是谎言和欺骗最集中的场所

六 综合运用

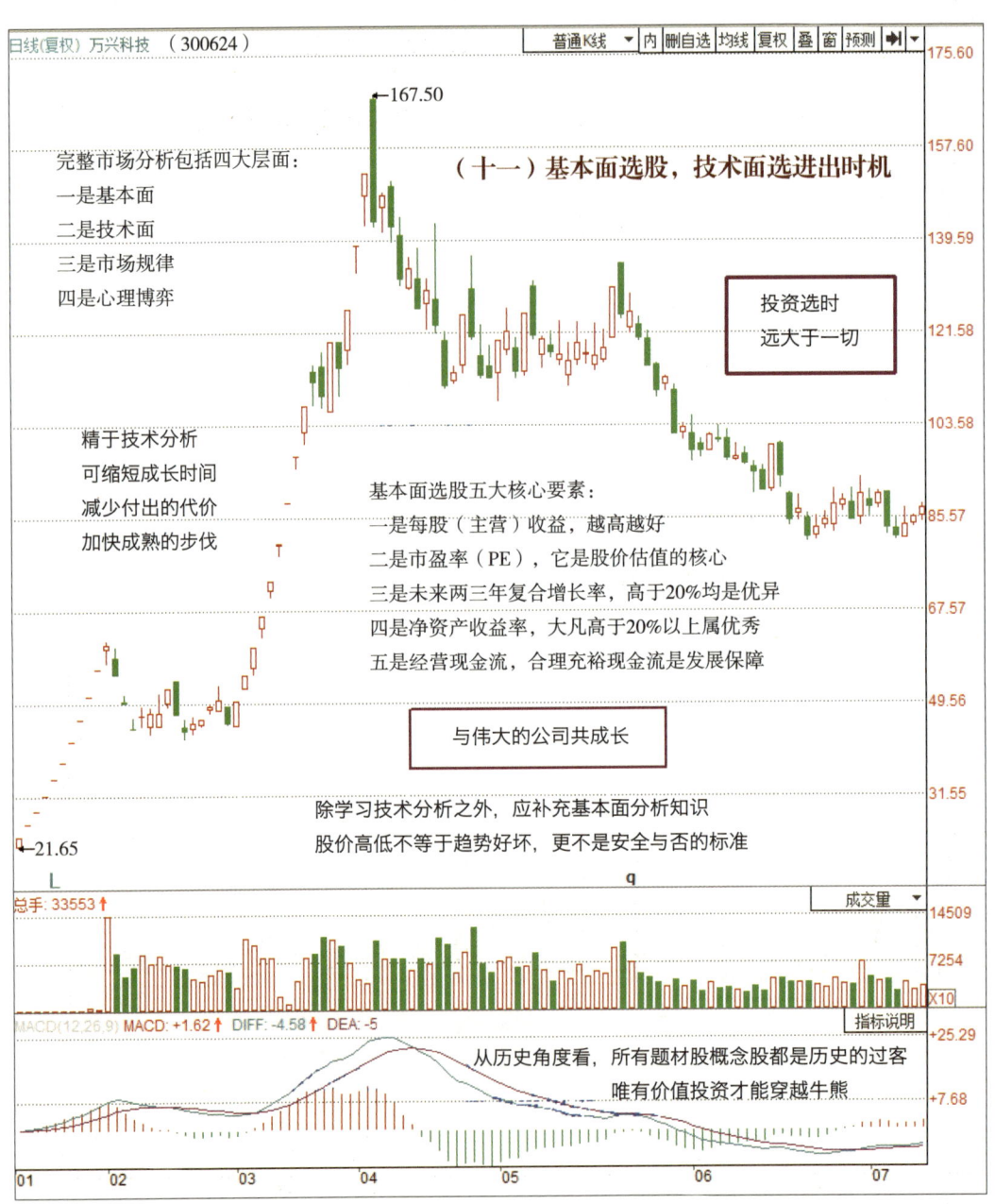

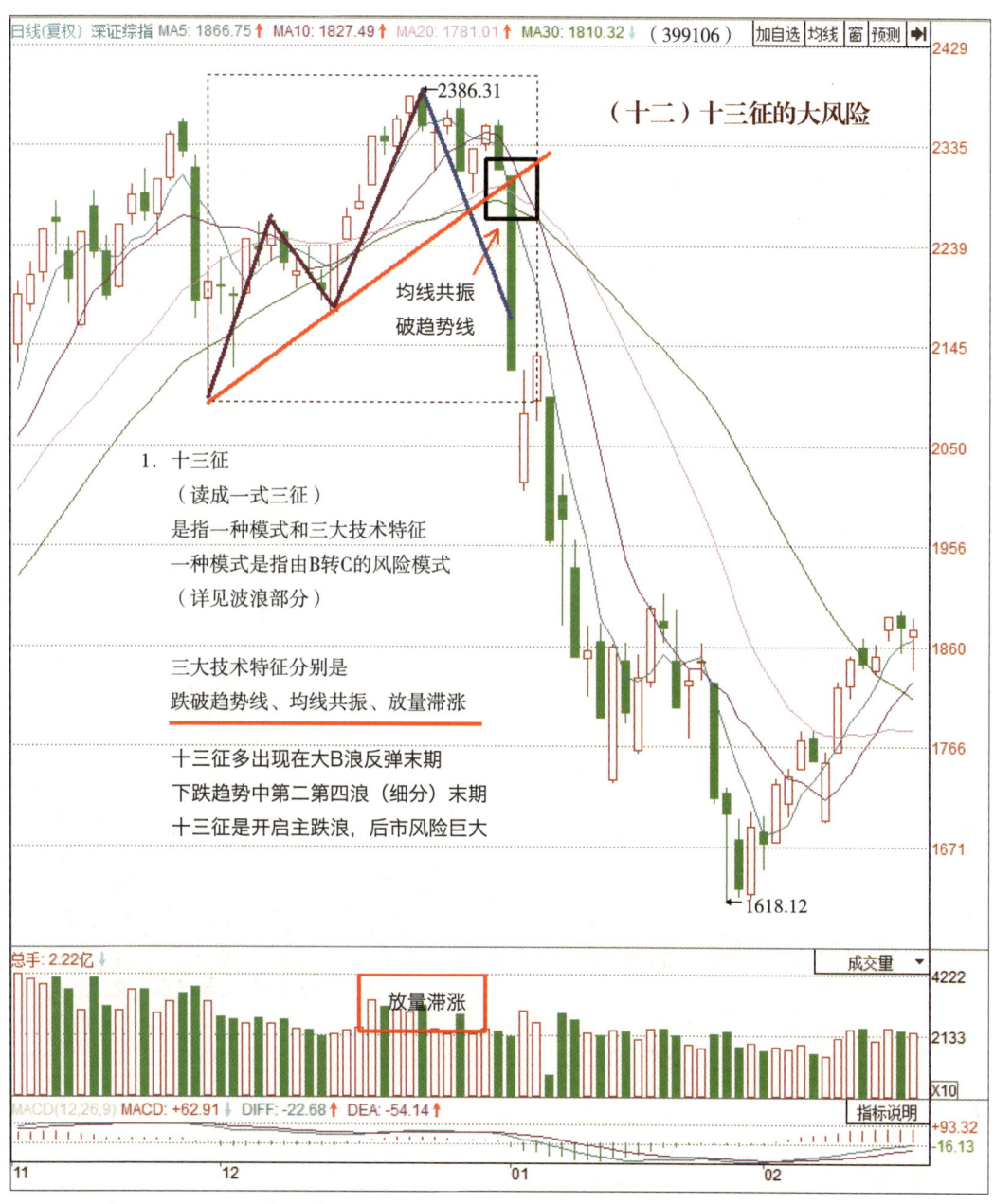

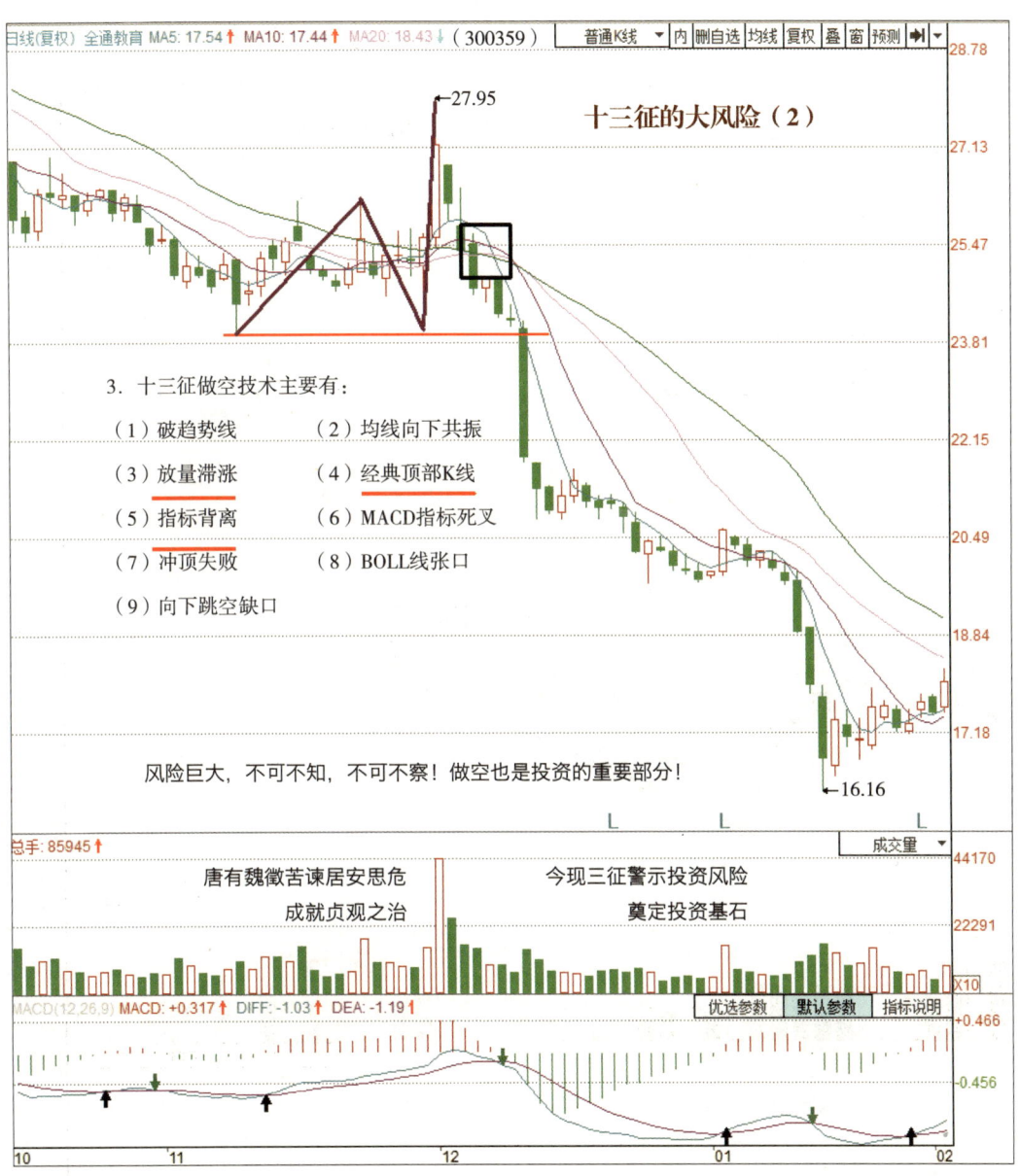

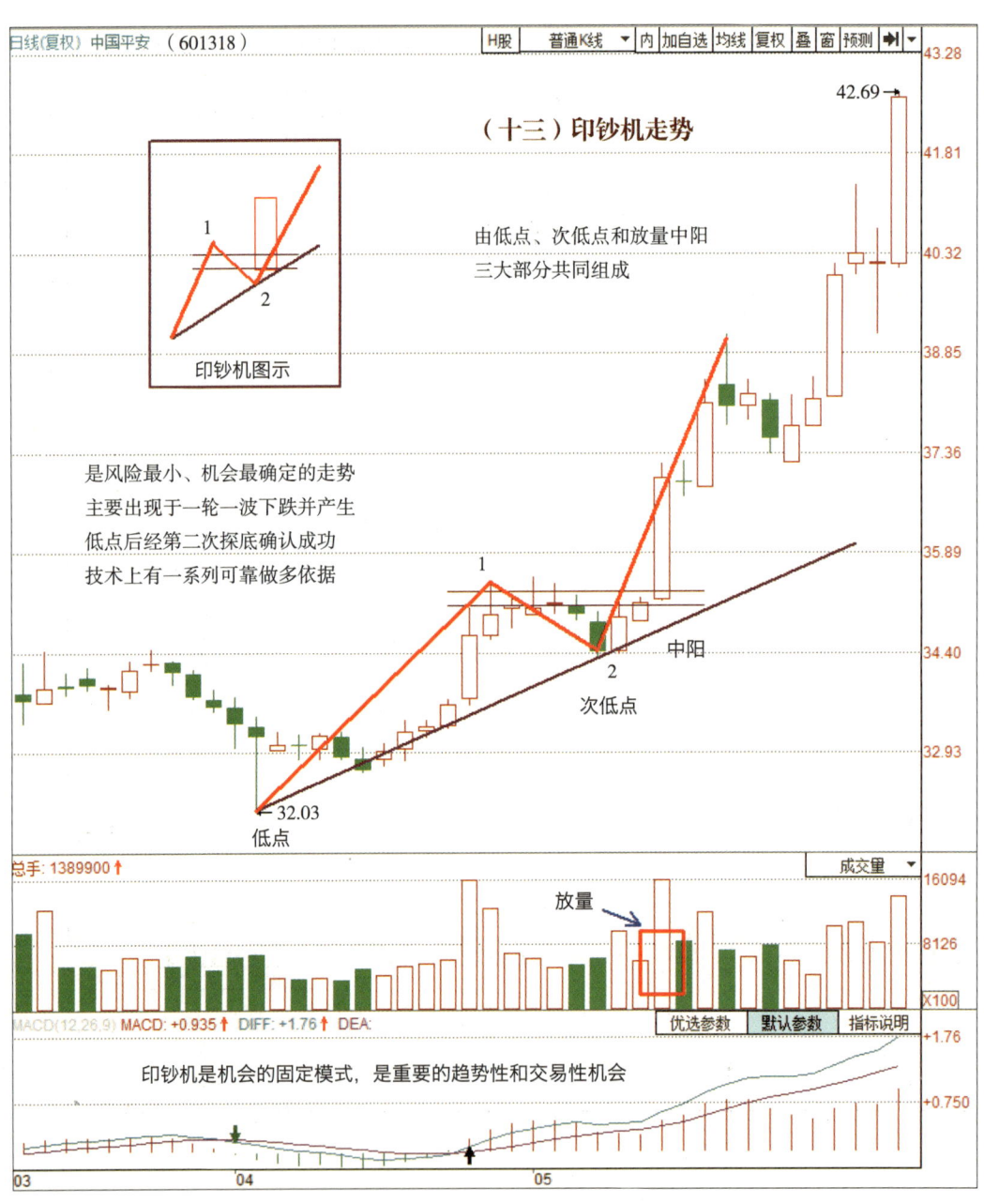

Chapter Six 第六章 综合运用

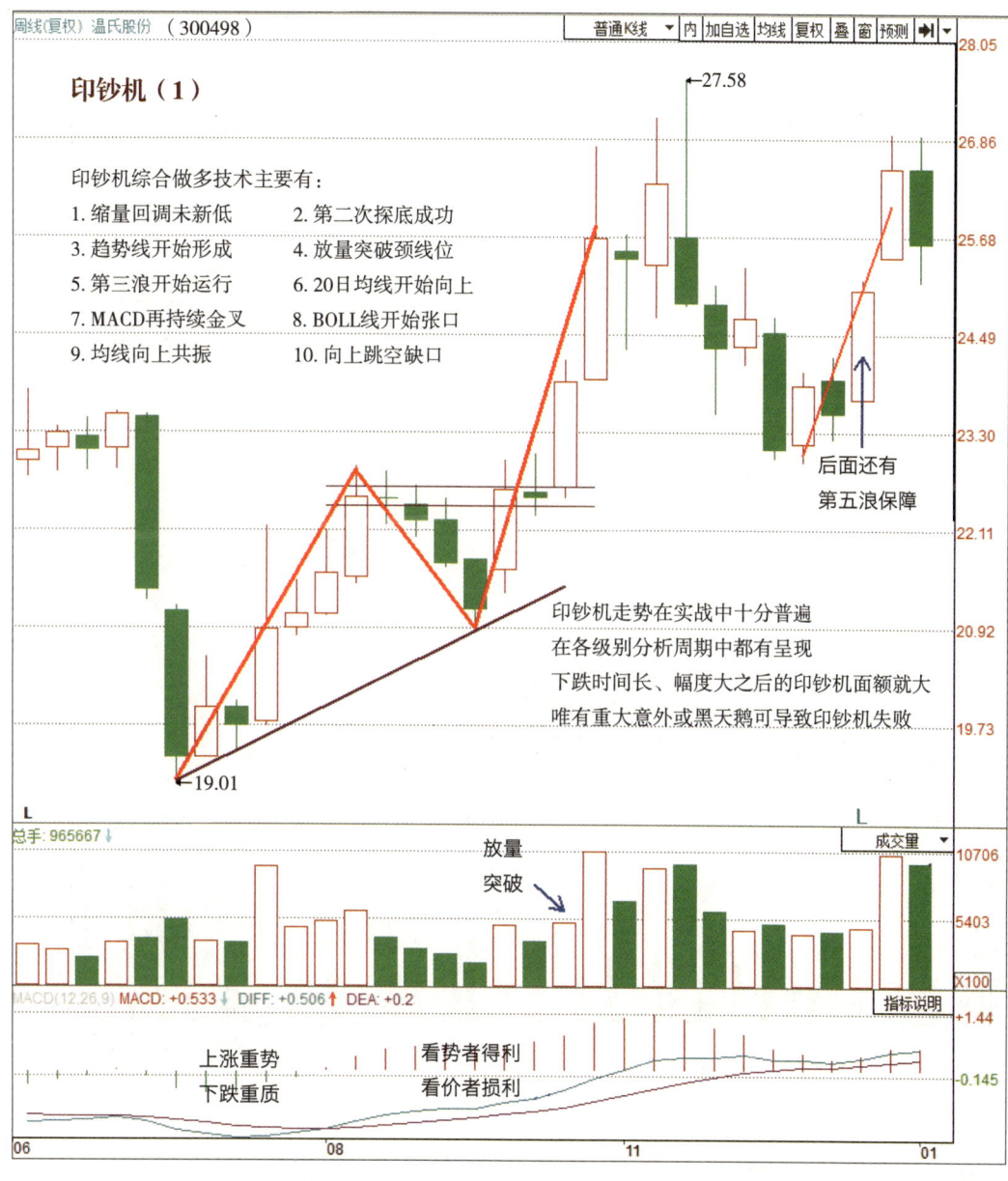

·379· 综合运用

Chapter Six
第六章 综合运用

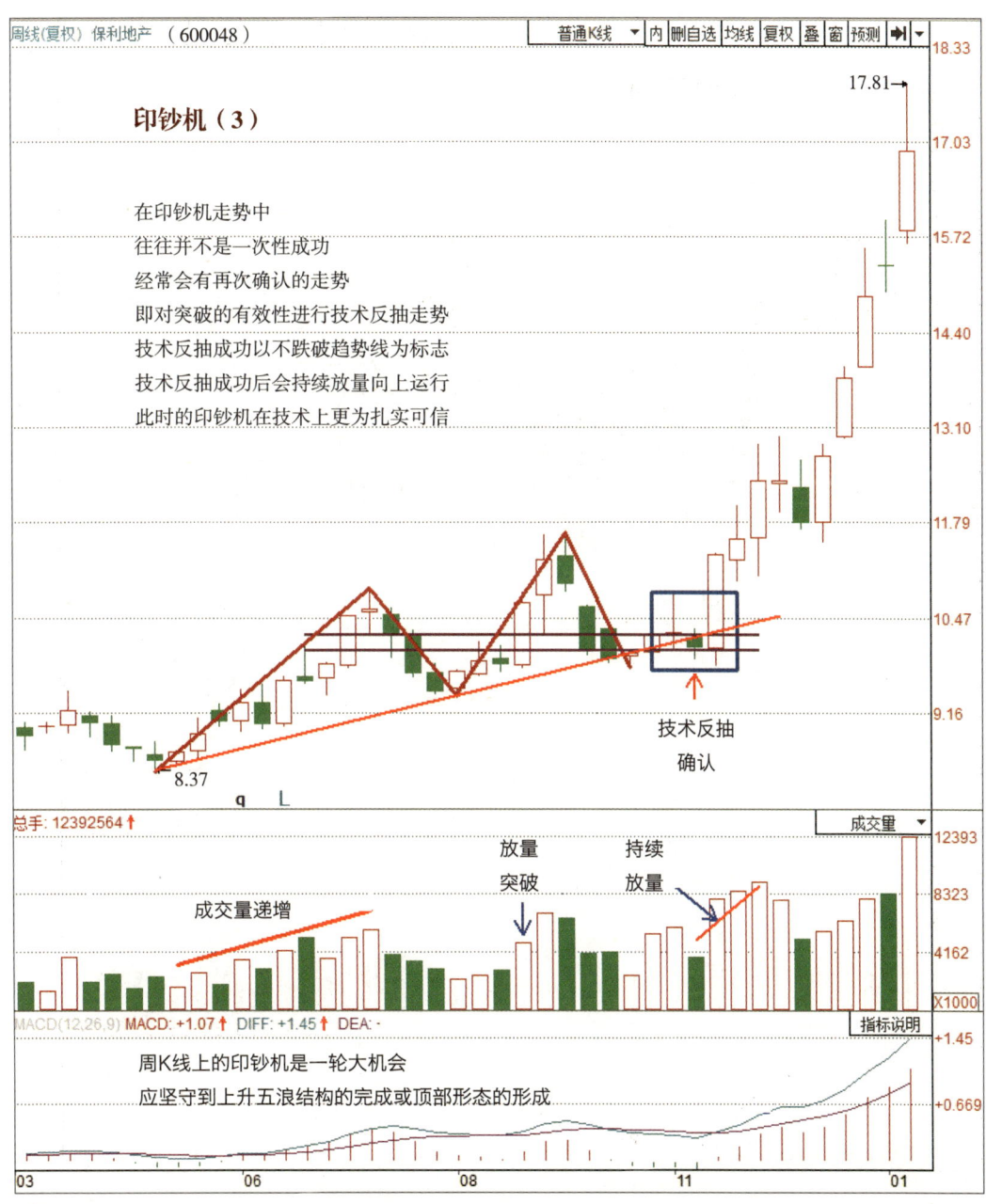

六 综合运用

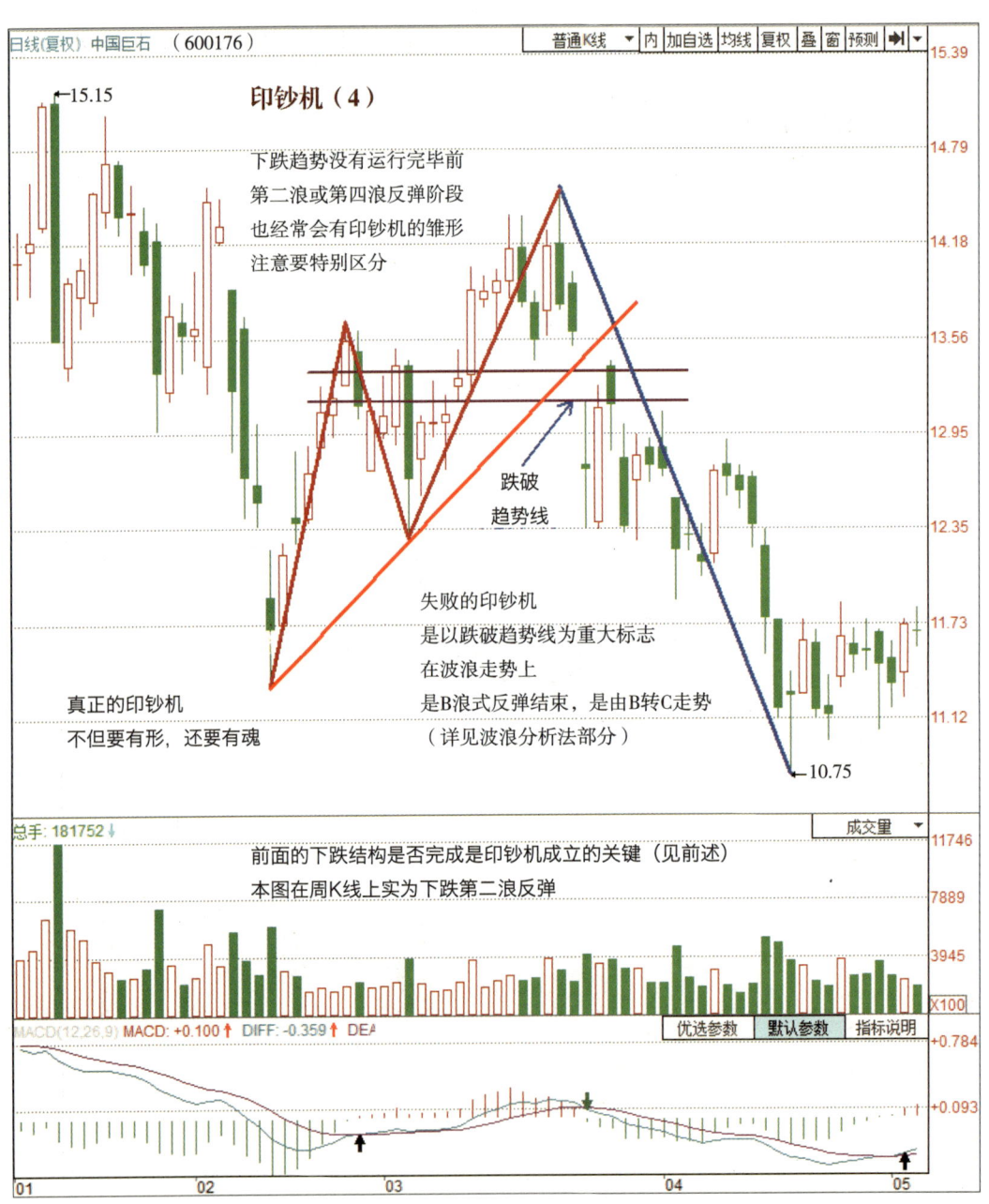

第六章 综合运用

（十四）结语：天道酬勤

第一，弄懂弄精基础知识部分
第二，充分理解本书图文内容
第三，要进行大量的扩展练习
　　　　对照配图案例和周期先学习、模仿
　　　　然后再找出几十上百只来扩展训练
第四，鉴于指数与个股大同小异，应先精
　　　　于对指数的对照学习和训练
第五，上证近三十年的历史走势，能找到
　　　　本经典图解所列的所有案例
第六，先易后难，逐步学习
第七，不急不躁，长期坚持
第八，反复学习，反复巩固
第九，为生存和担当而学习
第十，实战是最好的学习方法

敬畏市场
尊重趋势
在强大的市场面前
每一位投资者都是小学生
每一位都是应该小心翼翼地向
市场先生努力并谦逊学习的学生

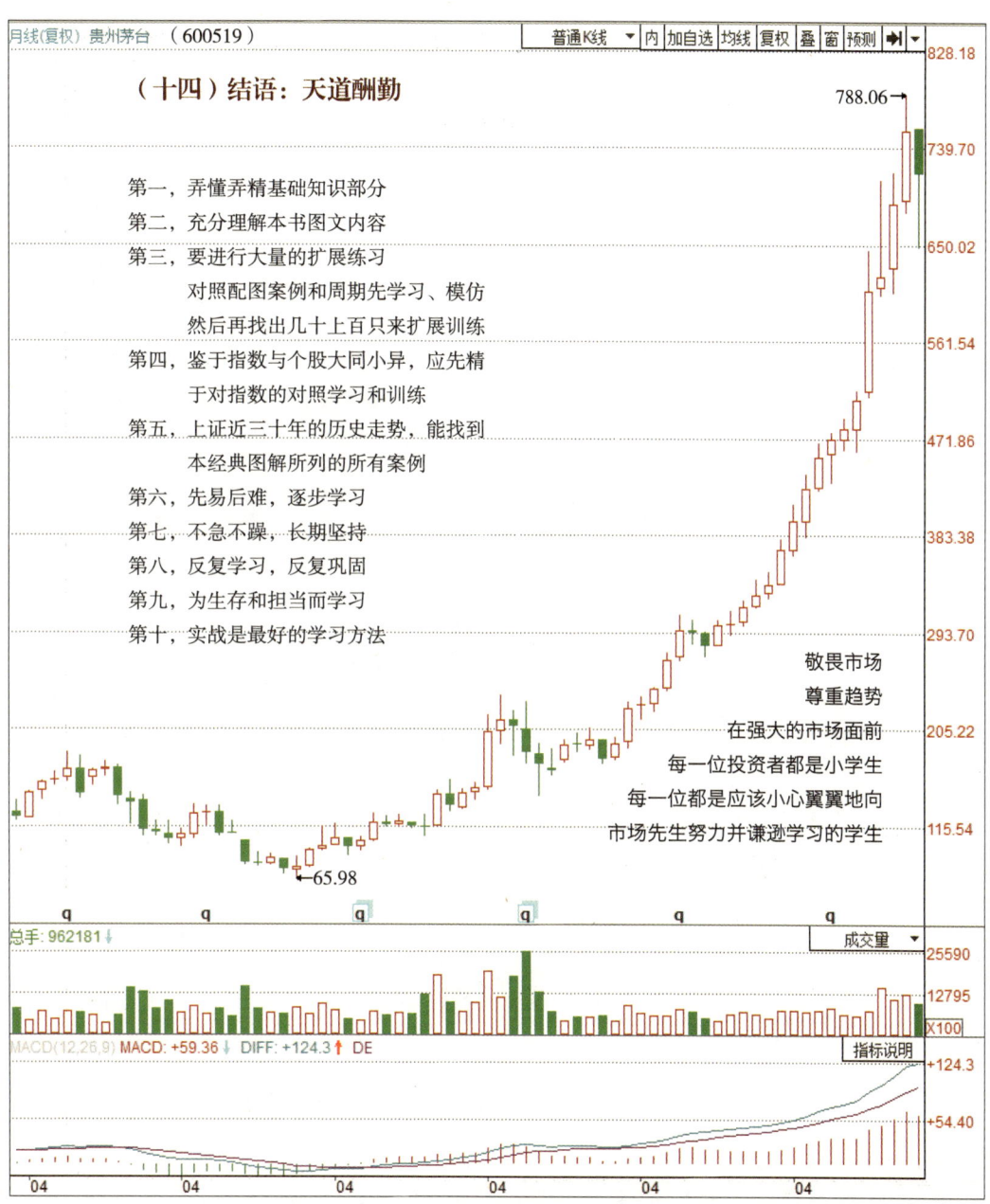

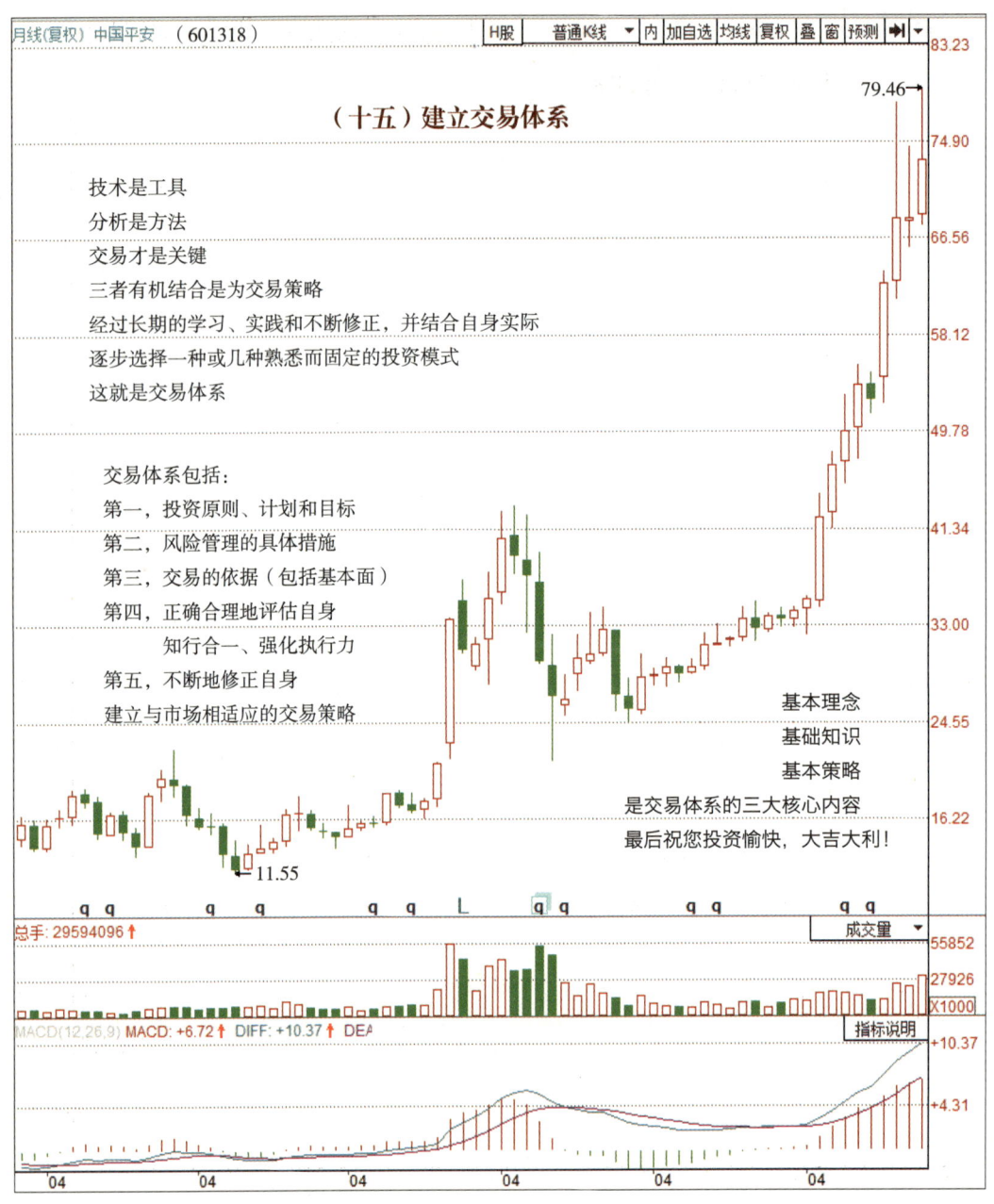

后 记

佛学说

人类的贪婪和恐惧源于对客观世界的不明
贪婪和恐惧就是人性与生俱来的两大不足

证券市场是人们贪婪和恐惧最集中的场所
趋势周期循环源于人们贪婪和恐惧的循环

市场趋势是人们交易行为博弈的最终结果
投资者的交易行为最终由内心活动来决定
投资者内心的贪婪和恐惧却始终难于改变
人性不变，博弈不变，趋势循环周期不变

"如果你恨一个人,请把他送进股市",因为股市对多数人来讲是地狱

"如果你爱一个人,请将他领进股市",因为股市对少数人而言是天堂

良好投资理念和健康投资心态源于自身的修行
通过学习技术分析,可最大程度减少贪婪恐惧
为树立正确的理念和健康心态打下扎实的基础
基本理念、基础知识和基本策略是投资的基石
做知势顺势的合格投资者是投资的终身修行

作者微信二维码